如何打造新型主流媒体

娄炜利 / 著

中国社会科学出版社

图书在版编目(CIP)数据

如何打造新型主流媒体/娄炜利著. —北京：中国社会科学出版社，
2020.9

ISBN 978 - 7 - 5203 - 6057 - 9

Ⅰ.①如… Ⅱ.①娄… Ⅲ.①传播媒介—研究—中国 Ⅳ.①G219.2

中国版本图书馆 CIP 数据核字(2020)第 034536 号

出 版 人	赵剑英
责任编辑	陈肖静
责任校对	刘 娟
责任印制	戴 宽

出 版	中国社会科学出版社
社 址	北京鼓楼西大街甲 158 号
邮 编	100720
网 址	http://www.csspw.cn
发 行 部	010 - 84083685
门 市 部	010 - 84029450
经 销	新华书店及其他书店

印 刷	北京明恒达印务有限公司
装 订	廊坊市广阳区广增装订厂
版 次	2020 年 9 月第 1 版
印 次	2020 年 9 月第 1 次印刷

开 本	710×1000 1/16
印 张	23
插 页	2
字 数	297 千字
定 价	138.00 元

目　　录

第一章　绪论

第一节　研究意义

伴随着工业革命号角的吹响，短短几百年间人类社会不断飞速向前发展：不仅社会面貌日新月异，而且人们的生活方式也日益多元。正如《世界互联网发展报告 2017》已经明确指出："当前全球移动互联网爆发式扩张正在接近尾声，世界互联网连接规模增长步入动力转换期，互联网发展进入从'人人互联'到'万物互联'转变跨越新阶段，人工智能等新兴网络信息技术成为全球科技竞争的新高地，数字经济成为世界各国谋求经济增长的新动能，网络空间成为全球治理体系变革的新领域，智慧社会成为人们生产生活的新社会形态，互联网日益成为'你中有我、我中有你'的命运共同体。"[①]

2017 年 8 月 4 日，中国互联网络信息中心（CNNIC）发布了第 40 次《中国互联网络发展状况统计报告》。该报告显示截至 2017 年 6 月，中国网民规模达到 7.51 亿，占全球网民总数的五分之一。互联网普及率为 54.3%，超过全球平均水平 4.6 个百分点[②]。以互联网为代表的数

[①]　参见《世界互联网发展报告 2017》，http：//www.cac.gov.cn。

[②]　参见《中国互联网络发展状况统计报告》（第 40 次），http：//www.xinhuanet.com/yuqing/2017－08/04/c＿129673122.htm。

字技术正在加速与经济社会各领域实现深度融合，日渐成为一股促进我国消费升级、经济社会转型、构建国家竞争新优势极为重要的推动力。

显而易见，在历经23年坚持不懈地开拓创新后，中国的互联网发展事业已经取得了举世瞩目的成绩，例如目前网民数量全球第一，电子商务总量全球第一，电子支付总额全球第一……

那身为网络节点的我们又该如何去拥抱这个互联网发展新时代呢？是一味过于乐观，抑或还是一味过于悲观？或许可以借用英国作家狄更斯在小说《双城记》中的一段文字来概括："这是最好的时代，这是最坏的时代，这是智慧的时代，这是愚蠢的时代，这是信仰的时代，这是怀疑的时代……"

正因为身处在这个急剧变革的年代之中，我们一方面能非常振奋人心地感受到互联网带来的诸多便利，例如以前交通基本靠走，交流基本靠吼，而现如今交通出行已经离不开共享单车、共享电动车、共享汽车和滴滴打车，远隔千山万水的传情达意只在微信语音互发一瞬间，吃饭也基本可以通过美团、饿了么等APP足不出户地实现点对点贴心服务；另一方面，现如今我们也身处在一个信息高速集聚、相互碰撞的复杂世界中，在这个碎片化阅读盛行和人人都有麦克风的年代里，我们已能鲜明感受到各类信息正在蠢蠢欲动：努力积蓄着所有可以积蓄的力量，各自在暗中形成一股股汹涌澎湃的"洪流"。

从某种程度来看，当今互联网的可怕之处也表现在可以在极短的时间内，将来自各阶层，尤其是"草根"阶层等各种原本并不太容易被关注的声音汇聚起来，并且非常迅猛地掀起阵阵舆论海啸。与此同时，网络科技的快速发展也使新闻传播的地域性近乎无限扩展，刚刚发生在我们身边的新闻事件瞬间就可以插上翅膀传遍全世界。从"刘鑫江歌案"引爆全网到"紫光阁地沟油"上微博热搜（如图1-1所示），近期发生的很多新闻事件转眼之间就会被部分无良的网络新兴媒体炒得沸沸扬扬，有些新闻事件热点甚至被极为片面地夸大，而新闻事件背后至关重要的真相在一定程度上却早已被选择性忽略了。

图1-1 紫光阁地沟油事件截图

我们看到，在中国互联网飞速发展的这些年里，加之身为芸芸众生的我们目前仍旧生活在后现代主义社会里，这期间各种反理性主义、解构主义思潮、感性快乐主义已渗透到诸如哲学、社会学、文学、艺术等各个社会领域，在一定程度上也使得"众声喧嚣"这种现象逐渐成为一种常态。

在这二十多年时光里，互联网在一定程度上和一些领域中已经解构了中国传统社会里的许多因子，例如一些政府公共权力部门，学术界的一些权威人士，甚至还包括部分传统主流媒体原本无法撼动的地位……如果可以将当前整个中国传媒行业比喻成一艘航行在无边无际大海里的朦胧巨舰的话，那么这船上许多媒体从业人员则一直都在翘首以待，希冀能够立马寻见远方那灯塔上明亮的探照灯，而这便是习近平总书记曾论及的新型主流媒体建设理念。

早在2014年8月18日，中央全面深化改革领导小组第四次会议审议通过了《关于推动传统媒体和新兴媒体融合发展的指导意见》。

习近平在会议上强调，要着力打造一批形态多样、手段先进、具有竞争力的新型主流媒体，建成几家拥有强大实力和传播力、公信力、影响力的新型媒体集团，形成立体多样、融合发展的现代传播体系①。在某种意义上来看，这可谓对我国媒介融合事业做出了最顶层设计，同时也明确了传媒转型的最终目标和诉求。一时之间，国内的传媒学界和业界都欢欣鼓舞，众多媒体人士竞相转发这个重磅利好消息，其蝴蝶效应甚至一度带动国内资本市场中的传媒板块逆市上扬。

为了避免那些只为吸引眼球的片面报道去煽风点火误导广大受众，也为了更有效地开展舆论引导工作，如何打造新型主流媒体其实早已成为区域性传媒集团所面临的一项紧迫任务。换而言之，传统媒体只有在与新媒体融合过程中方才可能凤凰涅槃成为新型主流媒体。

但这媒体融合发展本身就是一个艰巨但又很伟大的工程，不仅需要所有媒体从业人员的共同努力，而且还需要广大受众群体给予现有媒体更多的关怀和支持。

现如今，我国国力日趋强盛，人民生活水平日益提高，国际影响力也在稳步攀升，习近平总书记在党的十九大报告中也明确指出中国特色社会主义已进入新时代，我国社会主要矛盾已经转化为人民日益增长的美好生活需要和不平衡不充分的发展之间的矛盾。② 同时他也强调要不忘初心，牢记使命，高举中国特色社会主义伟大旗帜，决胜全面建成小康社会，夺取新时代中国特色社会主义伟大胜利，为实现中华民族伟大复兴的中国梦而不懈奋斗。

改革开放四十多年来的经验教训都在证明一个道理：要实现国富民强，积极推进国家治理体系和治理能力现代化便是必由之路。而在某种

---

① 参见《关于推动传统媒体和新兴媒体融合发展的指导意见》，http：//media. people. com. cn/GB/22114/387950/。

② 参见习近平总书记在中国共产党第十九次全国代表大会上的报告，http：//theory. gmw. cn/2018－10/23/content_ 31806940. htm。

意义上而言，传播体系与传播能力现代化则是助推国家治理体系和治理能力实现现代化的重要途径之一。

而近些年，全国各地报业集团的生存压力日益凸显，纸媒阅读量急剧下降，印刷用纸消耗量持续下降，原本赖以生存的广告营销也一度呈现出断崖式下跌态势，营收能力大幅度下滑。除了受众大量流失外，与此相伴的还有各类记者、编辑人才的大量流失，更是加剧了传媒行业整体发展的严峻态势，有些地市传统主流媒体集团领导在面对记者采访时，甚至直接用了"救亡图存"四个字。

再将视野放到国外，我们也发现同行们的日子其实也并不怎么好过。据统计，从2007年到2017年的十年间，英国共有292家地方性报纸彻底关门大吉。主流报纸的发行量也呈现出了明显下滑趋势，仅2017年一年整个英国报业发行量就跳水了7.6%，全国性报纸的广告收入也下降了12%左右。①

所以说面对当前传统媒体影响力日渐式微，话语权受到新兴媒体巨大冲击的发展局面，全力打造新型城市主流媒体既可谓当前传统媒体生存与发展遭遇困境的倒逼之举，同时也是当前传统媒体谋求转型发展强烈诉求的鲜明体现。

现如今，中国正处于社会发展的关键时期，在社会财富持续快速增长的同时，人们的思维也趋于多样化，各种社会矛盾也随之日益凸显。例如在对近几年发生的"天津港爆炸案""山东辱母案"等公共热点事件的舆论引导上，部分传统媒体其实已时常处于"失语"和"失态"的尴尬境遇中，直到发现"谣言"的影响力越来越大，甚至已快要引爆群众情绪的时候方才开始出来辟谣，而其实此时或许早已经错过社会舆论引导的最佳时期。在某种程度上而言，导致传统媒体遭遇这一尴尬

---

① 参见光明日报社旗下中华读书报微信公众号2018年3月3日刊发的姚青群的《传统纸媒危机下英国报业的创新探索》。

处境的一部分原因也可归结为新兴媒体的发展已经赋予了广大受众们一些绕开官方解读，进而实现文本意义自我判断的权利。显而易见，倘若传统媒体想要摆脱这一处境，则势必需要其在社会公众强烈关注的重大新闻报道上持续发力，尊重新闻事实和广大受众的价值取向，构建起自身强大的公信力，努力打破官方、民间两个舆论场的对立，进而灵活运用新媒体等发展技术，同时也用广大受众喜闻乐见的方式去引导社会舆论。

综上所述，为了更好地体现国家对于传媒行业"巩固宣传思想文化阵地、壮大主流思想舆论"的发展要求，也为了各地传媒机构自身能够真正实现浴火重生，进而为社会主义事业建设贡献更强大力量，在现如今媒介融合背景下积极打造新型城市主流媒体已成为大势所趋。

第二节　研究目标

众所周知，以前广大受众观念里的主流媒体一般指的是各级党报党刊、电视台电台的新闻频道、中央主要新闻网站等。此后，伴随着大众化特性更加凸显的都市类媒体的异军突起，才逐渐开始囊括了都市报晚报、电视台的都市频道等方面。但就其基本发展要素来看，其人员配备基本都在体制之内，定位始终是为了传播主流价值，同时也在积极传递社会正能量，增强社会凝聚力。

而现如今，伴随着科技的迅猛发展，新兴媒体也呈现出蓬勃发展态势，诸如微信、微博、新闻客户端、短视频等各类媒介形态也是层出不穷，各领风骚十数年。值得一提的是，我们在本书中所提到的新型主流媒体主要着眼于其传播能力究竟有多强大以及是否在传播社会主流价值、主流意识形态。换而言之即，新型主流媒体拥有着更为强大的信息生产和服务能力，同时能够更好地传播党和政府声音，能够更好地满足人民群众的信息需求，也能够更好地占领当今资讯传播的制高点。

在当今社会主义事业的发展新时期，我国社会文化已日趋多元化，广大受众的信息需求也随之更加多元，于是城市主流媒体的涵盖范围就更加广泛了：既可以由传统大众媒体转型而成的复合媒体组织，也可以单纯来自强烈彰显分众化特征的新兴自媒体组织。但为了能够在本书有限篇幅中更深入、更有效地在媒介融合视域下开展一些定点研究，我们的研究重点更倾向于紧紧锁定前者。

所以就宁波这个计划单列市而言，新型主流媒体的研究范围一方面包括诸如宁波日报、东南商报、现代金报等报纸电子版，另一方面也包括诸如微信、微博、甬派等新闻移动客户端、东方热线论坛、中国宁波网等多种媒介终端①。

诸多事实也充分证明，宁波当地的传媒机构完全可以通过有效整合旗下所有媒介终端的力量并形成矩阵，最大限度地形成舆论宣传的合力，进行多渠道、全方位、立体化的传播，进而以此来提高在新形势下的传播能力与竞争能力。例如围绕宁波如何着力打造"一带一路"枢纽城市等特定重大主题，身为城市主流媒体重要组成部分的宁波日报报业集团已经从各个视角策划并推出了一系列报道等拳头产品，同时采用旗下多种媒介形态"协同发声"②的方法迅速营造起主题报道的磅礴声势，极大地提升了主题报道的影响力，彰显了新型城市主流媒体的权威性，获得了广大受众的交口称赞。

众所周知，在现如今媒介融合发展的新时代，面对日趋激烈的行业竞争环境，以往那种试图囊括所有受众群体，做新闻"一刀切"的传统媒体运营方式再也不可能非常精准地满足所有人群的所有需求，于是

---

① 囿于本书题目，宁波新型城市主流媒体研究范围稍稍显窄，暂时不包括宁波广电系统各类新兴媒体。

② 新型主流媒体在某种程度上也可谓以分众化、专业性媒体为重要构成要素的传媒集团。各式各样的媒介在其间是共同发挥作用，在矩阵里的每一个微信公众号、每一个子网站都是中坚力量，共同提升新型主流媒体影响力、舆论引导能力，乃至提高盈利能力。

进行一场全面、深刻的传媒变革也就显得格外迫切了。如果说构建丰富多彩的媒介形态属于是渠道建设的话，那么如何能更加高效地生产群众喜闻乐见的报道则可归为内容建设，而且这两者关联十分紧密：只有内容建设真正提高质量，渠道建设方才会真正更加富有价值。

近些年来，习近平总书记一直都心系媒介融合，他曾在《关于推动传统媒体和新兴媒体融合发展的指导意见》中一直强调推动媒体融合发展，要将技术建设和内容建设摆在同等重要的位置。要顺应互联网传播移动化、社交化、视频化的趋势，积极运用大数据、云计算等新技术，发展移动客户端、手机网站等新应用新业态，不断提高技术研发水平，以新技术引领媒体融合发展、驱动媒体转型升级。同时，要适应新兴媒体传播特点，加强内容建设，创新采编流程，优化信息服务，以内容优势赢得发展优势[1]。

如今部分出生在千禧年前后的年轻受众群体几乎都沉浸在"一机在手，世界我有"的快乐海洋中，很少再花时间、花精力去翻看杂志报纸，用他们的话来说即部分传统主流媒体生产的内容根本激发不起一点阅读兴趣，不值得花精力和时间细读，甚至是匆匆一瞥。而且他们还反映，在一些热点事件的报道中，尤其在针对一些突发重大事件时，一些传统主流媒体经常会语焉不详，甚至有的媒体出于一些主客观原因在关键时候不及时发声。

我们完全可以想象，如果任由这种落后的内容生产理念继续疯长，那么长此以往发展下去，势必就会造成传统主流媒体影响力急剧减弱。而且长期以来，部分传统主流媒体一直都是在按先前"正规军"的标准在进行集中管理，很多时候常处于"不应、不要、不让"报道两难选择的局面中，而现如今在面对野蛮生长的部分新兴自媒体组织的激烈

---

① 参见《关于推动传统媒体与新兴媒体融合发展的指导意见》，http：//media. people. com. cn/GB/22114/387950/。

冲击时，往往就会显得是捉襟见肘，缺乏竞争力了。

所以说，更新报道理念、报道方式理所应当是新型主流媒体内容建设的重中之重。因为只有在内容"可听、可用、可接受"之时，新型主流媒体集团旗下倾力打造的各类传播平台才会更有价值，否则纵使建再多的渠道也只是隔靴搔痒罢了。路漫漫其修远兮，吾将上下而求索，对于宁波日报报业集团而言，要全力推进区域性新型城市主流媒体建设战略不大可能会毕其功于一役，其中的前进方向、建设内容、选择路径等方面都有待于深入探索。

本书在具备研究价值和意义的同时，也具备一定可行性：从实践层面看，目前我国不少区域性报业集团都在紧锣密鼓地实施或推进该战略，有的地方在实践过程中已经取得了一些成绩，也累积了一定经验，其经验或教训都能为我们的研究提供一些较为丰富的基础材料。从研究层面看，目前国内外关于本课题的研究大体上可以分为三类：一是关于报业集团转型问题的整体研究，此类研究成果最丰富；二是关于单个媒介形态舆情引导问题的研究，此类研究成果也较多；三是关于区域性报业集团打造新型城市主流媒体问题的研究，此类研究成果目前已有一些，但数量并不多，尤其是专题讨论其中舆情研判、引导问题的研究则更是少之又少。已有的专题研究成果又多以个案研究居多，且基本都在论及某个层面或环节等细节问题。

就宁波日报报业集团而言，截至 2017 年 11 月，集团已连续在 11 届中国新闻奖评选中取得佳绩，累计获奖 21 项，这在全国同类媒体集团中也堪称出类拔萃。而且集团近年来在推进媒体融合、拓展文化产业等方面用力颇多，在业界也积聚了一些影响力。例如甬派创新发展项目《在移动互联网时代，新媒体以"新闻＋服务＋福利"创新引领媒体融合转型》曾获得 2015 年度宁波市宣传思想文化工作创新奖，"宁波日报融媒体一体化运行创新"与"甬派城市服务移动新平台"项目则荣获浙江报业创新奖一等奖等等。

如前文所述，在融合发展趋势下坚定不移地走转型发展道路业已成为当前我国传统媒体寻求变革的普遍性选择。各地传媒机构在保持传统主业（报刊与广播电视）正常运营的前提下，也纷纷推出诸如微信、微博、新闻客户端、短视频等各种类型的新媒体产品积极抢占移动终端，而所有这些拳头产品又构成了其旗下的新媒体矩阵。但值得一提的是，这些新媒体产品的质量如何？运营的绩效又如何？所取得的经济效益与社会效益能否像传统媒体一样接受评价与考核？如果可以考评，那么标准又是什么？可以采用何种机制来保证考评过程和结果的科学与合理？所有这些实际问题既困扰着一些传媒集团的经营者和管理层，也给新闻传播学界提出了不小挑战，在某种程度上而言，这其实也是从侧面佐证了我们的研究具有一定实践价值：我们的研究结果或许可为国内有关宣传主管部门、传媒行政主管部门以及包括宁波日报报业集团在内的各区域性报业集团做好舆论引导工作和谋求转型发展提供些许启示。

综上所述，在媒介融合背景下，努力打造新型城市主流媒体已成为当前我国区域性报业集团的必然选择，即报业集团内部各媒体或单位之间以及报业集团与外部有关媒体或单位之间在诸如内容、产品、信息采集、媒介终端、组织结构等方面所进行的全方位融合。我们完全有理由相信通过实施该战略，宁波日报报业集团全面转型之路也将会更加顺畅，与成为名副其实的"新型传媒集团"或"新型文化传媒集团"的目标也会更加贴近。显而易见，这种新型集团有别于传统传媒集团，具备了全新的运营机制，不仅发展模式更加健全，而且可持续发展能力也会更加强劲。

第三节　相关重要概念梳理

一　舆论与舆论引导

在搜集相关资料文献的过程中，我们发现有部分学者倾向于认为舆论这个概念应有显性和隐性之分。譬如关于隐性舆论，瑟斯通倾向于依据舆论的"显—潜标准"（Manifest-latent Lines）来界定："舆论是内在态度、潜在意愿的表达出来的形态。"① 奥尔波特则认为："舆论必须得到表达的同时，也认为不能忽略人们可能持有但没有表达出来的潜在意见。"② Lane 和 Sears 等人也明确提出了舆论应有诸如"没有表达出来的""私下的""内在的"等多种形态，同时强调"隐蔽的""未被表达出来的公众意见"更值得大家关注。③ 但笔者囿于篇幅，在本书中仅着重阐述显性舆论。

在我国古代，"舆论"两字一般分开表述，其中"舆"字的本义指的是车厢或者轿，"论"字则主要指的是分析阐明事物道理的文章、理论和言论等。作为一个词组，"舆论"最早见于《三国志·魏·王朗传》："没其傲狠，殊无入志，惧彼舆论之未畅者，并怀伊邑。"其后舆论也见于《梁书·武帝纪》："行能臧否，或素定怀抱，或得之舆论。"其中"舆论"即公众的言论，也就是众人的意见或看法。

而在西方古代社会也曾有类似舆论的记载，比如古代埃及曾有一首题为《一个厌倦生活的人同他的心灵的争论》的诗歌，它就曾指出舆论在特定条件下可以实现逆转。伴随着 15 世纪活字印刷术的广泛传播和 16 世纪新教改革的进一步深入，卷入各类事务讨论的受众基数也明显呈现出迅速扩大的趋势。但西方社会正式使用 public opinion 这个词语却还要晚得多，"舆论"这个词大致出现于 1762 年。在《社会契约论》一书中，卢梭首次把"意见"和"公众"两个词联系起来表示"舆论"，他认为舆论即用来表达人们对于社会性的或者公共事物方面

① Thurstone L. L., Attitudes can be measured, *American Journal of Sociology*, 1928, 33, pp. 539 – 554.

② Allport F. H., Toward a science of public opinion, *Public Opinion Quarterly*, 1937, 1, pp. 7 – 23.

③ Lane R. E., & Sears D. O., Public opinion, *Englewood Cliffs*, N. J. : PrenticeHall, 1964.

的意见。① 简而述之，舆论是社会中相当数量的人对于一个特定话题所表达的个人观点、态度和信念的集合体。②

在政治上，舆论一般被定义为人民民主的意见，而在社会心理学层面上则被看作多数人的意见或是富有优势的意见。在传播学领域，就国内而言，甘惜分认为舆论是社会生活中经济、政治地位基本相近的人们或者社会集团对某一事态大体相近的看法，他指出："舆论是一种社会思潮，人们窃窃私语，或公开议论，或发表文章，对某件事表示支持或反对，这就是舆论，也就是所谓的民意。"③

陈力丹认为舆论是权力中心以外的人发表的总和意见，它是权力中心以外的社会成员对社会的评价，是社会成员对社会具体事物的情绪、意见之总和。它是公众关于现实社会以及社会中的各种现象、问题所表达的信念、态度、意见和情绪表现的总和。舆论具有相对的一致性，受到社会公众的强烈关注，并且具有可持续性，包含着理性的成分与非理性的成分，对社会发展以及具体社会事务的进程会产生影响力。④ 概而述之，舆论一般具有如下几方面特性：一是具有相对一致性，二是受到社会公众强烈关注，三是混杂着理性与非理性的成分，四是能够对社会发展以及社会具体事务处理的进程产生影响。

彭兰则认为："舆论是指在一定社会范围内，消除个人意见差异，反映社会知觉和集体意识的具有相对一致性的公众意见。"⑤ 刘建明认为舆论是大多数人的具有权威性的意见。它是现实社会整体知觉和集合意识、具有权威性的多数人的共同意见。⑥ 喻国明等人认为舆论应是公

---

① 曹筱草：《社会转型期群体性事件的媒体舆论引导策略研究》，《广西师范学院学报》2013年第10期。
② 详参《不列颠行科全书》（中文版），中国大百科全书出版社2004年版。
③ 甘惜分：《新闻理论基础》，中国人民大学出版社1982年版，第52页。
④ 陈力丹：《舆论学：舆论导向研究》，中国广播电视大学出版社1999年版，第5—6页。
⑤ 彭兰：《网络传播概论》，中国人民大学出版社2015年版，第308页。
⑥ 刘建明：《基础舆论学》，中国人民大学出版社1998年版。

众对某一争议问题的共同意见，它是社会或社会群体中对近期发生的、为人民普遍关心的某一争议的社会问题的共同意见。① 王雄则认为舆论是人们对于感兴趣的生活领域尤其是公共事务所产生的一切意见的公开表达，是持续性与变化性、公共兴趣和个人兴趣的统一。②

而在国外学界，学者对于舆论的定义素来也是争论不断：有些人认为舆论是"多数人的共同意见"，有些人则认为舆论是"所有人的个人意见汇聚"。比如杜威就认为："舆论是由那些构成了公众并与公众事件有关的因素所形成并保持的一种判断。公众事件是与人们有关的任何事情，公众则是那些受问题影响的所有人。"③ 他倾向于认为舆论是所有人个人意见的汇聚。而以沃尔特·李普曼为代表的另一派学者则认为舆论是多数人的共同意见。李普曼指出舆论基本上就是对一些事实从道义上加以解释和经过整理的一种看法。④ 它是对人类群体和个人产生影响的关于自身、关于别人、关于他们的需求、意图和人际关系的图像。詹姆斯·扬也认为舆论就是社会中具有同一知觉的全体公众在公开讨论之后所形成的对一个具有普遍重要性的问题的社会判断。⑤ 其实在一定程度上，我们更倾向于认为舆论是非权力中心人员的社会公众对于所接收到的社会公众事务信息形成看法的总和。

在网络兴起之前，舆论的主要载体一般就是诸如报纸杂志、广播、电视等传统媒体。而在现如今数字化飞速发展的时代，传统舆论已逐渐将阵地转移到互联网上，于是网络舆论的相关话题就成为当前部分学者研究的重点。比如王一春将网络舆论定义为网民对于自己所关心话题包

---

① 喻国明、刘夏阳：《中国民意研究》，中国人民大学出版社 1993 年版。
② 王雄：《新闻舆论研究》，新华出版社 2002 年版。
③ John Dewey, *The Public and Its Problems*, New York: Henry Holt and Co., 1927, p. 18.
④ ［美］沃尔特·李普曼：《舆论学》，林珊译，华夏出版社 1989 年版。
⑤ James T. Young, *The New American Government and Its Work*, New York: The Macmillan Co., 1993, pp. 577 – 578.

括公共事务、公务人物、价值观念、历史评析等，以网络媒体为载体，通过以网络论坛为主阵地的网络公共空间，公开表达的具有强烈冲击力和影响力的公共意见。① 薛大龙和马军则认为："网络舆论就是在互联网上传播的公众对某一焦点所表现出的有一定印象力的、带有倾向性的意见或言论，是网络上呈现出来的对公共事件、公共人物、公共利益等方面的观念和立场。"② 简而言之，网络舆论就是在互联网环境下，广大受众通过网络这个新兴平台对一些公共事件所发表观点的集合。而群体性事件的网络舆论其实是人们对于社会所存在各种矛盾的不满，是情感积压之后的一种言语发泄，且舆论传播的强烈程度往往会随着事件的发展不断变化。众所周知，群体性事件的舆论传播范围广，影响力十分巨大。尤其是在媒介融合环境之下，网络群体性事件和社会群体性事件往往会在线上线下发生不同程度的"纠缠"，从而对社会造成一定负面影响。

关于网络舆论具体表现形态的研究方面，赵华、冯晶认为当前舆论主要是通过诸如报纸、新闻留言版块、QQ、微信、微博、新闻客户端跟帖等形式显现出来，其基本表达形态主要有以下几种：网络聊天如QQ、MSN 等，电子邮件、电子评论版、网络论坛以及一系列新媒体，包括博客、播客、维客、沃客、网络互动杂志、个人门户、掘客等。③ 显而易见，网络舆论的表现形态也在日渐丰富，相关研究的切入口也在不断涌现，等待着学者们的深入研究。

与传统舆论相比较而言，网络舆论往往更为复杂一些。比如传统意义上的舆论几乎都通过常规新闻媒介传播出来，其间往往还有把关人在进行各式调控，库尔特·卢因在《群体生活的渠道》一书中也曾认为

---

① 王一春：《网络舆论的非理性表达及其引导》，《华东师范大学学报》2010 年第 5 期。
② 薛大龙、马军：《网络舆情分析师教程》，电子工业出版社 2014 年版，第 2 页。
③ 赵华、冯晶：《浅谈我国网络舆论的表达形态》，《新闻世界》2010 年第 179 期。

信息的流动是在一些含有"门区"的渠道里进行的，在这些渠道中，存在着一些把关人，只有符合群体规范或把关人价值标准的信息才能进入传播渠道。① 而网络舆论则借助微信、微博、客户端和短视频等各类新兴媒体可以影响到各型各色的受众，几乎囊括了生活在这个社会中的各个阶层。与此同时，虽说网络舆情与传统舆情有着大致一样的发展阶段，但由于网络舆情主要通过电脑、手机等网络系统进行传播，与传统舆情所涉及的场域、传播范围、方式也大为不同，因而更具一定的隐蔽性。

与之相伴，网络舆论也会呈现出一定的复杂多变性，因为在这个"人人都有麦克风"的开放时代里，假如要对网上所有言论都进行 360 度无死角管控，有时往往也会显得有些力不从心。囿于诸如受信息不对称等因素影响，广大受众在接收信息时也经常会处于"盲人摸象"式的尴尬境地中，所以网络舆论往往容易受到煽动，最终导致变成谣言，将群体极化消极的一面从潘多拉魔盒中释放出来。网络对许多人而言，正是极端主义的温床，因为志同道合的人可以在网上轻易且频繁地沟通，但听不到不同的看法。持续暴露于极端的立场中，听取这些人的意见，会让人逐渐相信这个立场。② 很多时候，网民更关注话题本身而非事件真假。在注意力时代中，是否有话题性成为能否引发网络舆论的标志。即使是经不起推敲的假新闻，只要从中挖出有吸引力的话题，也能引起网民热议。③ 根据美国尼尔森 2010 亚太各国网民的用户习惯报告显示，在整个亚太地区，中国网民最喜欢发布负面产品评论，也只有中国网民发表负面评论的意愿超过正面评论，约有 62% 的中国网民表示，他们更愿意分享负面评论，而全球网民的这一比例则为 41%。中国青

---

① ［美］库尔特·卢因：《群体生活的渠道》，中国传媒大学出版社 2002 年版。
② 郭光华：《网络舆论主体的"群体极化"倾向》，《湖南师范大学哲学社会科学学报》2004 年第 6 期。
③ 郑雅宁：《网络舆论存在的问题与引导对策》，《青年记者》2016 年第 6 期。

年报社会调查中心上周的调查显示，对于尼尔森这一调查结果，41.3%的中国网民明确"认同"，41.9%的网友认为批评性言论更有价值；35.6%的网友认为负面评论多表明中国网民维权意识增强。① 王传宝也认为和过去相比，引发负面舆论的不再只是重大危机事件，也可能是充满趣味性和人情味的软新闻。随着中国网民规模的增大，平均文化程度走低，以名人八卦、丑闻、社会异常灾变、暴力、性和犯罪为主要内容的煽情性新闻也更容易博人眼球。② 杜骏飞也认为无从证实的传闻、流言、诽谤、误解、错误的信息、假情报、天花乱坠的谎言往往传播得更广更快。因为因特网用户有能力在几分钟内传播上万条错误信息，并在同一过程中不断增加一些虚构的情节。③ 正因为不良信息会形成负向舆论，扰乱正常社会秩序，所以研究如何针对网络舆论进行正确、有效的引导也就自然而然地成为国家新闻管理机构和高校新闻/传播方面科研工作的重中之重。

关于舆论引导的定义，我们赞同刘春波的观点，即舆论引导是指一定的政党、组织、群体、个人针对特定社会舆情，依据一定的社会意识形态来设置议题并进行议题互动，引导公众达成社会共识，帮助公众树立正确的社会信念、社会情感和社会价值观的实践活动。④ 关于应该如何进行网络舆论引导，王一春认为首先应明确党的主导地位，他提出党的宣传思想工作实质是工人阶级和人民群众的舆论工具，在本质上体现着人民群众的根本利益。⑤ 孙健等人则提出需要从加强传统媒体对网络监督的监督、规范网络报道的内容和方式等方面进行有效监督，从而追

---

① 详参中新网转载的文章《中国网民偏爱坏消息？媒体称病根在社会不完美》。具体网址是：http://www.chinanews.com/gn/2010/08 - 04/2444752.html.
② 王传宝、王金礼：《新闻煽情主义的伦理批判》，《南京政治学院学报》2010年第6期。
③ 杜骏飞：《网络新闻学》，中国广播电视出版社2005年版。
④ 刘春波：《舆论引导论》，博士学位论文，武汉大学，2013年。
⑤ 王一春：《网络舆论的非理性表达及其引导》，硕士学位论文，华东师范大学，2010年。

求一种健康、理性的网络舆论监督。① 显而易见，上述学者基本都在强调应由党委政府自上而下进行舆论引导。在此基础上，我们认为还应关注到那种由下而上进行的舆论引导。这不仅需要相关媒体的自律，而且还需要全社会的共同参与：媒体自律可以是纸媒、电视台，也可以是微信、微博、新闻客户端等传媒集团主导的新媒体不去发布一些虚假性新闻，乃至是煽动性新闻。而社会参与则还需要微博上各种网络大 V 等意见领袖，以及微信上自负盈亏、为数众多的公众号运营机构来共同参加。

值得一提的是，我们在此还需要再简单分析一下"两个舆论场"这个概念。在中国，一般认为该理论最早是由原新华社总编辑南振中在《把密切联系群众作为改进新闻报道的着力点》一文中所提出，即在现实中存在着两个并不完全重叠的"舆论场"，一个是主流媒体着力营造的"媒体舆论场"，另一个是人民群众议论纷纷的"口头舆论场"。② 伴随着互联网技术的快速发展，人民网舆情监测室秘书长祝华新将两个舆论场重新定义为"官方媒体舆论场"和"民间舆论场"。其中官方舆论场主要宣传的是国家和政府的方针政策及社会主义核心价值观，其立场主要站在国家和政府一边，党报、电视台等传统媒体是其重要发声平台。对于这些媒体而言，官方对于其管控力度往往会比较大。这其实也会导致部分传统媒体只擅长传播主旋律声音，针对一些负面信息则体现得比较少甚至是没有体现，有时甚至会处于"失语"状态。而民间舆论场则主要表达的是人民群众对于国家、社会等的意见与观点，其立场主要站在人民群众一边。以前其传播渠道主要是口口相传，而现如今则已顺应发展形势演变为以微信、微博、客户端、短视频等网络新兴媒体为主，传统媒体为辅。相对而言，民间舆论场所传播的信息显得更加多

---

① 孙健、徐祖迎：《网络舆论监督及其规范》，《中国行政管理》2011 年第 5 期。

② 南振中：《把密切联系群众作为改进新闻报道的着力点》，《中国记者》2003 年第 3 期。

样化，其中既会出现主旋律信息，也会出现不少负面信息，甚至是完全不同的几种声音。

就整体而言，这两个舆论场在很多时候还可能会存在一些交集：媒体有时反映的主要是官方舆论场，而在其他一些时候则主要代表了民间舆论场。换而言之，如果两个舆论场之间重叠的部分越多，舆论引导也就越具有效性；相反如果两个舆论场之间分化越严重，则会导致舆论引导的有效性越低，长此以往还会严重地影响政府的公信力，甚至会有亡党亡国的危险。

因此如何去打通两个舆论场，尽可能地去减少两个舆论场的分化，如何有效打破社会舆论之间的冲突与对立是目前亟待解决的一个问题，否则面对同一个事件，相关舆论发声平台可能会因为其立场不同而发布出一些具有一定差异，甚至是观点、态度截然相反的报道，尤其在某些特定突发性事件中，面对同一个热点事件，官方和主流媒体一般会表明类似的态度，而在互联网新兴社交媒体上则或许会展示出另一种完全不同的态度。在现实生活中，针对不同社会角色或许还会存在某些刻板印象，例如官员与上访群众、城管与摊贩，等等，而在两个舆论场分化的境遇下，处于这些社会角色之中的人们往往会存在着一定"先天"，抑或莫名其妙的对立情绪，而这种非正常的情绪也完全有可能波及部分"貌似理性"的旁观者，进而触发一系列"涟漪反应"，进而导致出现一些非可控的影响。

所以说，现如今舆论引导的前置条件概而述之即是受众身处何地，主阵地就扎根何处。如何去主动顺应媒体融合发展新趋势，着力构建舆论引导新格局，主动占领阵地以便于更有效率地传播主流价值观，引导好社会舆论，讲好中国故事以及大家的故事便显得尤为重要。

二　媒介融合与新型主流媒体

众所周知，关于媒介的概念，我们既可以有狭义的概念，也可以有广义的概念，我们在本书中秉持的即是广义的概念，意指使事物之间发生关系的介质或工具，正如麦克卢汉认为媒介即万物，万物皆媒介（The medium is the message），媒介无时不有，无处不在。

纵观新闻媒体发展的历程，可以看出新闻媒介的具体形式一直在随着技术发展不断发生演变，从报纸、广播等传统媒体到电视，再到现在的移动新闻客户端、短视频，不仅内容更加丰富，而且连形式也更趋多样。

近些年来，互联网技术日新月异的发展直接推动了以笔记本电脑、平板电脑、智能手机等为代表的个人移动终端的普及，而这也直接促成了传统新闻传播方式的巨大变化，一些更加具有个性化和服务意识的新兴媒体已逐渐在取代传统媒体原本"无法撼动"的地位。凭借其丰富多样的形式，随时随地都可互动交流的便捷性，以及其渠道覆盖多元性等特点，新兴媒体在现代传媒产业中占据越来越重要的位置，相对于诸如纸媒、户外、无线广播、电视等传统媒体，互联网新兴媒体也被十分形象地称为"第五媒体"。

值得一提的是，"新媒体"一词最早由美国 CBS 技术研究所所长 P. 戈尔德马克于 1967 年提出，距今已有 50 余年。历经这些年的发展，其内涵也在不断地丰富中，正如郭庆光认为的那样："目前我们所研究的新媒介主要是伴随数字通信技术、网络技术和计算机多媒体技术等技术的革新和发展而出现的新型传播媒介，这个范畴的新型传播媒介包括多频道有线电视、跨国卫星广播电视和互联网等形式。"[1] 而蒋宏则认为："就内涵而言，新媒体是指 20 世纪后期在世界科学技术发生巨大进步的背景下，在社会信息传播领域出现的建立在数字技术基础上的能使传播信息大大扩展、传播速度大大加快、传播方式大大丰富的，与传统媒体

---

[1]　郭庆光：《传播学教程》，中国人民大学出版社 1999 年版，第 153 页。

迥然相异的新型媒体。就外延而言，新媒体包括了光纤电缆通信网、有线电视网、图文电视、电子计算机通信网、大型电脑数据库通信系统、卫星直播电视系统、互联网、手机短信、多媒体信息的互动平台、多媒体技术广播网等。"①

与传统媒体相比，新兴媒体所传播的内容更加广泛，往往也就更容易赢得受众的广泛认同。而且其所传播的诸种信息在互联网环境中也往往会经由不同受众间的不断重复分享，进而形成一定规模的信息库，以便于受众更加全面地接收信息；新媒体往往采用一些数字化的制作传输手段，讲求传播中介简洁化、传播终端移动化、传播范围广泛化、传播时效迅速化，并且为不同形态的信息提供了融合的技术平台。② 新媒体极大地突出了传受双方的互动性，诸如微博、微信等媒介不仅为人们提供了信息交流平台，而且受众在获取信息后，仍可附带自己的多元见解对其进行二次传播，这种传播形态已经由传统的单向传播迅速转化为双向，甚至是多向互动传播，相关信息经过新媒体数字化技术处理后，往往也会在受众脑海中形成更深刻的印象。概而述之，与传统媒体相比，新兴媒体主要具备两种优势：一是丰富的互动性。传统大众媒体的信息传播基本上都是单向度，传播者与接收者之间的双向交流较少。而新媒体则恰恰相反，由于数字化技术的飞速发展，使信息收集和制作变得相对较为简单，广大受众也不再只是被动接收信息的一方，在很多时候也完全可以成为传播信息的一方。通过这两者间角色的灵活转换，彼此之间的互动体验也会更加良好。二是个性化和点对点传播维度更加扩大。在现如今互联网环境下，信息的传播者完全可以对信息用户不同的信息需求进行分类，然后再提供有针对性的服务满足其个性化需求。比如现

① 蒋宏、徐剑：《新媒体导论》，上海交通大学出版社 2006 年版，第 14 页。
② 高山冰：《电视与新媒体融合背景下城市形象传播研究》，《文化产业研究》2015 年第 1 期。

在许多商家会经常通过微博、微信向潜在的或者既有的消费者提供商品服务信息，这在京东、淘宝等电商平台诸如"双十一""双十二"等各种节日促销宣传上已经得到淋漓尽致的体现，这其实也是一种分众传播的范式，尤其在相关用户精准画像广告的精准投放方面。

值得一提的是，"自媒体"一词也经常与新媒体一道进入广大受众的视野。它由美国新闻学会的媒体中心的谢因波曼、克里斯威理斯于2003年共同提出的，他们认为 We Media（自媒体）是普通化经由数字科技强化、与全球知识体系相连之后，一种开始理解普通大众如何提供与分享他们本身的事实、他们本身的新闻的途径。[①] 我们认为它主要指的是一些非官方化传播者使用现代化传播技术，向不特定的大多数或者特定的单个人传递规范性或非规范性信息的媒体的总称，通常也可称为"个人媒体"或者"公民媒体"：一个普通市民或机构组织倘若能够在任何时间、任何地点，以任何方式访问网络，并通过现代数字科技与全球知识体系相连，那么就可以随时随地发布自己所见所闻、所思所想所作所为。最具代表性的平台有美国的 Facebook、Twitter，还有中国人早前或者近来常用的博客、微博、微信等 SNS 社交网络。

它与传统媒体最显著的区别就是其别具一格的传播方式——自主交叉互播。正是拜这种传播方式所赐，信息在传播过程中就已呈现出裂变式、病毒式传播形态，受众获取信息的途径也不再局限于报纸、广播及电视等传统媒介。显而易见，在自媒体形态下的信息传播已经不再是传统主流媒体所主导的点对面传播，而是更倾向于大众之间的点对点传播。在这个过程中，广大受众对于信息的需求更加多元，信息传播速度更快，传播范围更广，同时其内容感染性也更强。

正所谓任何事物都具有两面性，斯坦利·巴伦曾指出媒介已经完全

---

① 张开：《媒体素养教育在信息时代》，《现代传播》2003 年第 1 期。

渗透到我们的日常生活当中，以致我们经常感觉不到它的存在。媒介可以向我们传递信息，给我们提供娱乐，使我们兴高采烈，也让我们烦恼困惑。媒介也可以改变我们的情绪，挑战我们的知识，侮辱我们的理智。媒介经常把我们变为最高中标者的廉价商品。媒介给我们下定义，为我们塑造现实。① 新媒体同样也是一柄锋利无比的双刃剑：它在带给我们快捷和便利的同时，也将诸如网络暴力、知识获取碎片化信息茧房等问题不留情面地丢给了我们。

众所周知，传统媒体一般指的是一种基于大众传播、通过报纸、电视等媒介为公众发布信息、提供内容产品，并进行传播渠道运营的媒介组织。② 其主体包括报纸、广播、电视、杂志四大类形式。其传播主要是以点对面的方式，呈现出发送者到受众由上而下、单向的信息传输。在欧美各国，主流报纸一般指的就是高级报纸或称严肃报纸，比如我们耳熟能详的《纽约时报》《泰晤士报》等，通常它们也被称为主流媒体。朱春阳等学者认为："主流媒体又叫精英媒体或议程设定媒体。这一概念最早由美国麻省理工学院的语言学家乔姆斯基教授提出。"③ 主流媒体通常都有着严格稿件要求，编辑则根据相关要求来筛选各类新闻，在很长一段时间内，所有主流媒体几乎都牢牢把控着社会舆论的走向。在我国，有些学者也认为主流媒体就是官方媒体，其主要目的是要报道主流信息，拥有主流用户，占据主流市场，吸引主流广告，形成主流品牌的媒体。因此，影响主流人群、代表主流意识，传播主流新闻，形成强大的社会影响力。④

----

① ［美］斯坦利·J. 巴伦：《大众传播概论——媒介认知与文化》（第三版），刘鸿英译，中国人民大学出版社 2005 年版。

② 谭天、林籽舟：《新型主流媒体的界定、构成与实现》，《新闻爱好者》2015 年第 7 期。

③ 朱春阳、刘心怡、杨海：《如何塑造媒体融合时代的新型主流媒体与现代传播体系》，《新闻大学》2014 年第 6 期。

④ 陈力峰、左实：《主流媒体的价值与要素解析》，《今传媒》2008 年第 7 期。

正如黄传武指出的那样："从相对论角度来说，与传统媒体相对的是新媒体，新媒体往往兼具多种媒体的特征和特长。"① 新媒体借助强大的互联网技术获得了及时发布、信息容量大、互动性强等优势，进而打破了传统媒体对于传播渠道的垄断和控制，使广大普通受众也有了专属的传播工具。在这个媒介融合的"战国时期"，诸如微博、微信、客户端、短视频等新兴媒体已经凭借着各自的优势攻占了国内外受众市场，且暂时形成了相对稳定的发展格局。

于是如何建设新型主流媒体也逐渐成为近些年传媒行业发展的关键词。我们认为新型主流媒体可以是新型媒体的主流化，也可以是主流媒体的新型化，相较之前拥有更丰富的内涵：新型主流媒体是兼具新兴媒体和主流媒体的功能与属性，既拥有强大实力、传播力、公信力和影响力，又有形态多样、手段先进、具有竞争力等特征的新的主流媒体。②

关于如何建设新型主流媒体，首先我们可以从"互联网思维"这个词汇进行切入。雷军曾将其归纳为专注、极致、口碑、快。③ 柳传志也认为互联网思维与传统产业的对接，会改变传统的商业模式。互联网思维开放、互动的特性，将改变制造业的整个产业链。因此，用好互联网思维，制造业链条上的研发、生产、物流、市场、销售、售后服务等环节，都要顺势而变。这些理念虽说大多是互联网公司掌门人的经验总结，但在某种程度上也可以为传统媒体的发展转型提供一种全新思路。因为两者都试图在传播过程中尽可能多地聚集用户，尽可能地有效服务用户，以便提升影响力和竞争力。正如现如今许多新媒体已经不再像传统媒体一样满足于单向度地去投送各类新闻资讯，而是在用户行为模式识别和信息服务精准化投放等方面大做文章，极大地提高了多媒体、多

① 黄传武：《新媒体概论》，中国传媒大学出版社 2012 年版，第 2 页。
② 谭天、林籽舟：《新型主流媒体的界定、构成与实现》，《新闻爱好者》2015 年第 7 期。
③ 钟殿舟：《互联网思维：工作、生活、商业的大革新》，企业管理出版社 2014 年版，第 34 页。

终端信息发送效率。石长顺等学者就将其总结为："新型主流媒体不仅是要融合各种媒介的优势，更要精心研发如何在每一种媒介上，传播差异化的媒介信息与产品。"① 诸多事实也充分证明只有那些符合用户特定需要的媒介才能获得用户的关注，进而赢得他们一定时长的使用权限。所以说如果想要建立起一个强有力的新型主流媒体，就必须要转变传统传播观念，着力探索出一条个性化、社群化的用户服务的新途径来。之前很多传统媒体都提出要扮演好内容生产商的角色，仍旧坚持以"内容为王"。不可否认，这绝对是有价值、有良心、有底线的战略选择，同时也应是一家媒体的立命之本。但在现如今全新的时代背景下，光注重内容生产往往还远远不够，有时酒香也怕巷子深。

因为新媒体的快速崛起，已经让传播渠道和内容生产日趋分离。关于这点，我们可以单就 2017 年宁波互联网发展情况② 来看，在网民属性/结构分析层面：

据艾媒数聚提供的统计数据，截至 2017 年 12 月底，宁波市网民规模为 627.8 万人，手机网民规模为 475 万人，网络普及率和手机网络普及率分别为 78.4% 和 80.1%。与省内城市横向比较，宁波的上述指标在省内排名均为第二，仅次于杭州。

表 1-1　　　　　　　　宁波网民规模及其基本构成情况分析

	浙江省	宁波市
网民规模（万人）	3956	627.8
网络普及率（%）	70.8	78.4
宽带用户（万人）	2464.5	384
手机网民（万人）	3904.6	475
手机网民占比（%）	98.7	80.1

① 石长顺、梁媛媛：《互联网思维下的新型主流媒体建构》，《编辑之友》2015 年第 1 期。
② 详参笔者参与编著的《宁波网络文化发展蓝皮书（2017）》。

根据表 1-1，我们发现：（1）宁波市网民占全省网民的比例为 15.87%，高于宁波市常住人口占浙江省常住人口比例 14.47%。（2）宁波的网络普及率高于全省数据 7.6 个百分点，但宁波手机网民占比却低于全省数据 18.6 个百分点，差距仍较大。

此外，通过查阅其他相关资料和进行数据比对，还发现：

1. 2016—2017 年，宁波网民数量有较大增长，增幅超过人口增幅。2016 年，杭州、温州、宁波三市人口列浙江省前三位，分别为 918.8 万人、917.5 万人、787.5 万人[①]，对应的网民数也处于前列，分别为 735.3 万人、589.6 万人和 578.6 万人。2017 年，杭州市、温州市、宁波市的人口分别为 946.8 万人、921.5 万人、800.5 万人[②]，网民数分别为 795.6 万人、630.3 万人和 627.8 万人。可以看出，2017 年宁波网民数量较 2016 年增加了 49.2 万人，增幅为 8.5%，明显超过人口增幅（1.65%）。网民规模与温州差距进一步缩小，但与杭州差距仍较大。

2. 2017 年宁波市网络普及率较 2016 年上涨较多。2016 年 12 月底，浙江省内网络普及率较高的三个城市杭州、宁波、金华的网络普及率分别为 80%、73.5%、67.9%；2017 年 12 月底，杭州市的网络普及率为 84.0%，宁波、金华分别为 78.4% 和 73.8%。由此可见，2017 年宁波网络普及率较 2016 年提高 4.9 个百分点，与杭州相比差距在缩小。

如图 1-2 所示，宁波网民性别比接近 1∶1，其中男性占 50.5%，女性占 49.5%，男性比女性略高 1 个百分点，比例基本均衡。

宁波网民中，30 岁以下的年轻人占据了半壁江山（见图 1-3）。20 岁以下、20 岁到 29 岁的年轻网民占比分别为 24.9% 和 30.9%。30 岁到 39 岁的网民占比为 26.6%，40 岁到 49 岁的网民占比为 13.9%，50

---

① 资料来源于《2016 年浙江省人口抽样调查主要数据公报》。
② 资料来源于《2017 年浙江省人口抽样调查主要数据公报》。

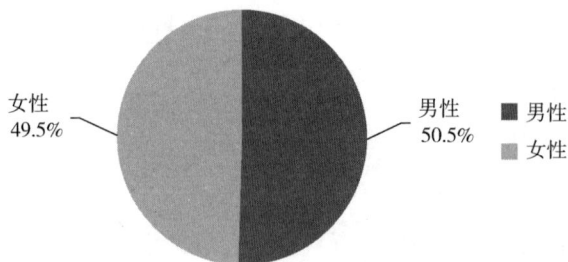

图1-2　宁波网民性别比分析图

岁及以上的网民占比为3.6%。各年龄段网民分布相对均衡。

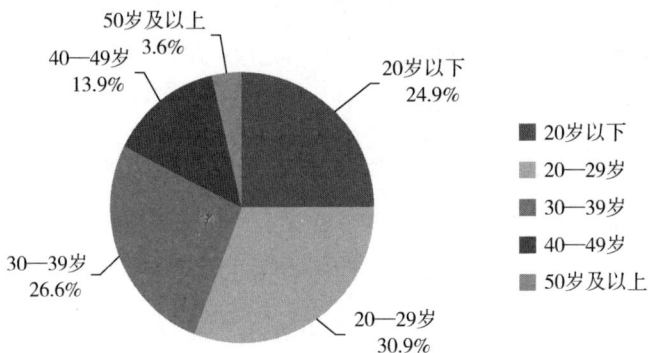

图1-3　宁波网民年龄结构分析图

宁波小学及以下学历网民占比为6.4%，初中学历网民占比为18.8%，高中学历网民占比为25.4%，专科学历网民占比为19.6%，本科学历网民占比为25.3%，研究生及以上学历网民占比为4.5%。由此我们可以看出，宁波中等学历（初中—本科）网民占比最高，累计为89.1%，其中专科至本科即受大学教育网民占比为44.9%，相应高出初中、高中学历网民26.1个百分点、19.5个百分点，这些数据显示出现阶段宁波近半网民受过大学教育，整体文化层次位于中上水平，宁波高中以下学历网民占比为25.2%，低于浙江省水平（56%）30.8个百分点，也明显低于全国水平（80%）54.8个百分点。但值得一提的是，宁波小学及以下学历、研究生及以上学历网民所占比例都较少，前者较后者仅高出 1.9 个百分点，这也显示出宁波网民学历呈现出中间高两端低的发展趋势，如图 1-4 所示。

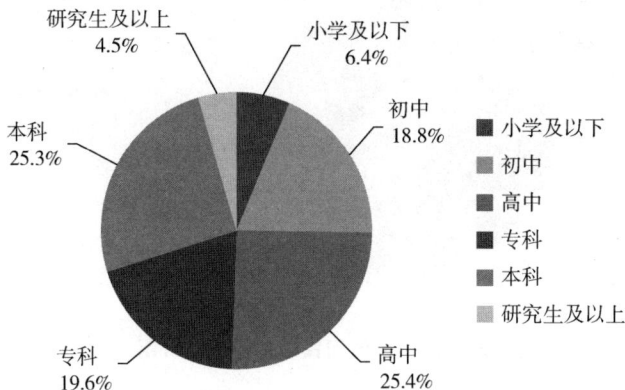

图1-4 宁波网民学历结构分析图

而且随着社会发展，我们可以预见小学及以下学历网民会逐渐淡出历史发展舞台，但如何吸引并留住硕士、博士等高层次人才已成为制约宁波后续发展的重要因素。

在宁波网民身份/职业构成要素中，党政机关、事业单位工作人员占比为 2.7%，企业或公司管理者网民占比为 8.6%，企业或公司一般职员占比为 39.8%，专业技术人员占比为 21.1%，服务业从业人员占比为 8%，农林牧渔劳动者占比为 3.6%，退休人士占比为 0.6%，学生占比为 15.2%，其他工作人员占比为 0.4%，如图 1-5 所示。由此可见，宁波网民主要由企业或公司一般职员（白领）、专业技术人员、学生等群体构成，已达到 76.1%。而相比较而言，退休人士和其他工作人员（例如个体户等）占比较少，合起来仅为 1%，其群体潜力仍值得深挖。

宁波网民中无收入的群体占比为 8.8%，30000 元/年以下的群体占比为 10.1%，30000—50000 元/年的群体占比为 7.8%，50000—70000

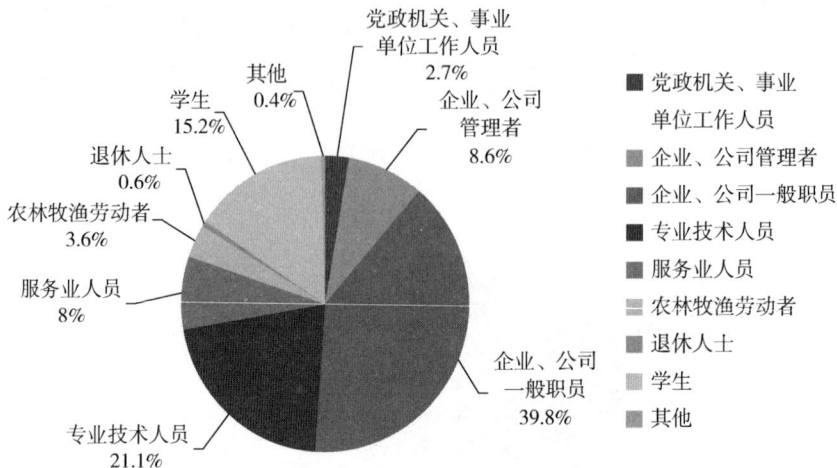

图1-5 宁波网民身份职业分析图

元/年的群体占比为19.2%，70000—100000元/年的群体占比为29.1%，100000—150000元/年的群体占比为24.4%，150000元/年以上的群体占比为0.6%（见图1-6）。

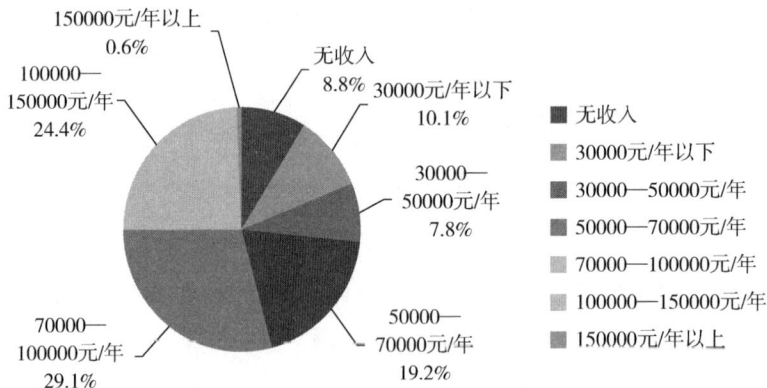

图1-6 宁波网民收入结构分析图

由此可见，宁波网民收入50000元/年以下群体占比为26.7%，收入50000—150000元的群体占比已达到72.7%，说明宁波网民以"中产阶层"为主。

如图 1 - 7 所示，宁波网民已婚与未婚比例为 6∶4。

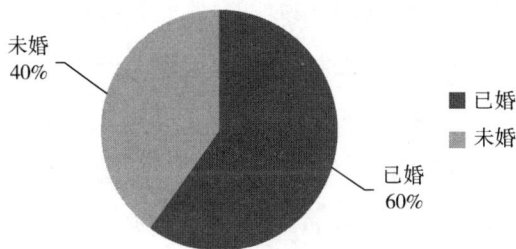

未婚
40%

已婚

未婚

已婚
60%

图 1 - 7　宁波网民婚姻状况分析图

宁波网民中城镇与农村人口差距较大，其中城镇人口占比为 83.6%，而农村人口占比为 16.4%，城镇人口为农村人口的 5.09 倍，如图 1 - 8 所示，主要源于宁波市城镇化率的提升，如农村人口不断转化为城镇人口，高校学生的涌入等诸多因素。由此可以看出，农村地区的互联网未来还有一定的发展空间。

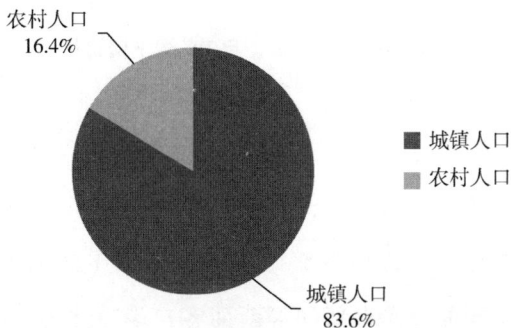

农村人口
16.4%

城镇人口

农村人口

城镇人口
83.6%

图 1 - 8　宁波网民户籍状况分析图

此外，截至 2017 年 12 月，浙江省城镇网民规模为 2824.6 万人，占全省网民总数的 71.4%；农村网民规模为 1131.4 万人，占全省网民总数的 28.6%，城镇人口与农村人口的比率为 2.49 倍。由此可见，宁波网民群体中城镇人口与农村人口的比率明显高于全省水平，为其 2 倍。

宁波网民使用 PC 端上网的目的主要有七类：其中工作为 42.3%，

学习为19.8%，娱乐（游戏、小说、影视观看）为57.3%，获取资讯为39.2%，购物（淘宝、京东）为22.1%，其他便捷生活服务（携程、购买电影票）为4.4%，其他为0.4%，如图1-9所示。由此我们可以看出目前宁波网民使用PC端上网主要是为了娱乐、工作和获取资讯[①]，学习和购物居于其次，这部分需求仍有待于进一步开发，而便捷生活则似乎与手机移动端更搭配，在PC端仍有待发展。

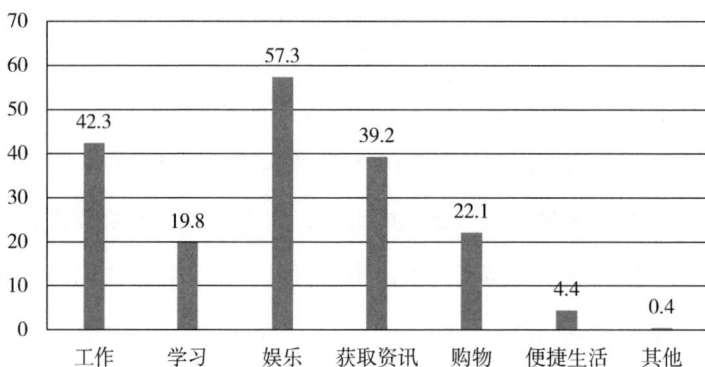

图1-9　宁波网民使用PC端上网目的

宁波网民获取网络新闻等信息主要有六个途径：微博、微信等社交媒体占比为25.9%，一点资讯、今日头条等资讯类网站占比为37.3%，新华社、人民网等中央媒体占比为24%，中国宁波网占比为15.6%，凤凰新闻、网易新闻、澎湃新闻等新闻客户端占比为36.2%，浏览器推送的新闻所占比例为25.5%（见图1-10）。可见，宁波网民获取网络新闻等信息主要是用资讯类网站、新闻客户端，其次是社交媒体、浏览器推送的新闻和中央媒体。网民对本土的资讯平台和网站的认可度，似乎还并不是很高。

将近六成的宁波网民习惯使用百度搜索。宁波网民喜欢使用的搜索

---

① 因这部分是多选，所有数据累计起来有时已经超过100%。

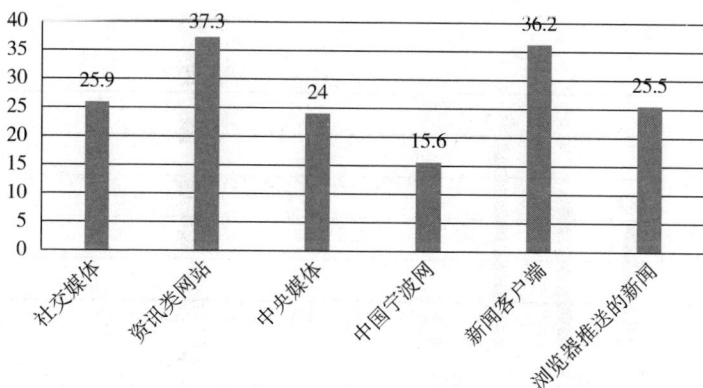

图 1 - 10　宁波网民信息获取渠道分析图

引擎，主要有：百度（占比 57.5%），360（占比 19.6%），搜狗（占
比 13.5%），谷歌（占比 7.6%），必应（占比 1.9%）（见图 1 - 11）。

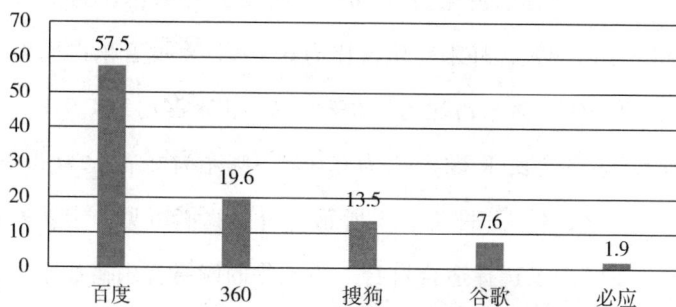

图 1 - 11　宁波网民使用搜索引擎分析图

　　宁波网民网络购物主要有十大渠道：淘宝占比为 28.6%，天猫占
比为 34.6%，京东占比为 48.2%，唯品会占比为 2.1%，亚马逊占比为
1.7%，拼多多占比为 1.4%，1 号店占比为 0.6%，苏宁易购占比为
0.8%，当当占比为 0.2%，洋码头占比为 0.2%。由此我们可以看出，
宁波网民网络购物主要依托国内电商平台，其他海购电商平台今后还大
有发展潜力。在国内电商平台中，淘宝、天猫、京东等主流大型电商平
台，尤其是阿里巴巴公司所占份额更是一枝独秀，已达到 63.2%，详

见图 1 - 12。

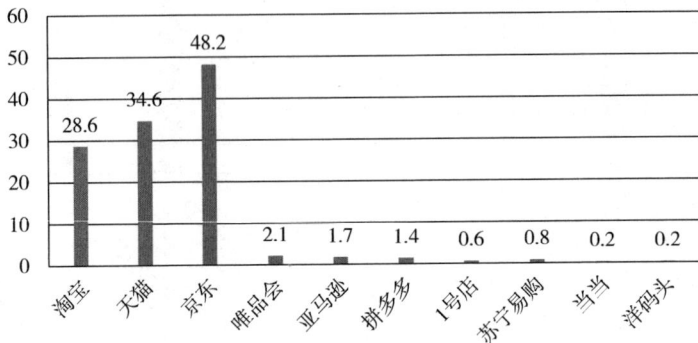

图 1 - 12　宁波网民网络购物分析图

2017 年宁波网民网络音乐选择渠道主要有十三种：其中 QQ 音乐占比为 36.3%，酷狗音乐占比为 28.8%，网易云音乐占比为 11.3%，酷我音乐占比为 10.9%，虾米音乐占比为 6.1%，百度音乐占比为 4.8%，唱吧占比为 1.9%，多米占比为 2.8%，荔枝 FM 占比为 1.7%，喜马拉雅占比为 1.7%，全民 K 歌占比为 0.8%，咪咕音乐占比为 0.4%，千千静听占比为 0.2%。如图 1 - 13 所示。由此我们可见，宁波网民根据各自需求，更倾向于选择适合自身、多元化的网络音乐播放平台，目前主流的播放平台也跟其他城市类似，主要是目前已经做大做强的 QQ 音乐、酷狗音乐、网易云音乐和酷我音乐等。

宁波网民观看网络视频的渠道主要有八种：其中腾讯视频占比为 32.9%，爱奇艺占比为 39.7%，优酷占比为 29.2%，芒果占比为 5.7%，土豆视频占比为 1.6%，乐视占比为 2.2%，搜狐占比为 2.9%，暴风影音占比为 1.5%，如图 1 - 14 所示。由此可见，宁波网民观看网络视频的渠道也较为丰富，根据自身需求各有侧重，但主流观看平台仍旧是国内已经发展成熟的腾讯视频、爱奇艺、优酷（土豆）和芒果，其他观看平台目前所占份额仍旧不大。

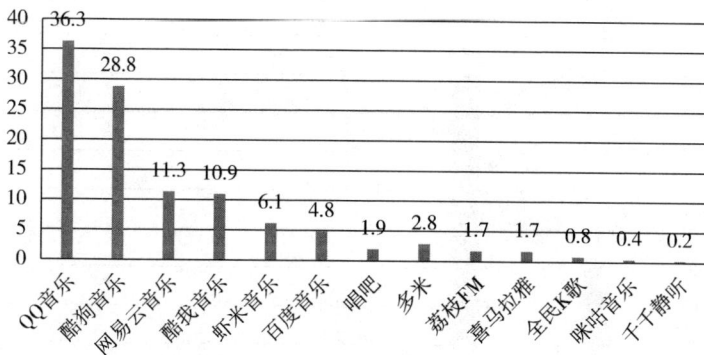

图 1 - 13 宁波网民使用网络音乐状况分析图

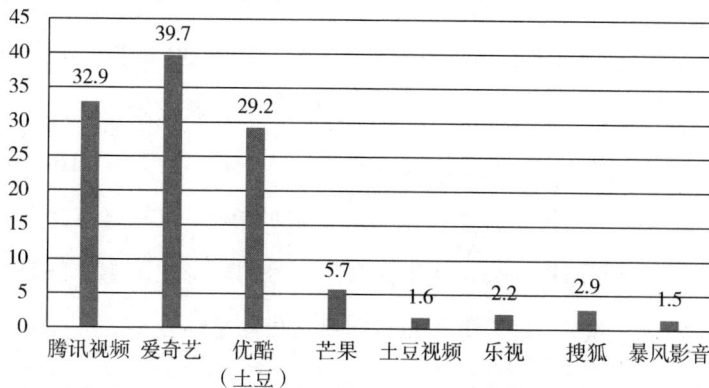

图 1 - 14 宁波网民观看网络视频渠道分析图

宁波网民社交媒体选择途径主要有五种：其中微信占比为 22.7%，QQ 占比为 70.5%，新浪微博占比为 3.8%，腾讯微博占比为 2.5%，新浪博客占比为 2.5%。如图 1 - 15 所示。可见，承载宁波网民主流工作、学习和生活交流的社交媒体主要被新浪和腾讯两家公司所包揽，其中新浪公司（包含新浪微博、新浪博客）占比 6.3%，难能可贵的是新浪博客竟然仍有 2.5% 的份额，可见这部分网民群体今后仍旧值得维护。而腾讯公司（包括微信、QQ、腾讯微博）已是一家独大，其中微信、QQ 更是几乎成为甬城乃至全国社交媒体的标配，早已渗透进网民的工作、学习及日常交流等方方面面。

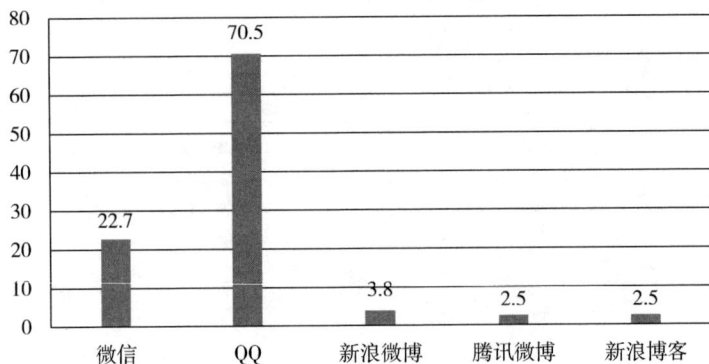

图1-15 宁波网民社交媒体使用分析图

宁波网民电子邮件选择渠道主要有六种：其中 QQ 邮箱占比为 31.9%，网易邮箱占比为 33.2%，139 邮箱占比为 6.9%，新浪邮箱占比为 2.1%，雅虎邮箱占比为 0.8%，搜狐邮箱占比为 0.6%，如图 1-16 所示。可见，宁波网民主要还是喜欢选用当前主流的 QQ、网易邮箱，也有一部分网民倾向于使用移动公司旗下能与手机号同步绑定的 139 邮箱。而其他诸如新浪、雅虎、搜狐等邮箱目前所占份额总体较小。

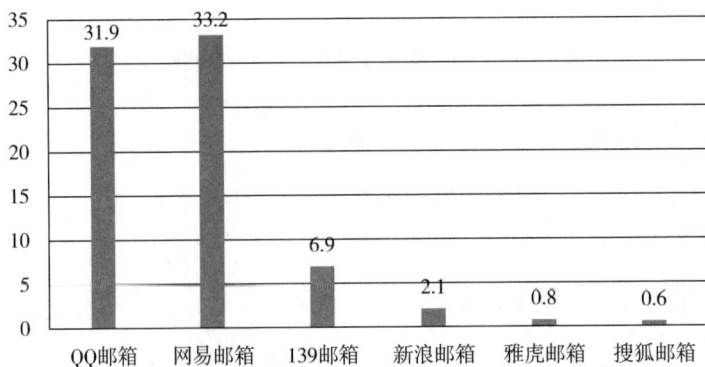

图1-16 宁波网民电子邮箱选择渠道分析图

2017 年宁波网民主要使用七种浏览器：其中 IE 浏览器占比为 16.2%，360 浏览器占比为 25.1%，搜狗浏览器占比为 12.4%，谷歌浏览器占比为 22.7%，腾讯 QQ 浏览器占比为 7.6%，火狐浏览器占比为 12.6%，safari 苹果浏览器占比为 3.4%。可见，宁波网友偏爱功能齐全、性能稳定的 360、谷歌、IE 浏览器，其次才是火狐、搜狗、QQ 等浏览器，而目前着力走高精尖路线的 safari 苹果浏览器则还是小众产品，覆盖面较窄，主要面向苹果用户，情况如图 1 - 17 所示。

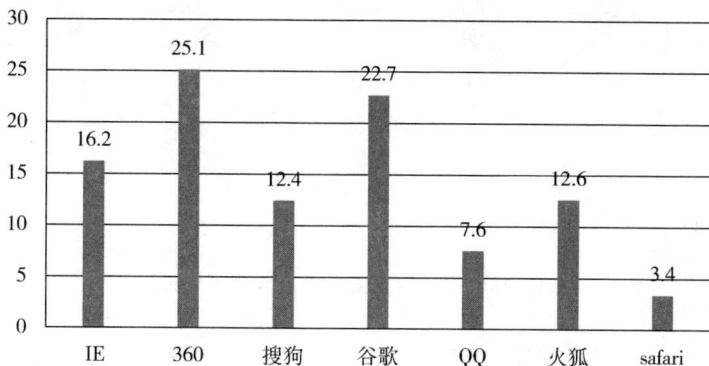

图 1 - 17　宁波网民所用浏览器分析图

宁波网民用电脑上网时长分布如下：2 小时以下占比为 17.3%，2—4 小时（不含 4 小时）占比为 29.9%，4—6 小时（不含 6 小时）占比为 24.6%，6—8 小时（不含 8 小时）占比为 20.6%，8 小时以上占比为 7.6%。由此我们可以看出，宁波网民用电脑上网时长主要集中在 2—8 小时（不含 8 小时）这个区间，如图 1 - 18 所示。

宁波网民用手机上网时长分布如下：2 小时以下占比为 13.1%，2—4 小时（不含 4 小时）占比为 35.8%，4—6 小时（不含 6 小时）占比为 29.1%，6—8 小时（不含 8 小时）占比为 17.7%，8 小时以上占比为 4.4%。由此可见，宁波网民使用手机上网时长主要分布在 2—8 小时（不含 8 小时）这个区间。与图 1 - 17 相比，2—4 小时（不含 4 小时）和 4—6 小时（不含 6 小时）这两个区间时长都明显分别高于用电脑上网时长，在某种程度上也显示出，或因其便携性，较之电脑，目前手机

（尤其是智能手机）更是广大网民所钟爱的上网载体，如图 1-19 所示。

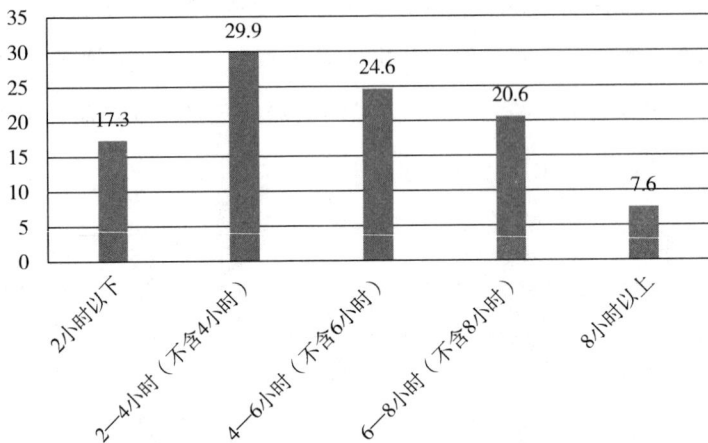

图 1-18 宁波网民用电脑上网时长分析图

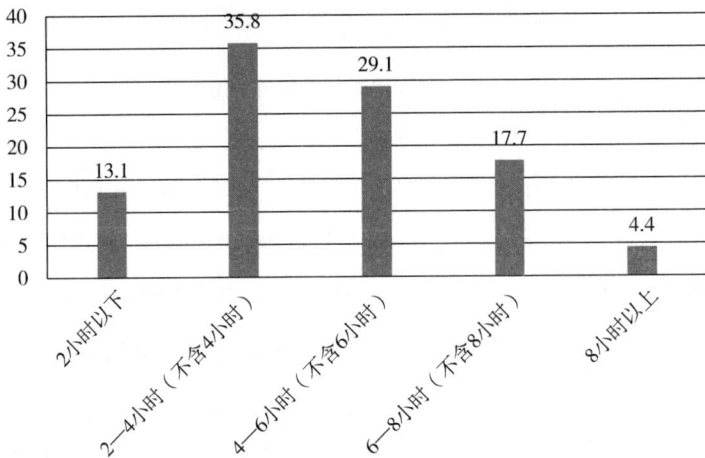

图 1-19 宁波网民用手机上网时长分析图

宁波网民上网区域分布如下：其中在家上网占比为 38.7%，在学校上网占比为 2.3%，在单位上网占比为 13.5%，在网吧上网占比为 0.8%，在其他公共场所占比为 44.6%。如图 1-20 所示。可见，宁波网民经常在家和其他公共场所上网，在单位和学校上网则是其次，目前在网吧上网人数较之以往已经明显下降。

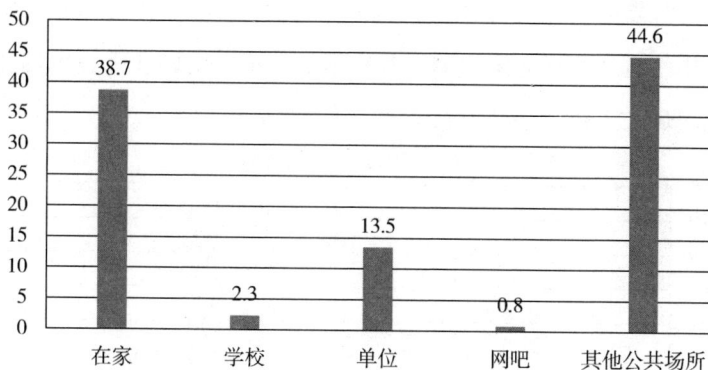

图 1 - 20 宁波网民上网区域分析图

宁波网民上网时间集中分布如下：22：00—2：00 占比为 1.9%，2：00—6：00 占比为 0，6：00—10：00 占比为 8.2%，10：00—14：00 占比为 13.1%，14：00—18：00 占比为 10.5%，18：00—22：00 占比为 66.3%。如图 1 - 21 所示。由此可见，宁波网民上网时间主要集中在中午午休时间和晚上临睡前，其余时间上网则呈现零星分布态势。

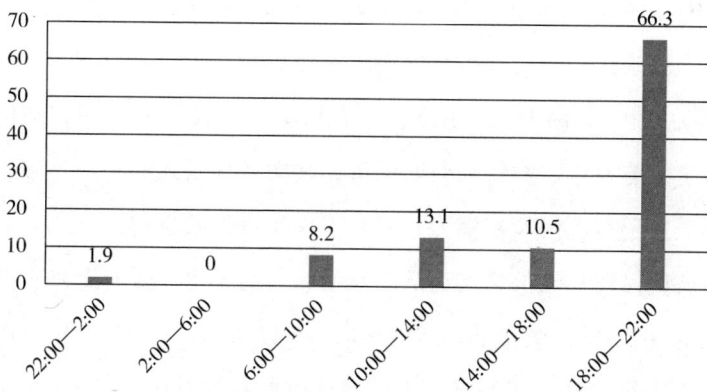

图 1 - 21 宁波网民上网时间分析图

宁波网民媒介接触介质分布如下：其中台式电脑占比为 14.5%，

笔记本电脑占比为 7.6%，平板电脑占比为 1.1%，（智能）手机占比为 76.4%，智能电视占比为 0.4%，如图 1-22 所示。可见，宁波网民主要喜欢用手机和台式电脑上网，其次则是笔记本电脑和平板电脑，而智能电视领域几乎仍是一片空白。

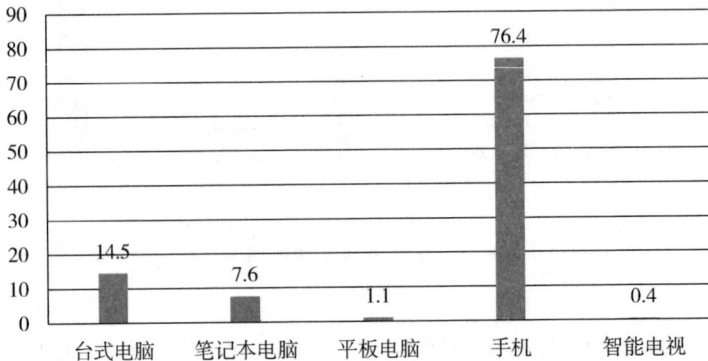

图 1-22 宁波网民媒介接触介质统计图

宁波网民使用移动网络的上网目的主要分布如下：其中工作占比为 4%，学习占比为 6.1%，娱乐（如游戏、小说阅读、影视观看）占比为 77.9%，获取资讯占比为 57.3%，购物（如淘宝、京东）占比为 29.5%，场景式购物（如携程旅游、猫眼电影等）占比为 8.2%，其他占比为 0.4%，如图 1-23 所示。由此可见，宁波网民使用移动网络主要是为了参与娱乐、购物和获取资讯，其次是场景式购物和学习，场景式购物今后仍待继续深挖潜力，另外工作所占份额也较少。

宁波网民在移动网络层面从事新闻阅读的渠道主要有七种：其中微博占比为 16.6%，微信占比为 56%，今日头条、一点资讯等资讯类 APP 占比为 69.5%，新华社、人民网等中央媒体占比为 7.8%，中国宁波网占比为 11.4%，凤凰新闻、网易新闻、澎湃新闻等新闻客户端占比为 32%，浏览器推送的新闻占比为 24.4%，如图 1-24 所示。可见，宁波网民获取网络新闻等信息主要是用资讯类 APP、微信、新闻客户

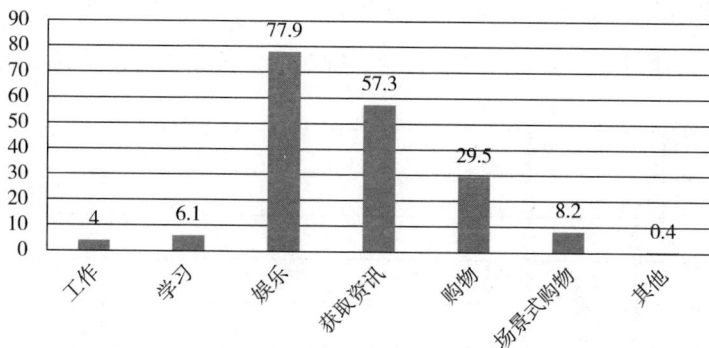

图 1 - 23 宁波网民使用移动网络上网目的分析图

端，其次是浏览器推送的新闻、微博和中央媒体，而宁波日报报业集团旗下的中国宁波网比例还不高，其潜力有待于进一步挖掘。

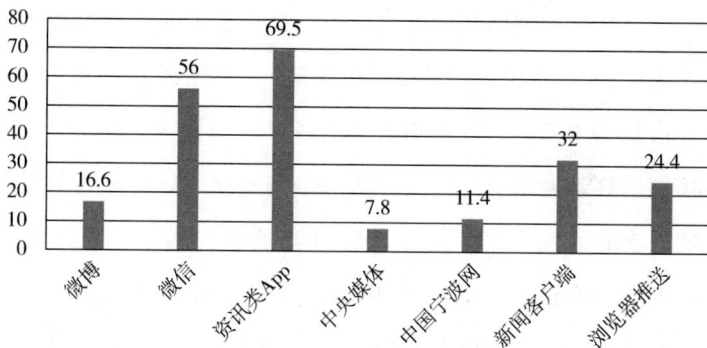

图 1 - 24 宁波网民新闻阅读分析图

2017 年宁波网民在移动网络层面从事网络购物的渠道主要分布如下：其中淘宝占比为 38.5%，天猫占比为 24.4%，京东占比为 55.9%，拼多多占比为 2.7%，苏宁易购占比为 2.3%，唯品会占比为 3.7%，亚马逊占比为 1%，1 号店占比为 1%，网易考拉占比为 0.6%，小红书占比为 0.6%，返利网占比为 0.2%，蘑菇街占比为 0.4%，如图 1 - 25 所示。由此可见，宁波网民移动网络购物主要集中在国内主流的阿里巴巴

（包含淘宝、天猫）和京东，其中就单个平台而言，京东更受宁波网民喜爱。其他诸如拼多多、苏宁易购、唯品会、蘑菇街等所占份额较少。

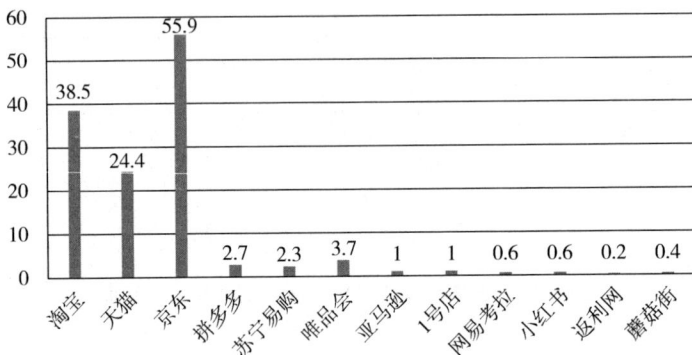

图1-25 宁波网民移动网络购物分析图

宁波网民在移动网络层面外卖订餐选择渠道主要有五大类：其中饿了么占比为45%，美团外卖占比为50.3%，百度外卖占比为11.7%，大众点评占比为0.2%，口碑占比为0.4%，如图1-26所示。可见，宁波网民使用移动网络进行外卖订餐时也偏爱选用目前国内主流的饿了么、美团外卖和百度外卖，其中美团外卖所占份额较大，高出饿了么5.3个百分点，高出百度外卖38.6个百分点，而大众点评和口碑所占份额较少。

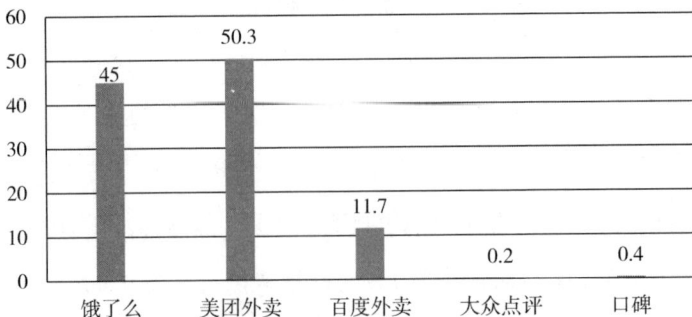

图1-26 宁波网民外卖订餐渠道分析图

宁波网民在移动网络层面短途出行选择渠道主要有八类：其中滴滴占比为47.5%，OfO占比为2.9%，摩拜占比为0.4%，曹操专车占比为0.2%，嘀嗒占比为1%，神州占比为1%，优步占比为0.6%，易到用车占比为0.4%，如图1-27所示。可见，宁波网民短途出行主要偏爱选择国内主流的滴滴打车和OfO共享单车，其中滴滴打车更是独占鳌头，体量几乎是OfO单车的23倍，可见宁波网民更喜欢打车出行，骑自行车出行人数目前并不多，其他出行方式所占份额仍旧较少。

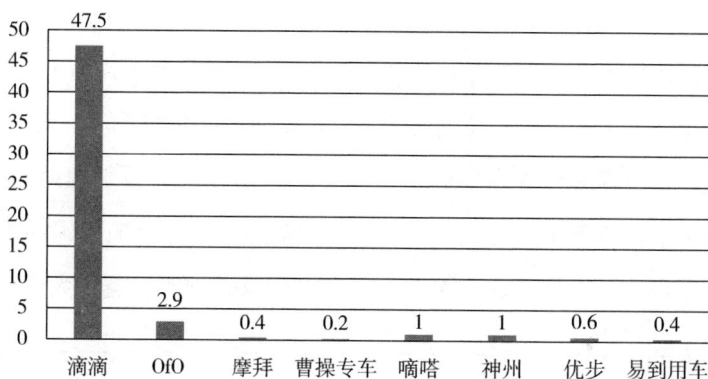

图 1 - 27 宁波网民短途出行选择渠道分析图

宁波网民在移动网络层面长途出行选择渠道主要有六类：其中12306占比为7.1%，飞猪占比为6.3%，驴妈妈占比为0.6%，去哪儿占比为2.7%，携程占比为5.7%，途牛占比为1%，如图1-28所示。可见，宁波网民长途出行主要偏爱12306、飞猪、携程、去哪儿，其次才是途牛和驴妈妈。相比较而言，除去驴妈妈和途牛今后有待于进一步发展，12306、飞猪等其他网站（APP）所占份额较为均衡。

2017年宁波网民在移动网络层面金融投资层面选择渠道主要有十类：其中支付宝（含余额宝）占比为57.2%，京东金融占比为10.9%，东方财富占比为2.1%，华泰证券占比为2.1%，陆金所占比为5.2%，

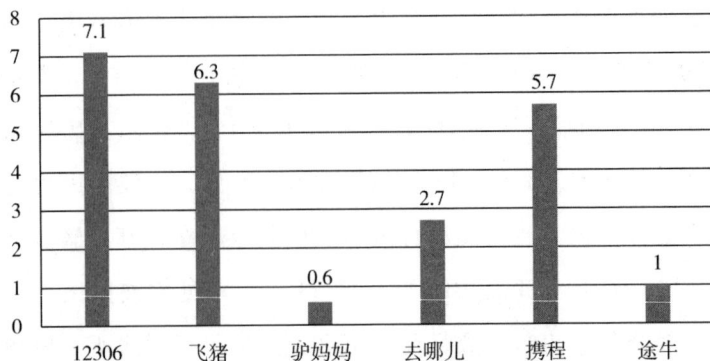

图 1 - 28 宁波网民长途出行选择渠道分析图

拍拍贷占比为 1.5%，同花顺占比为 4.2%，天天基金占比为 1.9%，翼龙贷占比为 1.7%，人人贷占比为 1.2%，如图 1 - 29 所示。可见，宁波网民金融投资总体较为稳健，形式也较为多样，涵盖了理财、股票、黄金等领域，偏爱于支付宝、京东金融、陆金所、同花顺等国内主流金融投资平台，对于翼龙贷、人人贷等 P2P 贷款领域则兴趣不大。

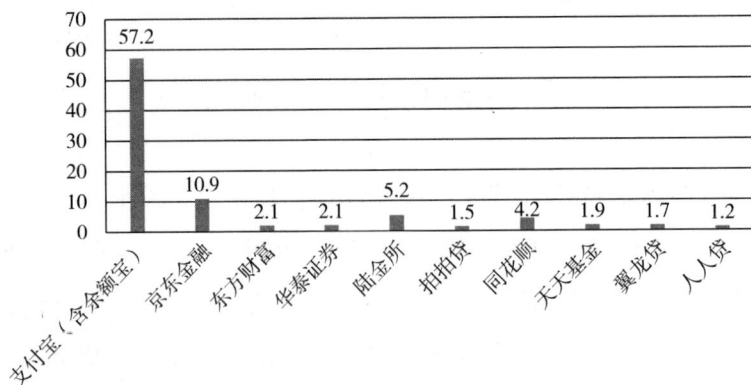

图 1 - 29 宁波网民金融投资分析图

宁波网民在移动网络层面在线教育选择渠道主要有十二类：其中沪江占比为 2.5%，腾讯教育占比为 2.5%，新东方占比为 4.8%，有道占比为 1.6%，51TALK 占比为 0.4%，百词斩占比为 0.4%，英语流利说占比为 0.4%，美孚英语占比为 0.4%，网易公开课占比为 1.3%，掌门一对一占比为 0.6%，作业帮占比为 0.4%，无忧英语占比为 0.4%，如图 1 - 30 所示。可见，宁波网民进行在线教育时总体目标较为清晰，即掌握实用性技术，所以这期间英语培训所占比例较大，其中新东方更是独占鳌头。此外，可喜的是诸如网易公开课等其他一些人文素养积淀在线教育课程也占有一定份额。

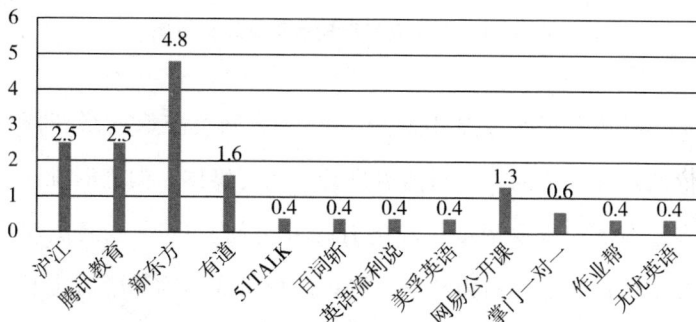

图 1 - 30 宁波网民在线教育选择渠道分析图

宁波网民在移动网络层面即时通信选择渠道主要有五类：其中微信占比为 97.1%，QQ 占比为 51.6%，新浪微博占比为 31.4%，腾讯微博占比为 3.6%，新浪博客占比为 1.9%，如图 1 - 31 所示。可见，宁波网民主要偏爱于国内主流的微信、QQ 和微博，博客写作的人群所占份额较少。其中腾讯旗下的微信更是占据了宁波网民日常即时通信的大半江山，几乎是 QQ 的一倍，微博的三倍。

通过研究，可以发现宁波的互联网发展呈现如下特点：现阶段宁波网民以"中产阶层"为主。30 岁以下的年轻网民群体占据了半壁江山，各年龄段网民分布相对均衡。近半网民受过大学教育，整体文化层次位于中上水平。具体特点为：

1. 宁波市的网络普及率高于全省平均水平，且 2017 年相比 2016 年有明显上升，两年间的省内横向比较仅次于杭州，反映出宁波的互联网

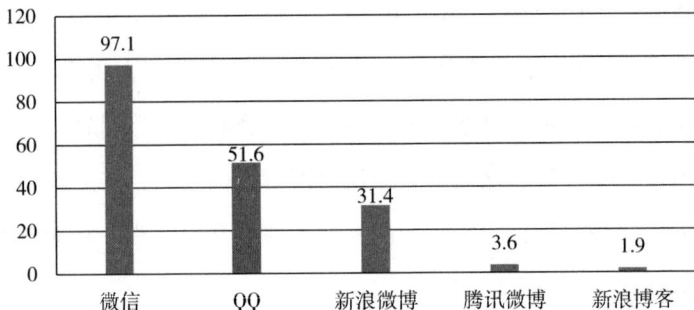

图1−31 宁波网民即时通信渠道分析图

发展水平与经济发展水平基本同步。2. 宁波网民获取网络新闻信息主要渠道依次是资讯类网站、新闻客户端、社交媒体、浏览器推送和中央媒体。本地媒体的重要程度，却仍有提升空间。3. 宁波网民使用移动网络主要动机是娱乐、购物和获取资讯，场景式购物和学习也日渐成为当下主流。4. 宁波网民网络购物主要依托国内电商平台，其他海购电商平台未来还有较大发展空间。5. 宁波网民获取交通出行和旅游资讯的主要信息渠道依次是12306、飞猪、携程、去哪儿、途牛和驴妈妈。6. 宁波网民的网络金融行为依托的主要金融平台有支付宝、京东金融、陆金所、同花顺等。7. 宁波网民消费在线教育的目标较清晰，即掌握实用性技术，所以英语培训所占比例较大。①

再言归正传，近期在研究新媒体平台发展现状时，我们发现诸如搜狐新闻、今日头条等移动新闻客户端的受众已经越来越多，而这一类资讯聚合类App又往往没有自主内容生产，主要是借助互联网技术互联互通的特性，综合利用各种渠道去搜集并整合新闻信息，将其打造成为广大受众依赖的信息入口，使之最终能够形成巨大的传播能力和影响力，正如刘鹏认为的那样："在建设新主流传媒集团的融合发展过程中，有

① 此次仅用以说明宁波近期互联网发展相关趋势，意在为研究宁波日报报业集团打造城市主流媒体进行铺垫。

必要拓宽眼界，打破固守'内容生产商'定位的思路，以'平台运营商'为融合发展的重点。"①

就宁波日报报业集团而言，于 2015 年 7 月 8 日上线的"甬派"新闻客户端已经重点围绕"新闻、服务"等理念来综合设置相关内容，在某种程度上已经具备了平台运营商的特点，比如其中的新闻版块就设置了焦点、政知、身边、财智等栏目，而服务版块也着眼于提供求职就业、公共交通、网上车管、网上医院等相关内容。但值得一提的是，传媒集团在努力搭建平台的时候也要认识到一点："讲求平台的开放，不是简单的多个媒体的叠加，也不是传统媒体以新媒体为拓展渠道的'新瓶装旧酒'，而应充分发挥平台上各种媒体的独特优势，以开放的思维，形成'一个平台，多个媒体和多个终端'的立体化信息传播模式。"②

反观最近这些年，传统媒体的自我改革速度仍略显缓慢。而与此同时，新媒体产业则顺应时势急遽发展，并已积累起一定优势。所以我们讲求媒介融合，也就意味着当前传媒产业转型发展之路或许可以大胆谋求实现外部协同效应：其中第一条路是资本整合，即商业巨头注资传媒产业，第二条路则是结构整合，即互联网巨头与传统媒体合作共赢。也正如刘奇葆认为的那样："媒体融合发展要增强借力发展的意识，不能坐等给政策、给资金、给项目，不能关起门来搞融合。要通过多种形式，充分利用别人成熟的技术、平台、渠道和手段借力推进，实现更好更快的发展。"③ 而且在创建新型主流媒体的过程中也离不开互联网技术的鼎力相助。如果传统媒体与互联网巨头可以联袂进行一系列富有成效的合作，那么传统媒体完成社区化、社交化、产品化和平台化的"四

---

① 刘鹏：《传统媒体融合转型的若干趋势》，《新闻记者》2015 年第 4 期。
② 石长顺、梁媛媛：《互联网思维下的新型主流媒体建构》，《编辑之友》2015 年第 1 期。
③ 刘奇葆：《加快推动传统媒体和新兴媒体融合发展》，《人民日报》2014 年 4 月 23 日。

化"转型也就指日可待了，换而言之即是以大数据为中心内核，同时向多产业链广泛延伸触角，以求完成融合型、枢纽式媒体形态的重新构建。在国内，传统媒体或许也完全可以利用 BAT 等互联网巨头成熟的平台转型发展，进一步扩大自身的传播实力和影响力，最终实现合作共赢。

总而言之，新型主流媒体的构建，应该是以重振传统媒体在新闻传播和舆论引导上的重要地位为目标，在遵循新型主流媒体发展规律的基础上，努力强化互联网思维，形成新时代背景下的传播体系，提升主流媒体的话语权，引导社会舆论的正确走向，以一颗虔诚的心去呵护社会的发展。因为这既是响应习近平总书记系列重要讲话精神的需要，也是中华民族实现伟大复兴的必然要求，同时更是中国走向大国崛起的必由之路。

其实关于媒介融合这个概念，我们认为应该涉及传统媒体与传统媒体融合、新媒体与新媒体融合、传统媒体与新媒体的融合，但我们在本书研究视域中主要侧重于探索传统媒体与新媒体的融合。

众所周知，"媒介融合"（Media Convergence）这一概念最早由尼古拉斯·尼葛洛庞蒂提出，美国马萨诸塞理工大学教授伊契尔·索·浦尔教授加以发扬光大，其本意是指各种媒介呈现出多功能一体化的趋势，主要是指将电视、报刊等传统媒介融合在一起。[①] 此概念可分为狭义和广义两种：狭义的概念是指将不同的媒介形态"融合"在一起，并随之产生"质变"，形成一种新的媒介形态，如电子杂志、博客新闻等；而广义的"媒介融合"的范围则更加广阔，它是一切媒介及其有关要素的结合、汇聚甚至融合，不仅包括媒介形态的融合，还包括媒介功能、传播手段、所有权、组织结构等要素的融合。美国新闻学会媒介研

[①] 黄楚新：《媒介融合背景下的传媒创新》，浙江大学出版社 2011 年版，第 2 页。

究中心主任安德鲁·纳其森（Andrew Nachison）曾将"融合媒介"定义为"印刷的、音频的、视频的、互动性数字媒体组织之间的战略的、操作的、文化的联盟"①，在这里他着重强调的是各个媒介之间的合作和联盟。而麦克卢汉也曾在《理解媒介》中指出传播媒介的交叉或混合，如同分裂或任何熔合一样，能够释放出巨大的混合能量。② 正如他早前也曾独树一帜地认为："媒介即人体的延伸。"③ 显然在很多传播学研究者眼里，传播媒介的兼并、联合、重组都可纳入媒介融合的研究范畴之中。

自进入 21 世纪以来，"媒介融合"这个词汇出现的频率越来越高，许多学者都倾向于认为"媒体融合"是信息传输通道多元化下应运而生的全新作业模式，是把报纸、电视台、电台等传统媒体，与互联网、手机、手持智能终端等新兴媒体传播通道有效结合起来，实现资源共享，然后进行集中处理，并衍生出不同形式的信息产品，然后通过不同的平台传播给受众。④ 我们认为丰富多样的传播媒介已经可以极大地影响和改变广大受众的生活和思考方式，其传播速度之快、涉及范围之广、综合影响之深均已令人叹为观止。再者不同媒介之间实现融合，其实是一个彼此优劣势整合互补的过程，完全有利于构筑起全方位、多维化的信息获取格局，最终真正实现 $1+1>2$ 的传播效果。

刘奇葆也曾于 2014 年 4 月在人民日报上发表题为"加快推动传统媒体和新兴媒体融合发展"的署名文章。他认为传统媒体和新兴媒体的关系，大体经历了三个阶段：一是传统媒体建设新兴媒体；二是传统媒体和新兴媒体互动发展；三是传统媒体和新兴媒体融合发展，目前正在进入的就是第三阶段。我们也认为媒介融合应是一个不断发展的动态过

---

① 刘晓伟：《媒介融合背景下新闻报道策划教学的新思考》，《今传媒》2016 年第 6 期。
② 曾励：《浅议中国新闻网站的发展前景》，《当代传播》2002 年第 2 期。
③ 张国良：《传播学原理》，复旦大学出版社 2009 年版，第 90 页。
④ 刘颖悟、汪丽：《媒介融合的概念界定与内涵解析》，《传媒》2012 年第 1 期。

程，并不单指最终结果。它源自新媒体的兴起，通过互联网、移动通信技术等新技术和传统媒体（图片、文字、音频等）相互结合的方式为广大受众提供信息。媒介融合自然也不是各种媒介的简单取代，而是通过各种媒介不断地扬长避短、不断地去打破隔绝彼此的"柏林墙"，进而使各自的功能不断地得到整合。

在现如今数字技术快速发展的背景下，以移动客户端为代表的新兴媒介已经使原先的传媒生态发生了重大变化，传统媒体与新兴媒体由过去的对抗逐渐趋向于融合，即综合利用不同类型媒介之间的差异，在传播过程中既实现资源共享，又各具特点。在某种程度上而言，媒介融合也体现出了各种媒介在新技术快速发展形势倒逼下，在着力强化自身发展的合作意识以及寻求自我功能完善。

与此同时，我们也发现在市场经济中，联合生产的平均成本往往要低于进行单独生产的平均成本，所以我们也可大胆推测，为寻求相关资源最优化配置，也为了满足对于生产成本控制和传媒产品品质提升需要，更为了产生巨大的经济效益和社会效益，媒介融合已经成为传媒产业发展的一条必由之路。但是我们也必须十分清醒地看到：作为一个新兴事物，媒介融合在实践过程中依旧存在着许许多多的问题，例如"由于整合不深入造成资源的浪费；面对新的媒介形态，媒介未能很好地调整自身角色以协调媒介与信息、媒介与受众之间的关系等"[1]。但我们显然也不能因噎废食，进而随意去否定媒介融合发展的进步性和必然性。

其实针对媒介融合这个概念，学界也有很多不同的看法。美国密苏里大学新闻学院布莱恩·布鲁克斯和章于炎认为："媒介融合是一个新闻学上的假设，也称媒体融合。媒体融合的核心思想就是随着媒体技术

---

① 张乔吉：《媒体背景下的媒介融合走向》，《新闻爱好者》2010 年第 3 期。

的发展和一些樊篱的打破，电视、网络、移动技术的不断进步，各类新闻媒体将融合在一起。"① 美国加州大学伯克利分校的迈克尔·卡茨曾在《介绍：融合、规制和竞争》一文中介绍了20世纪90年代初期以来人们对于媒介融合的三种不同的认识："对于一些人来说，媒介融合是一个局限于电信领域的现象。对于另一些人来说，媒介融合是一个电信业和计算机工业归并的过程。此外还有一种观点，认为媒介融合包括产业的结构性整合。"② 在国内，蔡雯曾指出媒介融合是指在以数字技术、网络技术和电子通信技术为核心的科学技术的推动下，组成大媒体业的各产业组织在经济利益和社会需求的驱动下通过合作、并购和整合等手段，实现不同媒介形态的内容融合、传播渠道融合和媒介终端融合的过程。③ 如果将他们的研究成果融入我们已有的研究中去，那么显然可以得出如下几点认识：一是媒介融合的确存在，并仍在继续发展；二是媒介融合随着数字传播技术的发展而不断深入，目前主要侧重于重组新闻媒介资源和技术，综合利用网络传播文本、数据、图片、视频，最终在读者的终端介质实现读、听、看、写、说的自由选择；三是媒介融合能够使新闻传播更加人性化，更加自由，更加快捷。

而关于媒介融合获益这一方面，有些国外学者已经关注到这一问题。比如美国印第安纳大学的艾格尔·黄（Edgar Huang）和南佛罗里达大学的卡伦·戴文（Karen Davison）等人认为到目前为止，大部分关于媒介融合的讨论都只聚焦于其商业价值，因此媒介融合对于媒体所有者是有利的，但是对于普通的受众来说，有时候就只能牺牲事件的真相和公民意见的传达了。

但如果从媒介融合带来技术创新角度来观照，我们发现媒介融合还

---

① 高钢、陈绚：《关于媒体融合的几点思索》，《国际新闻界》2006年第9期。
② 郭毅、于翠玲：《国外"媒介融合"概念及相关问题综述》，《现代出版》2013年第1期。
③ 蔡雯：《媒介融合趋势下如何实现内容重整与报道创新》，《新闻在线》2007年第8期。

是会给广大受众带来不少便利：报纸一旦借助网络，就可以让受众自由调阅过去的报纸，使报纸的传播不再受时空、地域的限制；电视媒体一旦借助于网络的融合，就可以让受众获得观看电视节目的自主权，由"播什么看什么"迅速转变为"想看什么就看什么"。现在随着智能手机飞入寻常百姓家，我们还可以借助手机 APP 软件，在移动端收看国内外各类电视节目，大大拓展了受众收看电视节目的空间范围；广播一旦借助网络，不仅可以保持听众随时随地收听节目的固有优势，而且还可以大力发展诸如在线广播等业务，最大限度地扩展传播范围。正如王晓璐在《媒介融合背景下新闻传播形态的创新研究——以手机媒体为例》中提到的那样："媒介融合就是将传统媒体采编工作相融合，共享信息来源、统一制作从而生产出不同形式的信息产品，再通过不同形式的平台推广传播，使受众能够多角度、多方面、更深层次地接收信息。"[①]

就某种程度上而言，媒介融合已经成为大众传播发展的一种趋势，越来越多的传统媒体正在不断深挖自身新媒体业务发展潜力。例如人民网、央视网等传统主流媒体既有官方网站，也有各自的微博账号、微信公众号，甚至是抖音短视频号，这就不仅使信息可以在第一时间进行传播，而且也可以使信息的传播范围不断扩大。与此同时，通过与新媒体平台的强强联合，接收者与传播者双方的互动性也可得到极大加强：一方面，广大受众的心理及需求能真正得到及时关注；另一方面，也有利于传统媒体打造出有质有量、能吸引大众的内容，不断发挥自己的影响力，进而拥有大量固定的线下和线上受众。甚至也可以依托所拥有的丰富资源，进一步打造出自己专属的新媒体平台，譬如芒果 TV 就是湖南卫视的新媒体平台，它将卫视手中资源加工成自己的内容进行独家播

---

① 王晓璐：《媒介融合背景下新闻传播形态的创新研究——以手机媒体为例》，硕士学位论文，吉林大学，2015 年。

放，进而通过粉丝经济的发展来获得相应的影响力和利润。

如前所述，随着诸如广告收入等要素所占市场份额的日益减少，很多传统媒体已经真切感受到阵阵寒意，来一场全方位、颠覆性的革命显然已是大势所趋。其中作为媒介融合的发展的成功先例，澎湃新闻可谓刮起了一股传统媒体与新型媒体融合发展的"澎湃"之风：它明确"专注时政与思想的互联网平台"的定位、"致力于新闻追问功能与新闻跟踪功能"的实践，构建网页、WAP、移动客户端等一系列新媒体平台，努力实现传播社交化、问答互动化和内容优质化。①

为适应社会文化传媒生态发展的现实需要，媒体融合工作目前已经由中央、省向市、县逐级推进，而且也在县级融媒体发展上取得一定成效。上海报业集团自从 2014 年开始全面启动媒体融合发展战略，其核心举措就是实施项目驱动。接连推出了"澎湃""上海观察""界面"等数个重磅项目，以项目为纽带整合资金、技术、人才等资源要素，以此全盘激活媒体融合这盘大棋，并取得了一系列显著成效。

又如作为《光明日报》媒体融合发展的重点项目、光明日报的移动客户端产品，光明云媒也打造出了一个跨操作系统的新闻信息平台，近年来已经推出了诸如安卓、IOS、Windows Phone、Linux 等版本，基本覆盖了诸如智能手机、智能电视、车载终端、楼宇屏终端等多种新媒体信息载体，目前总安装量已超 2000 万。

而浙报传媒自上市之后，先是与淘宝网进行合作并出版杂志《淘宝天下》，又控股了红旗出版社，其后又斥巨资收购了游戏巨头边锋集团，多元化业务也是经营得风生水起。值得一提的是，浙报旗下的新媒体支柱产业——战旗 TV 发展一直较为迅猛，传播覆盖面积日益扩大，影响力也在逐渐增大。但与此相伴随，直播平台的一个先天性不足也在日益

---

① 范洪岩、石磊：《澎湃新闻——传统媒体和新型媒体融合发展的案例研究》，《人民网—传媒频道》2014 年第 12 期。

凸显：许多内容播完即过，很多时候都无法选择和保存，进而导致当前平台的用户黏性不高。其实在这一层面上，浙报传媒完全可以和战旗TV互相学习，合作共赢：浙报传媒可以借助战旗TV新的传播形式和渠道，来进一步扩大自己的影响力。而战旗TV则可以从浙报传媒中吸取丰富营养，沉淀下一些权威性较高、附加价值较高、广大受众喜闻乐见的内容，进而谋求实现自身内容价值的最大化。

再将视野转回宁波，目前宁波已从电视屏、电脑屏到手机屏，从网站到微博、微信、新闻客户端APP等方面进行全面突破，基本完成了全媒体的整体布局和立体覆盖，媒体融合的发展空间得到进一步拓展。在市级层面上，报业、广电两大集团注重顶层设计，有力有序推进各项工作，取得了阶段性成果。其中宁波日报报业集团制订了《集团推进报网融合工程实施方案》等7项具体实施方案，全面布局媒体融合工作。同时也研究制定了《关于干部选拔任用工作的若干规定》《人员分流意见》，共分流有300余人。集团综合部室由10个调整为6个，工作岗位由80多个压缩至46个。整合宁波日报、宁波网、甬派移动客户端，内部部室设置由19个调整为11个。都市报系的内设机构由31个调整为15个，中层干部职数从70人压缩至38人。宁波广播电视集团则优化完善治理体系，实施部门职能转变和机构调整，集团内设机构由29个精简至23个，新设立了多媒体新闻中心、审计室等职能部门。对原来的新闻综合频道、经济生活频道和影视剧频道进行融合，对新闻综合广播、老年与少儿广播实行广播频率群整合。宁波首个电视互动移动客户端APP"点看宁波"于2016年5月成功推出，到目前用户数达35万。到2016年底，集团各媒体共计开设官方微博17个，公众微信平台24个，拥有"两微"活跃粉丝超过220万。自2015年9月启用400平方米全媒体、交互式高清演播室以来，2016年3月宁波电视首个高清频道正式开播，全天播出时长20小时，标志着宁波电视从此进入高清时代。2016 年 9 月下旬完成搬迁并投入使用新中波发射台，进一步完善了广播电视覆盖体系。

而宁波日报报业集团新建成的融媒体内容生产平台、融媒体中心已交付使用，可综合运用大数据、移动互联及云计算等技术手段，实现扁平化的指挥策划、多渠道的信息采集、一体化的内容编辑及多渠道的发布，为新闻采编流程再造提供强大的技术支撑。2017 年 4 月 18 日，宁波甬派传媒股份有限公司在新三板挂牌，成为国内资本市场上第一个新闻移动端概念挂牌公司，也是宁波市第一个在新三板挂牌上市的国有文化企业，标志着宁波日报报业集团已进入"产业 + 资本"双轮驱动快速发展轨道。

而在各县（市）区层面上，各地的报社（新闻中心）、广播电视台也结合各地实际，以"两微一端"为重点，进一步加强新媒体建设，设置了相应的工作机构，配置了必要的工作力量，传统媒体与新媒体融合传播的能力也有了进一步提升。部分区县（市）媒体在体制机制建设上做了有益的探索，并取得了良好的效果：就镇海而言，一直以"原创强内容""活动聚人气"为建设思路，着力推动"两微一端"新媒体发展，突出新媒体的传播个性和特色，避免成为传统媒体的新闻"搬运工"。2016 年，其新媒体发布中心所属两大新媒体阵地，"镇灵通"、镇海发布共策划原创网络专题近 50 个，全年组织实施线下互动活动 55 场，共有 550 万人次网民参与。其中，"寻找草根工匠""寻找镇海微笑"活动参与人次超过 32 万和 100 万，成为 2016 年最具品牌效应的新媒体活动。

奉化率先将自身元素与网络直播相结合，制造宣传热点，为新媒体平台线上销售打开了新思路。在水蜜桃文化节期间，网易奉化频道推出《蜜桃成熟时 寻找让人口水流一地的蜜桃》视频直播，与奉化品农客、四季生鲜网络销售平台合作，首次试水"直播 + 销售"模式。此外，在弥勒文化节期间，中心联合网易传媒、网易奉化频道精心策划，连续三天在网易新闻客户端推出《心系弥勒　游走奉化》《2016 奉化雪窦山弥勒文化节开幕式》《一网一世界　慈行天地间》三期网络直播节目，从各个方面不同角度展示弥勒文化节，宣传奉化。三场直播的点击量分别为 28.4 万次、33.6 万次和 48.4 万次，累计点击量超百万（110.4 万）次。其中《一网一世界　慈行天地间》还登上了网易杭州、网易宁波、网易台州、网易上海、网易昆山、网易南京、网易无锡页卡及网易直播栏，创造了三场直播的最高点击量。在水蜜桃文化节的宣传报道中，奉化民声 1890、电台 994 和锦凤网三大微信平台以及掌上奉化新闻客户端等媒介互补联动，快速、持续发布制作精美的新媒体报道，有力推介了奉化的旅游资源，微信公众号和 APP 发布旅游相关信息近100 期，累计阅读次数超过 60 万人次，其中《今日头条》《一点资讯》等新媒体外宣总计推荐量达到 139 万次，阅读量达 26 万人次。弥勒文化节期间，在客户端上设置了《2016 雪窦山弥勒文化节》专题，日平均推送弥勒文化节相关新闻 8 篇，共发布新闻报道 46 篇，视频新闻 11篇，共计点击量达 13.8 万次，转发量达 6.5 万次，网友评论多达 300条。同时，携手网易传媒制作了《行走的弥勒》《大肚能容天下事》等2 个 H5，以其鲜活可爱的形象和参与方式，引得网友喜爱，点击量达350 多万次，参与人数近 5000，宣传效果较为显著。

2014 年 1 月，微信公众号"看北仑"正式运营，2015 年年底粉丝量已超过 20 万人，目前日常在 24 万人左右，已基本形成本地全覆盖，日均阅读量近 5 万人次，在宁波大市媒体榜单中，也多次荣登榜首，甚至在全国县级广电排行榜中也稳居 TOP10。此外，它还多次登上由全国微信公众号巅峰榜、新榜指数全国电视类前十榜单。

此外，目前宁波共有市级报纸 4 种（其中党报 1 种、都市报 3 种、其他报纸 0 种），县级有刊号报纸 4 种，无刊号"今日"系列 6 种；广电播出机构 10 家（市级 1 家、县级 9 家），广播节目 14 套（市级 5 套、县级 9 套），电视节目 15 套（市级 6 套、县级 9 套）；新闻网站 11 个（市级 1 个、县级 10 个），"两微一端"数量 99 个（微博 28 个、微信公众号 61 个、新闻客户端 10 个）。

宁波的主流媒体一直都在主动适应融媒体发展趋势，探索重构新闻生产体系。例如宁波日报报业集团成立了宁波日报报网编委会，加强对宁波日报报网、都市报系及县级报新闻宣传工作的总体指导协调和导向管理力度，针对宁波日报和中国宁波网、"甬派"客户端的新闻业务，集团进行统一领导统一指挥，打破了以往各自为战的局面，形成纸端、PC 端、移动端优势互补、一体化运行，发挥了强大的融媒体力量。《宁波晚报》《东南商报》《新侨报》等都市报刊整合组建都市报系编委会，对各报刊新闻业务进行统一领导指挥，实行一个编委同时负责三张报纸的采编，较好解决了发展"同质化"的困境。

而宁波广电集团则有效构建全新传播体系。[①] 2015 年 9 月率先组建多媒体新闻中心，不断整合人员和节目资源，完成了与宁波广电网的有机融合，初步建立了统一的指挥平台和报题制度，以融媒体思维做大做强主题宣传。2015 年下半年以来，宁波广电集团新闻综合频道先后重点研发了晚间新闻节目生产带——包括《第一聚焦》《第一发布》《第一测试》等"第一系列"的城市新闻品牌栏目群，努力打造城市主流媒体的权威监督平台、权威发布平台和权威互动测试平台。同时还积极探索以移动互联网直播、短视频传播为特征的融媒体项目，立足于移动互联网时代的媒体生存发展要求，加快推进广电媒体与新媒体在内容、渠道、平台、经营、管理等方面的深度融合，打造有影响力的网络直播平台和特色社群。2018 年以来，"直播宁波"已经发起直播 46 场，其中

---

① 因为此处着重从宁波大市层面上概述媒介融合发展成效，故而也统计了广电系统的一些数据，但重点仍旧侧重《宁波日报》报业集团。

视频直播 38 场，图文直播 8 场，累计观看超 150 万人次；在"点看宁波"APP 上的各类视频直播超百个场次，观看用户总量超百万人次；充分利用集团广播电视主持人的影响力优势，积极推进"十二星主播"等主播社群建设，培育有宁波广电特色的融媒体、正能量"网红"，逐步实现粉丝聚合和垂直细分，为用户提供移动化、精准化、个性化服务。2 月 19 日，集团正式加入央视移动新闻网矩阵平台，作为首批入驻矩阵成员，目前已上传宁波本地新闻 138 条，发起直播 15 场。作为央视"一带一路"高峰论坛 48 小时直播的重要组成部分，5 月 15 日，集团"直播宁波"融媒体直播团队以移动直播、航拍等方式，在央视新闻节目平台和央视移动网平台同步直播了宁波舟山港"海铁联运"之旅，向全球受众充分展示了"一带一路"建设中的宁波元素风采。全力推进"融媒体云平台"项目，积极谋划"中央厨房"建设。集团投入 5000 万元构建的"融媒体云平台"项目，预计于今年年底交付使用。该项目以云计算、大数据为核心，打造以媒体融合生产传播为中心的广电云平台。该平台将构建集团"新闻报道指挥平台""全媒体内容中心""全媒体用户中心"，整合集团全媒体生产流，打通从内容汇聚到生产、管理、交易、发布、归档的全媒体全流程，并利用版权管理、内容交易、内容运营、大数据分析等方面进行内容应用增值，全面打造内容支撑、技术服务、数据分析、运营计费等一体化的融合平台。实施方案经专家鉴定，在技术支撑和业务流程上均能满足广电融合媒体未来发展的方向和需求，并已达到国内领先水平。

在采编方面，宁波各大媒体拆小灶建大灶，努力打造"中央厨房"，实现"一次采集，多次生成，多元发布"的全媒体生产，打通各发布渠道的采、编、播各环节，实现新闻资源共享。2016 年 5 月起，宁波日报报业集团投资 2000 余万元，会同北大方正电子公司共同研发融媒体中心技术平台，建设融媒体硬件设施。2017 年 4 月 16 日，这个属于报业集团自己的"中央厨房"正式启用。"中央厨房"首先是各媒体单位的日常采编发平台。集团旗下各媒体单位统一应用同一标准平台采编发，打造各自的"中央厨房"，条件成熟时组建整个集团大的"中央厨房"。其次"中央厨房"是各媒体单位的指挥平台。目前集团的指挥平台由宁波日报报网端"中央厨房"承担，应急情况下协调整个集团的新闻采访工作。再次"中央厨房"是各媒体单位的监测平台，能够及时对编发的稿件和节目传播影响力进行跟踪评估。最后"中央厨房"也是大数据平台。可以深度挖掘、综合利用平台数据，及时发现舆情热点和参考选题，并向大数据服务领域升级，致力于研究大数据精细化管理、开发大数据应用体系。

与此同时，各地媒体还利用微博、微信、网站、客户端 APP、电视、广播等多个渠道，将新闻传播由事后传播发展为事中传播、由单一渠道变为全方位立体式传播，更好地体现了新闻时效性，从而做更加鲜活的新闻节目。2015 年 4 月，北仑广电推出首档大型新闻综合直播节目——《直播北仑》，该节目播出时长为一小时，内设 4 个主要新闻栏目。其中新闻栏目从 2012 年 12 月试行直播，至今已经实施了近三年，实现了新闻直播连线报道常态化。宁波日报报网在融合发展过程中制定了统一的采编流程和供稿制度，目前已实现新闻报道的全媒体采访。采访部室记者采访完成后，首先向中国宁波网和"甬派"客户端供稿，大胆实行"先上网，再见报""微博、微信先行"等稿件发布流程，中国宁波网和"甬派"客户端编辑根据自己需求和新媒体传播规律取舍改写。"甬派"客户端则保有少量专门记者，另有自己的采访力量，采写的稿件也可以刊发在《宁波日报》和中国宁波网上。都市报系发挥规模优势，推动建设"中央厨房"式的稿件库平台，将原来记者仅给一家报纸供稿的单通道模式，转变为向报系各传播平台发布信息的多通道模式。由报系总编室及各采编合一的采访部门整合输出稿件，按不同报刊的需求以及不同新媒体运营号的特点，有选择地刊发。2016年7月集团又整合两大报系摄影记者，建立集团图片中心，承担起集团新闻图片采访和供稿工作。而且移动媒体绝对不是简单照搬传统纸媒内容，通过创新推出"准、新、微、快"的移动新闻产品，满足受众需求。宁波日报报业集团加强了直播、视屏、H5、VR等新闻产品的创新，收到了领导满意、群众点赞的良好效果。

加强融媒体联动。2016年宁波市"两会"新闻采访报道，是报业集团全面实施媒体改革与融合工程后，首次在全市重大宣传任务中投入实战。"报、网、端、微"统筹策划，各展特色，互联互动，图文视频精彩纷呈，栏目设置全，报道看点多，针对不同终端用户运用不同话语体系，有效吸引广大市民的关注。在"点亮长江经济带龙眼"和"社长总编访一把手"等一系列重大活动的报道中，融媒体新闻产品有力提升了宁波日报报业集团的影响力，报业集团媒体融合发展成果得到了很好的检验。同时，完成了基于大数据技术的融媒体内容生产子平台建设。2016年11月率先在鄞州日报上线试运行，为在整个集团推广使用奠定扎实基础，也为集团打造全媒体信息"中央厨房"提供了技术保障。

与此同时，宁波日报报业集团也在推动新闻客户端高速发展，着力构建新媒体矩阵。众所周知，在移动互联网浪潮的冲击下，各大报业集团都在努力寻觅全新的突破口。例如上海报业集团于2013年7月推出了独立新媒体品牌"澎湃"，并推出了网页新闻网站、独立新闻客户端。随后人民日报社、新华社和中央电视台、浙江日报报业集团也陆续上线了自己的新闻客户端。到2015年，许多传统纸媒更是扎堆推出自己专属的新闻客户端。据统计，截至2015年12月18日，中国内地31个省、直辖市、自治区，已有近半数省级报业集团推出了APP；省会及副省级城市报业集团，也有至少7个APP上线；还有一些副省级以上城市的报业集团正在加紧筹备 App。① 2015 年 7 月 8 日甬派客户端正式上线，打响了宁波日报报业集团改革融合发展的"第一炮"。作为国内资本市场上唯一主打移动客户端概念的挂牌公司，甬派紧紧按照"最权威的政经新闻发布平台、最活跃的网络问政互动场所、最实用的城市生活智慧管家，打造成为长三角有影响力的移动客户端"的战略目标，顺应移动互联网时代的新闻传播规律，新闻舆论公信力、引导力、传播力、影响力迅速提升，成为宁波移动端第一主流新媒体。截至 2016 年年底，甬派注册用户数达到 150 万人，已从 1.0 版本升级为功能更完善、体验更流畅的 3.0 版本，日活跃度保持在 22%—27%，焦点页日均阅读量维持在 45 万次左右，成为党的新闻舆论工作的新阵地，不仅是宁波地区最大的新媒体，而且在长三角地区有了一定的影响力。甬派追求第一落点，重大新闻第一时间权威发声。策划推出一大批主题报道，宁波舟山台州共建宁波都市圈、宁波获批国家保险示范区等报道均在第一时间得到发布。甬派还出派记者远赴瑞典、巴西，率先报道的"宁波女儿屠呦呦获奖"以及"石智勇喜获宁波奥运史首金"等让甬派的影响面迅速扩大。

值得一提的是，在 2015 年 7 月，台风"灿鸿"在舟山市朱家尖镇登陆，同时也给宁波造成了严重的经济损失。在此次抗击台风的专题报道中，"甬派"做到了多样化、全方位报道，有效地引导了社会舆论。自 9 日台风"灿鸿"进入防台 48 小时警戒线到 12 日台风对宁波影响逐渐减少，"甬派"做了大量的报道，首页面"焦点"栏目第一屏几乎完全聚焦于"灿鸿"台风。头条为新闻图片链接，实时更新并配以当天抗击台风"灿鸿"的专题报道。图片后紧跟"甬派"为该专题报道临时开设的多个专栏，专栏的设置根据每日报道主体的不同而不断进行调

---

① 高春梅：《报纸新闻客户端的发展现状及趋势》，《青年记者》2016 年第 28 期。

整。在这短短四天开设了 18 个专栏，总稿件数达 219 份，日均发稿数55 篇，既有全局视野的"救灾：书记在一线""转移"等，这些报道多为动态的硬新闻，配以现场图片展示了市委市政度"三严三实"的工作作风也有微服务视角的"致敬""出行""派粉在现场"等平民化视角、贴近群众的报道。增强了受众的归属感和黏性，引起大家共鸣，极为有效地发挥了媒体舆论引导作用。① 在强寒潮等备受市民关注的报道中，甬派也是在所有媒体中最快做出反应，滚动发布消息，同时进行用户线上互动，"速度＋深度＋温度"三度合一，甬派由此在宁波及周边区域迅速产生影响力。

此外，甬派也在紧盯社会焦点和网络热点，及时进行求证报道，发出权威声音。针对高速公路应急车道被占、导致无法救援的悲剧，甬派追问"生命通道"的报道引发全国反响，中国城市网盟加入倡议行动。同时，针对时常在微信朋友圈等快速传播扩散的各类谣言，甬派第一时间采访报道求证，权威发布真实消息，及时引导舆论。甬派不断创新传播手段、加强策划，先后开设"有声夜读"、方言歌曲等音频、视频栏目，而且运用 H5 微动画进行时政新闻报道。甬派也重视用户推广，始终坚持"新闻＋服务"的理念，把提升服务功能作为增加用户黏性的重要手段，积极与政府机构联系搭建服务平台。目前有三项特色服务为全国首创：一是党务干部学习培训移动平台，实现党员干部"24 小时随身学"。二是党报 APP 公益众筹平台，已发起 252 个项目，累计募捐492.66 万元，总共 9.37 万人次参与网上募捐。三是移动端廉政考学平台，将廉政案例以"文字＋漫画"题库的形式列入后台数据库，用户通过手机即可进行答题，党员干部则进入考试模块，成绩计入党员干部考核结果。

---

① 详参浙江省万里学院文化与传播学院报刊质量评估中心于 2015 年所编著的报告《以互联网思维嫁接党报优势——"甬派"移动客户端抗击台风"灿鸿"专题报道分析》。

与此同时，甬派在紧紧依托集团纸媒广泛宣传，运用党政资源加快用户推广的同时，积极组织各种形式的线下推广活动和线上福利派送，提升用户数量。2016年，甬派全程参与组织全市最洁美村庄评选、中华慈孝节、最美宁波人评选等大型活动。2016年3月，甬派冠名"2016宁波山地马拉松"，全程参与活动的策划执行，获得赛事主办方的高度认可。2016年上半年，甬派直接承担市委组织部的"两学一做"处级干部赛马活动，历时2个多月，总共吸引150多万人次市民参加。

在集中力量加快"甬派"发展的同时，宁波日报报业集团仍旧重视原有新媒体的发展。中国宁波网自2015年年底改版后，发挥了大容量优势，通过专题、专栏、频道的整合，综合文字、图片、视频等传播手段，对各类新闻、热点话题、生活服务信息进行集纳式报道，畅通网友互动渠道，有效提升了网站访问量。集团各报系加强官方微博微信的运营，既重视品牌维护，也重视内容差异化，着力加强用户黏性。与此同时，县市报新闻客户端建设也是成果丰硕，《余姚日报》《鄞州日报》分别上线"姚界""鄞响"新闻客户端。目前，宁波日报报业集团"两微一端"数量突破80个，用户已经突破1000万。

但就目前宁波媒体改革与融合发展整体情况来观照，我们认为仍存在三大不足之处：

首先是发展不平衡问题。一是市本级与区县（市）之间不平衡。作为市本级的两大媒体集团，宁波日报报业集团与宁波广电集团都已明确了方案，排出了时间表、路线图和任务书，稳步推进。而多数区县（市）媒体改革与融合发展没有上升到区县（市）层面进行规划部署，缺乏统筹，总体投入仍显不足。余姚、慈溪、鄞州、奉化4家县级报隶属宁波日报报业集团，地方投入上操作体制不顺。其他区县（市）新闻中心不属于正式新闻机构，各方面工作开展存在一定困难。且目前大多数处在传统媒体建设新兴媒体，传统媒体和新兴媒体互动发展的阶段。二是市本级品牌新媒体"甬派"APP与"点看宁波"APP发展不平衡。甬派上线最早，注册用户数已达150万，已从1.0版本升级为功能更完善、体验更流畅的3.0版本，日活跃度保持在22%—27%，焦点页日均阅读量维持在45万人次左右，成为党的新闻舆论工作的新阵地，不仅是宁波地区最大的新媒体，而且在长三角也有了一定的影响力。"甬派传媒"目前已实现新三板正式挂牌，成为国内资本市场第一家移动端新闻APP概念的挂牌公司。而"点看宁波"上线相对晚，目前用户数35万人次，发展势力头稍逊于甬派，尚未形成视频APP品牌。

其次是不深入问题。各媒体融而不合的问题普遍存在。市级层面的两大媒体集团虽然开展了机构设置和管理机制的调整，加强了新媒体部门的力量，但采编重心仍然放在传统媒体，新媒体更多意义上只是成为传统媒体新的传播端口。县级媒体更多还在沿用传统媒体的管理方式，或以传统媒体的思维运营新媒体，新媒体对传统媒体的依赖比较严重。中央厨房建设更多地还停留在理念和尝试阶段，采编播发流程再造没有真正到位，原先各个平台之间的壁垒仍未被完全打破，科学的融合传播架构体系尚未真正建立。总体而言，传统媒体和新媒体还处于"相加"阶段，离真正的"相融"还有很大的距离。

最后是不专业问题。一是内容上不专业，新媒体更多地是简单照搬传统媒体内容，内容与形式不匹配，话语方式老套，不能有效吸引受众的眼球，尤其是年轻受众群体。二是技术上不专业，新媒体建设技术支撑依赖于第三方，自主运作的权限较小，缺乏独立性，这一点在县级媒体中尤其突出。

与上述三大不足之处相关联，我们认为宁波媒体融合工作推进过程中还碰到过一些痛点抑或瓶颈，主要表现在以下几个方面：一是思维理念不够到位。喻国明认为互联网应是一种"高维媒介"，它比我们过去所面对的那些传统媒介多出了一个维度，生长出一个新的社会空间、运作空间、价值空间。高维媒介是不可能用传统媒介的运作和管理方式去管理和运作，用低维的方式去管高维的事务其实是在做无用功。如果把互联网认为是一种媒介、一个渠道，仅仅是把互联网作为延伸其价值和影响力的平台，那么这种认识无疑仍未深入。因为互联网不仅仅是一种媒介，它还是一种重新构造世界的结构性力量，这才是互联网的本质属性。但当前宁波这些新闻单位在拥抱互联网、推动媒体融合时，不少从业人员还是十分简单地把新兴媒体作为传统媒体的一个拓展和延伸，认为只要将网站、微博、微信、新闻客户端统统搭建起来，那么媒体融合的任务也就宣告完成了。其实在事实上媒体融合没有我们想象得如此简单，不是把两个事物简单叠加在一起，而是在深刻理解把握互联网本质特性的基础上，用网络的力量去改造激活传统媒体的力量，使两者共享、融合、互动，进而产生出传播的核裂变效应。因此，真正要使媒体融合取得突破，必须一是在思维理念上取得一个准确的认识和判断，必须深入理解把握媒体融合的本质和规律，这也是一个不断学习的过程，需要久久为功。二是人才队伍有待加强。当前报社和电视台都抽调了专职工作人员组建了新媒体部（中心），其中一些从业人员相对而言也拥有较为丰富的媒体采编工作经验。但从总体来观照，队伍结构仍有较大的提升空间，主要是既懂新闻采编又对互联网传播规律有一定认识，熟悉新媒体传播技术的复合型人才还十分缺乏，一些从业人员囿于传统媒体的操作路径，无法摆脱旧的思维定式，客观上也影响了媒体融合工作的推进。同时，各地新媒体团队人员素质参差不齐，而且人员流动幅度较大，有些从业人员仍旧属于编外人员，这样一来就容易导致工作容易出差错。概而述之，各个传统媒体总体采编总力量过剩，但适应新媒体发展，符合融合传播需要，既懂互联网传播规律，又懂新闻采编，又熟悉新媒体传播技术的复合型人才储备明显不足。三是工作机制尚未成熟。宁报和广电两家新闻单位对采编流程再造的总体方向都是采取中央厨房的模式，其中报社已经在实体化运作，电视台目前还在对具体操作模式进行设计酝酿。从报社目前的实践来看，其中央厨房模式的资源整合度还不够高，各个媒体输出端口在一定程度上还存在着各自为政的情况，特别是在突发事件时采集中心对移动端口内容生产的支持力度还有较大提升空间。与此同时，整个媒体融合的内容生产分发的核心机制仍旧需要完善。四是技术依赖亟待打破。技术发展倒逼媒体融合，在媒体融合整个过程中也始终离开不技术的支撑。在当前报社和广播电视台的媒体融合实践中，技术其实还是其中一块很明显的短板。在实际操作中，上述两家新闻单位技术支撑基本依赖于上级新闻单位或者第三方的技术公司，自主运作的权限较小，这在很大程度上就会影响报业集团、广播电视台主动性和创新性的发挥。

此外，还存在着以下一些小问题：例如在引用其他媒体和平台的稿子时，经常会出现一些知识产权归属问题。假使一旦被人投诉，那么于情于理均是必输无疑；例如城市信息化服务功能建设过程缓慢，媒体与有关政府单位配合尚有难度。目前公交公司的实时查询、医院的挂号等百姓关注热度极高的系统仍未能很完美地整合进入新闻客户端；例如报社、广电、宣传部三个阵地体制机制未有效打通，在实现相关新闻资源内循环的同时，完全实现体系间的大循环仍有一定难度。概而述之，要想真正实现媒介融合，宁波仍需要继续努力奋斗。

言归正传，媒介融合已经为我们展现出了一个更壮丽、更全面的世界。因为随着新兴媒介的不断涌现，广大受众获得了前所未有的信息传播参与能力，比如受众借助微信、微博、客户端、短视频等新媒体可以相对较为自由地表达自身观点，这就打破了过去传统媒体唱"独角戏"的局面，新闻传播的过程也从过去单一的"自上而下"逐渐转化为"自下而上"和"自上而下"相结合，点对点、点对面、面对面的传播格局正在形成，传播者接受者在某种程度上已趋于一体化。

与此同时，我们也关注到当前大多数的融合媒介的盈利模式类型有限，创收水平也较为有限，其潜力尚未被全部发掘。此外，复合型媒介融合人才的匮乏也或多或少地导致了当前媒介融合多元化程度不够深入。与此相适应，国内外高校的新闻传播系其实已经从专业调整、课程设置、师资队伍建设、教学实践等方面都进行了一系列卓有成效的探索。譬如美国密苏里大学新闻学院以培养"具备全媒体业务技能的新闻人才"为目标第一个开办了"媒介融合"专业。哥伦比亚大学新闻学院创立了"哥伦比亚模式"，为的就是培养出"拥有复合型知识结构的专家型人才"。而国内中国人民大学新闻学院近年来也"一直在探索、实践以媒介融合、学科融合、产学融合为核心的新闻传播人才培养模式"①。

与此同时，我们也深知加快推进媒体深度融合，是党中央赋予的重大政治任务，是新闻战线面临的时代课题，也是主流媒体的使命和职责所在。我们务必要从党和国家战略全局的高度和舆论生态新格局，来清醒认识推进媒体深度融合重大意义，以强烈的政治使命感坚定不移地推进媒体深度融合这项工作，并使之真正落到实处，发挥实效。

三 报业集团转型

众所周知，哈佛大学的贝恩、谢勒等人曾于 20 世纪 30 年代建立了 SCP（structure-conduct-performance，俗称结构—行为—绩效）模型，该模型为我们提供了一个既能深入具体环节，又有系统逻辑体系的市场结构（Structure）—企业行为（Conduct）—经营绩效（Performance）的产业分析框架。其基本含义是市场结构决定企业在市场中的行为，而企业行为又决定市场运行各个方面的经济绩效。

---

① 雷小毅：《培养适应时代需求的新闻传播人才——专访中国人民大学新闻学院执行院长倪宁》，《今传媒》2014 年第 5 期。

就传统报业集团的定义而言，一般来说应涵盖如下三个基本层面：是不是坚持以影响力较大的报纸为发行主体，经济实力是否雄厚？旗下是不是有多家新闻出版媒体？是不是有依托报业固有功能向外延伸发展起来的其他经营范畴？正如方德惠认为的那样："越来越多的报社正朝着集团化经营的方向发展，而集团化的一个显著标志是产业结构的多元化。"① 发展到现如今，国内许多传统报业集团在取得显著成就的同时，自身也或多或少凸显出了诸如内容生产同质化、结构不合理、产品类型单一、宣传推广定式化等一系列问题。其实早在 2005 年，业界已有人提出中国传统媒体正进入一个拐点时代，在此后几年间，虽然有些报业集团的利润小幅度下滑，但是总体而言各地报业集团经营状况较为良好，尤其是市场化程度较高的都市类纸媒和具有区域性优势的地方报纸。但自 2012 年之后，传统媒体真正陷入了困境，尤其是都市类纸媒断崖式的下滑，已成为报业经营衰退的一个重要标志。随着报纸发行量的不断下降，原有的广告市场也在不断被瓜分，传统的纸媒运营模式增长乏力，还得面临读者分流，甚至流失的严重局面。与此同时，在新兴媒体等外在压力的持续冲击下，传统媒体也迫切需要进行一场说进行就深入进行到底的革命来奋发图强。

那么这条转型之路又该何去何从呢？报纸的未来发展趋势会不会只有"报"而没有"纸"呢？关于诸如此类的问题，各地传媒集团也都展开了深入思考。比如时任河南日报报业集团朱夏炎社长认为死的是纸，活的是报。报纸是党的喉舌，这个使命在最困难的时候也不能忘，同时也应该树立信心，更不应该病急乱投医。时任苏州日报社刘文洪社长认为报纸网站、手机报、多媒体数字报刊、数字化平台、手机二维码、电子商务、户外数字媒体、电子阅读器、移动采编系统等都将成为数字报

---

① 方德惠：《中国报业集团多元化的途径、存在的问题与发展策略》，《媒介—观点》2005年第11期。

业项目的创新方向。而时任广州日报社汤应武社长则认为："报业转型有个过程，最终成功与否的标准，主要不是看做了多少新媒体和新渠道，而是是否实现了集团品牌影响力的增值传播和提升扩大，是否实现了从服务读者向服务用户、从采编新闻向运营产品的转变，是否找到了符合互联网和新媒体发展的新盈利模式，是否能够提供报业集团可持续发展所需的资金、技术、和人才。"[①]

当然转型过程中也必定会存在一些制度瓶颈。比如现在很多传统报业集团自己不能办电视，只能通过网络视频进行新闻传播，而我们通常意义上认为的"全媒体"概念其实早已涵盖了互联网、数字电视有线网和通信网络的多维融合。正如柳斌杰在接受《南方周末》专访时谈到政策限制时所认为的那样："办刊的只能办刊，出书的只能出书，办网的只能办网，办报的不能办电视，国际媒体哪有这样搞的？一种信息要通过多种传播方式、传播载体进行传播，这是国际新闻传播的基本规律。我们违背了这个规律，自缚手脚。"[②] 当然这也仅是一家之言，但至少也在为如何推动媒介融合工作提供一个努力方向：今后宁波地区能不能率先实现报业集团与广电集团的有机融合？2018 年 3 月 21 日，中共中央正式印发《深化党和国家机构改革方案》，正式提出将撤销中央电视台（中国国际电视台）、中央人民广播电台、中国国际广播电台建制，对内保留原呼号，对外统一呼号为中国之声。正如夏康健分析的那样："此次中央三台合并，仍可以说是近几年媒体融合发展的一件大事，它实现了中央层面的广播、电视，国内、国外传播机构的融合，为国家层面的广播电视改革提供了现实案例。从新闻传播规律讲，三台合并也是历史的必然，它既满足了受众需求，也顺应了媒体发展和国际传播诉求。"[③]

---

① 汤应武：《报业集团转型发展的战略选择与路径探索》，《高峰论坛》2013 年第 12 期。
② 覃爱玲：《专访柳斌杰：新闻出版改革下一步》，《南方周末》2008 年 12 月 4 日。
③ 参见传媒圈微信公众号于 2018 年 3 月 29 日所发表的，署名为夏康健的文章《官媒解读中央三大台合并：顺应媒体发展和传播诉求》。

究其合并原因，或许正是为了能更好地生产符合时代特质、具有全方位沉浸式充足感官体验的优质新闻作品，进而打造出具有一定国际影响力的传播品牌。

其实相对于新媒体而言，传统媒体仍拥有一定资源优势，例如报纸可以涉及诸如经济、政治、文化等方面，无论是渠道来源，还是内容挖掘其权威性和广泛性远胜于其他媒体。蒋亚平早些年在接受北京青年报采访时曾说过《人民日报》网络版最大的优势是信息内容，因为与目前社会上一些公司，特别是外国公司的投入相比，《人民日报》的投入远远不够。体制也不如它们市场化，不如它们灵活、有效率，但在信息内容上，《人民日报》和其他一些新闻媒体仍具有无法撼动的品牌优势，其公信力和权威性都远胜于新媒体。美国多所大学的研究成果也表明：尽管新媒体占据了大量的市场，但其在内容原创上仍存在很大不足，大量的原创内容还必须依赖于传统媒体。① 正如周家真认为的那样："网络媒体尽管在多个方而比报纸有优势，但是在信息资源的来源上却是短腿，没有自采稿，没有自己的评论，信息主要依赖于报纸，但近几年来网络媒体却在大幅蚕食着报纸的读者群。而报纸却把自己宝贵的信息资源拱手白白送给网络媒体，换来的是自身读者群的日渐萎缩，这的确匪夷所思，令人难以理解。"②

众所周知，数字技术的飞速发展势必也会加快信息生产、传播的速度，进而使得网络世界里一部分虚假信息、情绪化言论、偏激思想等与社会主流价值观不一致的不良信息逐渐涌动，并泛滥起来，很多时候微信、微博、短视频等新兴媒体便是其最受青睐的"沃土"。而传统媒体相比之下则相对更为可靠一些，其自身具备的官方性、权威性、真实性和公信力也是它一直广受民众信任的重要原因。与新媒体相比，传统媒

---

① 凌曦：《美国传统媒体应对新媒体竞争的启示》，《传媒观察》2011 年第 3 期。
② 周家真：《报纸与网络媒体特点分析和报纸应对之策》，《探索与争鸣》2008 年第 7 期。

体带有自身较为优越的政治属性，一般都被视为是党和国家的喉舌机关，对国家政治类新闻有一定的优先报道权，且党政机关也更倾向于由传统媒体来报道相关新闻，所有这些优势在一个"信息爆炸"的媒介环境中往往可以起到"以正视听"的关键作用。例如南方报业传媒集团旗舰媒体、广东省委机关报——《南方日报》从 2002 年至 2013 年，历经 10 余次改版，发行量连续 28 年、广告收入连续多年居全国省级党报第一位，彰显了"围绕主业办产业，办好产业为主业"的先进经营理念。由此可见，传统媒体一直秉承自己的新闻立场与新闻理想，把社会效益与读者利益放在首位，不去盲目媚俗，着力打造自己的公信力，不去引导违背社会主流价值观的思想照样也可以实现长足进步，所以说在转型过程中，一定要有所为、有所不为，绝对不能为图省事，就将婴儿与脏水一起倒掉。众所周知，平均成本递减理论也告诉我们：开发并创造一个传媒品牌需要较高的成本，但当品牌已经建立以后，这部分成本也可视为已经固定下来，那么对其品牌进行再开发所需要的成本，相对而言其实并不会增加很多。所以说越会充分利用已有的品牌价值，其平均成本将会越低。此外，其实广大受众心里对传媒品牌相关产品也有着一定潜在的需求，只是有时大家或许已经熟视无睹罢了。

众所周知，在新闻可以通过不同渠道、不同手段进行快速传播的时代中，传播技术的每一次变革都会在传媒业界产生十分深远的影响。例如早在 1995 年 10 月 20 日，中国传统媒体已正式上网与广大网民见面，于是《中国贸易报》也就成为业界神话——传统报纸上网第一个吃螃蟹者；在它开创一代风潮后，新华社、《人民日报》等传统媒体也纷纷接踵触网。时至今日，虽说传统媒体都已基本实现线上线下同时发展，但部分媒体仍旧是充当着一个简单"搬运工"的角色，很多时候只是将报纸上的内容以电子报的形式非常简单、便捷甚至有些粗暴地拷贝到自己的门户网站之上，并没有充分考虑到广大受众对于新闻表现形式的喜好程度，一定程度上也使其用户体验感变得不尽如人意，接踵而至的自然便是遥遥无期的盈利预期。如前文所述，传统媒体与网络媒体霸主地位已经形成逆转态势，传统纸媒已经从诸如社会地位、广告收入、有效发行量和有效传播能力等方面开始全面衰退。值得一提的是，这种不对称竞争里也会时常见到版权缺失的身影。因为传统媒体一般都是在努力扮演好内容生产商的角色，不仅辛苦采集，而且还要不断加工编撰，但有一些新媒体却秉承潇洒的"拿来主义"的原则，直接部分或全部拷贝过去，这其实也在加剧了诸如报纸等传统媒体的生存压力。

其实宁波日报报业集团也面临着激烈的同行竞争。例如早在2009年，《钱江晚报》和《都市快报》都相继开办了宁波版，一定程度上也分流宁波日报报业集团的受众和广告，挤压了其生存空间。除此之外，诸如《浙江在线》《南方周末》《第一财经日报》等报纸也都在宁波市场发行。所以完全可以设想一下，如果宁波日报报业集团不积极转型谋求增加竞争力，那未来的道路的确会走得有些艰难。

可喜的是，我们也见到了宁波日报报业集团所付出的种种努力：例如自2015年12月开始，报业集团编制完成基于大数据技术的融媒体内容生产子平台建设方案，为整个集团打造全媒体信息"中央厨房"提供了技术支撑。自2016年6月1日起，《宁波晚报》《东南商报》全面改版。《宁波晚报》主营民生服务版块；《东南商报》则开始主营经济生活类版块。近年来，宁波日报报业集团也一直在打造全媒体信息"中央厨房"，试图推动传统媒体和新媒体之间的新闻生产流程再造，达到"一个产品，多个出口"的目的。

随着"移动为先"的理念深入宁波媒体人的内心，在酝酿了数年后，2015年7月8日宁波日报报业集团推出了"甬派"新闻客户端。如前文所述"甬派"移动客户端秉承"新闻为王、服务为本"的先进理念，立志于成为宁波日报报业集团在移动互联网上新闻宣传和舆论引导的一个重要阵地。其中，新闻版块主要设置了焦点、廉政、政情、文艺、福利、星奇等数个常规栏目。而服务版块主要提供求职创业、交通出行、公益慈善、生活服务、政务服务等内容，方便百姓衣食住行。值得一提的是，圈子版块已开发出论坛功能，可以随时随地发表帖子，在增加了互动内容的同时，也增强了用户黏性。商城版块则开发出积分功能，在"甬派"上浏览、转发、评论均有积分，且积分还能够抽奖或兑换高山香米、宁波旅游特惠护照等商品。此外，"甬派"也开发出了手机读报功能，用户可以阅看当天《人民日报》《解放日报》《浙江日报》和《宁波日报》等知名党报。

此外，传统媒体也仍旧具备人才储备优势，就宁波日报报业集团而言，大部分工作人员都来自国内各大名牌大学，且本科、硕士、博士各梯队人才储备都较为充足，目前宁波市、县两级共有媒体从业人员7041人（市级3578人、县级3463人），其中事业编制2152人，年龄40岁及以下3722人，拥有高级以上职称的305人，从事一线采编工作的2399人，新媒体从业人员359人。自2014年1月以来，共离职1325人，新招聘978人，队伍整体较为稳定。[①]

沧海横流方能显现出英雄本色，就当前发展实际来观照，综合效益最好的报业集团转型策略应当就是坚定不移地去走媒介融合之路，尽快与时代、与国际去接轨。因为加快推进传统媒体与新兴媒体的融合发展，既是党中央做出的重大战略部署，也是报业集团应对新媒体挑战，推动集团转型升级的迫切需要。面对新的形势，报业集团要充分发挥自身优势，在坚持深耕报业主业的同时，切实加快融合改革发展步伐。[②]

---

① 参见笔者为宁波市委宣传部所撰写的宁波媒介融合发展情况调研报告（2017）。
② 燕山林：《报业集团转型发展策略初探》，《新闻研究导刊》2014年第8期。

现如今数字化发展趋势已经越来越明显，几乎所有的图片、语言都可以转化成计算机语言。正如尼葛洛庞帝总结得那样："我们已经进入了一个艺术表现方式得以更生动和更具参与性的新时代，我们将有机会以截然不同的方式，来传播和体验丰富的感官信号……尽管这种做法似乎把重要的艺术作品全然世俗化了，但数字化使我们得以传达艺术形成的过程，而不只是展现最后的作品。"① 时任浙江日报报业集团应金泉副总编辑也谈到了媒介融合的三大变革："一是生产方式从单一制作版面转向打造内容生产链，受众直接参与新闻产品生产；二是运行方式从按日发布到滚动发稿，记者编辑开始向两栖功能拓展；三是传播方式从分众传播转向聚合传播，表现形态多元，传播效果叠加等。"② 所以说我们完全有理由相信这些传播形态的变迁一定会引发内容生产、媒体经营等各个层面的深入变化，而所有这些最终又会带来传播者——接受者互动体验方式的完美变革，而这场系统性变革又将会影响，并改变人们的生存与思考方式，尤其是年青的一代。正如美国知名科技博客网站——"商业内幕"的联合创始人亨利·布洛杰特曾提到那样："社交媒体的崛起从根本上改变了人们发现信息的方式，当 facebook（脸书）上的 10 亿用户拥有可自定义的主页后，他们就没有什么理由去看别的网站了。"③ 媒介哲学家保尔·利文森玩也曾在《人类的回应》中提出了"人性回归"理论，即所有媒介的诞生都可归因于人类超越时空交流的需要，而且也终将因此变得越来越人性化，通信的便利性也会随之日益增强。所以传统媒体有时的确需要借鉴新兴媒体的"人性化双向互动"的优点，在报道形式和内容上可以更加贴近读者，以便能更好地吸引该群体的注意力。或许也正如丁军杰在《新媒体时代下传统报业全媒

① ［美］尼葛洛庞帝：《数字化生存》，胡泳、范海燕译，海南出版社 1996 年版，第 88 页。

② 应金泉：《报网融合前景下的纸媒变革》，《新闻战线》2008 年第 1 期。

③ 详参郭爽《媒体融合关键要"摸对门"》，《新华每日电讯》2014 年 8 月 26 日第 3 版。

体转型思考》中提出的那样：职业新闻工作者不再是传播的唯一主体。新闻报道的专业性与公众参与的公开性相互结合是新媒体所带来的新的传播需求。①

在这个新媒体蓬勃发展的时代中，广大受众对于信息的需求已不仅仅满足于停留在接收层面，很多人其实都想通过各种各样的新媒体途径，迅速成为独树一帜的传播者。与此同时，内容的生产者和消费者的口味和兴趣都在发生变化：一是受众散了；二是媒介多了，最直接的结果就是受众的终端需求更加多元化，他们原先比较完整的阅读时间，现在却已经被分散了。② 也正如范以锦在《报业转型中的商业模式困境与突围》中认为的那样：纸媒的传播力有三个层面，分别是内容传播力、内容制作媒体平台传播力和内容制作媒体的"声誉"传播力，而新媒体的出现，使纸媒的这三个层面都受到了威胁。③ 就实际情况分析而言，新媒体的横空出世的确也让传统媒体既有的盈利模式遭受到了巨大冲击。凭借着其独有的内容优势和传播优势，在新媒体出现之前，传统媒体无疑是各大广告商争相投放广告的"香饽饽"，而如今新兴媒体更多时候方才是广告商的"真爱"，如有大数据精准画像技术作为支撑则更是如虎添翼从而导致传统媒体广告业务收入大幅度减少。因为在如今社会化媒体的快速传播过程中，信息源、传播者、受众三者之间的关系正在悄然发生着改变，报纸既有的平面传播形式正在逐渐被人们摒弃，新媒体的多维立体传播手段越来越符合广大受众，尤其是年轻受众群体的内心需求。

就内部层面而言，传统媒体在发展过程中有时由于可报道内容具有相对有限性，会导致一部分媒体所报道的内容相似度较高，总体质量不

---

① 丁军杰：《新媒体时代下传统报业全媒体转型思考》，《中国报业》2013 年第 4 期。
② 陈叶绿：《传统媒体转型研究——以温州日报报业集团为例》，华东政法大学，硕士学位论文，2015 年。
③ 范以锦：《报业转型中的商业模式困境与突围》，《新闻研究导刊》2016 年第 7 期。

高，一定程度上也助长了同行之间的恶劣竞争之风。传统媒体在发展过程中有时也会由于报道形式较为单一，使部分受众无法获得多重感官体验。早些年前，传统报纸主要用的是线性叙述方式，而在如今网络时代的新闻往往更偏爱使用超文本结构，这种结构是指将相关文件互相连接起来，即在一个文本中，综合文字、图表、图像、声音、动画和视频等信息，它是互联网一种全新的传播方式①，例如目前方兴未艾的 H5。显而易见，如果仅仅只是照片与文字的简单组合，如今或许已经很难勾起广大受众的兴趣了。

所以说处于这样一个内忧外患的境遇中，传统媒体的转型升级已可谓迫在眉睫。就报业集团而言，一个新闻事件产生后，最先出现的地方往往是微博、微信、短视频等新兴媒体，一般要等到一两天后才能在报纸上一觅踪影，其实那时大家早已熟视无睹了，毕竟我们早已远离了原始社会那个资讯匮乏的时代，而且两三天后或许又出现了更加吸引眼球的新闻事件。

关于如何转型，其实学界已有不少真知灼见。比如范以锦提出报业转型可以从结构调整入手，在确保党报、党刊主流媒体的生存发展的同时，其他报刊也应在调整中拓展生存空间。他认为可以秉承"以人为本，内容回归"的理念将视野投向广袤的农村，进而去主动拓宽报纸发行空间②。比如说针对广大农民群体，报业集团也可有针对性地去创办一些报纸，甚至是一些栏目，因为随着中国城市化进程的加快，今后每年可能都会有一定数量的农村人口转变成城市人口，进而可以成为大众化报纸的新读者，这其实是一个潜力巨大的蓝海市场。正如在 2017 年 12 月 28 日至 29 日在北京举行的中央农村工作会议上，习近平总书记强调今后要弘扬和践行社会主义核心价值观，加强农村思想道德建设，传

---

① 李林容：《浅谈网络编辑思维方法》，《中国编辑》2010 年第 5 期。
② 范以锦：《报业转型中的商业模式困境与突围》，《新闻研究导刊》2016 年第 7 期。

承发展提升农村优秀传统文化，加强农村公共文化建设，并展移风易俗行动，切实提升农民精神风貌，培育文明乡风、良好家风、淳朴民风，不断提高乡村社会文明程度。

此外，根据 CNNIC（中国互联网络信息中心）发布的《第 41 次中国互联网络发展状况统计报告》数据，截至 2017 年 12 月，我国农村网民占比为 27%，规模为 2.09 亿，较 2016 年底增加了 793 万人，增幅为 4%。① 董芳也在《手机新闻对农传播中的语言策略》一文中提出我国农村居民的手机网民数量正在逐步增加，农民通过手机了解新闻、获取信息、发展生产、便利生活和增收致富的能力逐年提高。② 由此我们可以看出，农村已经成为新媒体着力覆盖的一个蓝海地带，众多的农村人口已经形成一个规模巨大的市场，如何去满足农民对于获取互联网信息的迫切需求，如何建构起适合农村受众的、更加富有亲和力的新闻语言这个重大课题已经摆在了所有传媒从业人员面前。所以说，我们完全可以预见如何为农民办好报纸必将成为报业集团转型升级的一个重要突破口。

正所谓"没有夕阳的产业，只有夕阳的企业和夕阳的人。"在转型升级过程中，报业集团也完全可以将视野放得更宽一点，比如说在内容、形式、流程、功能和渠道等方面进行一些融合创新，而其中如何让信息快速而有效地动起来便是其中可以着力探索的一个方面。

或许今后报业集团可以在网站上创办视频新闻资源包、云报纸等，这样一来一方面发展了手机客户，另一方面也开辟了报纸传播的第二个市场。报业集团也可以借助一些新媒体技术去创新报纸报道内容和形式，着力拓展新闻报道的外延，提升媒体价值，进而努力实现新兴媒体

① 详参 CNNIC《第 41 次中国互联网络发展状况统计报告》，网址为：https：//mp. weix-in. qq. com/s？ src = //&timestamp = 1573987930&ver = 1980&Signature = gD_ mofr9kbg1 xi OVPH-dog_ 9Sr/evAGnrMEwAolxrBTb9tebVP6y53d3R19WVPJG5Q8V9Nfomid = 1。
② 董芳：《手机新闻对农传播中的语言策略》，《中国地市报人》2016 年第 12 期。

和报纸的双向良性互动，尤其是吸引到更多的年轻读者。

作为全国第一家将媒体经营性资产整体上市的报业传媒集团，浙报集团率先提出了"重塑商业逻辑"和"重塑传播逻辑"的新理念，最终形成"内容即服务""用户即阵地""作品即产品"全新的媒介融合观：必须高度重视"新闻＋服务"这个商业逻辑，经由"由报刊读者向多元用户转变，由大众化传播向分众化传播转变，由提供单一新闻资讯向以新闻资讯为核心的综合文化服务转变"三个转变，重塑通过服务集聚用户人气的传播逻辑。

报业集团也可以尝试着打造出一种全新的盈利模式，例如利用大数据技术将有关信息进行收集，进行整合后建立起相应的数据库，再利用信息服务来赚取利润。这其实也是报业集团的一条信息化转型路径：不仅仅满足于将报纸上的信息搬到互联网大平台上去，更重要的是试图将行业独有的一些信息资源优势，尽可能高效地转化为自身的盈利点。

作为美国报业转型的引领者，《纽约时报》早前有一句著名的口号便是"刊登一切适合刊登的新闻"，现如今他们已经换了一个全新的口号："所有的一切都是为了对话。"两句口号的巨大变化其实正是契合了这样一种精神：在互联网发展新时代中，人们在资讯传播过程中更加渴望参与互动，尤其是全程互动。而纽约时报也非常适合时宜地选择提升报纸的开放性，进而为广大受众提供了一些参与空间。

如今，诸如《纽约时报》《华尔街日报》《华盛顿邮报》等美国主流媒体都已经成为多媒体采编中心，适用于纸媒、广播、电视、网站等全媒体报道手段已经成为美国报人进行传播的重要手段。在很多时候，美国的记者第一时间往往是在给网站写稿，甚至是一边写一边发，然后再给纸媒写稿，这样一来报网基本上可以实现优势互补，重大新闻基本上可以实现全媒体覆盖。值得一提的是，美国报纸发行量止跌还得益于建立了"付费墙"制度。以《纽约时报》为代表的知名报纸一直都在坚持进行网站付费阅读，此举在一定程度上也为报业转型奠定了扎实的盈利基础。资料显示，美国数字阅读收费的发展速度非常快，已有超过300家报社的电子版修筑了付费墙。

将视野转回国内，我们看到已有越来越多的报业集团因为经营困境而逐渐消亡，传统报业在夹缝中求生存已经越来越困难，那么如何在摸索中去转型升级以求尽快适应这个媒介融合发展的新时代已是大势所趋，因为事实已经充分证明停滞不前只会注定被时代潮流无情地冲垮。就在2017年12月29日，也就是2017年的最后一个工作日，当天传出休刊/停刊信息的媒体已经诸如《渤海早报》《球迷》《台州商报》《大别山晨报》《无锡商报》《皖南晨刊》《上海译报》《白银晚》报等十多家，还有不少纸媒也在近期表示将缩减出版周期，以应对纸媒寒冬。①

---

① 参见记者论坛微信公众号2017年12月30日刊发的文章《2017年最后一天，十多家纸媒宣布休刊停刊》。

第二章　宁波日报报业集团各时期舆论引导经验总结

如前所述舆论引导在我国社会发展进程中一直都在扮演着非常重要的角色。在本书研究视域中，我们倾向于认为舆论引导的宗旨就在于依据国家现行有关法律、法规，与中国共产党的相关政策精神相契合，以广大人民根本利益为出发点，科学而巧妙地去引导舆论，使社会主义核心价值观能得到弘扬，社会正义能得到伸张，最终全国上下凝心聚力，共同为中华民族伟大复兴不断努力奋斗。

我们首先来对新中国各时期舆论引导发展历史进行简要梳理。为便于深入研究，我们拟将这段历史一分为二，从传统舆论引导时期和新型舆论引导时期这两个时间区域分别来进行阐述，其中的分水岭便是中国互联网发展的关键年份——2000 年，也就是我们常说的千禧年。

值得一提的是，虽说早在 1994 年中国已经加入全球互联网大家庭，但在 2000 年前，中国互联网发展形态还较为单一，主要表现为现如今各大网络巨头的兴起，例如 1997 年 6 月丁磊创立了网易公司，1998 年 2 月张朝阳创立了搜狐网，1998 年 11 月马化腾、张志东等人创立了腾讯公司，1998 年 12 月王志东创立了新浪，1999 年 9 月马云带领 18 位创始人成立了阿里巴巴公司，2000 年 1 月李彦宏在北京创立了百度公司，至此互联网三大巨头"BAT"正式应运而生。值得一提的是，1999年聊天软件QQ横空出世，只是当时还叫QICQ，后来改名腾讯QQ方才开始风靡全国。相对而言，这一阶段还是报纸、电视、广播等传统媒体占主导地位，故而称为传统舆论引导时期。

而在2000年以后，中国互联网发展非常迅猛，博客、论坛等载体层出不穷。其中2000—2008年又可以称为第二波浪潮：2002年个人门户兴起，2003年淘宝网、支付宝问世，2005年博客正式出道，2008年中国网民首次超过美国。在2008年后，PC互联网逐渐转移到了移动互联网时代，宣告第三波浪潮正式汹涌袭来，2009年SNS社交网站快速崛起，校内网（人人网）、开心网等网站风靡一时。2011年微博已全方位渗透进百姓生活的各个领域，其中政务微博、企业微博也应运而生。2012年手机网民人数已经超越PC端网民，微信朋友圈更是走进了千家万户。2015年，中国首次提出"互联网＋"概念。2016年，互联网直播方兴未艾，PAPI酱凭借短视频迅速走红，并成为网红的领军人物。与此同时，各类自媒体平台也得到了长足发展，仿佛在春光明媚的园中争奇斗艳各领风骚。

第一节　传统舆论引导时期经验总结

一　发展历史概述

言归正传，将视野锁定回传统舆论引导时期，我们发现在新中国成立之初百废待兴，很多领域的发展都或多或少体现着苏联的影子，新闻事业自然也是概莫能外。这种体制的本质特征正如张国良总结的那样："社会主义国家大众传播体制的最大特征，就是将媒体作为宣传、教育、组织大众的工具，以达到有效控制社会、早日建成社会主义现代化强国。"①

---

① 张国良：《传播学原理》，复旦大学出版社2014年版，第122页。

其实对于一个有着十几亿人口的泱泱大国而言，假如不对舆论进行引导，任由不合理的意见、谣言漫天飞舞，任由大家按着各自的性子肆意妄为地做事，无畏且无知地活着，那么现如今社会早就不会如此安宁，中国经济取得如此之大发展成就的难度也是大为增加。从1949年到1978年这近三十年时间里，舆论引导的工具主要是以报纸和广播为主，即可以看作二维主导。

众所周知，自20世纪20年代广播凭借着收听对象广泛、传播速度较快、感染力较强等优势迅速风靡全球，且在第二次世界大战等重大历史事件中发挥了无可替代的作用，美国前总统艾森豪威尔曾经认为在宣传上花一美元，等于在国防上花五美元。

无论是美国前总统罗斯福，还是英国前首相丘吉尔，甚至连德国纳粹元首希特勒、苏联统帅斯大林，都堪称是广播高手，他们的声音所到之处，无论是穷乡僻壤，还是繁华都市，民众往往都是听得如痴如醉，进而迅速被其讲演内容和人格魅力所感染，时至今日人们还时常谈论起著名的"炉边谈话"和莫斯科红场阅兵演讲广播。

值得一提的是，自1923年广播传入神州大地之后，因其独有的渗透性和灵活性，对当时的舆论引导也发挥了巨大作用。例如当抗日战争时期延安新华电台成立不久后，中共中央在参考日共领导人建议后开办日语广播，每天广播半小时左右，收听对象主要是侵华日军。由于当时太平洋战争已经爆发，日本在战场上频频失利，部队中普遍士气较为低落，不少日军在收听一段时间延安广播后就决定率众投降。

新中国成立初期百废待兴，国内外局势均尚未稳定。当时以毛泽东同志为领导核心的中国共产党人明确今后一段时间的主要任务就是全方位进行新中国建设。当时中国虽然有近5.5亿人口，但小学入学率仅为20%左右，而文盲比率却高达80%左右，尤其是在很多老少边穷地区，如果连汉字都认不全，更遑论去读书看报！所以当时中共八大所提出的

"把中国从落后的农业国建设成为现代化的社会主义工业国"的总路线方针，就只能主要依靠广播这种媒介传播方式传递到全国，乃至其他地区。所以在某种程度上而言，广播在当时不仅影响了国内大众的思想，同时也力所能及地向海外输出了"中国声音"。也正如张国良总结的那样："远离城市的边远地区，更青睐这一最为大众化的媒介。同时它也是国际交流领域的主要工具之一。"①

众所周知，报纸在中国的发展可谓源远流长，最早可以追溯到"邸报"。学界有观点称出现于战国时期，也有一些学者称始于西汉时代。原属中国现藏在英国伦敦不列颠图书馆的敦煌唐归义军《进奏院状》通常被认为是现存世界上最早的报纸。

作为刊载新闻和时事评论为主的定期向公众发行的出版物，报纸一直都是大众传播的重要组成部分，也在舆论引导过程中发挥着无可替代的作用。在新中国成立后，《人民日报》、新华社与中央电视台并称为中国共产党三大喉舌传媒，始终体现着党中央和国家的意志，向国内外传达着中国的声音。早在1950年4月23日，《人民日报》就曾刊载新闻总署一篇名为《关于改进报纸工作的决定》的文章，其核心观点就是为了适应全国逐步转入以生产建设为中心任务的情况，全国报纸应当用首要的篇幅来报道人民生产劳动的状况，来宣传生产工作和经济财政管理工作中成功的经验和错误的教训，来讨论解决这些工作中所遇到的各项困难的办法。由此我们可以看出，在这一历史时期中，报纸主要起到的就是宣传中央政策，为建设新中国打下坚实的群众基础的作用。而在"文革"时期，社会舆论始终都绷紧着阶级斗争为纲的弦，无论是广播，还是报纸，都在传达中央的指示，带有强烈的社会主义意识形态，换而言之即这是一种自上而下的舆论引导。正如丁柏铨在《对新中

① 张国良：《传播学原理》，复旦大学出版社2014年版，第77页。

国建立以来舆论形态的历史考察》中分析的那样："在整个这一时期，社会舆论的运行，保持着阶级之间严重对立时期所体现的激烈态势。以阶级斗争为中心话语，以阶级阵线为区分舆论的界限，此类现象甚为明显；用一种主导性的舆论统率并统一全社会的舆论，这样的实践客观存在且特色鲜明。"①

就整体而言，这一时期的舆论引导主要还是呈现出二维发展的状态，而且往往更多地还是一种自上而下的传播过程，普通大众参与度相对较低。虽然新闻总署在《关于改进报纸工作的决定》中也曾要求报纸应当注重发表和答复读者的来信，特别是关于政府工作、经济建设事业和其他社会生活的批评、建议和询问的信件，可是这一时期大众文化水平普遍较低，能够投稿写信的人少之又少。而广播的现实可参与度则更低，广大受众往往只能单向度地去聆听，无法主动去选择听什么内容。这也就形成了这一时期的社会舆论主要由中央进行主导，普通大众往往安于被动接受的局面。

众所周知，电视机最早由英国工程师约翰·洛吉·贝尔德于1925年发明，1958年9月2日，中国第一台黑白电视制造成功，新中国正式开始发展电视事业，但由于种种原因，电视产业发展步伐一直都较为缓慢。1978年党的十一届三中全会确定改革开放发展大计以后，新中国的工作重心逐渐转移到经济建设上，随着改革开放大潮席卷全国，中国经济、科技水平得到快速提升，电视才逐渐飞入寻常百姓家。随着电视产业发展起来以后，电视传媒也为国家发展贡献了更多力量：众多广播艺术工作者紧紧把握时代脉搏，坚持现实主义的创作方法，创造了一大批既能弘扬国家主旋律，又能让大众感同身受、启迪人生的优秀作品，例如九十年代《情满珠江》等一系列下海经商的电视剧就较为深刻地

---

① 丁柏铨：《对新中国建立以来舆论形态的历史考察》，《当代传播》2011年第1期。

反映出了当时的现实情况。伴随着这些作品的广泛传播，普通大众也在潜移默化中得到了深厚的滋润，精神也得到了高度升华，可谓整整影响了一代人。正如艾红红在《改革开放以来我国电视事业发展鸟瞰》一文中总结的那样："改革开放以来，顺应国家由计划经济体制向市场经济体制的转轨，我国电视事业的建设与发展也以改革创新为动力，以不断调整事业结构、改善事业运作模式为目标，逐步走向市场，在产业化经营方面进行了大胆探索。电视传播日渐走出过去政治控制下的单向传播状态，逐步走向多种社会力量交互作用下的多向、信息化传播格局。"①

与改革精神相契合，CCTV 也得到了长足发展，自 1978 年 1 月 1 日以来，中国中央电视台综合频道的《新闻联播》节目每天19：00都会准时与广大观众见面。自 1982 年 9 月 1 日起，中共中央又明确规定，今后重要新闻都要在《新闻联播》中进行首发，由此就奠定了它作为官方新闻发布首要渠道的地位，此举对于正确地做好舆论引导工作意义非常重大。

因为它的宗旨就是要宣传党和政府的声音，传播天下大事，更加贴近实际，贴近生活，贴近群众，所以说《新闻联播》一直都在改革开放过程中与时俱进，既见证改革的历史，又向民众传达了开放的意义，同时也成为广大受众获取权威信息的有效渠道，收视率也一直居于前列。随着该节目的播出，诸如"改革开放不是背离了社会主义"，"经济发展才是硬道理"，"白猫黑猫，只要能抓老鼠就是好猫"等一系列重要观念逐渐深入人心，甚至影响了整整几代人，可见电视对于舆论引导也堪称是居功至伟。

值得一提的是，在电视蓬勃发展时期，大众参与的程度较先前也是有了显著提高。不容否认的是，随着电视发展日新月异，原先广播

---

① 艾红红：《改革开放以来我国电视事业发展鸟瞰》，《山东行政学院山东省经济管理干部学院学报》2002 年第 3 期。

积攒的风头逐渐被电视所超越，因为其声像俱有，视听兼有，且节目形式还非常丰富，所以很快就获得了大家的支持，尤其是一部分青年观众的青睐。

就总体而言，这一时期的舆论引导也从主要强调意识形态宣传到兼及民意听取，主要传播方式也从报纸、广播两维逐渐演变为报纸、广播、电视三维协同发展，当然其控制权主要在中央这里，都是在为社会主义事业发展而贡献应有力量，这相当于是自上而下的舆论引导，但与此同时也已经出现了一些自下而上的舆论引导萌芽，即部分受众的民意反馈。正如昌波在《改革开放20年我国广播电视业的发展》一文中分析的那样："广播电视是我国社会主义意识形态的重要组成部分，广播电视作为党、政府和人民群众的喉舌，有其阶级属性和政治属性，这是我国电视广播的基本属性。"①

值得一提的是，所有这些点滴进步的获得都离不开邓小平等领导人的鼎力支持。众所周知，邓小平同志一直坚持实事求是，在1992年视察南方过程中，他曾告诫大家要多干实事，少说空话，不要吹嘘自己，尤其是报刊宣传要谨慎。而且他也一直很注重听取民意，还曾提出要让老百姓有骂娘的权利，这其实是让老百姓有申诉的机会，可以让广大受众有表达合理诉求的话语权和监督权，路见不平也能一声吼，而不是哑巴吃黄连有苦说不出。

从1995年到2000年，如前所述这是一个中国互联网发展的襁褓时期，在这一阶段内网络虽然已经取得了长足发展，但囿于一些因素，并未普及，能接触到网络的网民数量少之又少。在这一过程中，中国国家综合实力不断提升，舆论引导也主要侧重于国家经济、文化等社会主义建设的各个方面，主要媒介仍旧是报纸、广播、电视三大巨头，但网络

---

① 昌波：《改革开放20年我国广播电视业的发展》，《中国有线电视》1999年第8期。

此时此刻也在苗壮成长，BBS、博客、论坛等新兴载体逐渐成为舆论引导的新阵地。

1994 年 5 月，国家智能计算机研究开发中心开通了曙光 BBS 站，这是中国大陆的首个 BBS 站。从 1995 年清华大学"水木清华"BBS 的建立开始，国内高校 BBS 经历了 20 世纪末的快速崛起，进而在新世纪的头十年迎来了自己的全盛时代，一时间北大一塌糊涂、南大小百合、上海交大饮水思源等 BBS 都成为高校学生活跃的聚集地。而后在人人网、贴吧、微博等新事物的冲击下，高校 BBS 颓势尽显。2018 年 3 月 3 日，在夜间高峰时段登录复旦大学"日月光华"BBS，实时上站人数仅为 474 人，而辉煌时期的最高上站人数曾为 1.04 万人。可以说大学 BBS 的消亡，既是社交形态演变的结果，也是一个时代的落幕。曾经风光无限的大学 BBS，恰好为各类观点的交锋提供了一个合适的场所，为校内舆论和大众媒体之间建立了一条缓冲带，有着大量空闲时间、热血的大学生聚集在此指点江山、抒发情感、寻找归宿感。假如没有舆论的缓冲带，有些问题不可避免会集中暴露出来，有些矛盾也会迅速激化。① 正如李明慧在《BBS 舆论传播的形态、限度和调控》一文中分析的那样："BBS 议程设置呈现多元化特点的同时，舆论客体的媒介化趋势也很明显；在 BBS 舆论传播过程中'把关人'相对于传统媒体而言是缺席的；传统媒体时代的舆论中心在 BBS 中被消弭了，取而代之的是一种'散漫性社区'，BBS 的舆论监督力量不容小觑。其次，我们也应该看到，BBS 的舆论功能是有其限定的，网络舆论也是社会舆论的一种，必然要遵循舆论传播规律。作为一种社会力量，它只能是监督而不可能代替独立的司法程序和依法行政的程序来做出定论和决策。在有时候官方媒体的失语与 BBS 的喧嚣形成鲜明对比的形势下，BBS 可以

---

① 参见二月十三日微信公众号 2018 年 3 月 5 日刊载的文章《大学 BBS 消亡史》。

而且应该被视为官方视野之外的舆论监督渠道。"① 由此不难看出作为网络发展初始时期兴起的一种独特传播信息方式，BBS 已经彰显出一定的自我意识。

二 典型事例舆论引导经验反思

2018 年是改革开放 40 周年，这是一个具有划时代意义的年份。宁波乘着改革开放的东风，开展了一系列生动的宁波实践。依托深水良港，服务国家战略，塑造城市精神，宁波积极调动一切积极因素，克服发展中的重重困难，开辟了一条特色鲜明的发展道路，交通、文化、经济、生态等各领域硕果累累。宁波日报报业集团在改革开放中也扮演着非常重要的角色，肩负着讲好宁波故事、传播宁波声音的历史使命。宁波日报报业集团是改革开放的亲历者、见证者、实践者，与波澜壮阔的改革开放同频共振。纵观宁波日报报业集团的发展轨迹，始终紧紧跟随着改革开放的脚步。党的十一届三中全会拉开了改革开放的序幕，计划单列市使宁波驶入快车道成为可能，邓小平发出的"把全世界的'宁波帮'都动员起来建设宁波"的号召极大地鼓舞了宁波人民。如今改革开放已走过了 40 个年头，宁波日报报业集团"敢为人先"，勇当排头兵，积极开展了一系列探索和实践，积累了宝贵的经验，宁波日报报业集团也从无到有，从弱到强。

宁波日报报业集团于 2001 年挂牌成立，在 2000 年前一直被称为宁波日报社。在这个改革开放 40 周年的重要节点，总结宁波日报报业集团在舆论引导工作方面的一些经验和教训也显得尤为重要。为了便于展开研究，我们已划分了两大分期，即传统舆论引导时期（2000 年前）和新型舆论引导时期（2000 年后）。然后再采用一些行之有效的方法进

---

① 李明慧：《BBS 舆论传播的形态、限度和调控》，硕士学位论文，山东大学，2005 年。

行后续研究。

美国传播学家伯纳德·贝雷尔森将内容分析法定义为"一种对具有明确特性的传播内容进行的客观、系统和定量的描述的研究技术。"①因其时间跨度较大，所以我们会结合具体实例进行内容分析，试图能够以点带面、较为完整地展现这段波澜壮阔的历史。值得一提的是，宁波市图书馆的宁波特色数据库"馆藏百年报纸"收录了 1899—1999 年的 20 余种报纸，包括了《宁波日报》的前身《宁波报》《宁波晚报》等报纸，这对于研究宁波日报报业集团 2000 年前的舆论引导提供了丰富的资料支撑。

众所周知，新中国成立后当时百废待兴，因为社会主义建设的原因，我们与苏联曾经关系较为密切，所以中国的新闻事业上也或多或少地体现着苏联的影子，此处囿于篇幅不再赘述。概而述之，从 1949—1978 年，舆论引导工具主要是以报纸和广播为主。改革开放之后，党的十一届三中全会召开，从"以阶级斗争为纲"到"以经济建设为中心"的转变才使得电视飞入寻常百姓家，逐渐改变原来由报纸和广播主导的二维主导局面。

值得一提的是，1972—1978 长达八年的时间里宁波报业遭遇了空窗期，整座城市没有自己的报纸。② 1978 年 5 月 11 日，《光明日报》头版发表《实践是检验真理的唯一标准》一文，成为拨乱反正以来影响最大、反映最激烈的一篇文章，也被视为中国进入社会主义现代化建设新时期思想解放的宣言。"实践是检验真理的唯一标准"不是一句简单的口号，而是经实践证明是正确的、客观的、振聋发聩的回答。党的十一届三中全会后，提倡解放思想、实事求是，媒体的面貌焕然一新。1984 年初，邓小平视察南方后发表重要讲话，提出要进一

---

① 卜卫：《试论内容分析方法》，《国际新闻界》1997 年第 4 期。
② 孙玮、谢静、童希：《"宁报模式探析"下》，宁波出版社 2012 年版。

步扩大对外开放。当年，宁波等城市被列为全国 14 个进一步对外开放的沿海城市。

早在 20 世纪 80 年代，宁波日报社就实现自收自支、自负盈亏，告别了"吃皇粮"的历史，并在浙江省首开自办发行之先河，顺应了时代发展的潮流。1980 年 6 月 1 日《宁波报》复刊，1983 年 1 月 1 日改名《宁波日报》。1987 年 1 月 1 日由 4 开 4 版小报改为对开 4 版大报。1993—1999 年先后扩为 8 版、12 版，成为覆盖全市的综合性大报。宁波日报社沐浴着改革春风，"敢为天下先，敢争天下强"，通过早期的开疆扩土结束了《宁波日报》"一枝独秀"局面，形成了"四报一刊一网"的局面，四报即《宁波日报》、《宁波侨乡报》、《宁波晚报》、《东南商报》、《新侨报》，一刊即《服务导刊》，一网即中国宁波网。①

1992 年，邓小平同志南方谈话和党的十四大召开，党的宣传思想文化工作进入了新时期。1994 年中国接入互联网，报纸、电视、广播等传统媒体仍旧占据主导地位，互联网逐渐由弱变强，但此时尚未成熟。在此时期，江泽民同志提出了要"以正确的舆论引导人"，始终坚持正确的舆论导向，是把握新闻舆论工作的关键。江泽民提出了"祸福论"，"舆论导向正确，是党和人民之福；舆论导向错误，是党和人民之祸"。我们党和国家的领导人一向重视新闻舆论宣传工作，这其实也是在顺应时代发展和历史要求。

传统舆论引导时期的主要特色主要有以下几方面内容：

一是引导内容以政治、经济为主。在这个时期中，宁波日报着眼于政治、经济的舆论引导，地域性色彩强，地方重要经济、政治新闻事件是报道的关键对象。

---

① 孙玮、谢静、童希：《"宁报模式探析"下》，宁波出版社 2012 年版。

政治领域的舆论引导主要表现为忠实地传播党的方针、政策，始终把握正确的政治导向。做好舆论引导工作，最根本的是始终要坚持党性原则。历史和实践告诉我们，必须要毫不动摇地以马克思主义为指导，为社会主义新闻事业健康发展提供保证。1981 年 1 月，党中央下发《关于当前报刊新闻广播宣传方针的决定》，并指出报刊、新闻、广播、电视工作者必须坚持党性，增强党性。党性是无产阶级阶级性的最高表现。作为党的喉舌，媒体要贯彻党的方针、路线、政策，始终与党中央保持一致，忠实地传播党的声音。人民是历史的创造者，改革开放以来取得的巨大成就离不开党的正确领导，也离不开人民的艰苦奋斗。坚持为人民服务，把党和人民的利益放在首要位置，作为一切舆论引导的出发点和落脚点。以人为本是应有的内在逻辑，媒体要始终密切联系群众，与人民群众同呼吸、共命运，充分考虑到普通民众的所思所想，拉近与民众之间的距离。

谈到政治领域，自然无法绕过党的十一届三中全会。毫无疑问，十一届三中全会的召开是历史上具有深远意义的伟大转折点之一，标志着社会主义建设进入新时期。改革的春风吹遍大地，这也给宁波带来了前所未有的发展机遇。

通过检索相关馆藏报纸资料，"十一届三中全会"的相关记录共检索到 80 条。值得一提的是，在纪念十一届三中全会二十年之际，早在 1998 年的 5 月份，宁波日报就有相关宣传预热，主要是一些纪念活动、研讨会、座谈会。之后宁波日报集中发力，在 1998 年 12 月 18 日。《宁波日报》用整整两个版面（头版和第 2 版）对十一届三中全会 20 周年纪念大会进行报道，并全文刊登了江泽民同志在大会上的重要讲话，可见其重要性，如图 2 - 1 所示。当然在此期间，也还有关于改革开放的系列报道陆续刊出。

经济领域在此时期也是宁波日报报道的重要内容之一，主要反映宁

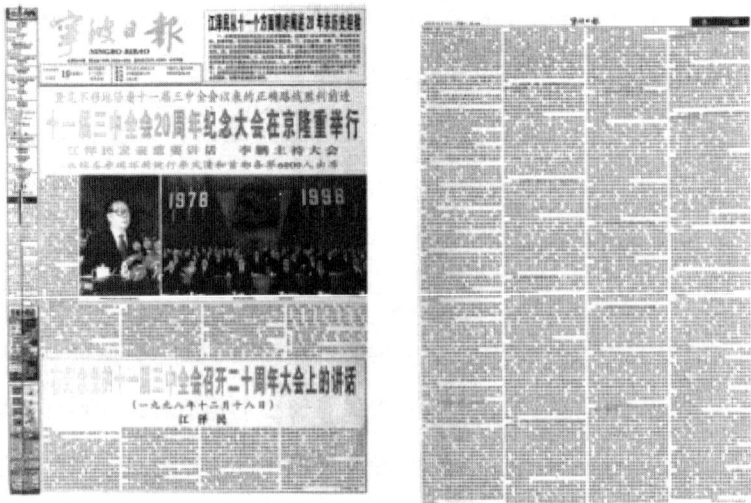

图 2-1 宁波日报 1998 年 12 月 18 日头版和 2 版

波本地由计划经济向市场经济过渡的相关变化。改革开放以来，宁波积极投入经济建设中，取得了不少喜人的成绩。1984 年 5 月每周三增刊《经济信息》版。1987 年 1 月在第 2 版轮流刊出《宁波市场》《市场与信息》专版，增辟《致富之路》栏目。1992 年 9 月推出《周末增刊》《经济信息》版。1993 年 7 月改版后，第 5 版经济专刊（设有《经济瞭望》《经济广角》《宁波市场》等专版），第 6 版经济信息。① 显而易见，从宁波日报复刊以来，对于经济报道的体量大大上升，这也反映了读者阅读经济新闻的需求在日益增长。

在经济领域，宁波也曾有过华丽转身——获评计划单列市，这是宁波乃至浙江省改革开放史上的一个重要事件，这意味着赋予宁波省一级的经济管理权限，宁波也得以加速推进改革开放，全力以赴推动经济建设。

自 1984 年后，改革开放又进入了新时期，宁波的发展也逐渐得到

---

① 孙玮、谢静、童希：《"宁报模式探析"下》，宁波出版社 2012 年版。

了中央的持续关注和重点支持。1987 年 2 月 24 日，国务院批复宁波实行计划单列，赋予省一级经济管理权限。此举扩大了宁波经济管理权限，不仅增强了自主管理经济的能力，而且也增强了地方财力，为宁波乃至浙江经济的更快、更好发展提供了各方面保证。这也有利于充分发挥出沿海开放城市的优势，可以大刀阔斧地引进一大批优质项目，进而为宁波经济腾飞提供了源源不断的动力。

　　不过就其新闻报道来观照，还存在一些瑕疵。例如在 1987 年 2 月 28 日，《宁波日报》在头版刊发题为《经国务院批准　宁波实行计划单列》的稿件，整篇稿件仅有 88 字，用花纹框框起来，只是简单搬运新华社简讯，在整个头版中所占比例很小，宣传力度显然不够。因为针对如此重要一个选题，当时《宁波日报》虽然已将该重大消息传递给广大受众，但只是停留在浅层报道层面，没有推出系列深入报道。而且这篇新闻还存在一定的滞后性，2 月 24 日的消息竟然在 2 月 28 日才见报，新闻的时效性在一定程度上打了折扣。3 月 1 日，又在 01 版左下角刊出计划单列的补充资料《什么是计划单列？》，意在帮助广大受众深化认识。但是从形式上看，仅是单一的文字罗列，缺乏生动的图片、图表等多样化的形式。从内容上看，也缺乏创新性的阐释。从效果方面看，缺乏平易近人的通俗语言进行转化后续，媒体与广大受众之间存在断层，传播效果自然也不可避免会受到一定影响。

　　在宁波经济发展史上，也曾涌现出了一大批甬籍的知名商业巨子，成为推动改革开放的重要力量之一。1984 年 8 月 1 日，邓小平同志在北戴河发出指示：要把全世界的"宁波帮"都动员起来建设宁波，"宁波帮帮宁波"这一伟大号召对宁波发展产生了深远影响。1984 年 10 月 16 日，《宁波日报》在头版刊发了《把全世界的宁波帮动员起来　帮助家乡建设　上海市甬籍各界人士回乡访问团在甬指导》一文，篇幅甚至并不大，仅三百余字，以一位工程师在听取了中央指示后所写的诗为切入点，对宁波帮进行了简明扼要的报道。1986 年 12 月，《宁波日报》先后推出了 5 篇宁波帮系列专访，均放置在头版下方位置，并通过专访的形式，生动形象地讲述了宁波帮的故事。

宁波帮被称为"天下第一商帮"，其创立最早可追溯到明清时期，诸如包玉刚、王宽诚、董浩云等均是近代宁波帮代表人物，他们始终孜孜不倦地向世界传播着中国的声音，让世界了解改革开放中的中国，他们是沟通海内外的桥梁，他们身上都具备"诚实、务实、开放、创新"的宁波精神，为宁波的发展注入了源源不断的生机活力。他们迈着坚定的步伐，栉风沐雨、筚路蓝缕，书写甬商的奋斗篇章，为宁波、中国乃至世界的经济发展做出了巨大的贡献，在"走出去"的同时他们也不忘反哺家乡，捐资助学、铺桥修路、扶贫济困，助力家乡发展。

表 2 - 1   宁波帮专访

标题	日期	版次
"宁波帮"专访：拳拳爱国心　殷殷桑梓情——访港澳地区著名企业家曹光彪先生	1986 - 12 - 10	01
"宁波帮"专访：我是宁波人——访宁波旅港同乡会永久名誉会长李达三先生	1986 - 12 - 12	01
"宁波帮"专访："电子大王"笑谈生意经——记香港益电半导体有限公司董事长邵炎忠	1986 - 12 - 15	01
"宁波帮"专访：对故乡的特殊感情——访刘浩清夫妇	1986 - 12 - 17	01

资料来源：《宁波日报》。

二是舆论引导方式由单向转变为双向。在互联网出现之前，传受关系之间的界限非常明显。曾有一种说法认为"媒介和受众最终定位于教育者和被教育者的关系"。媒介是"老师"，受众的定位应该是"学生"，这是一种自上而下的信息流动，媒介往往处于居高临下的地位，这种单向度的教科书式的引导方式有时往往难以真正获得受众的喜爱，而且随着时间的推移，其负面效果往往会更大。随着 1994 年中国成为互联网大家庭的一员，舆论引导方式也在悄然发生着变化，从自上而下单向进行舆论引导逐渐转变为双向的舆论引导，即也出现了自下而上的舆论引导。受众的地位也得到了一定程度上的提升，媒体从业人员也逐渐认识到受众的角色不应被简单定义为被动的接收者，他们也有可能是信息的生产者和传播者，从以传播者为中心到以受众为中心，再到传受结合，这种舆论引导的双向模式其实更加注重有效互动。

自从改革开放以来，尤其是互联网兴起之后，公众舆论表达的渠道明显增多：除了传统的发声渠道外，网络也逐渐成为一个重要的舆论聚集地。相对独立的个体，没有了固定身份的制约，而互联网的隐匿性、便捷性、去中心化又使得其随时随地发表意见成为可能。于是各种舆论产生数量明显呈现出直线上升之势，而与此同时人人畅所欲言在一定程度上也增加了媒体进行科学有效舆论引导的难度。

在很长一段时间里，舆论引导所研求的主要是"齐一律"：通过新闻宣传让老百姓接受，使得他们步调一致，有时还会有一些"必须要"而不是"应该要"的意味。然而在有些情况下，倘若无法达成传受一致，则会面临着"编码"和"译码"不一致的困境，进而导致出现错位传播的问题。正如"有一千个读者就有一千个哈姆雷特""公说公有理，婆说婆有理"，这种个体差异性在现实生活中往往不胜枚举。其实舆论引导彰显出的也是一种劝服艺术，旨在让老百姓自发地、心甘情愿地跟随。也应该给予老百姓一定的自由空间，让老百姓拥有相信的权利，也保留否定的权利。舆论引导并不能总是高高在上，而是要充分了解老百姓的诉求，融入老百姓的生活中去，虚心从老百姓的舆论表达中汲取经验和教训，始终牢记为人民服务的宗旨。

事物往往具有两面性，正如泰戈尔曾说过的："最好的东西都不是独来的，它伴了所有的东西同来。"我们发现传统舆论引导时期既有优点，也有缺点。

其优点在于：一是内容原创性较强。见报的稿件大多数都是报社记者自采，而非转载。因为优质的原创内容是报纸的根本，也是其生命力所在。宁波日报报业集团始终秉持着"以新闻为本位"的理念，集团连续多年所获得的诸多荣誉便是对其最好的肯定。二是时代精神鲜明。宁波日报报业集团始终围绕中心、服务大局，努力做好宣传工作，塑造了一批先进典型。宁波日报报业集团始终坚定"党媒姓党"，旗帜鲜明地弘扬主旋律，着力展现出宁波敢为人先的蓬勃朝气。宁波日报报业集团始终紧紧把握时代脉搏，与群众共呼吸共命运。一些可读性较强的新闻也往往洋溢着时代气息。例如《四明山老区告别摇摆电话》《昔日"老外"挑"老乡"、今日"老乡"挑"老外"——宗汉镇企业嫁接呈"百鸟选凤"态势》《甫城，现代掮客堂皇登台》《"大众"车昂然进甫城》《古林农民闯京城承包宾馆》《慈溪一家乡镇企业租赁路透社信息终端》等报道，读者一见标题就感觉耳目一新。① 三是地方特色凸显。依托宁波得天独厚的资源，对宁波港、宁波帮、计划单列市等改革开放中的重点内容进行着力报道，也产出了一批富有宁波味的新闻报道。例如宁波日报曾以"今日宁波"为栏目，在头版显著地位连续刊登大幅照片，十分形象地展示宁波改革开放中的新貌。由于此举颇有气势和特色，受到广大读者的交口赞赏。

其不足之处有：一是报道手段较为单一。囿于传播理念和传播技术，这个时期滞后性凸显，反馈不及时，与受众互动途径单一，秉持的往往是原始的新闻生产方式，新闻采集、编写、发布、反馈各个环节形成了固有的工作模式，有时新颖性会有所匮乏。传播手段的单一性也使所呈现内容平面化，而非立体化。传受关系明了，信息流动单向，读者进行反馈的渠道有限，只能通过读者来信、电话等诸如此类的方式反馈意见。如果读者一直是在被动地接收媒体发出的新闻信息，一定程度上

---

① 孙玮、谢静、童希：《"宁报模式探析"下》，宁波出版社 2012 年版。

也可谓一种失衡的对话方式。二是内容缺少生动解读，缺乏较有特色的自选动作。尤其是在政治和经济报道中，枯燥的大段文字或是数据占据了大半版面，自然就缺少诸如图表、图片等阐释性说明元素去辅助读者进行阅读，缺乏吸引力和可读性。宁波日报报业集团应展现党报的姿态，勇于大胆创新，深入浅出地结合宁波发展实际进行宣传报道，力求能贴近群众，从而跳出"内行人不愿看，外行人看不懂"的困境。三是视觉效果有待改善。优秀的版面设计和生动的版面语言自然会令广大受众产生赏心悦目、新鲜有趣之感。纵观宁波日报改革开放 40 年以来的版面变化，从黑白到彩色，从传统报纸到电子报刊。其实随着广大受众阅读习惯在信息化时代的悄然改变，为了能提供读者更加优质的阅读体验，媒体必须要与时俱进进行版面改革创新：一个版面由多种元素构成，包括标题、图片、图表等元素。这期间的各元素应能各司其职、相互呼应，形成风格统一的版面，方才能达到 $1+1>2$ 的整体效果。

在这期间的报道中，我们也可以选择一些典型案例进行深入分析，例如以杭甬高速相关报道为例，具体分析应如何做到真实性和艺术性的统一。

众所周知，真实性是根本，乃是新闻的生命，而艺术性起着一定的辅助作用。真实性是内容的体现，而艺术性是形式的体现。坚持新闻真实性是我国新闻工作五项基本原则之一，也是舆论工作中理应遵循的准则。这就要求通过报道应能真实反映改革开放的喜人成就和些许不足之处，反映真实的社情民意，切实推动社会良性发展。一旦"假大空"、夸张失实的新闻泛滥成灾，新闻事业久而久之自然会面临举步维艰的境遇。毋庸置疑，舆论引导者要有效引导社会舆论，必定会根据社会形势、时机对相关事件的信息必定会有所取舍，引导对象的认知方向与引导者趋于一致，而这种信息取舍本身并不只是引导者自己的一厢情愿，还要考虑到公众对信息的解读。①

言归正传，我们可以从版次分布、报道数量、报道体裁、报道来源、报道倾向、报道角度六个维度对杭甬高速相关报道进行深入分析。

自 1988 年 8 月 28 日开始，至 1996 年 12 月 30 日，在这八年多时间里，《宁波日报》报道杭甬高速相关情况共有 102 篇报道。其中，82%的报道都位于 01 版，各有 7%的报道分布在 02 版、03 版，还有其余报道分布在其他版次（如图 2 - 2 所示）。显而易见，杭甬高速在宁波经济发展过程中占有非常重要地位。

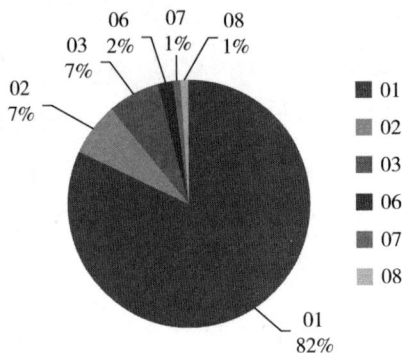

图 2 - 2　杭甬高速报道版次分布图

杭甬高速于 1996 年全线通车，我们也可以通过对 1996 年宁波日报全年相关报道进行分析，并根据季度时间发展顺序，将其划分为四个时间段，具体数据如表 2 - 2 所示：

宁波日报 1996 年有关杭甬高速报道共有 33 篇，约占八年来全部有关报道数量的 1/3。如果按月份来看，从表中可以很明显地看出 7—9 月报道数量最多，其次是 10—12 月。倘若分析其原因，其中很重要的一个便是随着高速建设工程的不断推进，其宣传报道也在不断跟进。从整

① 朱梅华：《地方新闻版的经营之道》，《新闻大学》1994 年第 2 期。

体来观照，前半年的报道力度略有不够，后半年的报道数量则增长较为迅猛。

表 2 – 2　　　　　　　1996 年宁波日报杭甬高速报道数量统计

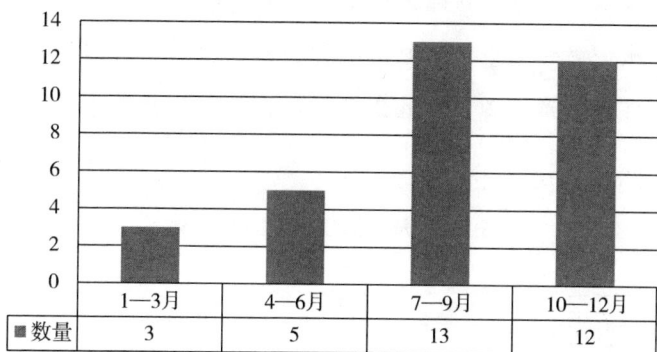

	1—3月	4—6月	7—9月	10—12月
■数量	3	5	13	12

众所周知，新闻报道的体裁较为多样，具体可以包括消息、通讯、评论、系列报道等。从表 2 – 3 中，我们可以看出，针对杭甬高速的报道绝大多数是消息，其次是通讯和系列报道，而评论类报道则占比较低。

表 2 – 3　　　　　　　宁波日报杭甬高速报道体裁统计

体裁	标题
消息（73%）	《杭甬高速公路宁波段初步设计测量结束》、《国家批准建设杭甬高速公路　工程将于 1991 年底开工　1995 年全线通车》、《经济腾飞的黄金跑道——杭甬二级公路巡礼》等
通讯（21%）	《情洒浙江第一路——杭甬高速公路余段工地建设者速写》、《团结协作的赞歌—来自杭甬高速公路的报告》（上下篇）等
评论（1%）	《彪炳史册　功在千秋——热烈祝贺杭甬高速公路全线试通车》等
系列报道（5%）	杭甬高速公路宁波段系列报道等

当年 12 月 4—8 日，宁波日报还接连推出杭甬高速系列报道，记者们沿线采访了杭甬高速的建设者们、群众，用生动的细节向广大读者讲述了杭甬高速工程建设的点点滴滴。杭甬高速的建设在当时不仅对于宁波具有重要的战略意义，对于整个浙江来说也都是开天辟地的大事件。

通过建设者和群众的视角，往往最能真实地反映重大工程建设的全过程，最能真切地吐露他们的心声，同时也最能带给读者强烈的带入感，仿佛已经亲临现场感受盛况。

如果按来源来分，新闻报道来源可以分为本报记者、通讯社、通讯员和本报记者、通讯员、其他五种类别，值得一提的是，由于少数稿件并未注明报道来源，因此我们只得将其归为其他类别。具体数据见表2-4：

表2-4　　　　　　　　宁波日报杭甬高速报道来源统计

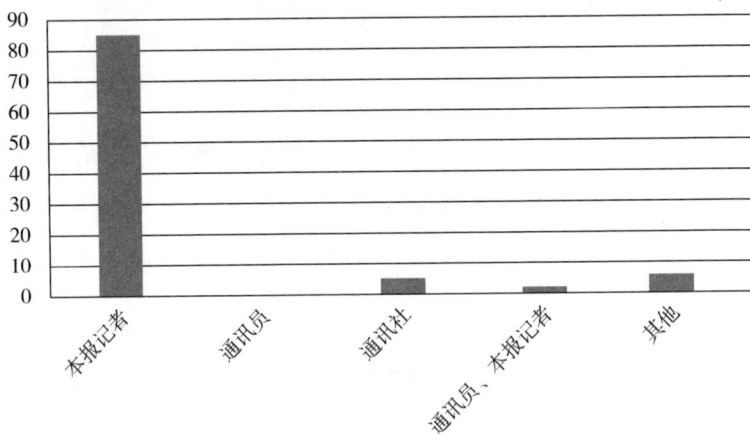

我们可以发现，在当年相关报道中，绝大多数稿件都来源于本报记者，这就鲜明地体现出了原创性很强的特点。这些稿件又十分真实客观地反映了整个工程的建设过程，从每个路段通车到全路段通车。除报道工程建设进度外，宁波日报还报道了一批为杭甬高速献身的先进工作者，例如《蒋焕水献身杭甬高速公路》《忘我工作　勇于奉献　朱卡嘉献身杭甬高速公路》《闪光的铺路石——记为杭甬高速公路建设献身的朱卡嘉》等。

新闻报道的报道倾向着重体现出的是媒体的态度和立场，一般可分为正面、负面、中性三种。如表2-5所示，在当年杭甬高速相关新闻报道中，宁波日报主要进行的是正面报道，侧重报道杭甬高速这一重大工程的建设意义，其中突出了对宁波路段建设情况的报道。而中性报道主要涉及一些施工通告、招标、协议签订等内容的报道。负面报道主要是对于献身公路建设的工作者的报道，在负面报道中，其实意在彰显人文关怀，让广大受众了解公路建设背后的点滴故事。

表 2−5　　　　　宁波日报杭甬高速报道倾向统计

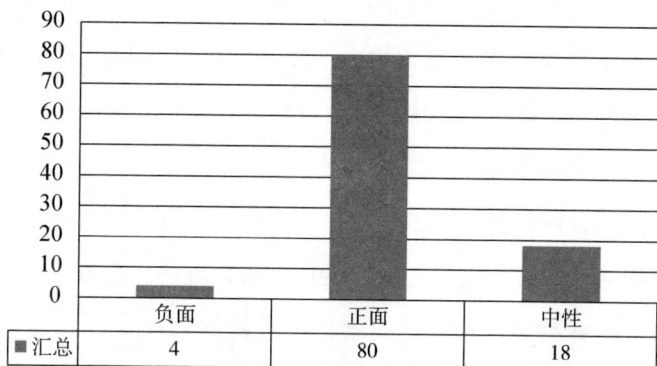

	负面	正面	中性
■汇总	4	80	18

而关于报道角度，一般可分为六种：工程建设、领导考察或指示工作、政策信息、典礼会议、工程带来相关变化和人物典型等。

表 2−6　　　　　宁波日报杭甬高速报道角度统计

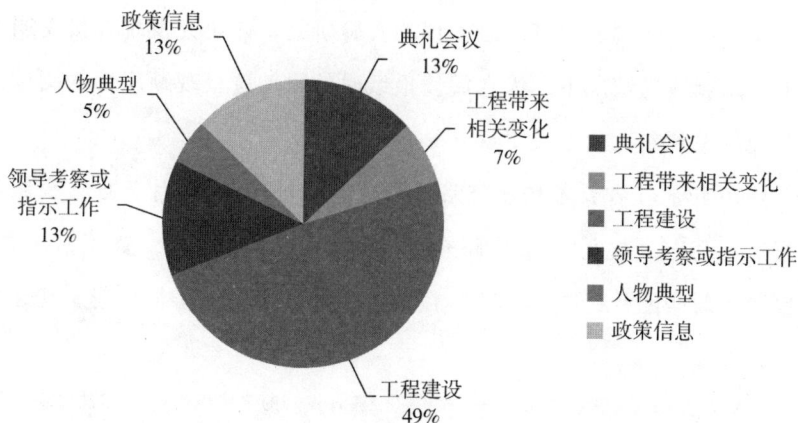

从表 2−6 中不难发现，当年占比最高的报道角度是工程建设，已

经达到49%，几乎占所有报道角度总数的一半。领导考察或指示工作、政策信息、典礼会议三个报道角度均占13%。而人物典型和工程带来相关变化两个报道角度相比之下占比较低。我们通过对这些报道进一步分析，其报道对象主要涉及建设者、上级领导、群众等多个方面，融入了多元的声音，也使得报道能够更加客观真实。但值得一提的是，倘使涉及领导、会议等报道过多，系列报道平衡性就会存在一定缺陷。而且其报道模式有规律可循，往往是在标题提及领导名字，而稿件大多放在左上位置。在当年的相关报道中，还缺少对相关会议、政策的生动解读，有时某些枯燥晦涩的传统报道会影响广大受众快速获知要点，答疑解惑上力度还稍显不够。

众所周知，新闻报道中的艺术性主要体现在形式的选取上。艺术性是舆论引导通过的议题选择、版面设计、语言风格、策略选择等方面所体现出来的一种特性，这就使得舆论引导能够以公众"喜闻乐见"的方式来实施，使公众在潜移默化中受到引导。[①] 舆论引导也是一门艺术，在坚持真实性的前提下也应注重舆论引导的艺术性。倘若运用得当会产生积极的回响，运用不当则会与初衷相悖。真实性体现在"内容"，艺术性体现在"形式"，两者之间应是相辅相成的关系。

喻国明曾做过一项基于眼动仪的实验研究，该研究发现在接受同等视觉信息刺激的情况下，人在阅读报纸时的眼动迹呈现顺序性的阅读规律，即从左到右，由上及下。[②]

1996年浙江省首条高速公路通车，宁波日报于12月7日在头版进行报道，刊出《杭甬高速公路全线试通车》一则消息，置于左上角，辅以两张新闻图片，图文并茂。在其下方配以评论《彪炳史册 功在千

---

① 翁大毛：《文章随世作低昂——试论〈宁波日报〉的宁波特色》，《宁波师院学报》（社会科学版）1991年第1期。

② 喻国明、汤雪梅、苏林森、李彪：《读者阅读中文报纸版面的视觉轨迹及其规律——一项基于眼动仪的实验研究》，《国际新闻界》2007年第8期。

秋》，进一步增加宣传的力度，而右下版面则是杭甬高速概况及杭甬高速示意图。这种版面设计其实较为符合喻国明所阐述的读者阅读规律，在版面编排工作中不仅充分考虑了读者的阅读习惯，而且也充分吸引了读者的注意力，进一步提升了舆论引导的有效性。值得一提的是，此版面还获评 1996 年度的浙江新闻奖好版面。

但与 2000 年后的版面设计相比，这个时期的版面编排还有一些瑕疵：一是色彩单调。皆是黑白，只有颜色深浅的细微差异，容易导致广大受众阅读疲劳。二是形式单一。文字在版面中占主导地位，而其他形式（如图片、数据图表、漫画等元素）所占比例很小，版面结构有时难免会有一定不合理之处。

毫无疑问，报纸仍旧是这个时期主要传播媒介之一。其实所报道的内容固然重要，倘若版面没有进行美化，依旧很难达到理想的传播效果。在某种程度上，报纸的竞争也涵盖版面设计之间的较量，拥有版面编排优势的报纸往往更容易获得广大读者的青睐。我们认为，版面设计应是基于优质内容的增益效果，如果过于哗众取宠地去追求所谓的视觉冲击力，而忽视了实质内容，效果会适得其反。这些年来，版面设计的变化也较为明显：原先文字可以涵盖很大地方，但如今文字都被老老实实框在大大小小的格子里，原先版面设计非常单一，但如今广大受众对这样的报纸几乎提不起阅读兴趣，尤其是部分年轻受众，因为他们更有一种主动追求视觉效果的意识。

如图 2 - 3 所示，自 20 世纪 80 年代始，复刊之后的《宁波报》4 开 4 版，后来更名为《宁波日报》。在 20 世纪 90 年代，宁波日报又经历了多次改版、扩版，由小报演变为大报，信息体量大大增加，其可读性也有所提高。后来又逐渐加入了许多生活、国际等专版，以满足不同读者群体的不同需求。

倘若进行对比，我们可以发现传统舆论时期的版面留白运用技巧还

图 2 – 3　宁波日报版面设计变迁

不够成熟，而新兴舆论引导时期的版面相对较为工整美观。后者的视觉意识明显强于前者，主要体现在诸如色彩、文字、编排、留白等方面：后者以红黑为主色调，主次分明，鲜艳醒目，而前者只有单调的黑色，容易让人产生视觉疲劳。后者标题与正文区分度更高，标题字号更大，颜色更深。后者文字编排上符合读者的阅读习惯，文字都为横排，而前者文字横排、竖排兼有，结构比较混乱。后者适当留白，让文字与文字之间保持合适的距离，而前者文字过于紧凑，缺少留白，缺乏美感。后者的线条运用更加娴熟，与色彩相结合凸显了重要内容。有时候后者在版面设计中还会与时俱进地加入二维码，读者可以扫描二维码了解更多资讯。

　　再从版面形态上来观照，我们发现两个时期的差异也较为明显：传统舆论时期往往缺乏图片新闻、漫画、图表。而新型舆论引导时期在图片的运用上更加大胆，经常用大图、多图填充版面，而且其摄影作品质量较高，加入图表可以辅助新闻阅读，视觉效果往往也会更佳。

《宁波日报》还设有《画里话外》专栏，往往以独特个性的力量有针对性地、富有洞察力地提出现实生活中所暴露出来的诸种问题，进而有效推进舆论引导工作。在读图时代中，漫画往往有着得天独厚、"无声胜有声"的舆论引导能力，能够更好地引领广大受众进行深度思考，同时也易达到寓教于乐的效果。因为漫画是一组生动形象的版面符号，相较于长篇大论的文字更能吸引受众的关注。值得一提的是，宁波日报的新闻漫画作品《各忙各的》还曾荣获第二十七届中国新闻奖，该作品幽默诙谐地指出了城市建设中存在的矛盾，构思巧妙新颖，主题发人深省，兼具新闻性和艺术性。

众所周知，题饰拥有美化版面、提示导航的功能。如图 2 - 4 所示，左侧四个是传统舆论引导时期的题饰，而右侧四个是新兴舆论引导时期的题饰。相比较而言，"甬城晨笔"、"明州论坛"的题饰焕然一新，在保留原有素材的基础上，又进行了更加简约的设计。我们发现题饰的与时俱进往往与报纸风格保持一致，在新时期宁波日报作为市委机关报，风格更趋简约明快，主要以红色为主色调。

图 2 - 4　宁波日报部分题饰对比

宁波报纸宁波办，办好报纸为宁波。宁波日报中经常体现出独特的宁波韵味，体现着宁波人的精神风貌，例如"明州论坛"、"甬城晨笔"等栏目都融入了地方特色，贴近宁波的社会、经济、文化等方面发展现状。此举不仅有利于打造出系列新闻精品，而且也有利于增强受众认同度，提高舆论引导的有效性和针对性，同时还有利于提升城市文化品位和塑造独特的城市形象。

随着改革开放的不断深入，宁波日报旗下明州论坛、甬城晨笔这两个评论专栏经常涌现出一批铿锵有力、掷地有声的评论文章。诸如《一个耳光几个钱》《还要宣传无神论》《工作日怎么干》等一批获得浙江新闻奖的评论文章均出自宁波日报报业集团评论员张登贵之手。

这些评论都有相似的共同点：一是以小见大。一个小的切入点往往可以起到"四两拨千斤"的作用，引发读者思考评论背后所折射出的更深层次的含义。选题贴近生活和深远立意是一篇优秀评论的关键。评论不同于新闻，它是一张报纸的灵魂和旗帜，它不是简单地就事论事，它还要不断提问"为什么"，让日常生活的话题体现出深刻性。优秀的评论往往能在细微处来反映时代精神，在表达中又不落窠臼，注入真情实感，同时以平民化的视角展现宏大的主题。比如，1993年的《一个耳光几个钱》这篇评论针对的是一个外资企业老板与员工之间的小矛盾，一个女员工被老板错打了一个耳光，老板发现后赔了400元，其他女工对此还很羡慕。这其实是一件看似毫不起眼的小事，折射出来的是改革开放颠覆着一些百姓的价值观，于是在时代变迁中应当坚守什么变成了一件值得深思的大事。二是一语中的。反映各种社会现象，引发群众关注，尤其是在反腐倡廉、城市建设、思想教育等方面能够旗帜鲜明地发挥着舆论引导激浊扬清的作用，彰显出党报的社会责任。例如1980年发表的题为《胡干清何以能胡干?》的评论文章更是实现了宁波日报评论在浙江省新闻奖零获奖的历史性突破。这篇评论的标题经过了仔细推敲，两个"胡"字更是含义丰富。它主要反映了一个治安科长胡干清利用"农转非"的权力贪污腐败的事件，这篇评论诙谐幽默地发出了诘问，直指问题要害。三是标题短小精练。诸如《胡干清何以能胡干?》《一个耳光几个钱》《"三讲"还须"三不讲"》等获奖评论文章标题均严格控制在 10 字以内，而且有时还会灵活采用一些修辞手法发人深省。

第二节 新型舆论引导时期经验总结

一 发展历史概述

当历史的车轮驶进 2000 年，随着新华网、人民网逐渐兴起，网络媒体开始崭露头角，传媒生态环境已经发生了巨大改变。与 BBS 发展轨迹相类似，博客于 2002 年登陆中国，虽说随之已经得到一定发展，然而尚未真正普及。直到 2004 年以后，随着芙蓉姐姐、木子美等人凭借博客迅速走红，中国民众才开始了解博客这个概念，并尝试着去运用博客进行记录或者创作。

2005 年堪称是互联网博客发展具有里程碑意义的一年，在这一年里全世界博客人群数量首次突破一亿大关，而国内博客拥有者数量也超过 1600 万。就当时发展现状来看，当时国内诸如搜狐、新浪等网站纷纷抓住机遇开通博客，一时间几乎人人都有博客，人人都在写博客，在某种程度上这其实也意味着博客正式由高端人群精英化时代迈入大众社会化时代。正如朱丹霞在《中国博客的发展与商业价值研究——兼论博客自由精神与商业元素的博弈》一文中分析的那样："博客作为一种自由表达的网络传播方式，它具有强烈的个性化、开放性、互动性和即时性的传播特质，博客的迅速风靡使其获得了广泛的注意力。在博客商业价值凸显的现实面前各种商业化运作滥觞，博客正在以自己的方式融入并影响社会经济。在这样的商业渗透的现实面前，博客的自由精神与商业元素的关系进行了直接的对弈。"① 在博客逐渐步入商业化时代后，

---

① 朱丹霞：《中国博客的发展与商业价值研究——兼论博客自由精神与商业元素的博弈》，硕士学位论文，湖南大学，2009 年。

各地政府机关也逐渐意识到博客这个舆论引导新阵地的重要性，于是纷纷推出了一系列政务博客。这也正如毛寿龙分析的那样："政府机关及其负责人开办的博客受到网友欢迎，是值得鼓励的。政府机关在博客上发布信息，听取网友意见，据此发现工作中的问题，不仅可以更好地做工作，还有利于在政府和公民之间建立良好的基础性的信任关系。"①

值得一提的是，部分学者倾向于将 BBS 和论坛视为相同事物。但在本书研究视域中，我们更希望将其看成一体而出的两样事物。其实早在 1997 年，NESO 和 RED 两人成立了 NEED 工作室，同时也创建了嘉星论坛。他们召集了一批优秀的斑竹呆呆、三脚猫、茶博士、耳朵、霏霏等，在 1998 年成为国内仅次于新浪论坛的著名论坛。此时，另一个名叫星伴的个人网站也正崛起，这个以北京、上海、广州、深圳的网友和北美学子组成的以女性为主的论坛，在 1998 年吸引了众多的眼球。可在 1999 年，嘉星和星伴最终都从短暂的辉煌走向了迅速的消亡，这也标志着理想主义在网络论坛的破灭。至此，网络论坛逐渐走入了战国时代，大大小小的论坛不断野蛮生长着。1999 年，生在江苏长在陕西的苏秦成立了以社区为主的"西陆"网站，而远在海南的"天涯社区"、南京的"西祠胡同"纷纷应运而生，这三家网络论坛一开始就试图以规范的商业操作吸引新网民的加入，进而完成圈地运动，因为稳定的收入才是论坛长期平稳发展的有力保障。

目前活跃着的网络论坛还有强国论坛、中青论坛、猫扑论坛等。强国论坛是人民网所开设的论坛。中青论坛是中青在线的论坛，其中的青年话题是人气最旺的论坛，由中青报编辑李方主持，以为文学女青年排忧解难和抒发小资情调为宗旨。猫扑则是中国网络词汇和流行文化的重要发源地。甚至连国内搜索引擎巨头百度也建立了百度贴吧，试图在其

---

① 毛寿龙：《"政府博客"红火背后有隐忧》，《人民日报》2006 年 7 月 21 日第 1 版。

中分一杯羹。2003 年 12 月 3 日，贴吧正式上线，因为李彦宏试图在基于搜索引擎发展的基础上再建立一个在线的交流平台，以便于让那些有着同样兴趣爱好或者相同话题的人们聚集在一起开展交流和互相帮助。2009 年 12 月，百度宣布获得"贴吧"的商标所有权，"贴吧"成为全球独树一帜的中文网络社区平台。早在 2015 年中期，贴吧就对外宣称已拥有近 10 亿注册用户，将近 820 万个主题吧，月活跃用户可达到 3 亿多，日均话题总量过亿，日均浏览量超过 27 亿次。

此外还有一些人气未必很高，但声望不低的专业类论坛也依旧在努力前行：例如 IT 方面有新浪 IT 业界论坛和 DONEWSIT 写作社区，例如摄影类有第三只眼和江湖色论坛，例如文学类有橄榄树和诗生活等。这些论坛都在喧闹的网络背景下，惨淡经营，低调运作。然而混迹于其中的网民图的却是有朝一日，倘若能脱颖而出，便可在业界找到自己的一席之地。网络论坛经过数年的洗礼，已摆脱了早期的理想主义的姿态，从激情走向理智，从乌托邦的凌空蹈虚到商业化的脚踏实地，网络论坛与网民都经历了精神上的裂变，网络论坛从小资们散步的浪漫沙滩演变为专业人士的演武场。①

与这些全新互联网载体蓬勃发展相伴随，广大受众参与讨论交流的热情也如同火山喷发一般，大家开始逐渐在网络上积极发声，由此相关舆论也经常在互联网中不断发酵，于是各级政府机关开始逐渐关注，并重视起群众的种种声音，然后适时进行舆论引导。

如前所述，进入千禧年后，我国舆论引导事业进入了一个多元复合发展时期，舆论引导工作业已全面涵盖国家经济建设、社会发展等方面，主要媒介传播方式也从传统的三维模式转变成现如今的四维模式，即继报纸、广播、电视之后，网络也正式成为我国社会舆论引导的主要

---

① 详见 http://www.newsmth.net/nForum/#!　article/PostDoc/70610。

阵地之一。

其实党和国家领导人均一如既往地重视听取来自基层百姓的心声。例如胡锦涛同志就素来重视保护百姓的基本权利，他提出要以人为本，这其实就是马克思、恩格斯以人为本思想的血脉延续。尤其是在2008年以后，他经常强调各级领导干部要牢固树立全心全意为人民服务和真心实意对人民负责的精神，做到心里装着群众，凡事想着群众，一切为了群众，坚持"权为民所用、情为民所系、利为民所谋"，为群众诚心诚意办实事，尽心竭力解难事，坚持不懈做好事。这"三句话"集中体现了党的性质和宗旨，体现了党的以人为本、执政为民的理念。其实也只有做到权为民所用、情为民所系、利为民所谋，才能更好地维护和实现人民群众的经济政治文化利益，更好地体现我们党的先进性和国家政权的人民性，永远与人民群众心连心共命运，始终为人民执好政、掌好权。① 在某种程度上而言，这其实也是社会舆论引导的重要原则之一。

正是基于这样一种良好氛围的鼓舞，广大人民群众在各个媒介载体，尤其是网络媒介上的发声积极性也随之不断增强。亿万网民不仅在网上娱乐休闲、购物聊天，还通过网络了解天下大事，纵论国计民生，由此互联网逐渐成为中国公民参政议政、表达诉求的重要平台，同时也为执政者打开了一个了解社情民意的崭新窗口。2008年6月，胡锦涛同志前往人民网，实现了党和国家领导人与网民的"第一次亲密接触"；2009年2月28日，时任国务院总理的温家宝同志在两会前夕走进新华网直接问政于民，与广大网民进行在线互动。党和国家领导人其实是在用实际行动表明，互联网已经成为民意与中南海互动的直通车。正所谓知屋漏者在宇下，知政失者在草野。执政者能否制定出科学合理

---

① 详见人民网2012年10月28日刊载文章《胡锦涛同志提出权为民所用、情为民所系、利为民所谋》，具体网址为：http://theory.people.com.cn/n/2012/1028/c350808 - 19413195.html。

的政策，取决于执政者能否了解真实的社情民意。正是基于这样一种认识，中国共产党不管是在革命斗争时期，还是执政建设时期，始终坚持从群众中来，到群众中去的群众路线。进入 21 世纪后，党中央更加重视倾听民间声音，经常深入基层，了解百姓生活，并将百姓的呼声作为施政的重要依据。而互联网的出现和普及，进一步拓宽了党中央与普通民众沟通的渠道，加深了党与人民群众的血脉联系。①

自 2013 年习近平总书记上台以后，他更加注重以人民为导向。早在 2013 年 8 月 19 日的全国宣传思想工作会议上，习近平总书记就曾经强调："党性和人民性从来都是一致的、统一的。坚持党性，核心就是坚持正确政治方向，站稳政治立场，坚定宣传党的理论和路线方针政策，坚定宣传中央重大工作部署，坚定宣传中央关于形势的重大分析判断，坚决同党中央保持高度一致，坚决维护中央权威。所有宣传思想部门和单位，所有宣传思想战线上的党员、干部都要旗帜鲜明坚持党性原则。坚持人民性，就是要把实现好、维护好、发展好最广大人民根本利益作为出发点和落脚点，坚持以民为本、以人为本。要树立以人民为中心的工作导向，把服务群众同教育引导群众结合起来，把满足需求同提高素养结合起来，多宣传报道人民群众的伟大奋斗和火热生活，多宣传报道人民群众中涌现出来的先进典型和感人事迹，丰富人民精神世界，增强人民精神力量，满足人民精神需求。"②

进入 2016 年后，习近平总书记更是集中发力，先后在相关场合发表了诸如"2·19""4·19"等一系列重要讲话。例如在"2·19"党的新闻舆论工作座谈会上，他强调："党的新闻舆论工作是党的一项重要工作，是治国理政、定国安邦的大事，要适应国内外形势发展，从党

---

① 详参腾讯新闻于 2009 年 2 月 28 日刊载的文章《总理问政互联网，民意直通中南海》，具体网址为：https://news.qq.com/a/20090228/000720.htm。
② 详参新华网于 2013 年 8 月 20 日刊发的文章《习近平：意识形态工作是党的一项极端重要的工作》，具体网址为：http://news.xinhuanet.com/politics/2013−08/20/c_ 117021464.html。

的工作全局出发把握定位，坚持党的领导，坚持正确政治方向，坚持以人民为中心的工作导向，尊重新闻传播规律，创新方法手段，切实提高党的新闻舆论传播力、引导力、影响力、公信力。党的新闻舆论工作坚持党性原则，最根本的是坚持党对新闻舆论工作的领导。新闻舆论工作各个方面、各个环节都要坚持正确舆论导向。团结稳定鼓劲、正面宣传为主，是党的新闻舆论工作必须遵循的基本方针。加强和改善党对新闻舆论工作的领导，是新闻舆论工作顺利健康发展的根本保证。媒体竞争关键是人才竞争，媒体优势核心是人才优势。"[1] 习近平总书记在会上还强调："在新的时代条件下，党的新闻舆论工作的职责和使命是：高举旗帜、引领导向，围绕中心、服务大局，团结人民、鼓舞士气，成风化人、凝心聚力，澄清谬误、明辨是非，连接中外、沟通世界。要承担起这个职责和使命，必须把政治方向摆在第一位，牢牢坚持党性原则，牢牢坚持马克思主义新闻观，牢牢坚持正确舆论导向，牢牢坚持正面宣传为主。"[2] 在这里，他着重指出加强和改善党的领导是确保新闻舆论引导工作顺利健康发展的根本保证，这同时也是拙作研究的落脚点。

正如同改革开放打开窗子后，进入国内的不仅仅只有各种机遇，与此同时也难免会夹杂着些许令人生厌的蚊子苍蝇。随着互联网的飞速发展，诸如黑客、病毒等不安定因素也逐渐暴露出来。就目前而言，网络安全问题已成为大家普遍关注的一个现实问题，因为它不仅关系到国家的长治久安和经济社会的发展，而且也与广大人民群众的切身利益密切相关。正如没有网络安全就没有国家安全，自然也更谈不上会有组织和个人信息的安全。针对这种发展态势，习近平总书记 2016 年 4 月 19 日在北京主持召开网络安全和信息化工作座谈会，他在会上强调："按照

---

[1] 《坚持正确方向创新方法手段，提高新闻舆论传播力引导力》，《人民日报》2016 年 2 月 20 日第 1 版。

[2] 《坚持正确方向创新方法手段，提高新闻舆论传播力引导力》，《人民日报》2016 年 2 月 20 日第 3 版。

创新、协调、绿色、开放、共享的发展理念推动我国经济社会发展，是当前和今后一个时期我国发展的总要求和大趋势，我国网信事业发展要适应这个大趋势，在践行新发展理念上先行一步，推进网络强国建设，推动我国网信事业发展，让互联网更好造福国家和人民。要建设网络良好生态，发挥网络引导舆论、反映民意的作用。实现两个一百年奋斗目标，需要全社会方方面面同心干，需要全国各族人民心往一处想、劲往一处使。网民来自老百姓，老百姓上了网，民意也就上了网。群众在哪儿，我们的领导干部就要到哪儿去。各级党政机关和领导干部要学会通过网络走群众路线，经常上网看看，了解群众所思所愿，收集好想法好建议，积极回应网民关切、解疑释惑。对广大网民，要多一些包容和耐心，对建设性意见要及时吸纳，对困难要及时帮助，对不了解情况的要及时宣介，对模糊认识要及时廓清，对怨气怨言要及时化解，对错误看法要及时引导和纠正，让互联网成为了解群众、贴近群众、为群众排忧解难的新途径，成为发扬人民民主、接受人民监督的新渠道。对网上那些出于善意的批评，对互联网监督，不论是对党和政府工作提的还是对领导干部个人提的，不论是和风细雨的还是忠言逆耳的，我们不仅要欢迎，而且要认真研究和吸取。"①

从习近平总书记的一系列重要讲话中，我们不难发现党和政府对于网络引导工作的重视程度始终不曾减退，而且各级党委和政府也都极为清醒地认识到在互联网发展的全新阶段，政府已经不可能也不应该去搞一言堂，因为当前舆论引导工作所涉及内容已经日益丰富，人民大众的话语权已经得到充分捍卫，其发声渠道已日趋多样，诸如微信、微博和新闻客户端所共同组成的智能手机类新媒体载体"两微一端"已经在舆论引导工作中显示出了前所未有的分量。

---

① 《在践行新发展理念上先行一步，让互联网更好造福国家和人民》，《人民日报》2016年4月20日第1版。

如前所述，当前很多传统媒体发展都不同程度地受到了一些因素的制约：虽然说广播媒体利用声音传播信息的优势是成本较低，基础设施需求相对而言较为简单，但缺点则是立体感较为单薄。而电视媒体的优势主要是视觉、听觉等感官的冲击性较强，但在如今电视传媒相较于以计算机技术和互联网技术为基准的社会化媒体而言已不再具备碾压性竞争优势，因为后者更加谋求实现视频、图像、文本等要素呈现形式的多元化和多样化。换而言之，即社会化媒体利用互联网扩大了人际关系中相互影响的力量，进而使得社会交往、商业营销、娱乐活动都进入一种全新的状态，带来了一种全新的体验。德国学者卡普兰曾将社会化媒体看成一组建立在 Web 2.0 的技术和意识形态基础之上，允许 UGC 的创造和交换的互联网的应用。[①] 社会化媒体自身所具备的去中介性和随时随地随性可发布性，完全可以将传播过程转换成为个人、组织以及社会之间的一场场多对多，具有更强互动性、开放性、灵活性的对话，进而使得信息传播的影响力越来越强大。而其中的两个关键词便是：UGC（用户创造内容）和 CGM（消费者自主的媒体）。其实一些嗅觉较为灵敏的新闻网站早已在开展类似尝试，例如 Newsy 新闻网站也构建起了多元化的传播机制，在将新闻信息传播至广大受众的过程中，实现了多角度化、多平台化的互动，力求将新闻的传递效用实现到了最大化。为实现这个目标，Newsy 几乎"承包"了如今所有的主流操作系统，囊括了诸如智能型手机、平板电脑、家庭计算机等所有高科技载体工具（如下图 2 – 5 所示）。

再将视角转回国内，我们也发现很多主流媒体也热衷于构建多平台的新闻传播机制，以原有传统纸媒、电视平台作为支撑，对许多媒介进行了一定程度上的拆分和融合，例如实现了网络、电视的全面覆盖，但

---

① 刘松涛：《社会化媒体概述与发展趋势》，《科技信息》2014 年第 3 期。

图 2 - 5　Newsy 的主流操作系统包括智能型手机、平板电脑、

家庭计算机的页面截图

其中不够跳脱的新闻展现方式、较为陈旧的新闻表达模式却也一直为人们所诟病。倘若只是简单去复制粘贴电视上或者报纸上已经报道过的新闻内容，那么长此以往广大受众反而容易产生视觉疲劳，而这也势必会使得观看此类新闻的人数减少，甚至是快速流失。

究其本质，正是由于社会生产力的蓬勃发展，逐渐催生了人类自身生活模式的快速、多元转换，使得信息传递在一定程度上可以打破时空制约，进而在庞大人口基数之上建构起新颖、多元、复杂的人际交往平台，从以往的 QQ 空间、博客、人人网、BBS 论坛、百度贴吧发展到如今的微信、微博、客户端、智能手机 APP 程序皆是如此演进。而据相关资料显示，截至 2017 年 12 月，我国手机网民规模已经达到 7.53 亿，较 2016 年年底增加 5734 万人。网民中使用手机上网人群占比由 2016 年的 95.1% 提升至 97.5%。[①]

也正如美国媒介理论家保罗·莱文森所认为的："一切媒介都是弥补过去媒介的不足，并驱使媒介向着更加人性化发展。"[②] 就微信而言，它是腾讯公司于 2011 年 1 月 21 日推出的一个为智能终端提供即时通信服务的免费应用程序。[③] 它的诞生其实也恰好是顺应了这种媒介人性化

---

① 参见中国互联网络信息中心（CNNIC）发布的《第 41 次中国互联网络发展状况统计报告》，http://www.199it.com/archives/685063.htm/。

② ［美］保罗·莱文森：《数字麦克卢汉》，社会科学文献出版社 2001 年版，第 56 页。

③ 匡文波：《新媒体舆论》，中国人民大学出版社 2014 年版，第 217 页。

与社会黏性化共生共存的发展趋势。作为一种已有数年发展历史的社会化媒体，凭借着诸如语音、文字、图片、视频等多种便捷的人际交往方式，在2018年狗年春节后其用户已迅速壮大至10亿左右，微信公众号的数量也已经突破数千万①。坐拥如此庞大的用户群体，自然会引起相关媒体的高度重视，于是许多媒体纷纷开通微信公众账号，以八仙过海、各显神通的方式去试图抢占这个全新舆论场域。而与此同时，广大网民也经常通过诸如微信原创或朋友圈转发等各种形式去努力传播相关内容，其实也是在试图抢占一部分话语权。

值得一提的是，微信公众号的信息传播具有较强的互动性：微信公众号可以以用户订阅的方式定期直接将相关消息精准推送至用户，这一过程实际上就是信息的发布者与读者之间一对一、点对点的信息传播过程，而广大受众则可以以留言的形式积极反馈相关信息。与此同时，信息发布者还可以根据特定需求筛选有关留言内容，再将保留的部分或全部留言放置于评论区中，从而间接凸显了其特定的人际沟通功能。

如今随着教育水平的普遍提升，也随着信息爆炸时代的飞速发展，网络上各种社会舆论风波自然也是层出不穷：有各种各样的网络炒作，有无孔不入的人肉搜索，也有形态各异的网络营销，甚至还有无处不在的网络暴力等。生活在这个时代中的我们越来越发现随着媒介传播速度的日益加快，广大受众可以选择发声的渠道越来越便捷多样，但舆论被反转和打脸的次数也是越来越多，其中往往也不乏许多微信公众号活跃的身影，例如2017年吵翻内地网络的"江歌刘鑫案"。与先前许多只言片语看法的随意发表不同，微信公众号的文章很多都有着扣人心弦的题目，极具表述张力的语言文字（图片），而且很多时候这些看法又往往是以完整文章的形式发布出来，广大受众如果有耐心读完全文，很多时

---

① 参见飞象网于2018年3月21日发表的文章《微信月活跃用户超10亿，小程序已达58万个》，具体网址为：http://www.cctime.com/html/2018-3-21/1368270.htm。

候其实也相当于是从头到脚被"洗脑"了一次，从头到尾被带了一次节奏。如若没有过硬的媒介素养，后果简直不堪设想，三人成虎硬是最直观最真实的体现。在这个获取资讯渠道越来越广泛的时代中，我们的价值观也更加多元化，广大网民很多时候更愿意选择符合自己价值观的文章去仔细阅读，而对不符合自己价值观的文章嗤之以鼻或熟视无睹，哪怕显而易见会步入信息茧房。也心甘情愿。尤其是有些年轻受众群体，经常挂在嘴上的一句话便是"三观不同，不相为谋"。其实这世界极其广阔，很多时候大家能看到的也仅仅只是自己所能感知的而已。

其实微信公众平台得以快速发展的一个重要因素即在于关注对象画像识别较为精确，关注内容细分且更加明确，推送内容虽短小精悍却又往往能够满足人们碎片化时间的阅读需求。值得一提的是，其间往往还有许多关键领域、大大小小的意见领袖们在层层转发，使得传播途径可以非常轻松地跨越不同圈层的受众，从而获得更强大、更扩散的传播效果，诸如罗振宇、张召忠、马云、周迅、陈坤等一大批名圈层的精英常常会通过自身名人效应影响一部分网民，有时甚至是直接引导他们思考和发声。

但这碎片化阅读其实也是一把双刃剑，因为当碎片化阅读趋势越来越显著后，广大受众真正用于有效阅读的时间却实则非常有限，因为许多相似内容、有限资源的叠加往往会使得其内容质量不可能长时间保持在稳定、高质量的状态，所以有时我们经常会很鲜明地感受到：在这个信息爆炸的年代里，我们却又是如此的信息匮乏。这其实是一个信息爆炸与信息匮乏并存的时代。再加上社会热点更迭速度日趋快速，盲目跟风追热点已然并不可取，由此引申出来即单纯靠内容生产来长期赚取阅读量能否长久或许已经成为当前各个微信公众号亟须解决的问题之一。

相关数据显示，截至 2017 年 12 月，微信城市服务累计用户数达 4.17 亿人，较 2016 年年底增长 91.3%。① 截至 2017 年 12 月，中国大陆共有 31 个省、自治区、直辖市开通了微信城市服务。其中广东省累计用户 7238 万人，居全国首位。紧随其后的江苏和浙江。② 就这一层面而言，如何最大化发挥微信的传播优势，充分挖掘其舆论引导功能，在某种程度上对于今后社会发展已经具有举足轻重的作用。正如童哲等学者分析的那样："信息在传播的过程中，由于手机微信功能极其便捷，非常容易就可以形成多级的传播。从一个手机用户传送到另一个手机用户是极其简单和便捷的，而且在传送的过程中还可以进行重新的编辑进行再次传播。从近几次局部战争的舆论作战中我们可以看出，信息化条件下舆论宣传的幕后是舆论作战人才素质的竞争，舆论作战人员的国际视野、战略思想、专业素质，都对舆论宣传的战略战术产生极大地影响。"③

此外就微博而言，它其实也是随着互联网技术的发展，尤其是 4G 网络的普及而迅速走进千家万户。因为如今工作、生活节奏都非常快速，所以广大受众在进行沟通时都力求能够方便快捷：面对每时每刻、从各方面汹涌而来的巨大信息流，大家基本上都很难进行很有效的把控和很深入的研究，有时候犹如在吃一场说走就走的快餐，一边走一边吃，注意力自然无法有效集中，很多时候可能吃着吃着就忘了去哪儿，走着走着也忘记这快餐究竟是什么味道了。美国传播学者罗杰·费德勒也曾指出媒介形态的变化必然存在可感知的需要，即社会需要任何技术，如果要被人们广泛采纳，应当同人们的社会需要相适应，不然就很难被采用。例如其实早在我国宋朝，毕昇就发明了活字印刷术，但并未

---

① 参见中国互联网络信息中心（CNNIC）发布的《第 41 次中国互联网络发展状况统计报告》，http://www.199it.com/archives/685063.htm/。

② 同上。

③ 童哲、赵京洲、李顺毅：《微信在舆论战中的宣传功效》，《军事记者》2013 年第 6 期。

受到当代人的重视，直到 17 世纪，时逢欧洲文艺复兴，德国铁匠古登堡重新发明铅活字印刷术，这种大批量复制文字的技术才开始真正得到广泛应用。

如今随着社会压力的日益增重，社会竞争的日趋激烈，广大受众在每天工作之余其实早已是身心俱疲。但尽管已经如此劳累，他们之中的一部分人在精神层面上却还是十分渴望能够拥有一个相对而言可以较为自由地表达自己心情和意愿的地方，而微博零门槛，快捷方便、易于表达、包罗万象、无须深入，随时随地可以表达自己零碎的思想意愿，基本上可以用最短的时间、最远的距离完成最自然真实的自我倾诉和人际交往，这种高度符合其心理诉求的传播方式其实不正是广大受众所渴望的吗？

与此同时，在现如今社会中，广大受众已经不再简单满足于以往的文字、图片新闻，而是更加贪婪地去追寻信息迷雾后所隐藏的真相，有时甚至渴望能够主动运用动态画面去弥补静态呈现所带来的种种弊端，为的就是能够全方位地刺激感官，激发起好奇心，进而带来前所未有的满足感。而且随着社会经济的迅猛发展，社会结构也正逐渐发生变化，公民们的民主意识也提高到了一个日渐需要自由平等话语权的全新境界。例如广大网民经常会以上传视频资料、发表评论等方式去主动参与一些新闻的传播，甚至是针对特定新闻话题的多元互动。在微博这个包罗万象的大平台中，我们随时可见有些网友将一些突发事件抑或热点事件拍录并在第一时间进行上传发布，往往是远远地抢在传统媒体报道面世之前。虽说这些自行发布的视频录制时长和采制手法有时都不如传统媒体那么有规范性和专业性，但是在现实生活中很多时候广大受众却还是非常喜欢这种随手一拍去还原新闻事件第一现场的独特方式，或许在那些摇摇晃晃镜头的背后，广大受众所发现、所关注的恰巧是一个较为新颖、蕴含内容异常丰富、时效性极佳、现场带入感强烈的信息集散场域，尽管它还有着这样抑或那样的缺点。因为谁能拉近新闻事实与广大受众的心理距离，谁就更容易获得受众人口，毕竟现场感的强烈冲击往往最具有人情味和说服力。例如发布于 2016 年 10 月 11 日名为"查酒驾竟然把他查哭了"的一段视频此前曾一举登上微博热搜，而且该视频还被多家传统媒体的官方微博竞相转载。或许在互联网时代中有些"非专业人士"拍摄的"非专业视频"只要具有一丁点新闻价值，有时也能为传统新闻报道的资料采集贡献一定力量，这或许也是新闻时效性的鲜明体现。

众所周知，微博其实是微博客的简称，这是一个基于用户关系信息分享、传播以及获取的平台。用户可以通过 Web、Wap 等各种客户端组建个人社区，以 140 字的文字更新信息，并实现即时分享。[①] 显而易见，这其实与博客的话语表述方式具有一脉相承性。在国内，逐鹿微博战场的主要有新浪微博、腾讯微博、网易微博、搜狐微博等互联网巨头公司，但是在后期发展中新浪微博逐渐呈现出傲视群雄之势，它在 2014 年 3 月 27 日晚上直接宣布更名为"微博"，一并推出了全新的 Logo。在现如今，web 2.0 技术已经将互联网和普通网民的日常生活联系起来，迎来了一种前所未有的文化语境。[②] 微博的横空出世不仅为广大网民提供了一个记录、分享简短实时信息的网络传播平台，而且在一定程度上还颠覆了整个社会传统的交流模式。随着微博用户人数的不断增加，已经有越来越多的受众正在通过微博传播形形色色的信息，于是我们惊奇地发现原来新闻不仅仅可以存在于传统媒体之上，也还可以以视频、图片等多种形式共存于微博这个大平台之中。而且很多网民在这个虚拟的平台上也找到了自己专属的"存在感"：不仅敢于尽情地表达自己的观点态度以求宣泄情绪，而且有时往往还更能激发出广大受众空前的表达欲

① 匡文波：《新媒体舆论》，中国人民大学出版社 2014 年版，第 145 页。
② 王建磊：《草根报道与视频见证：公民视频新闻研究》，中国书籍出版社 2012 年版，第 21—23 页。

望和参与热情，微博正在逐渐成为一部分网民认识整个社会的重要渠道。李开复也曾认为微博是表达自己、传播思想、吸引关注、与人交流最快、最方便的网络传播平台。如今新浪微博"发现"页面也专门留出了一个分享视频的界面，来自世界各地的任何网民都可以在里面发布自己喜欢的草根视频，并且也可以进行转发、点赞和评论。与此同时，新浪微博里还可以以"#话题关键词#"的形式来进一步展开话题讨论，进而使得来自五湖四海的声音都可以在其中汇聚起来，例如"#电磁波伤害了我大脑#"这个话题当时的阅读量就高达八百多万次，谈论的人数竟高达两万人。究其原因而言，就整个发展历史来观照，我国传统新闻报道长期以来以宏观社会政治来遮蔽微观文化政治，普通公民的话语权长久得不到释放，而微博却构建了个公共话语空间。① 而在网络时代中，我们逐渐发现在其间几乎已经处处是中心，无处是边缘了。在针对某些特定公共事件的传播过程中，微博平台上也经常是山雨欲来风满楼，在广大网民疯狂地转帖、顶帖中，在网络评论栏疯狂地点赞、质疑中，该事件往往很快就会被裹挟至社会舆论的风口浪尖。例如 2016 年 6月，在新浪微博社会分类下有一则关于学生不让座最后惹老人谩骂的视频，于是"#我来月经还要写脸上么#"这个话题立马燃爆整个网络：单单阅读量就突破七百万次，播放量则超过三千万次，新浪微博下面留下了九万多条评论，其中热度最高的一条评论竟然获得了将近六万人点赞。而且此事件一直持续到当年 7 月份都仍有部分微民在持续关注整个事件的发展始末，大家在这个平台里几乎都是在畅所欲言地发布自己的观点，或许有时候也因为在这里，别人不知道自己的性别、年龄和名字，呈现出来的几乎都是一种符号、一种情绪。

值得一提的是，随着社会治理体系的日渐完善，如今广大网民也会

---

① 张爱凤：《网络视频新闻微博传播中的文化政治》，《浙江传媒学院学报》2014 年第6 期。

利用微博等新媒体传播方式去行使社会公众监督的相关权利。例如北京市市政市容管理委员会曾开通新浪微博，鼓励市民随时随地用微博举报各类城市顽疾，由此在确保真正将公民监督权落实到位的同时，也倒逼政府部门积极改进城市管理模式，最终促使整个社会不断进步。

另有关资料显示，截至 2017 年第三季度，仅新浪微博月活跃用户已达到 3.76 亿，[①] 几乎是当前全国总人口数量的三分之一。而且截至 2017 年 12 月，经新浪平台认证的政务机构微博达到 134827 个。中国大陆共有 31 个省、自治区、直辖市开通政务微博，其中河南省共开通了 12951 个政务微博，居全国首位。其次为广东省，共开通政务微博 12395 个。截至 2017 年 12 月，诸如政府、社会团体、党委、检察院等机构都开设了政务微博。其中政府开通的政务微博数量最多，共开通 88215 个，其次为社会团体，共开通政务微博 33792 个。政府开设的政务微博中，主要涉及公安、外宣、卫计、司法行政、交通运输等机构，其中公安机关开设的政务微博数量最多，为 20863 个。[②] 由此可见，微博也在当今社会舆论引导中也取得了极为瞩目的成绩：广大受众可以通过微博向政府机关提出建议，或举报不良行为，政府也会及时进行积极回应，这就使得政府与群众之间的联系更为紧密，公民参政议政的民主权利也能得到有效实现。在面对重大事故或突发灾难时，政府也可以通过微博对这些情况进行及时通报，在某种程度上也有利于社会舆论得到切实有效的关注和引导。

在微博上，普通大众可以随时随地相对自由地发表自己的意见，甚至有些意见还会形成各种话题，引起广大群众热议。在大众越来越重视自己话语权的今天，微博无疑已经成为大众自己为自己或为他人发声的

---

① 参见中国互联网络信息中心（CNNIC）发布的《第 41 次中国互联网络发展状况统计报告》，http://www.199it.com/archives/685063.htm/。

② 同上。

一个重要平台。值得一提的是，在这其中我们还经常能发现一类特殊群体，不仅自己可以发声，而且其言论还经常能够或多或少影响他人的判断，这就是作为网络意见领袖重要组成部分的微博大 V。正如陈丽芳在《论意见领袖在微博传播中的作用》一文中分析的那样："目前，随着计算机、手机的普及以及网络、媒体技术的发展，意见领袖通过网络这一载体传播、引导和影响舆论的能力越发受到人们关注。微博这一堪称杀伤力最强的舆论载体开创了网络媒介的新时代。微博的建立与发展，一方面给传统的意见领袖开辟了更为广阔的展示舞台，另一方面也为刚刚起步的意见领袖提供了成长所必需的土壤和养分。微博赋予新时代的意见领袖多元性、广泛性及更具亲和力的特征，使其对舆论的影响和引导能力毋庸置疑……意见领袖以其对社会现实超强的干预能力，使得微博公益舆论由网络世界走向社会现实，并在积极推进微博公益事业的健康发展中起着至关重要的作用。"[1]

　　而就新闻客户端而言，通常指的是为手机用户提供持续、实时、全方位新闻资讯更新，内容涵盖国内、国际、军事、社会、财经、体育、娱乐等方面信息的新闻类应用软件。具体而言，移动新闻客户端可分为媒体新闻类、聚合信息类。其中，前者包括传统媒体与互联网门户为运营主体的媒体新闻客户端，例如凤凰新闻、搜狐新闻、腾讯新闻、新浪新闻、网易新闻等；后者主要是指技术公司、商业公司利用技术聚合其他媒体资讯内容，并进行智能推荐的应用，例如百度新闻、Flipboard 中国版、今日头条、一点资讯等。[2]

　　有关数据显示，截至 2017 年 12 月，我国网络新闻用户规模已达到 6.47 亿人，年增长率为 5.4%，网民使用比例为 83.8%。其中手机网络

---

　　① 　陈丽芳:《论意见领袖在微博传播中的作用》,《中国报业》2012 年第 2 期。

　　② 　具体参见人民网于 2016 年 11 月 24 日发表的文章《移动新闻客户端信息推送特点及问题分析》,具体网址为：http://media.china.com.cn/cmyj/2016 - 11 - 24/907429.html。

新闻用户规模达到 6.2 亿人，占手机网民的 82.3%，年增长率为 8.5%。随着传统媒体加速互联网改造，媒体融合进入全新发展阶段。诸如人民日报、新华社和中央电视台等传统主流新闻媒体纷纷加强对互联网媒介的重视程度，深入学习、快速运用互联网产品和形式，在内容、渠道、平台、经营、管理等方面深度融合，打造了一批覆盖广泛、形态多样、手段先进、具有较强传播力、引导力、影响力和公信力的新型新闻资讯平台。而那些既有互联网新闻资讯平台竞争从单纯流量向内容、形式、技术等多维度转移。优质内容获取成为各新闻资讯平台争夺焦点，头部企业纷纷持续加大对原创内容扶持的力度；在用户需求和技术基础的催生下，短视频、直播、VR 等富媒体化内容形态逐渐成为行业发展的基础设施；以人工智能为核心的技术发展成为资讯平台核心竞争力，促使资讯聚合平台在资讯推荐、营销推广乃至更深入的内容制作、互动沟通等方面取得进一步发展。[①]

随着互联网技术的飞速发展，也随着人们工作、生活节奏的加快，移动新闻客户端凭借其丰富的资讯资源、实时的信息推送和便捷的社交互动交流体验，逐渐得到越来越多用户的认可。换而言之，新闻客户端与以往的纸媒不同的是广大网民可以直接在各自手机上进行快速而便捷的阅读，不仅降低了一部分阅读成本，而且还拥有了一定的时效性，当下所发生的新闻事件几乎可以即刻编辑成文发布给大众，其互动性也较传统纸媒也有了较大程度提高。也正如徐蕾分析的那样："新媒体时代，传统媒体已经非常清楚：新闻客户端上呈现的新闻产品不应该是将传统媒体的内容照搬到移动终端，而要围绕用户需求进行打造，为用户创造更多的价值。简单来说，就是最大限度地满足用户新闻获取、分享交流等多种需求。不仅如此，从内容更新来说，还要充分照顾到移动用户的

---

① 参见中国互联网络信息中心（CNNIC）发布的《第 41 次中国互联网络发展状况统计报告》，http://www.199it.com/archives/685063.htm/。

使用习惯。"①

目前微博、微信已经基本上覆盖了大多数网民的生活、工作区域，而略为逊色的新闻客户端也正在努力迎头赶上，以"两微一端"为典型代表的新兴媒体发展势头仍旧较为强劲。据统计，超过九成的传统媒体都建立了专门的"两微一端"人才队伍；已有超过六成的媒体制定了"两微一端"运营的规章制度。② 在这场媒介融合的大潮中，无论是中央媒体、地方媒体，还是自媒体，都在其中获得了重生或者新生的力量，也呈现出一派百花齐放、争奇斗艳的发展态势。

概而述之，微博、微信、客户端这些新媒体也是各有长短，风格不一：其中微博较为简短精练，主攻碎片化传播；微信则更具私密性和封闭性，且渠道更加多元；客户端推送主动性更强，更加贴近用户心理需求。它们的横空出世，不仅极大地丰富了广大受众自主选择信息的权力，而且在一定程度上也提升了传媒产品的附加值，极大地提升了其自身综合竞争力。

值得一提的是，自从 2016 年起，作为一种新兴的传播方式，网络直播迅速走红。通常而言，只有你拥有一部功能齐备的智能手机，便可在互联网覆盖的区域中随时随地进行形色各异的直播。天下攘攘，皆为利往，网络直播的火爆蹿红自然也吸引了金融投资圈大鳄们的目光，有些人甚至豪言宁愿投错资本也不能错过这次直播热潮。百度、阿里巴巴、新浪等互联网公司纷纷在其旗下建立直播平台。2016 年，昆仑万维领投 8000 万元融资到映客；亦庄互联基金领投 7500 万元融资到三好网；腾讯、红杉资本等 B 轮 1 亿美元融资到斗鱼直播。随着大量资金投入各大网络直播平台中，直播产业自然也获得了不俗成绩。2016 年 5

---

① 徐蕾：《移动新闻客户端，央媒来了!》，《人民日报》（海外版）2014 年 6 月 20 日第 5 日。

② 孙海悦：《"两微一端"呈现五大特点》，《中国报业》2006 年第 13 期。

月，腾讯新闻率先推出"直播"页面，标志着新闻客户端也正进入了移动直播时代。[1]

作为国内最权威的电视新闻媒体，中央电视台也在着力依托新媒体技术，将自身既有的资源优势进一步转变为互联网环境下媒体综合竞争优势。截至 2016 年 12 月 31 日，央视新闻已经开展了约 400 场移动直播，达成重点发展移动端的战略共识。[2] 例如在庆祝中国共产党成立 95 周年大会直播期间，在 3 小时内有超过 400 万人次观看了央视新闻移动直播。央视网第一次推出《道路：回望 1921》大型移动直播报道，以"移动视频多点直播 + 时空交互叙述 + VCR 短片"方式，选定 12 个具有意义的地点进行拍摄，并制作了《V 观党课》微视频短片，多终端独立访问用户为 445 万，视频收视次数高达 768 万。[3] 早在 2016 年 5 月 20 日，基于 VGC（全球新闻视频回传）平台，央视新闻自主研发的移动直播平台正式上线。通过 VGC 平台，不仅记者能够用手机进行直播和视频回传，而且其手机拍摄的直播视频可以进一步分发给微博、微信、各大主流新闻客户端等其他网络新兴社交媒体平台。依托强大的数字处理技术，其首秀的新闻直播报道——《强降雨袭击江西多地 央视记者深入吉安被淹地区》便在社会上广受好评，大大提升了新媒体产品的影响力。例如在 2016 年春节前夕，澎湃新闻就曾联合腾讯新闻客户端推出"千里骑行回家过年"直播活动，连续摄像时间长达 300 小时，实现了一次移动视频直播模式的创新，对"内容 + 平台"的直播合作模式进行了一次有益的探索。例如在 2017 年跨年夜，微博与国内五家主流电视台合作，对跨年晚会进行直播，其观看总人数已超过 2000 万人次，

① 陆金芸：《移动直播时代的直播新模式浅析》，《新媒体研究》2016 年第 16 期。

② 参见《央视新闻：电视媒体为何做移动直播》，具体网址为：http://www.tvjz.org.cn/Article/ShowArticle.asp? ArticleID = 2012。

③ 参见《央视加快推动媒体深度融合一体发展成效显著》，具体网址为：http://www.cctv.com/2016/07/24/ARTI7XOEsq6JXpGDa0niOSSq160724.shtml。

微博互动总数也超过 4000 万人次。[①]

　　通常而言，传统意义上的直播，尤其是新闻直播内容一般会优先选择某些突发事件新闻，比如直击火灾、水灾和地震等自然灾害等具有较强感官冲击力现场。其实直播的内容也不仅仅只局限于重大或突发性事件的报道，也可以是其他一些富有趣味性的优质内容。例如在 2016 清明节假期中，澎湃新闻客户端就曾专门选择了四个不同的城市，通过手机这个媒介直播了一次别开生面的赏花活动。在直播过程中，网友、记者在直播页面中进行了诸多双向互动，这不仅改变了传统单人单地的赏花方式，而且也增添了时空随时切换、天南地北随意畅聊的乐趣。例如 2016 年 NASA 曾发现一颗最接近地球生态的系外行星，正当全世界人民都为之惊叹之时，网易趁热打铁，当日下午便开通了"移民？外星人？专家解读新地球"的直播页面，不仅请来了北京天文馆馆长为网友讲解天文知识，而且还邀请广大网友在直播中积极参与讨论。再以《新京报》对"魏则西事件"的报道为例，从获知事件消息到决定动用直播技术，从通过工作群完成信息共享、思路探讨、记者安排等前期准备工作到真正搭建起直播平台，整个直播项目操作团队仅仅用了半个多小时就在其直播平台上推出了"魏则西事件"直播页面，第一时间为广大网民报道事件的最新进展，这种"零门槛式"的操作在先前几乎完全不可想象、不可能实现，其实时性、简单性、多样性和交互性等特色彰显无遗。

　　其实直播不仅在国内引领风潮，而且在国外也是爆红得一塌糊涂。2016 年 8 月，Facebook 上线了 Live Video（直播视频），BBC、纽约时报、华盛顿邮报等主流媒体也曾先后加入了直播热潮中，进而开创了"社交平台 + 媒体"的全新合作模式。例如 Facebook 依托传统新闻媒体获取优质的视频、图片等资源，进一步提升了自身直播视频的影响力。

---

　　① 　参见《今日头条疑与微博"分手"，社交之路何去何从？》，具体网址为：http：//www. sohu. com/a/133579783_ 329837。

而传统新闻媒体则可利用 Facebook 强大的社交网络进行双向多元互动，不仅增加了用户黏性，而且还可将用户流量导向新闻媒体自身的官方网站，进而实现广告项目盈利等目标。

截至 2017 年 12 月，网络直播用户规模达到 4.22 亿人。其中，游戏直播用户达到 2.24 亿人，较去年底增加 7756 万人，占网民总体的 29%；真人秀直播用户达到 2.2 亿人，较去年年底增加 7522 万人，占网民总体的 28.5%。总体而言，网络直播行业发展较为迅速，业务营收也保持持续高速增长。根据各网络直播平台 2017 年第三季度财报数据显示，陌陌本季度的直播业务营收同比增长高达 178.6%。而欢聚时代（YY）本季度的直播业务营收同比增长也达到 60.4%。[①] 显而易见，其行业发展形势总体仍旧较为良好。

与文字、语音、图片相比，网络直播是一种观赏性更强的平台，身处不同空间的观众可以在特定的时间段内选择介入同一个热点中进行实时互动，进而在其中获得近乎 360°的临场感。所以许多受众群体，尤其是"九零后""零零后"年青的一代人，他们有时似乎更愿意从网络直播平台上获取相关信息。比如在"王宝强马蓉离婚案一审""乔任梁去世"等许多热点事件的报道上，很多媒体也都不约而同地选择了网络直播的方式来深入现场，观看人数竟然已经达到千万人次以上，其影响力已经绝不容小觑。正如张国良认为所谓传播，即传授信息的行为（或过程）。而一个基本的传播过程，则是由"传播者、受传者、信息、媒介、反馈"五个要素构成的。[②] 传播者利用各种媒介将信息传递给受众，广大受众在接收相关信息后也将自己的感想反馈给传播者，进而形成一个不断循环的传播模式。在某种意义上，它其实已经打破了既定的

---

① 参见中国互联网络信息中心（CNNIC）发布的《第 41 次中国互联网络发展状况统计报告》，http://www.199it.com/archives/685063.htm/。

② 张国良：《传播学原理》，复旦大学出版社 2009 年版，第 6 页。

新闻生产方式，即吴正楠认为的新闻生态：在特定的社会环境中相对均衡的新闻元素、新闻与新闻、新闻与外部环境之间的良性制约而达到的一种较为平衡的结构，是实现受众、新闻、政府和社会的整体协调，实现一个稳定有序的动态过程。[①] 在这个飞速发展的世界中，新兴的网络直播已在一定程度上摆脱了原先"新闻源—记者—媒体—受众"的生产链条，传播活动中主体双方的角色已经实现颠覆：信息可以直接传给接受者，又可以及时反馈给传播者，进而循环往复，但从某种意义上来观照，在这个过程中，"把关人"角色其实已经部分或者完全淡化或缺失了，这无疑会是一个大问题。

众所周知，"把关人"理论是由美国社会心理学家、传播学四大奠基人之一的卢因提出，他认为信息一定会沿着一定的通道流动，这种通道包含"门区"。在此通道中，按照相关政策的要求，或是按照"把关人"的个人意见，对信息或商品是否被允许进入通道或留在通道里流动实施决策。对于原先传统的新闻媒体而言，特定的组织或是其上级主管部门便是"把关人"，作用就是使得不适合传播的内容被筛选和过滤掉，但在这个人人都有麦克风的自媒体发声时代中，普通大众的某些直播行为难以完全受到有效管控，进而就会导致出现诸多问题。以 2016年 7 月的欧洲慕尼黑重大恐怖袭击案为例，德国记者理查德一个人利用一台智能手机就完成了对于整个事件的直播报道。然而在事件发生之后，面对充满血腥的袭击现场时，理查德的新闻职业道德提醒他不能随意通过 Facebook、Snapchat、YouTube 等媒介直播给全球网民。因为当时身处险境的他无法非常理性而客观地去审视相关内容，进而决定哪些画面具有新闻报道价值。事实上，如果一旦将现场充满血腥的恐怖气氛的场景传递给广大民众，势必会带给民众一种更为强烈的恐慌，甚至可

---

① 吴正楠：《移动视频直播改变新闻业》，《传媒评论》2016 年第 8 期。

能再经由二次传播触发其他恐怖袭击事件。所以在此层面上而言，主动去选择加强直播监管也是势在必行。

随着科技水平的不断发展，依托互联网为基础的个性化推广技术给传统的传播过程也带来了一次全新的变革，正如郭庆光认为的那样："人们有着不同的性别、年龄、职业、学历、文化，有着不同的个人属性和社会属性，因而他们的媒介需求、接触动机、兴趣和爱好也是不同的，所以他们对大众传播有不同的需求和反应，在内容接触和选择方面有某种自主性和能动性。媒介要对受众进行准确的定位。"① 由此看来，这种直播方式其实也较为符合传播学中的"使用与满足"理论：广大受众带着特定"需求"去接触整个直播活动，而这种参与本身也是一个欲望、需求得到不同程度"满足"的过程。因为单就人性而言，受众其实普遍都有一定的"窥私欲"心理。倘若一些新媒体传播平台能够利用独特的播报视角和全新的形式向广大受众传递一些常人触碰不到的现场信息，比如说"两会"等类似的重要场合，自然就能使得广大受众永远也无法想象下一秒会发生什么，进而对于这种"零时差""全景式"的移动直播方式充满无尽渴望。

随着网络直播事业的不断发展，其覆盖面也将会变得越来越广，不仅可以直播娱乐类节目，而且也可以直播体育、财经、民生类节目，其直播内容会满足更多受众的更多需求。不仅可以邀请不同领域、较为专业的主播通过网络直播平台来进行直播，而且也可以通过设置不同直播模块，以便可以满足不同年龄阶段、不同社会阶层受众的诸种需求，尤其在这网络技术飞速发展、社会发展进入转型期的特定年代中。正如美国社会学家欧文·戈夫曼在《日常生活中的自我呈现》一书中针对"拟剧"情境论分析的那样："人们的日常生活就是一个大舞台，在相

---

① 郭庆光：《传播学教程》，中国人民大学出版社 2011 年版，第 161 页。

异的场合中，人们呈现出不同的表演，其中的表演区域则被分为前、后台两个部分，前台是指演员依照特定目的进行表演的区域，由舞台设置和个人前台构成：后台则是指演员休憩、缓解紧张和准备上台的区域。"① 彭聃龄也曾认为："人类是一种群居动物，渴望关注渴望交流，希望得到别人的认可和赞赏，希望能彼此分享苦乐喜悦，交换心声，这种需要促使人们去结交朋友。当社会交往动机促使人们交往的需要得到满足时，人们会感到安全、有依靠，增加了生活和活动的勇气：相反，人们会因为孤独、寂寞而产生焦虑和痛苦。"② 而约瑟夫·A. 德维托也倾向于认为："根据欧文·阿特曼和达尔马斯·泰勒于 1973 年提出的社会渗透理论（socia penetration theory）来分析，人际关系的发展阶段主要是通过双方的话题数量和这些话题的个人化程度来体现。换句话而言，要判别出互动双方之间的关系类型主要涉及关系宽度和关系深度两方面。关系宽度指的是双方谈论多少话题，关系深度则指的是话题渗透到双方隐私或核心的程度。"③ 其实一些用户也曾表示在与主播的互动过程中可以真切地感受到一种发自内心的优越感和舒适感：观众可根据自身的需求去主动选择自己喜欢的直播节目，并且可随意更换，整个过程非常放松。在与主播进行直接交流时，观众也可以通过点亮，或者送礼物等方式来满足虚荣心，而且一旦主播点到自己名字的时候，这种优越感更是会直接到达巅峰，这是因为在现实生活中，我们往往与荧屏上的表演者隔着一定距离，难免有些可望而不可即。一旦发现此时屏幕中的主播似乎正在单独与自己进行互动，心中也难免会兴奋不已，很多时候诸如电视、广播等传统媒体往往无法全方位、多维度地实现其满足

---

① ［美］欧文·戈夫曼：《日常生活中的自我呈现》，黄爱华、冯钢译，浙江人民出版社1989 年版，第 21 页。

② 彭聃龄：《普通心理学》，北京师范大学出版社 2004 年版，第 338 页。

③ ［美］约瑟夫·A. 德维托：《人际传播教程》，余瑞祥、汪潇、程国静等译，中国人民大学出版社 2011 年版，第 257 页。

感，因为有时它们缺少了一种重要的沟通方式——弹幕。

"弹幕"（dàn mù）一词最早来源于军事行动，指的是使用密集的炮火对某一区域进行攻击，过于密集以至于像一张幕布一样，英文通常称为"Bullet Hell"（子弹地狱）或"Bullet Curtain"（弹幕）。而现如今"弹幕"，通常意义上特指在视频播放过程中，观众随时发送，并实时显示在画面中的评论。[①] 比如说在观看影片时，可以实时对其内容进行点评，这些评价内容又可以直接出现在观看屏幕上，虽然并不能与动画视频一体出现，但其浮动、嵌套于所播放视频之上，一定程度上也能给广大受众带来一种"一体感"。[②]

如图 2-6 所示，原视频作为最初的内容，可以被受众进行多维度解读，从而形成了裂变式影响：不同的受众有着不同的性格、爱好和经历，当他们在观看某个视频时，往往会结合自己的这些特质来发射各种弹幕，这些弹幕加上原视频就构成二次视频，亦即"弹幕＋原视频＝二次视频"。当其他受众在不同时间和不同地点观看此视频时，这些二次视频也会被其他受众同时观看到，这其中有些受众会选择忽略，不去理会这些二次视频，而对原视频进行评论，进而再产生全新的二次视频。但值得一提的是，有些受众会对原先这些二次视频产生疑问或者共鸣，进而对这些二次视频再进行评论或回复。同时，这些针对二次视频的评论或回复，又形成了三次视频。如此递增传播开来，视频的形态也会越来越丰富，或许会出现四次视频，甚至是 N 次视频，这其实已经属于是广大受众共同进行加工创作的内容范畴了。而且传播者与接受者之间的身份互换也经常呈现出多元变化态势：这一刻还是接受者，下一秒有就可能已经变成了传播者，反之亦然。

---

① 范晓杰：《文化视野下弹幕网站的流行及发展研究》，硕士学位论文，苏州大学，2015 年。

② 路倩：《弹幕视频的传播特性分析》，《新闻研究导刊》2016 年第 1 期。

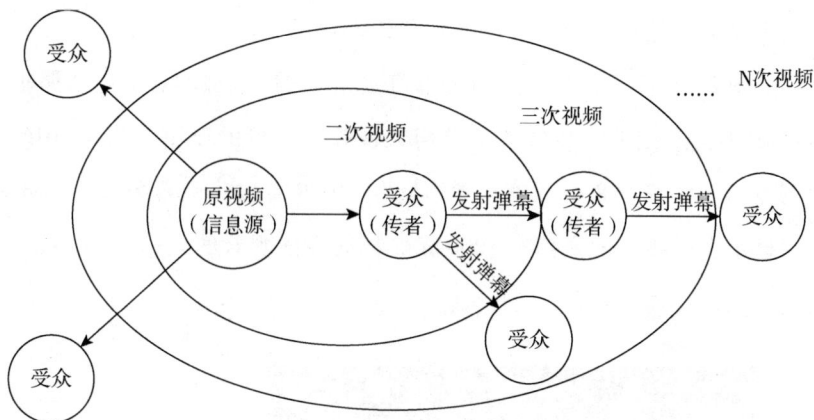

图 2 - 6　视频弹幕的多重递增传播模式

　　在 20 世纪八九十年代，广大受众更习惯于从报纸、电视、广播等大众传媒中获取相关信息，当人们想要对这些内容进行反馈时，往往要通过信件、电话等这些传统方式，而且这种方式往往具有不即时性。到了 2000 年前后，有些传统的视频网站虽然已经可以让受众在视频下方的评论区进行评论，但这些评论也会随着时间的推移进而也会淹没在其他用户的各种评论大潮中。而弹幕视频却完全不一样：受众不仅仅可以观看视频，也可以随时发射弹幕，并进行即时反馈。弹幕发射范围涵盖视频播放的整个过程，不管是片头、中间，还是片尾。这种可以实时出现在屏幕之上的评论有别于其他传统视频网站评论区的静态评论方式，弹幕评论的引入在一定程度上也加强了受众与受众之间的互动程度。

　　众所周知，广大受众在接触或者选择媒介时，往往或多或少带着自己的主观感情色彩和特定需求。众所周知，人也是一种群居的社会性动物，内心里真切渴望与他人进行有效交流，不仅接受别人的看法，而且同时也积极表达自身的观点。一旦有了弹幕网站这样一类可以汇聚人气的重要平台，许多受众便能在其中畅快交流，获得满足感与归属感。而且与传统评论靠集赞数取胜的模式不同的是，越是弹幕密集的地方，越是大家交流的重点，其直观性远胜于传统评论。

如图 2-7 所示，UP 主"中二少年晓凯"的"《你的名字》中那些你不知道的彩蛋/细节"弹幕就荣登当天视频排行榜的亚军。截至 2016 年 12 月 5 日，收藏有 8.1 万条，播放量有 110.9 万次，弹幕数量达 1.3 万次，显示在视频上的弹幕有 1000 条，同时在线观看的人已有 4110 人。

图 2-7 《你的名字》中你不知道的彩蛋/细节

一旦广大受众聚集在一起观看视频并发射弹幕，那么这些弹幕往往会铺满整个视频画面。而且此时此刻，这些受众彼此之间才会拥有一种认同感：发自内心的认为这是一个他们专属的圈子，在这里有相似兴趣爱好的陌生人可以互相随性交流，自然也包括用他们自己才懂的语言去赞美或吐槽，而这一切也往往使得他们更加容易获得归属感。由于弹幕的长度普遍被限制得较短，所以网民在评论时口语化倾向会更加明显，而且年轻人更偏爱使用网络流行语进行打趣或者自嘲：例如有时弹幕会吐槽"铲屎官"（网民对养猫人的戏称）；会出现"巨型鸟生物"，吐槽"鲲之大，一锅炖不下"（网友恶搞）、"大舅"（同期另一作品《食人的大鹫》对巨型生物称呼）；也会出现"店长发布任务地点"一幕，就开始吐槽"店长一定是凶手，否则怎么知道失踪地点"（名侦探柯南式吐槽）；如果出现"主播咳嗽"一幕，就立马吐槽"垂死病中惊坐起"（网友对古诗恶搞），所有这些在许多年轻人看来都已经是老生常谈的调侃戏谑了。

值得一提的是，在弹幕发射过程中，有一部分受众其实也是二次元文化的拥趸，倘若不熟悉"九零后""零零后"的二次元文化可能会看不懂这些弹幕：例如"前方高能反应，请求弹幕护体""如果oo就是神作了""oo的笑容由我来守护"等都是当下弹幕社群里的流行语。诸如哔哩哔哩等许多国内专业性的弹幕网站，每天会吸引很多年轻的ACG群体前来观看。作为当前国内最大的年轻人潮流文化娱乐社区，哔哩哔哩弹幕视频的受众大多数年龄较小。哔哩哔哩执行董事陈睿也曾坦言在他们1亿人的活跃用户里边，25岁以上的用户不到10%，大量的用户应该是"90后""95后"以及"00后"的用户。① 在直播领域，弹幕的出现不仅可以加强受众与受众的关系，而且还能强化受众与主播直接的沟通力度，不断增强受众黏性，进而促进粉丝经济发展。

但拨开面纱再深入一层来观照，我们也发现各大直播平台有时也是状况频出，涉黄、涉暴等各种各样、大大小小的问题也是不断显现。其实用户在选择直播平台时往往具有一定的随意性，一旦该平台给予自己的新鲜感、满足感在不断减少，直播内容和模式日趋同质化，他们往往就会义无反顾地一走了之，平时看似牢固的用户黏性其实并没有如同想象中那么稳固，尤其在这个快节奏、容易审美疲劳、眼球经济无法走太远的时代中。针对这个阶段，我们在本书研究范畴内，习惯性称之为"野蛮生长"时期，亟待有关政府部门、相关互联网企业共同改进。但在经历过这个过程后，在内容与形式实现双重升级后，我们还是倾向于

---

① 参见bilibili弹幕网董事长陈睿的发言实录，具体网址为：http://finance.qq.com/a/20160113/052792.htm。

认为今后直播有可能会在社会舆论引导中占有一席之地，并发挥出其应有作用。

传递正能量是社会不断向前发展的必要保障。每一个新闻媒体其实都有责任与义务去传递正能量，例如诸如"今日头条"之类的商业媒体在追求盈利的同时也在不断传递正能量，在其客户端的特色栏目"推荐"中，会采用标注"热"的标记推送关于正能量的新闻报道：例如2016年11月1日推送了"公车上乘客晕倒，公车变身救护车送医"的新闻；例如2016年11月25日也推送了"广州的哥拾金不昧"的新闻。同时每一个用户也总是希望看到各种社会的正能量新闻能去激励自己努力奋斗。正如张国良总结的那样："所谓传播或大众传播的效果，一般指传者发出的讯息，通过一定的媒介（渠道）到达受众后，对受者的思想（包括认知、态度、情感等）与行为造成的影响。"① 石庆生在《传播学原理》一书中也认为："大众传媒不会立刻产生直接的轰动效应，但是长期积累的潜移默化的效果是不可忽视的。"② 所以今后直播产业或许在追求利润的同时，也会努力尝试着去铁肩担道义，这不是需不需要的问题，而是该不该的问题。

现如今媒介网络化、移动化、视频化已成为大势所趋。正所谓祸福相倚，虽说新生事物的问世总会难免伴随着出现一些不良因素，但在历经时间变迁后，总会有个令人欣慰的结局，而当下我们需要做的就是不要非常简单而粗暴地把婴儿和脏水一起倒掉。

综上所述，在现如今这个网络发展日新月异的时代中，社会舆论引导模式其实已经逐渐从当初单纯的自上而下逐渐转变为自上而下与自下而上相结合，所以说在官方和民间两个舆论场相互角力的过程中，政府和新型主流媒体的舆论引导能力水平也亟待快速提升，因为随着新媒体

① 张国良：《传播学原理》，复旦大学出版社2009年版，第227页。
② 石庆生：《传播学原理》，安徽大学出版社2013年版，第175页。

技术的日渐完善，大众每时每刻所获得的信息量也在随之水涨船高。值得一提的是，这里面的信息不全都正确、完整、可信，所以诸如言论失实、网络暴力等不良现象也就难免会时有发生。

在媒介融合背景之下，随着微信、微博、客户端、短视频等新兴媒介之间交集日渐增大，一对多、多对一的传播模式逐渐转变为多对多传播模式，再加之广大网民的发声渠道也日渐增多，大家不仅仅只甘于永远充当信息的被动接收者，很多时候一旦抓住机会就会努力扮演起传播者的角色，哪怕明知自身的实力远远不够或者相关信息来源并不那么可靠，于是乎，所有这些因素在互联网环境下开始快速集聚起来，进而也导致原有舆论环境也开始发生一系列异变，尤其在一些突发性、群体性事件中表现得尤为明显。

此外，在媒介融合背景之下，传播形式也日益变得多样化，尤其是新媒体所独具的快速传播特点往往会使得一个热点事件在发生之后，其相关社会舆论就会不断发酵起来、扩散开来，无论是其传播速度、影响力，还是其涉及范围都会不断以几何级数迅猛增长。眼下任何一条与事件有着千丝万缕关联的信息在特定环境中都有可能不断地由单纯的周边的事件迅速升级为全省事件、全国事件，甚至是全球事件。舆论爆发的相关热点事件已经不再需要像传统媒体时期一样经过编写、审核，直至次日方能传播。在媒介融合背景下，一个突发性事件或许仅仅只需要数个小时就能够快速发酵并蔓延开来，从而在网络上或是现实环境中掀起滔天巨浪。

以下我们将简单地分析一下近些年来全国各地所发生的一些突发性事件的舆论发展情况，以求能够较为直观地显现出当前舆论的一些发展特点，进而凸显出加强舆论引导的必要性和迫切性。

一是发声渠道日渐丰富。在图 2－8 网站平台的数据流量走势图中，我们可以非常直观地看出，在 2017 年 3 月 23 日《南方周末》报道"辱母杀人案"后，3月24日各平台数据开始抬升，至3月25日的时候全面爆发，并且在3月26日仍旧处于持续发酵期。而图2-9的数据也显示，3月24日在微博平台上的数据流量已经开始抬升。3月25日，随着该事件在微博层面受到广泛关注，流量已达到峰值。

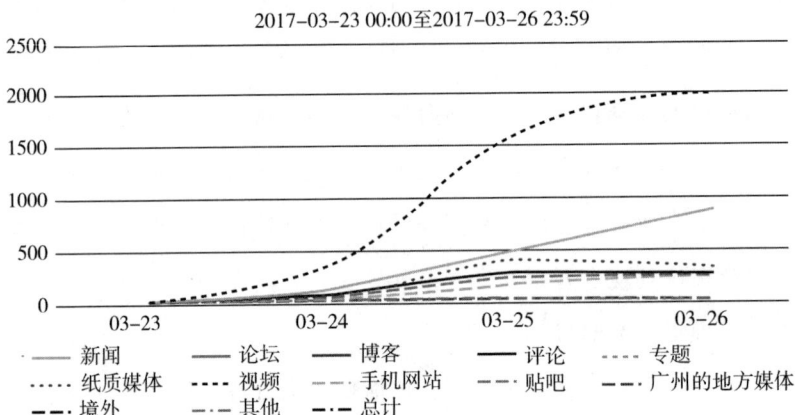

2017-03-23 00:00至2017-03-26 23:59

图2-8 "辱母杀人案"网站平台数据流量走势

资料来源：大数据库深度分析。

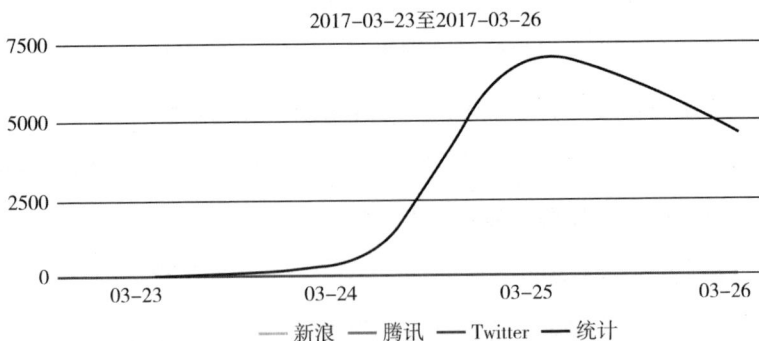

2017-03-23至2017-03-26

图2-9 "辱母杀人案"微博平台数据流量走势

资料来源：大数据库深度分析。

由此我们可以发现，传播渠道在媒介融合背景下的确是在明显增多，传播速度也在明显加快，突发性、群体性事件社会舆论产生和传播的速度相应也都在提升，原有信息传播中时空的限制早已被打破。在现如今互联网环境中，很多网民已经可以选择在第一时间发表自己的相关意见，有时往往在不甚了解整个事件来龙去脉的情况下就盲目"发声"，进而使得突发性、群体性事件的舆论态势迅速增强，甚至直接导致向其负面急遽转变。值得一提的是，这些现象有时往往正如马志红认为的那样："巨大的信息量削弱了人们阅读信息的耐心，也滋生了受众对于阅读的浮躁之气。受众日益变差的耐心和注意力又进一步加剧了媒体信息的短小、不完整，趋向碎片化、非线性化，超文本链接。面对篇幅较长、内容较深刻、需要花费更多脑力去阅读和理解的深度报道，受众更是不愿意主动去接受，有时甚至是直接屏蔽掉。"① 而这在一定程度上其实也是针对相关政府机构、媒体应对舆情紧急事件的速度和成效提出更高要求。

　　而从图 2－10 的饼状图中，我们也能够十分直观地看出"山东聊城辱母杀人案"事件所有舆论中的 79.7% 都是负面信息，剩下的 20.3%均是中性信息，根本没有正面的舆论信息，满眼望去均是诸如"司法体制不健全""案件审判结果不公""警方办案不力，受害母亲只能依靠一己之力自卫""高利贷黑恶势力猖獗，打击力度不足"等博人眼球的字眼。如图 2－10 所示，连同法院、公安、银监等相关政府部门都被一起捆绑着推上了社会舆论的风口浪尖而备受指责，直面他们的自然不出意料地几乎都是诸如"中小企业借贷难""司法体制不健全""办案不利"等负面消息。

　　在媒介融合背景下，突发性、群体性事件的第一手信息往往都由新媒体首先爆出，由于传播者与接受者之间的高频互动，其传播效力已经

---

　　① 马志红：《碎片化阅读时代网络媒体深度报道问题及策略研究》，《新媒体研究》2018年第 4 期。

钢铁行业发展难题
1.8%

中小企业借贷难
1.3%

高利贷问题
11.5%

司法体制不健全
12.1%

破产机制不健全
1.1%

声援同情受害人
30.4%

正面
0.0

中性
20.3%

负面
79.7%

办案不力
19.2%

判决不公
22.6%

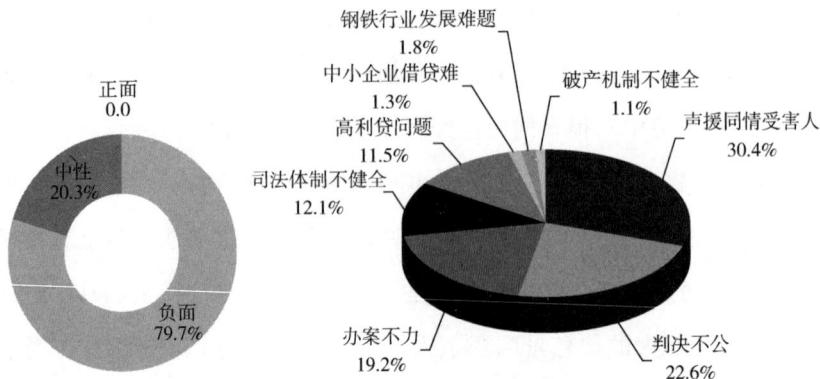

图 2 - 10 "辱母杀人案"涉及政府部门负面信息

资料来源：大数据库深度分析。

大为加强。尤其在微信、微博等强势介入后，通过大量的转发或是评论，许多突发性、群体性事件的舆论态势都在以树形传播形态不断疯狂地向下传播，直至达到高潮。在"辱母杀人案"这个热点事件中，从图 2 - 11 中我们也可以很直观地看出，在 2017 年 3 月 24 日至 3 月 28 日期间，全网涉及该案件的信息量已达到 367252 条，而微博传播的信息量就有 354670 条，几近全部的信息量，而报刊等传统媒体却只有 163条，在里面所占分量已经微乎其微。具体来看，自 3 月 24 日事件舆论发酵开始，微博信息量就在持续走高，在 3 月 26 日这一天就已经达到了顶峰。

从图 2 - 12 中，我们还可以发现诸如微博、微信等新媒体平台的信息发布量占据了信息发布平台总量的 95%，微博更是达到了 78.66% 的高比例，而纸媒仅有 0.11%，在此次事件报道过程中传统媒体几乎被新兴媒体彻底碾压。既然现如今海量信息能在新媒体平台上自由、快速地进行传播，接受者目前也广泛活跃于这些新媒体平台，换而言之即新媒体平台已经成为舆论引导的主阵地之一，且其重要性仍在逐渐凸显。如何让广大受众不再如此偏激，能够理性地接受，并逐渐认同一些正确

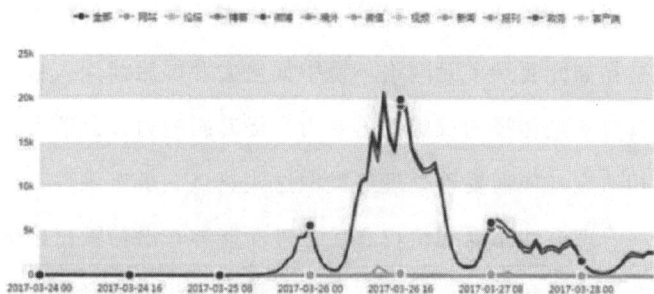

截至3月28日下午13:53，全网涉"辱母杀人案"信息量全部367252条，其中微博354670条，网站7545条，论坛4700条，微信3427条，新闻2647条，博客1492条，客户端1254条，政务174条，报刊163条，视频108条，境外72条。

图2-11　"辱母杀人案"舆情传播情况

资料来源：4G媒体。

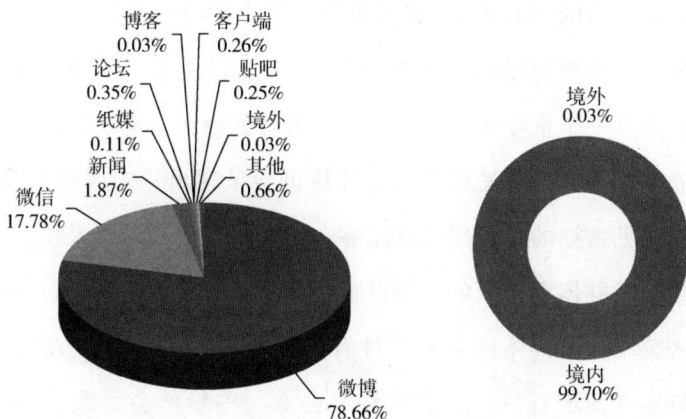

图2-12　"辱母杀人案"传播平台数据构成

资料来源：大数据深度分析。

的观点，使得整个突发性、群体性热点事件舆论得到合情合理、及时有效的处理，已成为媒体人，尤其是一些主流媒体从业者最值得深思的问题，尤其是在如此复杂多元网络环境中如何去开展后续深入报道，以求切实增强自身信息传播的权威性，着力去提升影响力和公信力。

与此相适应，如何妥善处理好类似这些热点、敏感事件，使得广大人民群众在合理合法享受知情权之后，进而能够在潜移默化中逐步认同政府部门的相关行政理念，所有这些也日渐成为相关政府部门工作者迫切需要解决的问题之一，在其间尤其还要重视发挥意见领袖的上传下达作用。通常而言，网络上的意见领袖主要为微博大 V、个别微信公众号、有一定影响力的名人微信号等几种，目前尤其以微博大 V 为重。网络大 V 一般是指在新浪、腾讯等微博平台上获得个人认证，并且在微博上踊跃发言、转发的微博用户。由于其是经过认证的微博用户，故而在微博昵称后都会附有类似于大写的英语字母"V"的图标。因此很多网民将这种经过平台认证，且拥有众多粉丝的微博用户称为"大 V"。在某种程度上而言，获得实名认证的微博用户往往在现实生活中也是具有一定的影响力的"名人"，其所带来的名人效应也更容易提高自身受关注度，所以说微博昵称后有没有加"V"业已成为广大网民衡量相关信息可信度的一个重要标准，而这其实本身就存在一定的风险。

随着互联网的快速发展，信息传播也会呈现出一定的碎片化倾向，很多时候意见领袖的只言片语就能够在互联网上引起轩然大波，有时也往往导致出现群体极化现象，使得整个社会舆论向着一边急遽倾斜，尤其在一些突发性、群体性公共事件背后，一旦有微博大 V 在特定时刻选择了特定方式进行发声，那么势必会有一些粉丝会受或多或少的影响，甚至盲目痴迷，甚至恶意崇拜其所谓具有"公信力和权威感"的意见。而在现实生活中，微博大 V 以及他们所裹挟着的一大批粉丝会有时常会抱团取暖，进而形成一股不可忽视的舆论力量，他们在很多时候往往唯恐天下不乱，会以批评公共权力为前提，打着"开启民智"

的幌子，在网络等公共场合上大放厥词，同时还会用许多极具煽情性的话语炮制出诸如"官二代""富二代"等一些极有可能引起广大人民群众逆反情绪的一些概念，对所谓的"民意"进行恶意绑架，进而实现其控制，甚至是出于恶意引导舆论的险恶目的，妄图扰乱正常的社会秩序。值得一提的是，有一部分网络意见领袖已经被个人私欲、商业化利益、国外和平演变势力等多重因素蒙蔽双眼。另一部分意见领袖虽然没有如此险恶的用心，但是在客观上达到的效果却往往总是与其劝人向善等初衷背道而驰。就"山东聊城于欢辱母杀人案"而言，我们已经可以在图2-13中鲜明地看出这部分网络意见领袖所蕴藏着的惊人影响力：就新浪微博"聚焦思想"这个微博大V而言，广大受众针对其所发表的单条普通信息的评论数量已经达到了7794条，转发量也达到了9548次，点赞次数更是直接破万次。如果按此情形继续发展下去，该微博大V的影响力其实已经不亚于一个微型电视台了。

值得一提的是，在这次"山东聊城辱母杀人案"热点事件中，也有国家、省市层面诸多政府管理部门的网络意见领袖在积极引导社会舆论。如图2-14所示，这6大微博号均为在该次事件中积极发声，并获得大众广泛认可的网络意见领袖。究其原因，一方面它们属于政府部门，自身拥有较高的权威性，信息来源相对而言更为全面客观，且关注的粉丝也不在少数；另一方面是它们也各自从不同的角度不断对外发布信息，在潜移默化中引导着社会舆论，促其走向理性的方向。

与此同时，我们从图2-15也可直观地看到，权威政法大V"长安剑"及最高人民法院的微信公众号也在持续发表"辱母杀人案"事件的有关评论文章，不断向广大受众释放善意，诚恳地去处理好彼此之间的关系，进而努力引导广大人民群众在情、理、法三者中寻找到平衡点，树立起正确的法治观念，而非受人蛊惑在此次事件中继续火上浇油。

如图2-16所示，针对"山东聊城辱母杀人案"中部分网民质疑和

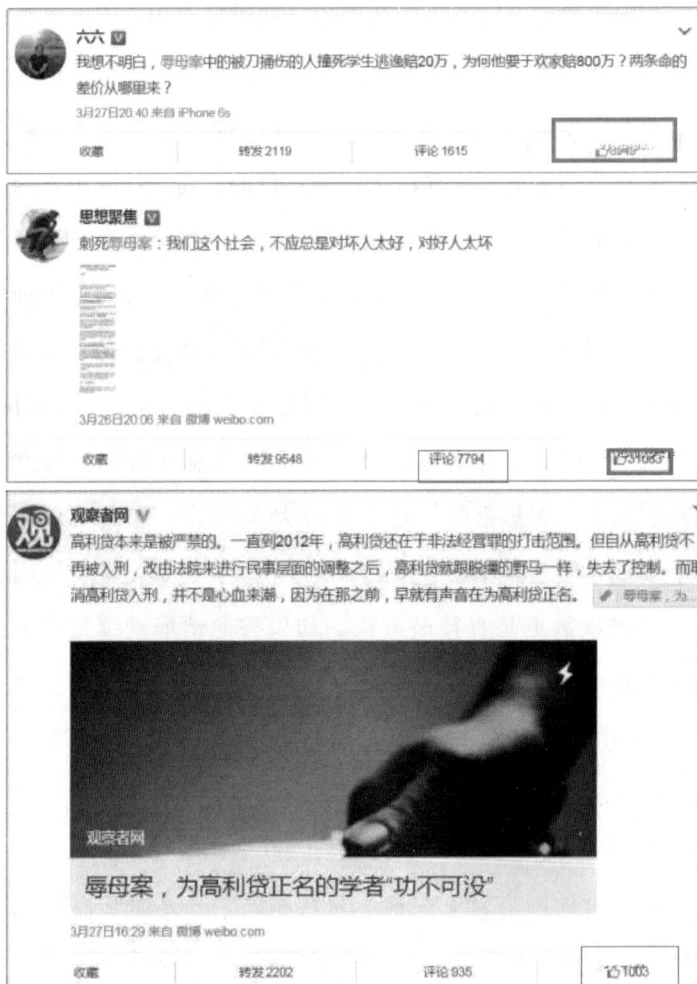

图 2-13 "辱母杀人案"网络大 V 热议

资料来源：乐思微舆情。

谩骂声满天飞的现状，公安、法院检察院等相关政府机关也及时地介入，不断地将最新信息公布于众，尽最大努力将整个事件的真实原貌展现在公众面前，进而牢牢掌握着社会舆论引导的主动权，逐渐将那些肆意传播的不实言论彻底镇压住。

如图 2-17 所示，在此次"山东聊城辱母杀人案事件"整个事件发

图 2 - 14　"辱母杀人案"意见领袖

资料来源：4G 舆情。

【3月25日】"长安剑"：《"辱母杀人"案，司法如何面对汹涌的舆论？》

【3月26日】"长安剑"：《【"辱母杀人"案追踪】中国司法：不负江山不负卿》

【3月27日】"长安剑"：《于欢案：珍惜司法和舆论的良性互动》

【3月28日】"长安剑"：《于欢案：为何是最高检介入，而最高法"按兵不动"？》

【3月26日】"最高人民法院"：《又一堂全民共享的法治"公开课"》

【3月28日】"最高人民法院"：《辩论中凝聚着法治共识》

【3月29日】"最高人民法院"：《"于欢案"热评：静待花开是相信它一定会开》

图 2 - 15　"辱母杀人案"意见领袖发表言论

资料来源：长安剑微博号，最高人民法院微信公众号。

展过程中，我们也看到一些主流媒体一直都未曾缺位。无论是《南方周末》，还是《人民日报》，无论是新华社，还是澎湃新闻；无论是《华西都市报》，还是《法制日报》，所有这些主流媒体在 3 月 25 日至 3 月 26 日这两天时间里，也都接连不断地推出了一系列相关报道，进而抢占了纸媒与新闻客户端的舆论引导阵地，这种快速敏锐的反应能力在此时此刻得到了充分的体现。值得一提的是，上述各类媒体在对该事件报道中可谓八仙过海、各显神通：有的是通过对于整个热点事件的不断深入报道来取胜；有的是靠对此案的精彩评论而成为焦点。这里面不得不

3月26日10：43	山东省高级人民法院：第一时间通报于欢故意伤害案进展，山东省高级人民法院于2017年3月24日受理此案，已依法组成由资深法官吴靖为审判长，审判员王文兴、助理审判员刘振会为成员的合议庭。现合议庭正在全面审查案卷，将于近日通知上诉人于欢的辩护律师及附带民事诉讼上诉人杜其章、许喜灵、李新新等的代理律师阅卷，听取意见。
3月26日11：16	最高人民检察院：派员赴山东阅卷并听取山东检察机关汇报，正在对案件事实、证据进行全面审查。并强调上级人民检察院对下级人民检察院的决定，有权予以撤销或变更发现下级人民检察院办理的案件有错误的，有权指令下级人民检察院予以纠正。
3月26日11：37	最高人民法院：及时转发了山东省高级人民法院关于案件进程的通报。
3月26日12：50	山东省公安厅：26日上午已派出工作组，赴当地对民警处警和案件办理情况进行核查。
3月26日16：27	山东省人民检察院：对"于欢故意伤害案"依法启动审查调查，第一时间抽调公诉精干力量全面审查案件，对社会公众关注的于欢的行为是属于正当防卫、防卫过当还是故意伤害等，将依法予以审查认定；成立由反渎、公诉等相关部门人员组成的调查组，对媒体反映的警察在此案执法过程中存在的失职渎职行为等问题，依法调查处理。
3月26日17：27	山东省聊城市：立即成立了由市纪委、市委政法委牵头的工作小组，针对案件涉及的警察不作为、高利贷、涉黑犯罪等问题，已经全面开展调查。下一步，聊城市将全力配合上级司法机关的工作，并依法依纪进行查处，及时回应社会关切。
3月29日15：02	山东省高级人民法院：就于欢故意伤害一案的再次调情况，合议庭已于3月28日通知于欢的辩护人、被害人杜志浩的近亲属、被害人郭彦刚的诉讼代理人到我院查阅案卷。
3月29日15：14	最高人民法院：再次跟进转发了山东省高级人民法院关于案件的情况通报。

图2-16 "辱母杀人案"政府信息发布

资料来源：山东省高级人民法院、最高人民检察院、最高人民法院、山东省公安厅、山东省人民检察院、山东聊城市微博号。

提到《南方周末》，作为第一家对该事件进行详细报道的新闻媒体，其功劳自然不容抹杀，但随着整个事件的深入发展，也有很多人对于其较为煽情报道方式提出了异议。王中银就明确地认为："《南方周末》与聊城法官总有一方在说谎。辱母杀人案的报道，令公众很愤怒，黑社会人渣该死，杀人孝子无罪，办案法官撤职，出警警察渎职；如果《南方周末》的报道是真实的。然而事实恰恰证明了，王瑞峰选择性报道、以《南方周末》新闻事实为基础的各种评论跟帖排山倒海，朋友圈和群里怒火滔天，矛头都指向法官与警察，舆论彻底点燃之后，国家官媒开始介入，剧情慢慢开始翻转！王瑞峰的报道和判决书出入比较大，尤其是点燃民意愤怒的多处核心细节涉嫌移花接木。王瑞峰目前才不足30岁，多篇新闻不专业，貌似舆论影响巨大，争议同样大，这样的调查记者必然争议。新闻频繁翻转不是好事，现在全国围观此案，新闻来不得半点虚假，或许就是有人故意策划了这起影响司法的媒体活动，意图是捞人，揭露黑暗的同时，把警察和法院置于悲催地步，煽动舆论，用不客

- **中国青年报**
  《刺死辱母者被判无期：请给公民战胜邪恶的法律正义》
- **人民日报**
  《辱母杀人案：法律如何回应伦理困局》，目前该文阅读量255万+
- **澎湃新闻**
  《澎湃追访"辱母案"》《山东"刺死侮母者"案证人讲述民警处警细节：开者执法记录仪》。《辱母案：期待"正义的理据"》
- **中国之声**
  刺死辱母者案，别让不安情绪成为另一种"高利贷"
- **侠客岛**
  《侠客岛刊文谈"辱母杀人案"：对司法失去信任才是最可怕的》
- **法制日报**
  《重磅！聊城"辱母杀人案"一审判决书全文披露！》《法制日报微信公号凌晨披露"辱母杀人案"一审判决书全文》
- **新华社转载人民日报文章**
  《人民日报评辱母杀人案：法律如何回应伦理困局》
- **长江日报**
  《儿子刺死辱母者被判无期，真相到底是什么？一审判决书全文在此 》
- **中青评论**
  《"中青评论"谈辱母杀人案：请给公民战胜邪恶的法律正义》
- **北京青年报**
  《"刺死辱母者"二审代理律师：案发当天讨债人因涉黑被侦查》
- **华西都市报**
  刺死辱母者"姑妈：未看见刺杀场面，因正在阻拦警察离开

图 2－17　"辱母杀人案"主流媒体文章报道 1

资料来源：人民网舆情监测中心。

观的报道在读者头脑中形成先入为主的形象，导致舆论不可靠，再翻转纠错，浪费巨大人力物力，让社会遭遇无谓信任危机，为二审施加舆论压力的目的已经达到，甚至用舆论绑架了二次公正审理，如果再审与舆论期待不符又产生一次舆情，煽动起舆论，已经代替法院对于欢审理完毕。95％的网友缺乏批判性思维，大量人文知识分子缺乏逻辑思维，这件事或许让王瑞峰扬名立万，也存在身败名裂职业生涯终结的风险，拭目以待。"①

---

① 参见 2017 年 3 月 21 日王中银的文章《〈南方周末〉王瑞峰在聊城于欢案报道上移花接木虚构事实》，具体网址为：https：//www.douban.com/group/topic/98602534/。

当然我们也并不是完全认同王中银的所有说法，他的文章里面也有其主观色彩，对于《南方周末》记者的评议也略有过火之嫌。但我们认为在如此敏感性事件的报道中，过于煽情其实并不是什么好事，很多时候网民的情绪也正是因此被点燃。比如在《传播伦理与法规》课上我们也曾组织2014级新闻学专业的同学就此话题专门进行过讨论，结果却是观点各异，纷争不断。有些新闻学专业的同学竟然也赞同网上于欢就是当代为父报仇侠客施剑翘的说法，甚至有些同学在陈述时声称假如你自己是于欢会如何如何……可见现如今随着网络技术的飞速发展，广大网民的理性其实并没有如他们自认为那般强大而坚定。

如图2-18所示，在此次事件报道过程中，许多主流媒体也抓住时机迅速在两微一端等新兴媒体平台上发表一系列报道和评论，并且也得到了众多网友的关注。例如中国青年报微信公众号发表的"中青评论"《请给公民战胜邪恶的法律正义》声称："法律也是冰冷的，但法律精神是有温度的。"而人民日报评论微信公众号"党报评论君"发布的《辱母杀人案：法律如何回应伦理困局》、中央政法委机关报法制日报的官方微信公众号深夜发布的《重磅！聊城"辱母杀人案"一审判决书全文披露》等评论文章，均达到了10万人次以上的阅读数量。值得一提的是，人民日报的《辱母杀人案：法律如何回应伦理困局》在2017年3月28日左右更是达到了255万人+的阅读数。所有这些都在说明这些主流媒体的及时发声已经初步得到了广大受众的认可，同时也在潜移默化中引导着相关社会舆论的走向。在某种程度上，其实也保障了相关司法机关合理、合法处置该事件时不会过多受到社会舆论干扰，尽力避免了由媒介审判所带来的诸多不良影响，同时也切实增强了广大网民对于政府妥善解决此类问题的信心。

二是事件演变速度增快。近些年来，随着微博飞入寻常百姓家，它在舆论监督、引导方面的重大作用也表现得越来越突出，尤其是在诸如

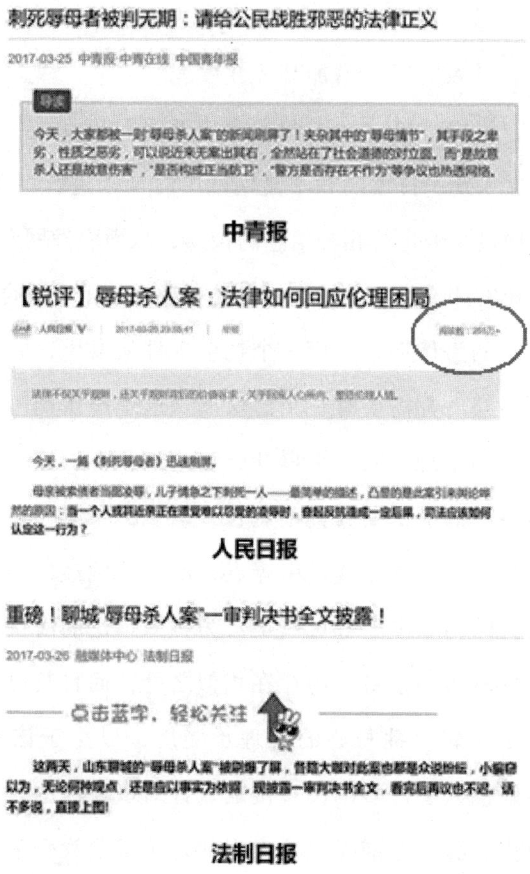

图 2-18 "辱母杀人案"主流媒体报道 2

资料来源：中青报、人民日报、法制日报微信公众号。

"女子和颐酒店遇袭"事件、"患者砍伤医生儿子"事件以及"学生未让座被老人骂"等时下一些社会热点事件中，经常会在微博上掀起阵阵舆论热潮，引发广大网民各自站队，进而从道德、法治、人情等各方面进行激烈讨论。

究其原因，一方面是微博的进入门槛较低，相对而言公众的参与度也会高一些。一旦社会上有热点事件发生，广大网民就会关注而且积极转发，进而越来越引发关注。另一方面由于微博短小精悍，操作也较为简便，而且一些微博也会对热点事件进行热度排行，更有利于网民迅速找到热点事件，并及时跟进增加其关注度。

囿于篇幅，我们将以"女子和颐酒店遇袭"事件为例，仅从舆论发酵的潜伏期、爆发期、持续期和平复期四个时期来进行简单的定性分析：从女网友弯弯通过微博进行相关信息的披露，从而引发网友的关注，在越来越多的网友转发评论此事，最终使得受害者维护了自身合法权利。

首先是舆论的潜伏期。任何一个社会事件从发生，到最终在社交媒体上得到广泛传播，都需要有一个潜伏期。这个潜伏期可长可短，往往由于某个导火线的出现，最终引爆社会舆论。

此次热点事件的潜伏期其实很短暂，以 2016 年 4 月 5 日 20：10 分网友弯弯发布微博为分界点或是引爆点，此前从她经历遇袭事件到发布第一条微博前的时间基本上都可以定义为微博舆论的潜伏期。由于该事件与很多网友住酒店的亲身经历存在相似之处，而且其尺度已远远超出普通人，尤其是年轻女性身心的合理承受度，以至于该事件一经曝光后，就如潮水般涌入了许多网民直接加入针对该事件的讨论之中。在此后的一个小时内，微博上铺天盖地出现的几乎都是为受害女子讨伐和颐酒店的言论。

其次是舆论的爆发期。通常而言，一旦经过微博舆论的剧烈引爆，广大网民对该热点事件会进行更深入的跟进，同时也会促使微博舆论在较短时间内到达关注的峰值。

以"女子和颐酒店遇袭"事件为例，微博舆论的爆发期大约是 7 小时，自 2016 年 4 月 5 日 21：10 分到 4 月 6 日早上为止。4 月 5 日 20：10 分网友弯弯在新浪微博发布文章叙述该次遇袭事件，刚放上微博立即就被大量转发，截至 4 月 5 日 22：00 分的时候，就已经有约 18 万次转发量，到 4 月 6 日凌晨三点左右，也就是大约 7 个小时后，该条微博转发量已达 50 万次左右。而到了 2016 年 4 月 6 日早上，遇袭事件立马就登上了各大网站头条。与此同时，广大网友的微信朋友圈也被相关视频和消息直接刷爆，以至于那天早上很多网友反映在上班一见面时就听到女性同事们都在谈论该事件。于是经过线上、线下受众们的广泛参与，"女子和颐酒店遇袭"事件的关注度在短短几个小时内就达到了第一个峰值。

其实随着微博舆论传播峰值的出现，已经充分显示出广大网民对该次社会热点事件的关注热度业已直接爆表。而新浪微博在通过相关技术手段抓取到用户的信息关注倾向后，也在第一时间推出了题为"女子和颐酒店遇袭"的热点话题。在成为热点话题之后，新浪微博网民针对该事件的每一条信息发布、每一次多元互动都会及时出现在微博的边栏中，以便吸引更多的网民加入该事件的探讨、转发之中。于是一时间，各大微博平台几乎满屏都是"女子和颐酒店遇袭"事件。

再次是舆论的持续期。在短暂的峰值出现后，微博上该热点事件的关注热度便开始呈现下降的趋势，这时便进入了微博舆论传播的持续期。在这个持续期中，整个微博舆论的传播热度虽然已经没有爆发期时那么火爆，但是每时每刻仍有许多网民继续在关注该事件的后续发展。

其实早在受害者弯弯发布控诉微博后，随着网络上微博舆论的不断发酵，其蝴蝶效应已经波及现实社会，在线上、线下多重舆论重压之下，如家酒店集团方面不得不出面解决此事。2016 年 4 月 6 日凌晨，如家酒店集团正式发布致歉声明，承认北京望京 798 和颐酒店确实存在诸如安保管理、顾客服务不到位等一系列问题。到 4 月 6 日中午，北京警方也通过官方政务微博"平安北京"对外宣布正在彻查此事。到 4 月 6 日傍晚，和颐酒店正式举行新闻发布会，负责人公开向遇袭女子鞠躬道歉。随着善后工作的妥善开展，微博中关于该事件的关注和探讨热度也逐步减弱，但仍有一些网友在继续不遗余力地进行"其他类似问题思维发散"或者继续针对此事"刨根究底"。

最后是舆论的平复期。在舆论发展经过持续期后，整个热点事件的来龙去脉也逐渐明朗起来，如家酒店集团继续在回应该事件，并持续致歉，北京警方也正在积极调查此事，安排人手抓捕相关犯罪嫌疑人。随着网民注意力的逐渐减弱，微博平台上关于"女子和颐酒店遇袭"事件的讨论热度也在持续减退，在微博舆论舆情逐渐消退后，由此也宣告该社会热点事件舆论发展进入了平复期。

2016年4月8日上午，北京警方通过其官方微博"平安北京"正式发布涉案男子已于4月7日晚间被抓的消息。4月8日上午，如家酒店集团也对受害女子弯弯发布了正式的道歉信。4月8日中午，弯弯表示不再接受采访，希望今后能够不被打扰继续过正常生活。于是到此为止，随着整个事件得到妥善解决，微博网民对其的关注度不断降低，微博舆论也逐渐消退，直至最终消失。

三是综合影响更为深远。我们主要借助相关舆情监测公司数据支撑的力量①，试图对"宁波江北爆炸事故"这个案例进行多角度分析，以求能够分析出一些有借鉴价值的经验与教训。

首先我们来看该热点事件简介，如图2-19所示，2017年11月26日上午8时55分，浙江省宁波市江北区庄桥街道李梦小区北侧原李家村外围空地的化粪池位置发生剧烈爆炸。此次安全事故共造成4人死亡，19人受伤。11月27日，宁波江北爆炸案犯罪嫌疑人单某（安徽阜阳籍人）已在湖北黄石落网。另据蚁坊软件鹰眼舆情观察室2017年12月6日发布的相关数据显示，该事件相关网络舆情关注量在2017年11月26日就已经达到了第一个峰值。

如图2-20所示，2017年11月26日8时55分，宁波市江北区李梦小区附近发生爆炸，爆炸现场一片狼藉，且已有明显震感。附近居民

---

① 此案例分析数据主要参考蚁坊软件鹰眼舆情观察室于2017年12月6日发布的相关数据，特此说明。

★8时55分，宁波市江北区庄桥街道李梦小区附近发生爆炸。
★10时29分，江北区公安发布消息，具体原因正在调查中。
★12时45分，江北区政府新闻办在天合社区召开了第一场新闻发布会，正在积极抢救伤员。
★14时50分，江北区政府举行第二场新闻发布会，江北区副区长励可达介绍救援最新情况。
★21时13分，江北区委、区政府官方微博通报称，截至20时50分，事件造成2人死亡，4人重伤，15人轻伤，2人失联。

11月26日

11月27日

★9时许，黄石警方获悉该案主要嫌疑人单某潜逃往阳新，遂调集30余名警力前往抓捕。
★13时30分，宁波警方办案民警抵达黄石。
★17时许，警方在阳新县白沙镇潘桥村将单某抓捕归案。

★16时01分，宁波市公安局官方微博通报11·26爆炸事件原因取得重要进展。
★单某以及涉嫌窝藏包庇罪的赵某被移交给了宁波警方。

11月28日

11月269

★10时整，宁波市公安局官方微博通报：警方确认爆炸事件中2名失联人员已死亡。
★22时整，宁波市公安局官方微博通报爆炸原因：爆炸物归属者单某父亲及堂姐在销毁爆炸物过程中操作不当引发爆炸。

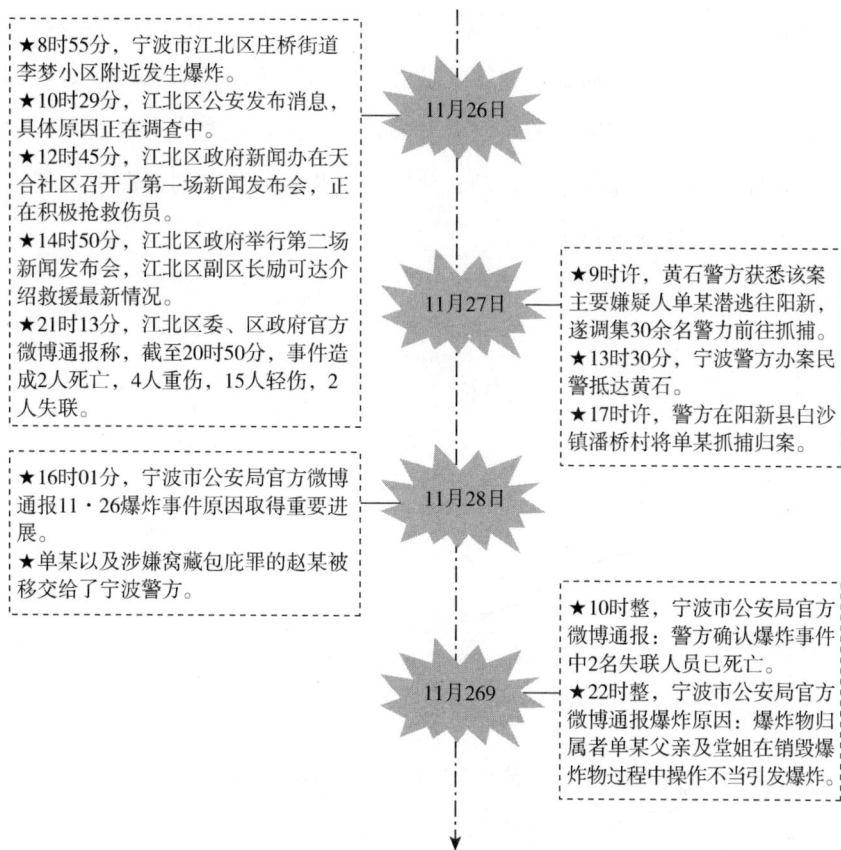

图 2−19　宁波江北爆炸事故发生经过

资料来源：鹰眼舆情。

在第一时间就将爆炸的消息分享至微信朋友圈、微博等社交媒体。一时之间，宁波市江北区发生爆炸的消息迅速刷爆网络。值得一提的是，就笔者而言，不仅在微信朋友圈、微信群中看到各类第一手视频，而且还在当天陆陆续续接到许多省外，甚至是国外朋友打来的电话或发来的各类信息。随后，@人民日报、@央视新闻、@头条新闻等大 V 也纷纷发布宁波江北爆炸事故的消息，浙江在线、凤凰网、中国青年网等媒体还针对宁波爆炸事故及时跟进报道，从而又引发大量网民关注，使得舆情热度急剧上升，舆情量当天就达到了顶峰。接下来随着宁波市江北区委、区政府官方微博@江北发布、宁波市公安局官方微博@宁波公安、宁波市公安局江北分局官方微博@江北公安对整个案情信息持续、透彻的发布，再加之宁波市政府及时召开爆炸案的新闻发布会，宁波警方对于该案件迅速且严谨的侦破行动，使宁波爆炸事故之类的话题没有持续地引爆舆论，进而慢慢消退了。

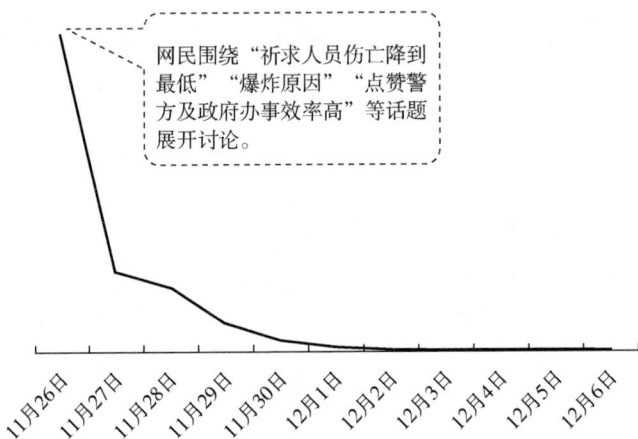

图 2-20 宁波江北爆炸事故舆情发展趋势图

资料来源：鹰眼舆情。

如图 2-21 所示，在此次事故的各类报道中，微博凭借其即时性、自主性、互动性和大众化等特点成为最主要的传播平台，占比直接达到 73.58%。而微信由于私密性较强，其传播范围也相应地受到一定限制，一定程度上也使得此次爆炸事故舆情并没有在微信中实现大面积爆发。在此之后，随着@人民日报、@中国新闻网、@央视新闻等拥有几千万粉丝的大 V 纷纷发布宁波江北爆炸的有关消息，引发网民热议。值得一提的是，@江北发布、@宁波公安、@江北公安对伤亡人数、救援情况、案情进展等信息进行公开、透明、持续的通报，宁波市内外相关媒体也以其权威性和客观性对该事件进行深入报道，不仅在第一时间发布了事故伤亡情况、现场救援情况，而且还报道了爆炸事故原因、抓捕犯罪嫌疑人等相关信息，并及时将事件最新进展传达给人民群众。

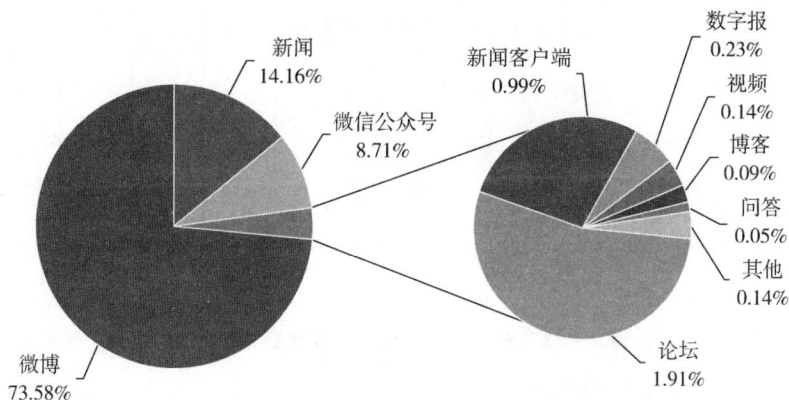

图 2 - 21　宁波江北爆炸事故报道渠道分布图

资料来源：鹰眼舆情。

如图 2 - 22 所示，在此次爆炸事故的报道过程中，有 52% 的媒体对爆炸现场情况、伤亡情况等进行了快速跟进报道；27 日，黄石警方获悉该案主要嫌疑人单某潜逃往阳新，遂调集 30 余名警力前往抓捕，并于当晚 9 时许，在阳新县白沙镇潘桥村将单某抓捕归案，23% 的媒体对此进行了报道；该爆炸案共计造成 4 人死亡，19 人受伤，事故原因引发各方关注，29 日，经公安调查表明，系涉事人员在销毁爆炸物过程中操作不当引发，16% 的媒体聚焦于此；爆炸发生后，公安消防等迅速展开救援，当地市民踊跃为爆炸伤员献血，7% 的媒体对此进行了及时报道。此外，还有 2% 的媒体聚焦于官方如何应对此次舆情事件、部分商家趁机蹭热度等方面。

如图 2 - 23 所示，36% 的网民对爆炸事故致多人伤亡表示惋惜，并为宁波祈福；29% 的网民聚焦宁波爆炸案事故原因，有猜测液化气罐爆炸的，也有猜测化工厂爆炸的，一时之间众说纷纭；爆炸使附近居民的房屋损坏并致多人伤亡，网民对宁波爆炸案的善后情况及救援进度十分

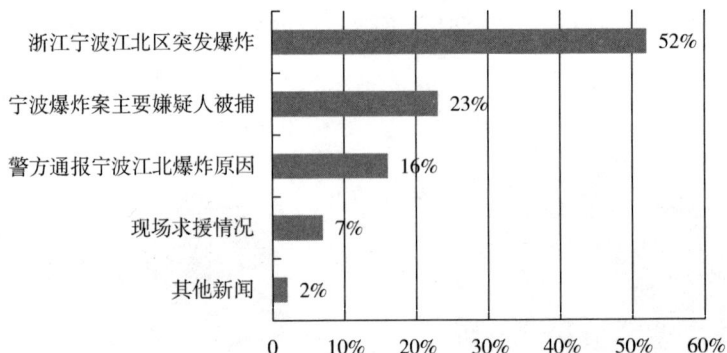

图 2 – 22 宁波江北爆炸事故媒体报道分析图

资料来源：鹰眼舆情。

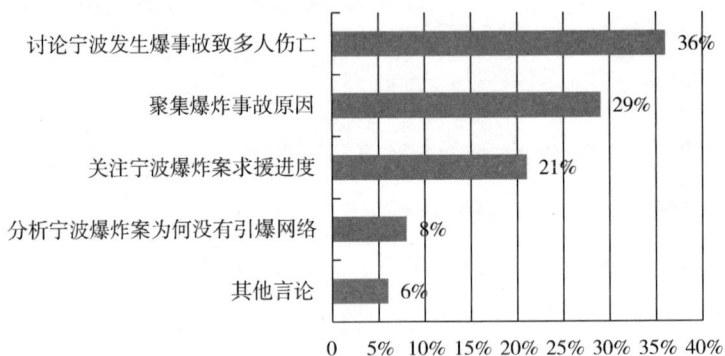

图 2 – 23 宁波江北爆炸事故网民话题分析图

资料来源：鹰眼舆情。

关注，此类言论占 21%；宁波爆炸案发生后，由于宁波警方对于案件迅速且严谨的侦破行动，以及对案情信息持续且透彻的发布，舆情快速平息，网民"耿直哥"发表文章分析宁波爆炸案舆情快速平息，吸引了部分网民关注，此类言论占 8%。另有 6% 的网民还发表了其他观点，主要包括祝福伤者早日痊愈、如何防范类似事件再次发生等。

如图 2 – 24 所示，关于"11·26 宁波爆炸"事故的各类言论中，有 26.4% 的网民围绕着爆炸事故原因、爆炸后救援进度、爆炸案舆情快速平息等话题在展开讨论，并对该事件发表看法。另外 73.6% 的网民则主要以转帖的方式在网络上进行传播，从而也增强了其话题的影响效果。

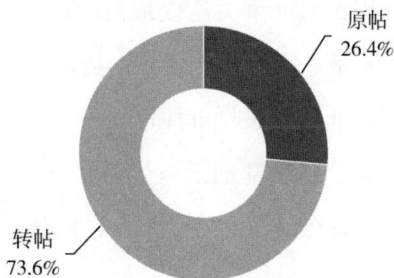

图 2-24　宁波江北爆炸事故网民话语发表渠道分析图

资料来源：鹰眼舆情。

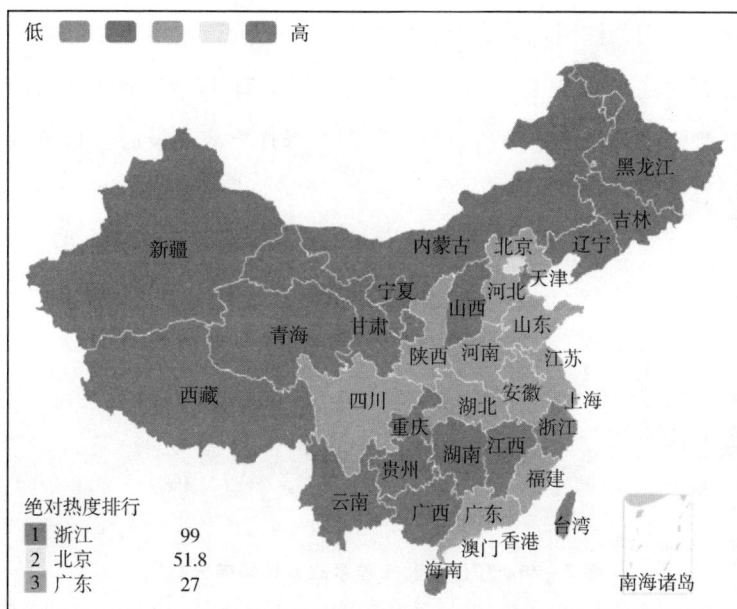

图 2-25　宁波江北爆炸事故全国关注人群分析图

资料来源：鹰眼舆情。

如图 2-25 所示，在全国范围内，主要是浙江网民对该话题的关注度最高，其次是北京，再次是广东。究其原因，浙江是事件发生地，且浙江杭州近期也发生过商铺爆炸事故，导致当地网民对此类爆炸事故极为敏感，因此，浙江网民对此事关注度最高。11 月 18 日，北京市大兴区西红门镇发生火灾事故，舆论反响强烈，因此事与浙江宁波爆炸案发生时间极为接近，所以北京网民对事件也较为关注。广东各层面人群分布丰富，网民基数较大，网络基础设施健全，且 1 月 18 日广东佛山桂城公交车垃圾桶爆炸案导致 1 人轻伤，5 人轻微伤，所以，部分广东网民对此类话题可能也较为关注。

如图 2 - 26 所示，在涉及该事件的相关网络言论中，有 59.5% 的是负面言论，主要是网民对肇事者拆解非法制造爆炸物造成的多名人员伤亡行为表示愤慨，并对肇事者逃逸行为表示谴责等。有 21.1% 的是中立言论，他们关注当地政府与公安部门发布的公告，积极了解案件进展情况，并关注事件中受伤人员的健康状况。有 19.4% 的是正面言论，主要是赞赏宁波市委市政府、公安部门在爆炸事故中及时、持续且透彻的回应等。

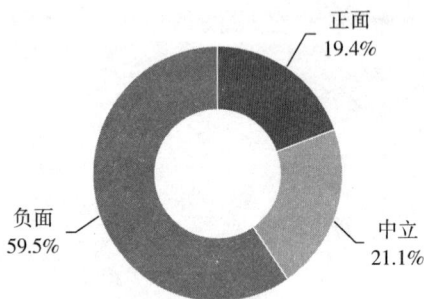

图 2 - 26　宁波江北爆炸事故言论倾向分析图

资料来源：鹰眼舆情。

如图 2 - 27 和图 2 - 28 所示，该事件从发生到最后舆情平息，互联网上几乎并未看到许多血腥的视频、图片，也未看到大面积谣言生成和扩散，这种现象在近年来诸多类似事件还比较罕见。究其原因，主要有两点：首先，舆情应对非常及时。在案件发生的两小时后，宁波警方就发布了案情通告，第一时间就吸引了大众目光，让部分试图危言耸听和传播不利谣言的媒体和个人失去了发声先机。紧接着在当天下午就接连召开了两次新闻发布会，让大众及时了解事件，同时也呼吁大众保持理性，不要传播不实谣言，一切以官方说明为主。这种权威部门的信息发布，缓解了公众焦虑，起到了良好的社会维稳作用。其次，警方对案件迅速且严谨地开展了调查侦破，消防也第一时间开展了救援行动，同时相关部门积极接受媒体采访报道，不逃避不隐瞒。所以事件发生后，社会负面新闻较少，主要以赞扬警方和消防官兵的正面言论为主。美中不足的是，有一则显示"领导很忙"的官方通报产生了刷屏效应，引发了部分网友的负面讨论。

此外，如图 2-29 所示，在那段时间中，笔者微信朋友圈内出现了许多诸如要让行救护车之类的文章，文字虽短，却充满了社会正能量，进而使得社会舆论能够朝着理性、健康的方向去发展。

如图 2-30 所示，在很多突发性事件中，往往存在不少制约舆论引导效果的主客观因素，值得媒体和政府相关部门引起高度重视。

就当前形势而言，仍有部分政府机关、企事业单位对舆论引导工作的重要性认识不够，存在着诸如对网络新兴媒体误读和网络舆论不适应现象，不愿意接受来自"虚拟世界"的声音，有时对网络舆情置若罔闻，反应缓慢，没有构建起针对网络舆情收集、研判、引导、应对和应用的"协同作战"工作机制。尤其在处置突发事件时，第一时间不是考虑怎么发布新闻，确定权威口径，而是采取"堵捂盖"策略，甚至是采用"鸵鸟战术"，主动放弃驾驭新兴媒体的机会，不去主动引导媒体、网民，甚至是将网民视为"添乱者"，对网民的一些合理诉求视而不见。

其实随着互联网技术的飞速发展，信息传播渠道日渐多元化，各类新兴信息传播手段也是层出不穷。在为社会搭建一个相对平等开放对话

立即发布官方通告	很多谣言都会利用事件爆发后官方声音出现的缺失问题，在案件最初的几小时内产生和传播，但宁波政府及时的信息发布却成功抢在了谣言的前面，令别有用心者很难再有利用信息不对等炒作的空间。
重视信息空当期	在许多网络热点案件中，信息空当期是网络谣言主攻的目标，11月27日宁波警方的及时回应极大地安抚了公众对于此案的焦虑，令潜在的网络谣言失去了可以挑动公众神经的"毒药引子"。
舆情本质是民情	舆情本质上就是民情，各种猜测、质疑和谣言的产生归结起来都离不开民众对自身安全的担忧和疑虑，在宁波市政府公告中，网民能够看到各种资源、各方力量已经被充分调动起来，全力为伤者服务。
调动网民积极性	由于前期工作效果明显，信息发布的主动权已经掌握在权威政府部门手上，因而网民乐于相信宁波市政府部门发布的消息准确性。网民对事实真相积极传播，充当把关人角色，令网络谣言无处可遁。
不急于为事件"降温"	在尚未有最终结论时，让话题保持适当的热度，是应对舆情的最佳方法之一，一旦话题中途冷却，权威结论得不到传播，小道消息就会不胫而走。11月29日宁波公安的通告，让事实真相盖棺定论。

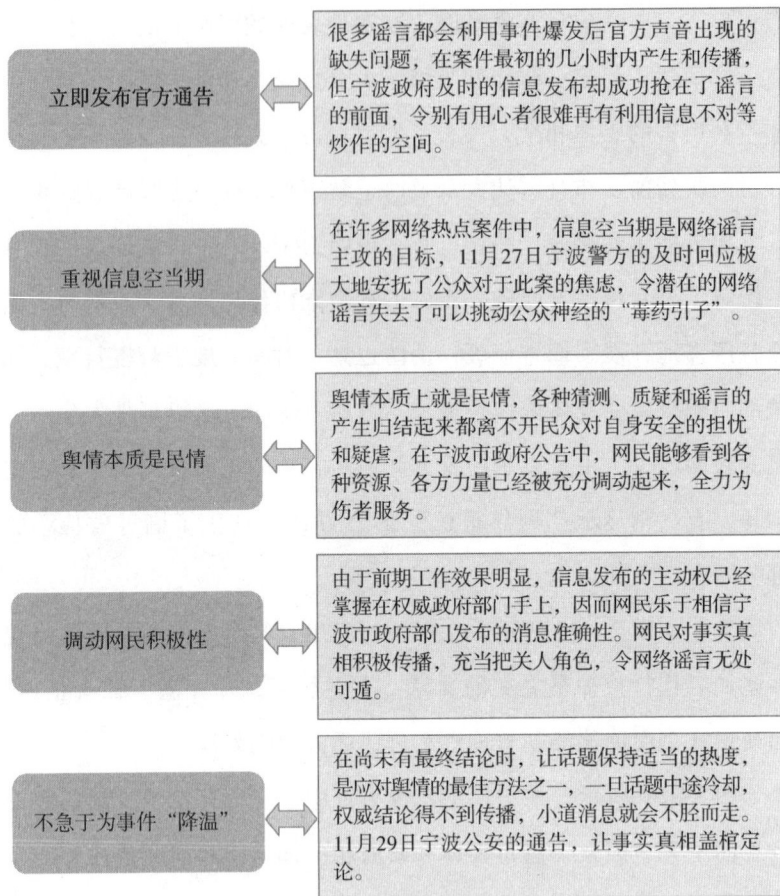

图2-27 宁波江北爆炸事故舆论引导进程分析图

资料来源：鹰眼舆情。

空间的同时，信息传播渠道的多样化、传播方式的个性化、传播内容的宽泛化也会致使当前社会舆论环境和社会舆论结构呈现出多层次的复杂状态，也会使网上信息的不可控度不断加大。

从某种程度上来观照，传统媒体的"议程设置"功能在当前新媒体环境下有时也会出现被弱化、被抢夺的现象。就目前发展情况而言，很多舆情热点通常是先由自媒体引发，引起众多网民舆论关注后，传统主流媒体方才介入。换而言之，即我们常见的网络舆论其实并不一定真

11月26日14时57分，@江北发布发布情况通报，全篇243字，有220字介绍"各级领导重视"，占据全文90%篇幅，而与灾情有关的内容却仅有"到目前为止，在医院接受救治的其他轻伤人员尚有16人"23字，且放在最后一段，寥寥数语，一笔带过。

➤ 行文方式不适合作为通报向公众发布，但适合作为行政机关内部简报信息，应首先写公众最关心的伤亡和救助情况，其次写工作进展，最后写领导重视。

➤ 遇突发事件，公众关心的是原因调查、救助进展、死伤情况等，而不是领导的问候关心。在传播方式、信息渠道多元的今天，这种信息发布看似展示了领导干部履职尽责的形象，实际上是在透支政府的影响力和公信力。

➤ 在"领导很忙体"通报引发舆论吐槽后，@江北发布关闭了该条微博评论，再度激起了民愤。态度是舆情应对的首要因素，从政府领导干部到基层微博运营人员，都应时刻保持谦卑的态度和求真务实的理念，开诚布公地与公众进行交流，做到不回避，不失语，不妄语。

图 2-28 宁波江北爆炸事故舆论引导瑕疵分析图

资料来源：鹰眼舆情。

正是"人民的声音"，而只是一部分比较活跃的网民的意见，我们其实更需要能有更多倾听的渠道提供客观、理性的民意民情。

在某些时候，官方、民间这两个舆论场的融合也变得更加困难，更多地其实还是表现为割裂的、相对独立的舆论场。而多元的声音也往往使得观点分化，共识一时之间难以达成。其实公众的意见表达倘若能够基于事实、知识和理性基础之上自然是最理想的状态，但是因为教育水平的不同、利益诉求的差异和缺乏理性的表达，使得部分公众在表达过程中更难达成共识，这样的舆论环境往往更加需要被正确地引导。

随着互联网逐渐成为各类思想文化信息的集散地和社会舆论的放大器，网络舆情的发展也是日趋规模化。现实社会中的各类矛盾几乎都有可能在网上形成舆论热点，一些局部"小事件"在被网络聚焦放大后，

图 2 - 29　宁波江北爆炸事故舆论引导笔者微信朋友圈截图

资料来源：笔者微信朋友圈截图。

也极易引发网民的情绪大宣泄。有一些案件的某一处细节，在经过网络发酵后，也极易演变成为震动各界的社会热点事件。

究其原因，主要有两点：一是客观因素层面。首先是如今社会正处于转型期。伴随着改革进入深水区，原先并不明显的各类矛盾现已逐渐浮出水面，尤其在这种生活压力并不轻松的氛围中，大家有时难免会感到焦虑不安。在现实社会中，当群众的合法权益和权利被侵犯时，由于相关利益诉求表达机制尚待健全，群众一时之间往往难以找到合适的渠道去表达自身的利益诉求，由此一来，这种不安的情绪不仅体现在现实中，而且在网络社会中也日益凸显出来。倘若现有的社会治理体系不能完全适应社会经济的发展，就势必会导致出现许多新状况、新问题、新挑战，诸如贫富差距扩大、社会失序、价值失范等各类风险也是层出不

领导很忙

主要表现为大篇幅报道领导重视和批示情况，但对公众急于了解的事故情况的通报较少，此类回应混淆了内部汇报与公共传播的界限，公众的关心点并不是领导对事件的批示。

三无回应

无跟进信息、无具体行动、无科学研判，"三无"状态容易被舆论解读为"傲慢"姿态，错失应对良机，只能由事件发酵升级，被动"挨打"。

过度承诺

舆情回应需注重"态度先行"，要充分结合自身管理能力和客观规律来制定承诺口径，切忌"拍脑门"决策和"拍胸脯"承诺。过度承诺若无法兑现，其结果将是对社会信任的透支。

公关洗地

负面事件发生时，有问题者往往不主动检讨自身问题，转而采取一些公关手段，或雇用水军强行"洗白"，或抹黑曝光者。实则严重低估了舆论和监管的力量，最终只会受到更为严厉的惩罚。

错失时机

舆情爆发第一时间没有全面准确的评估问题，最终延误首次发布时机，待正式发布回应时，网络上可能早已有若干"版本"流传，几个小时的权威声音"空窗期"，就足以让谣言成为"真相"。

图 2 - 30　突发事件舆论引导失败部分原因分析图

资料来源：鹰眼舆情。

穷，稍微处理不当就有可能引发各类社会危机。德国社会学家乌尔里希·贝克教授曾于 1986 年在《风险社会》一书中首次提出"风险社会"理论。他认为风险社会是现代化不可避免的产物，如今的社会生活仿佛就在火上之上，表面看似风平浪静，却不知何时就会火山爆发。正如他认为的那样："今天的风险和危险，在一个关键的方面，即它们的威胁的全球性（人类、动物和植物）以及它们的现代起因，它们是现代化的风险。它们是工业化的一种大规模产品，且系统地随着它的全球化而加剧。"[①] 葛晨虹也在《中国社会转型期面临道德问题的解读与思考》一文中提出："当下中国社会的诸多社会问题以及道德问题，有复杂的社会原因，转型期社会特有的无序化、个体化、碎片化、价值紊乱、制

---

① ［德］乌尔里希·贝克：《风险社会》，何博闻译，译林出版社 2004 年版，第 19 页。

度管理缺少细节等，就是其相关深层原因。变革转型的过程既是发展的机遇期，也是各种问题的多发期，在'耗散结构理论'视野中，社会变化就是从有序到无序再到新的有序的发展过程……中国改革开放进程中凸显的许多问题和矛盾，如幸福感不升反降，人际疏离、政民矛盾、社会冲突、心态失衡等，和客观过程社会机制发展不完善不成熟有关，和转型期社会结构碎片化有关，也和公民主体的觉醒和诉求多样化、个性化有关。"① 美国政治学家亨廷顿也在《变化社会中的政治秩序》一书中认为："现代化过程就是带来冲突和不稳定的时期，经济加速发展的时期，也就是社会动员加速的时期，在这一时期，人们想干的事实，远远多于他们能干的事。这个意义上，转型期过程也是一个'期望值革命'的过程。因而这个时期是最活跃、最进取，也是最矛盾频发和风险凸显的时期。"②

先前费孝通在《乡土中国》中所说的"差序格局"已逐步转变为如今的"团体格局"。假设在这个"团体格局"中陌生人关系如果没能及时转化为相应的契约关系，那么一旦具有社会血缘的情感人际关系被利益化后，人们就会普遍产生疏离、冷漠、孤独和无意义感。在很多时候，社会阶层利益格局的调整、体制机制的不健全、思想文化的冲击也都会不同程度地导致不同利益群体心理失衡，进而导致社会矛盾频频显现。

我国目前正处于一个群体性事件多发的时期。卢昱宇在"非新闻"推特账号上所发布的不完全统计数据显示，2015 年大大小小的群体性事件就发生了 28950 起。虽然与 2010 年清华大学孙立平教授推算的约 18 万起群体性事件相比，在整体上的发生频率已大幅减少，却也比 2014 年

---

① 参见葛晨虹 2015 年发表在《齐鲁学刊》上的文章《中国社会转型期面临道德问题的解读与思考》，具体网址为：http://www.cssn.cn/zhx/zx_llx/201508/t20150804_2105688.html.
② ［美］塞缪尔·P. 亨廷顿：《变动社会中的政治秩序》，张岱云等译，上海译文出版社 1989 年版，第 51 页。

"非新闻"所统计到的 21605 起群体性事件多出了整整 34%。①

　　而且根据"传播大数据"公众号所发布的《2015 年度我国群体性事件研究报告》研究表明，2015 年的群体性事件就已经涉及了诸如土地征用、劳资纠纷、环境污染、事故维权、房产纠纷、医患冲突、民间金融、劳资纠纷和互联网专车等社会各个方面。② 随着社会发展，以及新生事物的不断出现，我国近些年来发生的群体性事件不仅出现频率高，而且涉及领域也越来越广。早在事件发生当初，很多人可能并不会察觉，可一旦当某一热点事件或议题能够在互联网引起共鸣和反响，并吸引了一定数量网民的积极参与和讨论，那也就标志着网络舆情正式形成。③

　　而且如今社会生活、工作节奏较以往更加紧张，使得部分情绪自控、调节能力较差人群自身所携带的负能量情绪经常会疯狂宣泄在诸如微信、微博、贴吧等网络载体上，进而影响一批网民，使得大家都倍感压力巨大，气氛近乎窒息，进而迫切寻求一个可以逃避的领域，甚至有一部分人就经常像鸵鸟一样将脑袋扎进土里，仅仅只是为了寻找一丝丝掩耳盗铃式的清净，于是也就有了诸如"娱乐至死""快乐至上""媚俗成瘾"等口号，间接地也使得整个社会风气日趋浮躁。

　　再加之网络舆论往往还具有交互性、隐匿性、非理性等特点，部分网民在发布内容时往往带有一定主观随意性，有人经常胡说八道甚至是恶意扭曲事实真相，进而蒙蔽住一部分网民的视域，激起诸如盲目仇富、仇官等一系列恶劣风潮。在微博、微信中也经常会出现各类部分网

---

　　① 参见何清涟的文章《2015 年中国群体性事件的新特点》，具体网址为：http：//www.fx361.com/page/2016/0123/156142.html。

　　② 参见传播大数据所发布的《2015 年度我国群体性事件研究报告》，具体网址为：http：//www.360doc.com/content/16/0124/22/15549792_530323416.html。

　　③ 魏淑艳、唐荣呈：《网络舆情的传播过程、助推因素与引导策略分析》，《理论月刊》2014 年第 10 期。

民精心炮制的信息，它们不仅虚假不可信，往往还都是一些冗杂信息，经常会过度消耗广大受众的注意力，让一部分网民患上微博、微信疲劳综合征，最终影响身心健康，而且往往还会混淆视听，蛊惑人心，经常诱使部分网民掀起一波波"网络骂战"，将原本干净的互联网环境搞得乌烟瘴气，尤其是在以前网络实名制尚未完全推行的时候。就实际情况而言，现如今传播环境日趋复杂，相关部门监管难度也是日益增大，很多时候谣言一来便往往会迅速淹没真相，甚至引起一定程度的社会恐慌。

其次是一些意见领袖，尤其是一些意见领袖们（互联网时代中的意见领袖）有时候往往有着一些负面影响，沉默的螺旋理论在媒介融合的环境中依旧在起着作用。在网络上，很多网民往往依照自己的兴趣爱好、价值取向以及社会关系等要素来营建自己的好友圈和粉丝群，进而在这些虚拟的人际交往圈中互相交流。但值得一提的是，囿于诸多原因，其中各种圈子之间又经常会处于一种相互屏蔽的尴尬处境。倘若在特定事件的催化下，圈子与圈子之间、意见与意见之间也时常会形成尖锐的对抗，往往就容易造成一定的群体极化现象。该理论最初于1961年由美国麻省理工学院传媒学者詹姆斯·斯托纳在研究社会群体讨论与决策现象时所发现：在群体中，个人在参与群体讨论后往往会做出与群体较为一致，且具有极端化倾向的决定或决策，同时做出这些决定或决策的谨慎程度都会有所降低，其冒险程度也往往要高于先前个人决策或决定的冒险程度。而正式提出此概念的是美国当代法哲学家、芝加哥大学法学院教授凯斯·桑斯坦。他在其著作《网络共和国——网络社会中的民主问题》一书中认为："群体极化的定义极其简单：团体成员一开始即有某些偏向，在商议后，人们朝偏向的方向继续移动，最后形成极端的观点。"[①] 郭庆光也对其进行了诠释："拥有以'我们'意识为代表

---

① ［美］凯斯·桑斯坦：《网络共和国——网络社会中的民主问题》，黄维明译，上海人民出版社2003年版，第36页。

的主体共同性和共同目标取向的群体针对某一事件或现象进行讨论后，群体中的某种观点、态度、意见在原有一定偏向的轨道上进一步得到较为统一的肯定或否定，从而形成具有极端偏向性意见或行为的现象。"①

值得一提的是，凯斯·桑斯坦还最先以互联网为大背景，对其中的群体极化现象展开了一系列分析：群体极化现象在虚拟的网络世界里，无论是从发生的概率，还是在极化的程度上来说都要普遍高于现实世界。如表 2 - 7 所示，我们可以发现群体极化和网络群体极化相关概念既具有一脉相承的关系，又有着一定的区别。

表 2 - 7   群体极化与网络群体极化对比表

群体极化与网络群体极化的联系与区别		
	群体极化	网络群体极化
提出背景	互联网未问世，以现实世界为大背景	互联网问世，以网络传播为大背景
传播主体	现实群体	以网络特点显著的网民群体为主，少量的现实群体
传播模式	大众传播的线性传播	网络的多元化传播
传播的能力	现实范围内以有限的速度进行有限的传播，传播能力相对较弱	超越现实因素（地域、时空、性别等）限制的大范围快速传播，传播能力较强
传播的效力	极化现象需在一定时间方才能对现实世界产生较大范围的影响	极化现象在短时间内即可对现实以及网络世界产生较大范围的影响

随着互联网的逐渐普及，现阶段我国已经拥有了一支庞大且较为稳定的网民群体。而且在这个群体中，随着网民进入门槛越降越低，许多来自不同社会背景的网民个体都可在互联网平台上进行发言和交流，于是网民个体的素质在一定程度上决定了网民发表言论的质量，同时也影响着舆情的发展方向。

根据 CNNIC 最新发布的《2017 年第 41 次中国互联网络发展状况统

①　郭庆光：《传播学教程》，中国人民大学出版社 2011 年版，第 79 页。

计报告》数据统计显示，截至 2017 年 12 月，我国网民规模达 7. 72 亿，
互联网普及率为 55.8%①，与历年数据对比，我们可发现中国网民规模
和互联网普及率都呈现出逐年稳定扩大和增长的趋势。由此可见我国网
民群体数量总体依旧庞大，可谓一个名副其实的网络大国。但在如此庞
大网民茅数的基础上，我们也发现截至 2017 年 12 月，我国年龄在 10
岁至 39 岁的网民群体占网民总体的 73%，其中 10 岁到 19 岁占比为
19.6%，20 岁到 29 岁占比为 30%，30 岁到 39 岁占比为 23.5%；学历
相对较低（初中、小学及以下学历）的网民占比和为 54.1%，学历相
对较高（高中/中专/技校、大专、大学本科及以上）的网民占比和为
45.9%，相对而言中等教育水平的网民群体规模较大。② 显然已经有越
来越多来自不同阶层、行业的群体逐渐加入到了我国数量庞大的网民大
潮中，其中以学生这类在思想、生活方面还不是很成熟的青少年网民群
体居多，截至 2017 年 12 月，学生群体占比为 25.4%，较 2016 年高出
0.4 个百分点③。由此我们可以发现两方面特点：一是在年龄方面，青
少年由于心理品性尚未成熟，自我控制的能力还相对较弱，加上青春期
难免会产生躁动的心理和激昂的情绪；二是在教育程度方面，学历层次
偏低，往往会导致网络话题讨论难以实现有效的沟通，参与话题讨论的
网民很难在深层次学理、事理上相互说服，这就难免会出现一些因为互
相难以说服而形成的情绪化甚至非理性的表达。④

假如这些网民可以在网络世界中无拘无束地隐藏身份，选择自由组
队，进而构建起专属的网络部落或社群，那么诸如网络舆论分层、劣币
驱逐良币、一叶障目等不良现象势必会日益凸显。例如早在 2011 年，

① 参见中国互联网络信息中心 CNNIC 发布的《第 41 次中国互联网络发展状况统计报
告》，http：//www.199it.com/archives/685063.html。
② 同上。
③ 同上。
④ 张杭：《非理性网民评论的影响及对策研究》，硕士学位论文，安徽师范大学，2015 年。

"屌丝"一词就在网络骂战中横空出世，并在随后的几年中以星星之火可以燎原之势迅速蔓延，形成一股势不可当的"屌丝"文化。自其诞生至今，线上及线下对"屌丝"一词的雅俗之争似乎也从未停歇。社会舆论对其往往秉持着善恶两极立场：一方面是有绝对数量优势的众多网友以自称"屌丝"为荣，并尊"屌丝"文化为"庶民的胜利"；而另一方面是少部分精英与专家对"屌丝"的挞伐声讨，直接称其"有辱斯文"，冯小刚更是曾经连发两条微博文章炮轰前者为"脑残群体"。

从成长角度来看，"屌丝"大多出身贫寒之家，比如农村或者城市底层小市民家庭，没有很多光鲜亮丽的背景。由于面临着高校扩招带来的就业压力，面临着买房、婚姻、升迁等社会问题带来的严峻考验，这类青年群体很容易，也很自然地会产生出一种群体无力感。这种无力感不仅是对贫富差距，而且也是对现实境遇的一种本能反应，更是对自己不利处境的一种无奈表达，甚至算得上是对自我能力怀疑、不自信、不接纳自我如今生存状况的一种表现。

从爱情角度来看，屌丝的感情世界往往是一片空白或者充满坎坷犹如荒凉的戈壁。他们并不是没有心仪的姑娘但是出于自卑没有勇气去努力追求，甚至没有勇气去靠近，就算是费尽心机赢得了姑娘的芳心，最后也会因自身条件低劣而难逃被遗弃的命运。

从工作角度来看，屌丝们通常做着比较辛苦和劳累的工作。从发展角度来看，屌丝们未来很多时候往往注定没有什么希望，他们总是给自己定一些不切实际的目标，却没有跨越障碍的勇气或者能力。从性格角度来看，可怜之人必有可恨之处的屌丝缺乏行动力敢想却不敢做，他们虚荣又故作清高，害羞却又自作多情，他们自卑自贱却又自以为是。从情操角度来看，由于性格的懦弱，意志的不坚定，判断力的缺失往往使得他们更容易受到蛊惑。再加上表达渠道或诉求的诸多不畅，使得网络上的他们更多表现出懒惰、逆反的形象。思维的惰性决定了他们不愿正视并积极去改正自己的缺点，而是一味地选择逃避。他们只看得到自己已经失去的，却没有把握还拥有的，往往在埋怨咒骂声中自暴自弃，最终只收获了悔恨和泪水。

概而述之，他们在某种程度上其实是一群身份卑微、生活平庸、未来渺茫、感情空虚不被社会认同的人。他们也渴望获得社会的高度认可，但又不知道该怎么去做，生活没有目标，缺乏热情，不满于无聊的生活，但又不知道该做点什么。这其实就是"穷、丑、矮、矬"，也是和"高、富、帅"形成鲜明对比的一个社会群体的代称。

再加之不同网民的生活背景及经历各有不同，网民个体的差异性便由此更加凸显，对各类信息进行理性过滤的能力自然也就良莠不齐。例如一部分网民会充当"看客"的角色，只是选择浏览而没有参与讨论；而一些比较活跃的网民，则在各大网络平台上大胆地发表个人的看法，不可避免地会导致一些狭隘不实以及带有极度偏见的话语在网络上，甚至是进行一些"病态"传播，并受到其他部分网民群体的盲目追捧。正如著名思想家巴赫金"狂欢理论"所描述的那样：人们在现实社会生活中，特别是在阶级社会生活中，往往会过着两种生活，一种是日常的生活，另一种是狂欢式的生活，而这两种不同的生活必然产生两种不同的世界感受，也就是两种不同的世界观。狂欢节其实不是给人民规定的节日，而是人民给自己创造的节日。在狂欢中，人们不需要对某些群体"表示惊奇、感激、虔诚的尊敬"，没有官方的严肃和富丽堂皇，所有的人都可以胡闹和发疯，随心所欲，除了打架和动刀子外，几乎没有什么事情是不允许的，这也可以说是尼采所谓的酒神狂欢精神。

与此同时，根据德国社会学家伊丽莎白·诺尔－诺依曼于 1973 年所提出的"沉默的螺旋"理论，我们也往往可以在互联网世界中看到一种滚雪球效应：参与者越来越多，那与之相反的观点就会越来越模糊，导致最后强势的一方更加声势浩大，使得后来加入的群众受强势观点的影响也逐渐沦陷其中，这同时也是造成网民群体内部单一封闭传播和趋向极化的重要原因之一。

尤其是针对某些具有争议性的议题，人们总会先观察大多数人的意见或态度，如果与优势意见保持一致就会勇敢发声；如果与其不一致，就会倾向沉默。在这个螺旋上升的过程中，优势意见变得越来越强大从而变成主要意见。因为多数人在表明态度或做出选择时，有一种趋同心态。当他们发现自己的意见与周边环境或所在群体的观念不一致时，就会产生孤独引起沉默。①

随着网民意识不断觉醒，消费者主权概念日渐深入人心，它原是指经济市场领域中，消费者享有主动权的、遵循其内心需求意愿和个人喜爱偏好进行消费的行为，正如凯斯·桑斯坦也曾提出："消费者主权，不只在经济市场上，而且在政治与传播市场中都扮演着重要的角色。在那样的体系中，每个人都能完全控制他们的传播世界，而这控制将减少传播经验的分享，减少置身于未经事先筛选的题材里的机会，并且为个人和社会都带来难题。"②

时下互联网新兴媒体的不断涌现其实早已打破了传受两者之间较为传统的传播关系，网民早已成为网络信息消费市场中拥有一定信息消费主动权的消费群体，他们可以利用主权优势从海量的信息中"过滤"出满足自己个性化需求的相关信息，同时还可以主动地去搜寻、选择性地传播与自己的观点、品位、爱好相同的信息，而不去关注、忽视甚至反驳与自己想法相左的诸种信息。如此一来，网民们在网络上对"消费者主权"的过度使用和维护，一定程度上也会促使其所属群体内部意见的极端化，甚至导致外部多个不同群体之间的对立。与此同时，根据美国社会学家格兰诺维特提出的强弱社会关系理论，我们可以发现："社

---

① 张国良：《传播学原理》，复旦大学出版社 2009 年版。
② 戴松、王小杨：《论诱发网络群体极化现象的主观因素》，《科技传播》2010 年第 3 期。

会网络分析被认为是一种连接微观和宏观层次之社会学理论的工具，就是要选择一个小范围的人际互动，运用网络分析对其人际连带强度进行分析，然后再将这种微观联系投射到各种宏观现象上去。"[1] 他在书中也提及了强连接（关系）与弱连接（关系）两个概念，例如强关系是指人与人有较强的社会网络同质性，关系较为亲密，并有较强的情感因素维系着的人际关系。格兰诺维特认为关系的强弱在某种程度上也决定了所获得信息的性质。

有关调查显示，微信联系对象中，80.2%的是朋友、老师和同学；16.48%的是家人和亲戚；3.3%的是其他陌生微信用户。[2] 例如在微信这类以强关系为主的网络平台，彼此之间往往有着极高的黏着性。因为微信朋友圈其实是现实中人际关系网的一种延伸。在这个虚拟的环境里，用户可以记录日常的生活或表达特定情绪，而这些"信息"又总在熟人间进行传播，可看作一种"小众化"的传播活动，更具私密性和封闭性。

而且众多网民也是现实中的芸芸众生，他们也各自有着喜怒哀乐，许多心理学效应在他们身上同样适用，例如刻板印象。美国著名新闻评论家李普曼曾认为刻板印象指的是人们对特定的事物所持的固定化、简单化的观念和印象。这个概念是指人们在遇到某一对象后会下意识地忽略个体的差异性，并将其套入之前接触过的、与此相似的对象所形成的公式化既定认知中，进而导致带着一定成见去看待社会现象。

例如 2016 年曾发生一次"八达岭野生动物园老虎咬人"事件。在事件发生的当天下午，一些媒体即对此做了相关报道。但网民在"刻板印象"的影响下，根据既往经验普遍认为导致"老虎伤人"事件的发

---

① ［美］马克·格兰诺维特：《镶嵌：社会网络与经济行动》，罗家德译，社会科学文献出版社 2007 年版，第 2 页。

② 陈攀：《基于移动互联网的微信用户采纳研究》，硕士学位论文，华中科技大学，2012 年。

生，都是因动物园方面管理不当所致。根据"红麦舆情"对网民的关键词搜索量统计可发现，人们关注的焦点是"八达岭野生动物园"。但与以往类似"老虎伤人"事件报道相比不同的是，此次媒体不但及时上传了事件相关的监控视频资料，而且在互联网上又同时曝出了受害者家属医闹的相关传言，所有这些信息直接刷新了网民普遍持有的刻板印象，但又由此建立了全新的刻板印象：对不守规矩的受害者表示冷漠和对具有野性老虎表示同情的倾向。由此一来，受害者因自身不守规矩酿成悲剧的一系列行为便成为网上舆论的众矢之的。与此类似，当网友得知 2017 年宁波雅戈尔动物园又发生了一起"老虎伤人"惨案，在相关部门及媒体尚未正式公布、报道事件真相时，部分网友便根据先前多起"老虎伤人"事件所形成的刻板印象，再次将"不守规矩""自作自受"等框架强行安装到了受害者身上，致使在事件刚发生不久后，网络舆情就呈现出向"同情老虎、谩骂受害者不守规矩行为"方向转化的极化现象。正如王建磊认为的那样："诸如微博、微信等新兴媒体的向外发布让每一个用户都能成为信息的发布者或传播者，不同的平等互动却助推了多种信息的发布和不同意见的表达，个人见解就此走进公共视野的领域，信息源大幅度扩散，形成众声喧哗的局面。再者，舆论向来是一把双刃剑，既有正面舆论，也有负面舆论，有冷静引导，也有无理宣泄，也常常令个体陷入一种时而振奋、理智、时而迷茫和无解之中。"①

　　随着网络上聚集的受众不断增多，例如许多公知"大 V"等意见领袖们、网络水军推手们也开始逐渐在网络上混得风生水起，其中一部分人如今业已成为拥有一定传播力和影响力的"意见领袖"。众所周知，"意见领袖"这一概念最早由美国传播学者拉扎斯菲尔德、贝雷尔森和高德特共同提出："主要指对人们的投票决定发生影响的亲人、朋友和

---

　　① 王建磊：《草根报道与视频见证：公民视频新闻研究》，中国书籍出版社 2012 年版，第 233 页。

同事，即处在两级传播的中间将大众媒介的信息传递给他人的人。"①
美国社会学家罗杰斯在此基础上又将意见领袖定义为：经常影响他人意
见或者行为的人。② 在很多时候，媒介传播的信息和观点要先经过部分
积极接受的人，而并不是直接到达受众，这些人从大众媒介率先获取的
信息中形成自己的观点和看法，再去影响别人意见的形成。③ 一个议题
能否成为公共议题，言论和意见能否成为舆论，主要靠的还是意见领袖
的作用，他们会将这些零散的意见汇聚成整体再传播出去，从而形成社
会舆论。众所周知，传统意义上的"意见领袖"往往是有拥有一定文
化功底并能根据既往的经验积累提出一些独到见解和看法的人。而在互
联网环境下，意见领袖所涉及的范围往往更广：他既可以是政府部门网
络发言人、网络媒体评论员、网络知名专家，也可以是网络论坛版主、
知名博客博主、微博"大V"等。④ 此外，意见领袖也可以是明星等公
众人士，甚至也可以是另外一些乐于且喜于向他人展示自己的普通草根
群体。

　　作为在人际传播网络中经常为他人提供信息，同时对他人施加一定
影响的"活跃分子"，意见领袖在大众传播效果的形成过程中起着重要
的中介或过滤作用。⑤ 他们在网上的发帖数量通常比普通网民多，有些
帖子也往往展示出了较高质量，并且总能有意或无意地促成网民对待事
情态度的形成、改变甚至直接干扰行动。互联网的盛行诞生了自媒体，
自媒体的兴起又诞生了新意见领袖。新意见领袖作为网络热点事件背后
的推动者，借助自媒体平台，发表自己的言论和思想，通过粉丝群的拥

　　① ［美］保罗·F. 拉扎斯菲尔德、贝雷尔森、高德特：《人民的选择》，唐茜译，中国
人民大学出版社 2012 年版，第 43 页。
　　② 朱洁：《网络时评意见领袖对民意的影响》，《青年记者报》2015 年第 1 期。
　　③ 柳永霞：《论意见领袖在网络舆论形成中的作用》，硕士学位论文，河北大学，2009 年。
　　④ 周蔚华、徐发波：《网络舆情概论》，中国人民大学出版社 2016 年版，第 40 页。
　　⑤ 同上书，第 42 页。

戴，常常在自媒体中掀起一波又一波的舆论风暴，在鱼龙混杂的信息量中左右着舆论导向，逐渐发展成为一股全新的社会力量。① 值得一提的是，习近平主席在 2015 年的中央统战工作会议上提及的"新媒体中的代表性人士"② 其实指的正是富有正义感、责任感，充满了正能量的网络意见领袖。

当然这其中自然也不可避免地会存在一些充满负能量的网络意见领袖。他们在为其他受众提供各种信息的同时，也会对他们施加各种影响，有时甚至是故意制造噱头来增加影响力。由于网络传播具有碎片化、私人化的特征，意见领袖的言论往往带有自己的主观倾向和感情色彩。有时他们为了博眼球或宣泄情绪，在各类平台上肆意发表情绪化、粗俗化的观点，其言行都能或多或少地影响普通网民的意见表达，产生较差的示范效应，更严重的可能会引发网络骂战和网络暴力。例如"作业本"曾经是新浪微博的草根红人，但在 2016 年 9 月 22 日下午，这个拥有 890 万粉丝的账号却被注销清空，其原因就与"作业本"侮辱邱少云烈士有关。早在 2013 年，"作业本"曾发表了一则微博："由于邱少云趴在火堆里一动不动，最终食客们拒绝为半面熟买单，他们纷纷表示还是赖宁的烤肉较好"。2015 年 4 月 16 日，加多宝官方微博在"多谢行动"的活动中与"作业本"进行互动，表示若"作业本"开烧烤店就送 10 万罐凉茶，此番出位营销遭到众多网友的讨伐，也有一些"水军"质疑仅仅因为一个两年前的段子就把板子全打在加多宝上是否有些过了头，微博骂战就此展开。无论是不是段子，网络红人"作业本"歪曲和丑化英雄人物都是不可否认的事实，他嘲弄的其实是中国沉重的历史，轻慢的是革命烈士的流血牺牲，伤害的更是整个中国民众的精神

---

① 李良荣、张莹：《新意见领袖——"新传播革命"研究之四》，《现代传播》2012 年第 6 期。

② 习近平：《要加强和改善对新媒体中的代表性人士的工作》，具体网址为：http：//news. xinhuanet. com/politics/2015－05/20/c_ 1115351239. htm。

信仰。值得一提的是，这里也包含着一群经常采用不正当手段，以大量的灌水、点击、跟帖、转发等方式来有目的性地设置和炒作某个话题，以其强大的人数优势压制着其他群体的发展，进而更易制造出一系列虚假的主流民意用以操控社会舆论朝某个极端方向发展的别有用心的网络意见领袖。

由于网络上的信息来源渠道较为多元化，许多评论者或转发者其实并不了解该条信息到底是现在发生还是发生于过去，是被移花接木的伪造事件还是如假包换的真实事件，更有甚者转发这根本不注明信息来源，导致有些信息变得像是没有标签或者标了标签的产品，真假难辨，混淆视听。[①] 而且情绪化的发泄往往也很容易带动一些非理性化网民群体的加入、迎合甚至是盲从，以至于形成网络舆论一边倒的趋势，形成社会民意的假象，最终误导公众。也正如徐田娣分析的那样："在小集体里，个体的认知能力有所下降，而如果个体感觉自身地位下降，这种效果就更加明显。"[②] 这其实可以归结为社会心理学中的"羊群效应"，即"从众效应"：个人的观念或行为由于真实的或想象的群体的影响或压力，而向与多数人相一致的方向变化的现象。表现为对特定的或临时的情境中的优势观念和行为方式的采纳（随潮）表现为对长期性的占优势地位的观念和行为方式的接受（顺应风俗习惯）。[③] 法国著名社会心理学家勒庞也曾认为群体往往急于采取行动却不擅长推理，同时又容易沉醉于过度兴奋的人群中所迸发出来的神秘力量，因此又极易受暗示和轻信他人，有时甚至倾向于直接接受别人未经推敲的意见。在现实生活中，部分网民在很多时候往往会选择追随大众的看法，进而默默地将自己原有的意见否定，不去真正思考整个事件的意义及来龙去脉。在许

① 雷霞：《移动新媒体时代的舆论引导研究》，中国广播电视出版社 2013 年版，第 115 页。
② 徐田娣：《微信的传播特性探究》，硕士学位论文，吉林大学，2015 年。
③ 赵玲、张静：《基于羊群效应的微博用户从众行为分析》，《大连理工大学学报》2013 年第 4 期。

多时候，部分网民往往过于极端化，一面打着道德正义的旗帜，另一面却做着违反道德的事情，将错误的价值观当作真理推崇。在"非我族类其心必异"的狭隘社会认同模式中，部分网民无法忍受异类声音的存在，并且拒绝其他观点，进而导致在现实生活中一些符合社会伦理的正确价值观逐渐被扭曲。在某种意义上而言，这其实也是现如今身处"后真相时代"中一部分网民所面临着真实而又尴尬的困境。

如今互联网各类平台其实已经属于一个信息的集散地，既有信息的生产、推广，也有信息的再生产、再推广。众所周知，信息本身是一种资源，一旦当这种资源数量非常庞大且质量并不高时，那么人类社会就会反受其害，与其相伴随产生的就是信息超载现象。它通常指的是个人所接受的具有潜在价值的信息超过其自身处理能力时，导致信息利用率相应降低的一种现象，活跃在这里面的往往就是那些数量庞大的网络推手，他们将信息生产系统进行商业化运作：他们以广告收入为经济来源炮制信息产品，通过制造噱头、吸引眼球等操控行为刺激网民"最紧绷的那根神经"，有些别有用心的网络推手甚至还会利用微博评论及视频的相关话题讨论来发布自己的小广告、推广自己的公众号来获取各种利益，所有这些又往往是因为缺少"把关人"。

众所周知，"把关人"理论最早是由库尔特·卢因提出，卢因认为在研究群体传播的过程中，信息的流动是在含有"门区"的渠道里进行，在这些渠道里存在着一些把关人，只有符合群体规范或者把关人价值标准的信息内容才能进入传播的渠道。① 在传统社会中，信息的传播主导权牢牢掌握在少数媒体手中，很多时候媒体发布何种信息，广大受众就只能被动地接收何种信息。而现如今，网络新兴媒体的发展则恰巧打破了这种尴尬局面。随着微信、微博等新兴媒体逐渐成为"二次传

---

① 郭庆光：《传播学教程》，中国人民大学出版社 1999 年版，第 130 页。

播"的重要承载平台，例如部分网民会对手机客户端的新闻稿件进行压缩，选取主要内容，在微博上进行发布，然后经过微博上各个自媒体或者微博用户转载、点赞和引用，使得消息在微博上逐渐扩散开来。而微信公众号有时则会对微博上的新闻消息进行整理，然后通过整合微博上的众多消息，进行重新改写后，再发布到自己的微信公众号上。显而易见，这三者对新闻消息进行相互转述、相互引用，一定程度上也促进了彼此之间的融合发展，同时也促进了信息的快速流动，基本上实现了足不出户便可知晓天下大事。

随着新媒体技术的迅速发展，网民从被动的信息接收者逐渐转变为信息的制造者，传播方式由自上而下变为开放性、交互性并存。不受时间和地域限制分享信息、议题设置的随意性、信息的高度聚合性和信息报道的即时性，在扩展网络舆论形成和壮大的同时也加大了网络监管的难度。[1] 这其中最关键的便是：该如何更合理、有效地强化"把关人"这个角色所赋予的职责和效能，因为在这些海量信息中许多网民还很难分辨清楚哪些是真实信息，哪些又是虚假信息。在传统媒体中，"把关人"可以对信息进行筛选过滤，把符合群众的价值的信息进行传播，尽可能阻断谣言、虚假消息进入传播渠道，进而将信息流牢牢地把控住。但在媒介融合背景下，尤其在互联网环境中，每一位网民在某种程度上几乎都可以看作"把关人"，再加之网络信息特有的爆炸式传播方式，顾及每一信息、每一条言论已经变得难上加难。

所以说在互联网环境中，我们经常能看到各种各样的反转新闻，它主要是指在新闻报道过程中，由于出现了颠覆性或关键性的新鲜事实（补充信息），出现的报道态度、情感倾向或事件定性发生逆转状况，原先的报道和后续的报道出现巨大的反差，网络中舆论民意随着新闻事

---

[1] 杨玉兰：《微博时代公共舆论暴力的产生及其治理对策研究》，硕士学位论文，湘潭大学，2016 年。

件的反转而迅速发生反转的现象。① 在这种情况下，当某一热点事件爆发后，舆论起初很容易一边倒地去指责某一方，而当媒体或者读者继续深入挖掘调查时，发现事实的真相并非如此，甚至与之前的事实截然不同，舆论又会随之发生反转，迅速将批判的矛头指向其中的另一方。

就一般情况而言，大致可分为两种模式：第一类是具有话题性的事件发生→引起网民讨论→公众媒体报道新闻→形成"一方压倒性"舆论→新闻事实披露→舆论反转（包括多次反转）→新闻真相。第二类是公众媒体报道新闻→新闻事件的线索不全或具有争议性→网民质疑并热议→事件进一步发展或事实披露→舆论反转（包括多次反转）→新闻真相。值得一提的是，部分传统媒体在转型进程中往往会将其自身所生产的内容放到微信、微博等新兴媒体上进行传播，其中阅读量、点赞量和评论量等业已成为全新的"发行量"衡量指标，然而这也使得许多传统媒体开始变得过分追逐流量、追逐事件本身的话题性，当话题性超过新闻采写编辑所需恪守的客观性时，则是媒体僭越自身新闻专业属性的一种体现。当事件的真相和其他细节被再度关注到或披露时，新闻反转就不可避免要发生。但不可忽视的是，新闻反转也与部分网络推手、媒体、自媒体的炒作密不可分。②

伯纳德·科恩曾指出在多数场合，媒介也许不能控制人们去想什么，但在引导人们怎么想时却惊人地奏效。现如今，新闻报道已经不再是传统传播之下记者媒体的专有权利，公民个人、网络大 V、草根记者等通过创建自己的新闻不断为社会设置议程、添加新的议程。③ 在这种情况下，部分网友也会举着"正义"的旗帜，肆意地以"以暴制暴"

---

① 黄楚新：《逆转新闻的成因及应对策略——从媒介素养的视角分析》，《新闻与写作》2015 年第 10 期。

② 同上。

③ 参见王志立于 2018 年 4 月 25 日发表在爱传播微信公众号上的文章《网络舆论场域中新闻反转现象的传播学反思》。

的方式来对事件当事人进行各种身心侵害，进而使得网络暴力现象频繁映入人们眼帘。

二是主观因素层面。首先是媒体议程设置能力尚存不足。在互联网时代，各种新闻议题的设置更能影响着广大受众对周围世界各类新闻事件的重要性判断。尤其在突发性事件中，民众对于一件事的重视程度其实与媒体对该事件的强调程度往往构成正比，即媒介在一定程度上能通过议题设置对受众的关注点进行舆论引导，其中尤为重要的就是两个字——权威。它建立在合法性的基础之上，是一种精神性力量，其作用主要是一种社会心理过程，借助掌权者的威信在公众情感、信仰等方面影响来发生作用。① 但如何巧妙而灵活地将权威内容本质尽可能外化为广大受众喜闻乐见的各类新闻信息则非常考验相关媒体的议程设置能力，正如同烹饪一盘美味佳肴一样，何时放料酒，何时放香醋，何时加葱姜蒜，用几分火候进行蒸煮都非常有讲究。一旦把握不好，极有可能空有一桌美味食材，却最终煮成一锅烂菜。在新闻学分类层面上来观照，即变成烂尾新闻，正如张颂总结的那样："建筑工程有烂尾工程，新闻报道也有'烂尾新闻'。所谓'烂尾新闻'，是指媒体对一些突发事件的报道，开始时声势很大，但因为种种原因，对事件的发展和结果没有持续关注，导致对连续发展的新闻事件的报道有头无尾。"②

尤其随着新兴媒体的蓬勃发展，其传播速度日渐增快，传播范围日渐广泛，受众参与程度日渐提升。倘若新闻媒体在针对一些社会热点事件进行调查时，不能在适当时机、正确地引导社会舆论，任由现实和网络两种类型"烂尾新闻"泛滥发展，那么极有可能就会造成谣言四起的不利局面，使得新闻媒体的公信力受到不同程度的损伤，甚至是不再

---

① 王欢、张静：《手机媒体发布政府信息的权威性研究》，《北京邮电大学学报》（社会科学版）2011 年第 2 期。

② 张颂：《播音语言通论》，北京广播学院出版社 1994 年版，第 92 页。

得到广大受众的信任和尊重。换而言之，也可以从社会记忆这个角度来进行分析，我们认为社会记忆是对过去和现在的建构，它的意义更多在于建构而不是在于传承。社会记忆往往依赖于媒介、图像或各种集体活动来保存、强化或重温，而烂尾新闻的断裂叙事则毫无疑问会打破这个过程，进而影响社会记忆和个人记忆的完整性。

所以说，一旦当社会热点事件最终走向新闻烂尾，或许就会导致社会受众不能知晓整个事件发生的始末，进而也就寻求不到合理的解决方法，使得社会公信力降低，从而影响媒体舆论监督功能的有效实现。而一旦当矛盾开始激化，民众的矛头就会直接指向政府，使得政府公信力受到强烈的冲击，进而导致"不管你信不信，反正我就是不信"塔西佗陷阱的出现，至此无论政府做的是好事还是坏事，都已经不会得到广大民众的支持，因为连通民众、媒体、政府之间的信任桥梁已经崩塌。

众所周知，公共突发事件后往往很容易受到媒体聚焦和网民关注，尤其是与民众利益相关的重大突发事件，舆论关注度会在短时间内出现暴增，此时政府的一举一动都处在舆论聚光灯下，无论怎么做都会迅速成为公共热点。倘若政府处置不当，就会再生舆情，推波助澜，让自己陷入舆论漩涡。而舆情应对失误，则会平添质疑，助长谣言，干扰事件处置，损害政府形象和公信力。但是长期以来，部分政府微博在应对公共突发事件时常常处于"后知后觉""缺位"状态，并且在相关信息传播方面，尤其是对于较为严重的影响信息传递方面表现比较含蓄，这样就会阻碍政府微博在舆论引导方面应该具有的重要导向作用，同时，还会引起受众的反感情绪，形成恶性循环，破坏政治生态环境。① 所以说每当有公共突发事件发生时，来自诸如政府、专家、质疑者、相关部

---

① 徐世甫：《城市突发事件舆论微博引导的理性思考》，《上海城市管理》2013 年第 1 期。

门、恶搞者等不同领域不同的声音都会同时出现在有关危机事件传播报道的信息海洋里，其中有利好的真实消息，也有别有用心者伪造的虚假消息，各种声音混杂在一起，需要公众保持理性，强化分析能力才能辨别真伪。[①]

根据李普曼的"拟态环境"理论，我们知道大众传播活动所形成的信息环境并不是外在客观环境"镜子式"的再现，它其实是大众传播媒介通过对新闻信息的选择、加工和报道，重新加以结构化以后并向广大受众所展示的一种环境。就现实情况而言，媒介所营造出的"拟态环境"往往不可避免地会带上一定的情感色彩，因此也会进一步导致媒介建构的"现实"与我们生活的"现实"并不完全重合，有时甚至出入很大，但是公众已经习惯将媒体报道中呈现的景观当成周围的现实，一定意义上也导致了刻板印象的产生，很多群体就会被标签化和污名化——城管会打人、老人不能扶……[②]其实无论是拟态环境的"失真"，还是拟态环境的"过度环境化"都会对媒介自身和社会造成一定的影响，前者易导致媒介失去公信力，后者则易导致受众判断力下降。

在网络技术蓬勃发展的今天，尤其是网络直播技术的兴起已经在某种程度上打破了这种环境建构平衡，因为在直播过程中很多信息其实已经不再老实巴交地经由媒体进行选择性加工然后再进行发布，而是在第一时间就喷涌而出，甚至是直接还原了整个新闻事件，并将其赤裸裸地呈现给广大受众，更多地体现出诸如多元性、即时性、裂变性等特质。例如在 2015 年的天津港爆炸事件中，公众往往会通过微博、微信或其他 APP 平台来发表文字、图片及短视频等，试图在第一时间传递现场信息，与传统媒体相比更具时间和节点优势。

---

① 王娟：《突发事件中的微博舆论引导策略》，《东南传播》2014 年第 10 期。
② 刘先根、彭应兵：《也谈"反转新闻"频现，传统媒体如何保持"定力"》，《中国记者》2016 年第 5 期。

所谓议程设置，早在 20 世纪 70 年代，由美国学者唐纳德·肖（Donald Shaw）和麦克斯威尔·麦克姆斯共同提出，是指大众传播具有一种为公众设置"议事日程"的功能，传媒的新闻报道和信息传达活动以赋予各种"议题"不同程度的显著性的方式，影响着人们对周围世界的"大事"及其重要性的判断。[1] 他们认为，如果大众媒介反复强调某些话题或争论的焦点，那它们在公众心目中的重要性、显著性也会随之增长。[2] 新媒体时代网络意见领袖由于自身的特点和拥有众多粉丝，往往可以形成强大的影响力和号召力，进而为议程设置的有效实施提供稳固基础。

众所周知，按照内容和性质的不同，议程又可分为个人议题、谈话议题、公共议题三种类型。个人议题主要指的是私下认为重要的问题，谈话议题是与人交谈、议论时受重视的问题，公共议题主要指的是自我感觉多数人都重视的问题。个人议题、谈话议题的作用面较小，公共议题的作用范围较广，往往涉及大多数人的公共利益进而受到更多的关注。

如今广大受众接收到信息的主要来源往往就是各类传统或新兴媒体对于特定事件的关注和报道，当媒体关注、强调得越多，广大受众对于该事件的重视程度也就会越高，换而言之："公众会关注大众传播媒介对某社会问题和某一事件的报道，而且其关注程度随大众媒体的关注程度增长和减弱，因此能使某些问题成为社会舆论讨论的中心议题。"[3] 当媒介对于一个事件关注次数越多，强调的次数越多，那么在广大受众看来，该事件的重要程度也就会随之越高，所以说正因为广大受众关注内容会受到媒介传播内容的影响，媒介也就可以通过对事件报道的设定

---

① 郭庆光：《传播学教程》第 2 版，中国人民大学出版社 2011 年版，第 193 页。
② 张国良：《传播学原理》，复旦大学出版社 2009 年版。
③ 常锐：《群体性事件的网络舆情及其治理模式与机制研究》，博士学位论文，吉林大学，2012 年。

来引导受众去关注，进而去深入了解。

传统的议程设置理论关注的是以报纸、电视为主大众媒介在形成舆论中的作用，但在新媒体环境下，这种议程设置方式却在逐渐被打破。与各类新媒体传播技术日臻完善形成鲜明对比，许多传统主流媒体的议程设置能力仍旧有待于提高，因为在很多时候，针对同样的题材，新媒体传播平台上激情四射，许多微信公众号文章或微博阅读量频频突破100000＋次，而有些传统媒体面前却不是非常受读者重视，甚至还需要面临停刊的危险处境。其实在先前的媒介环境中，传统媒体在很多时候可以通过议程设置来引导舆论发展，但在新媒体技术快速发展的背景下，网络上的广大受众几乎人人都有一定话语权，他们在进行意见表达和交换过程中也会进行一系列信息对流，往往在网络舆论形成后，也会对传统媒体或多或少产生一些影响。

言归正传，无论是传统主流媒体，还是新兴自媒体，都或多或少存在着诸如议程设置滞后、失准、失焦、失彩等问题。

在设置滞后层面，传统主流媒体信息获取的渠道较为单一，主要有以下四种渠道：一是相关部门、行业、企业发来的会议通知或活动通知，二是从公众打来的热线电话中寻求新闻线索，三是从其他媒体发布的新闻中寻找新闻来源，四是主动策划的各类新闻选题。而相比之下，新媒体渠道更为多元化，往往可以在第一时间就能获取第一手资料，在第一时间进行报道，内容主要是由广大网友提供的视频、图片。传统主流媒体在事件过去一些时间方才进行发声，时效性比新媒体略差，所以很多人更愿意选择从新媒体去了解事件的发生、发展过程以及最新动态。例如针对天津港"8·12"爆炸这一重大突发事件，最早的视频资料由微博用户于8月12日23：26上传至网络，央视新闻频道在13日凌晨1：17首次连线，在凌晨2点的《新闻直播间》栏目头条进行关注。事发10小时后，在微博和各大门户网站推出众多追踪报道和专题的情况下，作为天津主流媒体的天津卫视却未开辟专门版面进行权威发声，在重大突发事件发生时的滞后和"失声"，也给媒体公信力带来一定程度的损伤。

在设置失准层面，有时媒体在报道中会带有明显的情感倾向，利用其吸引公众的注意力，特别是在涉及儿童、老人等群体时，有意无意在报道中将议题放大。单一的文字其实不足以下定论，单方面信源也不一定非常有可信度。例如 2017 年 11 月 12 日，在红黄蓝幼儿园虐童事件中，十余名家长反映北京市朝阳区红黄蓝幼儿园国际小二班的幼儿被老师用针扎、喂成分不明的白色药片，并提供了孩子身上多个针眼的照片。经核实，家长承认孩子没有在园内被喂食药片，视频内容系其在家中使用家人服用的药片，以语言诱导方式询问孩子，拍摄后发至幼儿园家长微信群，相关电视台记者未经采访核实，直接从网上下载编发。其实仅凭家长的一面之词，没有进行深入的调查的确难以确保新闻真实，这些碎片化的信息又容易触发受众情绪，进而使部分受众产生非理性表达。这是一个众声喧哗而真相稀缺的时代，传统主流媒体其实更应该肩负起社会责任，用事实去说话。

在设置失焦层面，在现在媒介融合语境下，一个社会热点从迅速升温至衰落所经历的时间较为短暂。由于人的认知能力的有限度性，在同一个时间点上，广大受众只可能同时关注 5—7 个议题。在心理学中，人类注意力的广度其实非常有限，人在同一时间内不能感知很多对象，只能感知环境中的少数对象。而要获得对事物的清晰、深刻和完整的反映，就需要使心理活动有选择地指向有关的对象。倘若议程不断扩大和频繁更改，将过多的议题强加于公众，难免会使公众产生疲惫感和混乱感，有时部分公众甚至会处于被麻醉的状况。而广大受众的注意力又比较有限，一旦设置过多的议题，反而达不到理想的传播效果。传统主流媒体要发挥自身的权威性，主动、合理地进行议程设置，以便更好地引导社会舆论。

在设置失彩层面，传统主流媒体在议程设置的内容上缺乏吸引力，在公众想看的和媒体提供的之间往往存在一定差距。在坚持新闻真实性的前提下，媒体应该为受众尽可能地提供更优质的内容和服务。从某种意义来观照，新媒体仿佛是带来了新式菜单可供选择，而传统主流媒体依然只是在提供陈旧的菜品，自然难以引起公众的共鸣。例如举办一场奥运会，人们的关注点不仅仅集中在奥运赛事本身，他们还想看到赛事之外的有趣的内容，而传统媒体有时往往不能很好地抓住、抓牢公众的胃口。而新媒体设置的议题新颖独特，相比之下往往更能博得公众的好感。例如霍顿攻击孙杨事件、傅园慧因"洪荒之力"走红等都可以窥出新媒体议程设置的影响力。而许多传统主流媒体提供的内容大同小异，同质化现象凸显，往往缺乏个性化有深度的报道。其实在议程设置明显趋同的时候，受众可能马上会产生反感。他们不需要千篇一律的内容，他们还想看到更多有独到见解的内容，看到更多立体化的呈现效果，享受定制的个性化服务。传统媒体在很多时候遵循的还是传统的信息传播模式，PGC 的内容生产方式往往没有提供受众一个自由发声的平台，其反馈机制也仍有待完善之处，而互动性差又会造成受众流失情况的出现。相比而言，新媒体 UGC 的内容生产方式，在垂直细分领域中可以促成许多优质内容不断涌现，进而与受众建立起良好的互动关系，也有利于实时重新设置议程。

有些时候，新媒体反而会成为新闻传播者和传统媒体新闻信息来源的领头羊，新媒体在关注什么，传统媒体就会紧随其后，再进行深入报道，我们认为这其实并不是件好事情。在现实生活中，部分新媒体传播平台为了争抢话语权和受众流量，往往会对新闻事件采取模糊或有选择性的报道方法来吊足受众的胃口，而且在内容生产过程中也缺乏耐心和细节求证，这与传统媒体的一次性、大幅度深度报道的方式完全不同，例如现已被封号，曾经被人唤作"吃人血馒头"的咪蒙微信公众号。

　　经过微博、微信等传播媒介的特定议程设置后，广大受众对于新闻事件的态度往往会和新媒体平台的态度高度一致，而新媒体平台在内容生产过程中往往也会将新闻人物或新闻事件标签化，甚至将网民的部分共识放大化，或是采用断言、渲染等特定方式进行曲解，从而达到信息大肆传播的目的。所以说现如今我们经常看到的状况是信息发布、传播的成本越来越低，一些小道信息也能够在短时间内快速蔓延开来。而作为受众，部分网民似乎更喜欢秉持着一种"围观心理"，带着好奇心不断去解读事件，于是乎随着一些诸如自身带入感、自身挫败感等不良情绪的爆发，更容易造成对于新闻事件产生多维误读，甚至是直接将社会舆论导向带偏。而这部分网民往往受教育程度往往并不高，这其实也是知识鸿沟现象的一种鲜明体现。正如郭庆光认为的那样："由于社会经济地位高者通常能比社会经济地位低者更快地获得信息，因此，大众媒介传送的信息越多，这两者之间的知识鸿沟也就越有扩大的趋势。"[1]

　　随着知识鸿沟的不断扩大，受教育程度高者在看待群体性事件上往往更为谨慎，发表言论的时候更会考虑得比较全面，而受教育程度低者则很难去考虑得很周全，有时完全是凭自己一时的想法、冲动就在网上发表肆意各种惊世骇俗的观点或看法。其实在一个后真相的时代中，相较客观事实，广大网民之间的情绪滋长更会影响社会舆论。李普曼也曾认为在多数情况下，广大受众并不总是先理解再定义，而往往是先定义再理解。[2] 例如在早前"上海女逃离江西"的新闻报道中，微博平台借助春节这样的节日氛围将原本自娱自乐的假事件逐渐放大并迅速传播，引起全社会大讨论，进而激起了不同群体关于诸如择偶观、城乡差距、

---

　　① 郭庆光：《传播学教程》，中国人民大学出版社 2015 年版，第 215 页。
　　② 参见希希于 2018 年 5 月 25 日发布在拖鞋哥新传考研微信公众号中名为《三岁女童王凤雅之死，后真相时代，我们为何总被情绪所裹挟》的文章。

婚姻观等一系列突出社会问题的某种社会情绪表达，甚至连作为主流媒体的《人民日报》也在未核实事件真伪的情况下发表了评论员文章，进而使得主流媒体在那段时间也陷入了逆转新闻的旋涡之中。

长此以往，传统主流媒体的报道权和引导权也会日渐消逝，尤其在很多社会热点事件中会表现得非常明显。因为当群体性事件发生时，广大受众最需要的其实就是真实信息，而这原本应是传统主流媒体的强项，因为它有着许多新媒体平台所不具备的强大公信力和权威性。再加上一系列成熟的内容生产、发布流程，传统媒体其实更有能力针对一些容易引起负面影响或是严重后果的事件进行及时、深入的跟踪报道，力求尽快将事件的发展进程公开透明地呈现在大众的面前，一方面既可以满足大众迫切想要了解事件发展的欲望，另一方面也能更好地引导舆论，进而使之朝正确的方向往前发展。但在实际情况下，囿于诸种原因，有时部分传统媒体往往错过突发性事件舆论引导的"黄金48小时"，然后有选择性地进入沉默失语的状态或者是没有找准热点事件舆论引导的独特切入视角，且在形式、内容上也都没有把控到位，最终致使广大受众不仅没有在第一时间满足知情权，得到相关权威信息，屏蔽好网络谣言，而且阅读起来往往味同嚼蜡，尤其在历经新媒体传播手段反复"洗礼"和刻板印象形成之后，其传播效果自然是大打折扣，甚至更会直接或间接地诱发"次生灾害"，更遑论去影响受众的价值观的建构了。

针对此类问题，我们认为传统主流媒体在转型升级过程中，应该一方面抢先发声，赢得主导权，第一时间将真实新闻传递给大众。例如2017年3月23日，《南方周末》纸质版率先登出"山东辱母案"的报道，引发了小范围的关注。3月24日，《南方周末》网页版刊登相关报道，随后在各大网络渠道迅速蔓延，人民日报等主流媒体也纷纷发声。《南方周末》在竞速中抢占了先机，在基于主要客观事实的基础上，率先进行媒体议程设置。除此之外，传统媒体也可以培养意见领袖，在合适的时间能够积极发声，能够为大众答疑解惑，并借助意见领袖达到预期的传播效果，有效地进行舆论引导。传统媒体还可以通过意见领袖达到强化议程设置的效果，加深议程在大众的印象，同时提高自身的公信力。比如在报道中可以加入权威的声音，在于欢案中多数专家认为被告人于欢属于防卫过当，站在法律的专业角度分析事件，其实能帮助大众更加理性地进行思考。

另一方面，更应该注重传播渠道的多元化，提高创新能力。将略显严肃枯燥的一些内容通过大家喜闻乐见的形式呈现出来，可能会产生意想不到的效果。由共青团中央宣传部指导，中国青少年新媒体协会与哔哩哔哩弹幕网联合主办的新时代·新青年——五四青年节特别节目"网络青晚"曾在全网各大直播平台进行过同步直播，来自 COS 圈、配音圈、电竞圈等不同圈子的网络名人各类节目深受年轻人喜爱，直播期间 B 站（哔哩哔哩网站）弹幕刷屏。截至 2018 年 5 月 6 日，网络青晚微博话题阅读量超过 6000 万人次，各平台累计观看直播人数超过 2072 万人次，各网络直播平台最高有 400 余万人次同时在线。共青团中央也被众多年轻网友亲切地称为"团团"，在广大青年群体中获得了不少好评。

还有是新媒体专业人才培养不足。如今很多传统媒体的新媒体运营部门都或多或少处于要人没人，要钱没钱的尴尬境地。但与此同时，其他一些新媒体运营公司却整合了相关资源发展得风生水起，在一定程度上也对传统媒体的新媒体运营部门发展产生一定影响。例如 2018 年 5 月 30 日下午，新华网发布了一篇题为"多少道文件才能管住网游对少年儿童的戕害"。而在当天傍晚，今日头条马上就用弹窗推送了这篇文章，同时也将标题改为"要多少文件腾讯才肯收手"。在移动互联时代，这种关于流量的竞争已经日趋白热化，如今快速增长的流量红利已不再可能大范围出现，获得流量的成本也会越来越高。当一家企业、一个行业不再出现增量的时候，对于存量的争夺也会越来越激烈。[①]

众所周知，"社会记忆是一种社会事实，也是一个社会现实"[②]。在如今，我们经常发现某个社会热点事件发生时会迅速占领整个网络，引起巨大轰动，然后相关媒体会立即跟风进入，广大受众也会迅速卷入其中引发热议，直至事件真相逐渐浮出水面。但如果此时已经有另一个热点事件发生，那么受众的注意力总是又会很快被吸引走，一旦没有人关注了，那么相关媒体针对其报道往往也就会戛然而止，转而继续寻求新热点了。值得一提的是，如今有些受众往往安于浅层次走马观花式阅读，并不会对新闻事件后续发展或深层原因剖析显示出浓厚兴趣。艾宾浩斯遗忘曲线告诉我们人类的记忆规律总是具有相对客观性。伴随着时间的推移，信息在人的头脑中是一个不断遗忘的过程，遗忘也是先快后慢。我们能够同时记住的事件往往比较有限，大部分事件都会随着时间的流逝被逐渐"遗忘"了。

毋庸讳言，在这个人们因日益加快的生活步伐痛并快乐着的时代中，传统媒体的长篇大论已经很难在第一时间吸引住广大受众的眼球，如今媒体发展已经逐渐由过去的渠道为王日益转变为终端为王。而短小、精悍的网络语言的出现恰恰符合现代快餐式文化的发展需求，在一定程度上也满足了人们对于快节奏生活新奇的追求，但碎片化的信息很大程度上又会逐渐导致人们思维的片面化，而人思维方式的片面化一定程度上也导致了部分受众理性认知能力的下降与缺失。因为作为传播载体，媒介会通过不同的表达方式将信息传给受众，媒介在反映事实的同时也会或多或少对文本进行一些建构，虽然更多的还是在于客观地描述

---

① 参见田宇于 2018 年 6 月 4 日发表在传媒大观察微信公众号题为"头腾大战背后的流量焦虑"的文章。

② 谢元森：《沉默的喧嚣：网络烂尾新闻的社会记忆与遗忘》，《南京师范学院学报》2014年第 2 期。

事实。其中建构工具可以是词汇、比喻、概念、象征、影像等符号工具，也可以是句法结构、情节结构、主题结构和修辞结构等结构性的元素。①

再将视角转回到人才培育层面来看，21世纪最紧缺的其实也正是人才，现如今各地纷纷出台各类优惠政策，大力挖掘各方人才。传统媒体转型也亟须各方英才会聚一堂，因为没有好的人才就生产不出高质量的作品，也就吸引不住各个层面的受众，自然也无法体现出新型主流媒体的真正价值所在。囿于各种原因，很多传统主流媒体相对而言其实更缺乏一些既善于传播业务又懂经营媒体管理的复合型人才，并且其人力资源管理水平也有待于进一步提升。

二　典型事例舆论引导经验反思

众所周知，改革开放既是对内改革，也是对外开放，它触及经济、文化、社会等各个领域。这慷慨激昂的40年，是宁波砥砺奋进的40年，也是宁波经济从弱到强的40年。改革之所以能够取得如此显著的成就，一是经济层面的转向，市场化浪潮确立了市场经济体制，民营经济焕发了生机活力。二是政治层面的推动，党的十一届三中全会、邓小平的南方视察讲话提供了一些精神支持和政策导向。

值此40年大庆之际，宁波各大媒体纷纷推出专题策划，讲述改革开放以来的发生在宁波的点滴故事。

从2018年4月13日起，宁波日报先后推出了"潮涌东海岸""宁波再出发"两大系列。在头版刊出百姓故事·时代风云中的宁波人的栏目，从这些人物切入，进而展现改革开放这40年的光辉成长轨迹。

作为宁波市新媒体中富有影响力的甬派客户端，最早推出了庆祝改

---

① 李艳红:《政治新闻的模糊表述：从中国大陆两家报纸对克林顿访华的报道看市场化的影响力》,《新闻学研究》2003年第5期。

革开放 40 周年的专题。早在 2017 年 12 月 27 日，中共宁波市委召开经济工作会议，要求通过"抢机遇、抢人才、抢项目"来推动宁波走在高质量发展的前列。甬派在 12 月 27 日 18 点 35 分就发布了此消息，并顺势推出专题《不驰于空想，不骛于虚声——四十不惑，改革开放再出发：抢起来、干起来》。

随后，这个专题又接连刊发了诸如《重奖 500 万！新年首日宁波第二份重磅引才公告出炉》《引进全球顶尖人才 100 名！宁波"抢人才"再擂战鼓》《市委常委会扩大会议部署全面深化改革工作》《宁波热忱欢迎海内外人才来甬创业》《宁波启动全国"抢人才"行动，今年将赴 30 城 70 高校办专场招聘会》《连提四个"加快"！全市组织部长会议全面部署"抢人才"》等一系列高质量稿件，表明了宁波市深化改革的强大决心。①

众所周知，百度指数主要是基于网民在百度引擎中的搜索量，根据输入的关键词，进行科学算法分析而得出。我们在百度指数中输入"改革开放 40 周年"的关键词后，自定义时间段为 2018 年，将地域限定在浙江宁波，从搜索指数、资讯关注两个方面专门进行分析。如图 2 - 31 所示，整体日均值为 157，移动日均值为 79。最高顶点 J 点值达 1475，竟是平均值的九倍多。显而易见，2018 年 12 月 18 日庆祝改革开放大会召开时舆论氛围已经较为热烈。而在此之前，相关准备工作也在有条不紊地开展中。纪录片《我们一起走过——致敬改革开放 40 周年》上线中央企业改革开放 40 周年在线图片展。电影《黄大年》献礼改革开放 40 周年等都顺利完成了舆论造势，也随之掀起了一个又一个高潮，进而为改革开放大会的圆满召开铺垫。

中国宁波网也推出过《甬·立潮头——改革开放 40 周年》的大型

---

① 《宁波日报报网拉开庆祝改革开放 40 周年报道大幕》，凤凰网，2018 年 8 月 15 日，http：//wemedia．ifeng．com/73768368/wemedia．shtml。

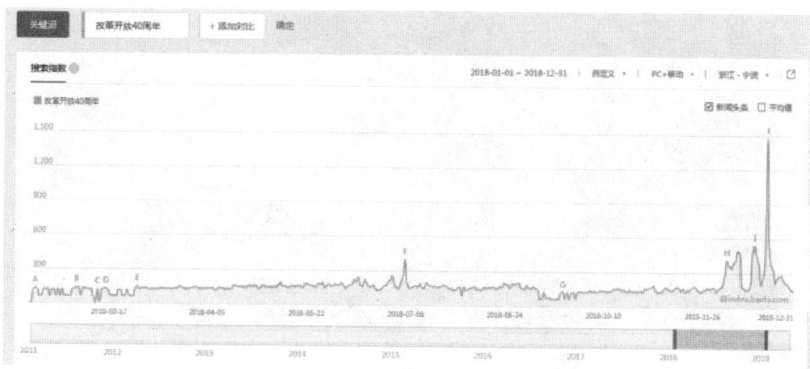

图 2 - 31　宁波改革开放 40 周年百度指数截图

资料来源：百度指数。

专题，专题下设诸如"宁波大事记""图看成就""港城传奇""城市记忆""地标相册"等 7 个栏目。既回顾重要的历史事件，展现普通市民的奋斗历程和情感体验，也着力于看清这座城市在新时代的历史方位和世界定位，在大变革大开放中迎接新的辉煌。[①]

此外，中国宁波网还专门为此设计了庆祝改革开放 40 周年的版面，整个版面样式以红色为主色调，又加入了和平鸽、鸟巢、纪念碑等元素，整体上大气恢宏，美观大方，与主题相得益彰的同时也营造出了良好的氛围。如图 2 - 32 所示，数字"40"意在表示见证时代变迁，再创改革辉煌。"惟改革者进、惟创新者强、惟改革创新者胜"这几个红字则在首页顶部呈现。"直播：庆祝改革开放 40 周年大会　习近平将发表重要讲话"则作为头条新闻用红色加粗的方式放置在首页醒目位置。

甬派还推出了"四十不惑，改革开放再出发"等专题新闻，制作出了"40 年乘风破浪！宁波那些人、那些事见证伟大变革"的 H5。主要涉及了 100 名"改革先锋"中的四位宁波籍人士，通过人物卡片展示

①　甬·立潮头——改革开放 40 周年，中国宁波网，2018 - 4 - 28，http：//zt. cnnb. com. cn/system/2018/04/28/008747394. shtml。

图 2 - 32　中国宁波网专题

资料来源：中国宁波网。

的样式介绍他们的主要成就，用影院式滚动播放宁波改革开放的那些40年重要人物和重大事件，令人仿佛置身其中。其构思之巧妙，背景音乐之激昂，令人备受鼓舞，能够十分真切地感受到改革开放给宁波这座城市带来的诸种巨变。

如图 2 - 33 所示，中共宁波市委党史研究室还联合甬派主办了以"光辉的足迹，伟大的征程"为主题的庆祝改革开放 40 周年的主题知识竞赛。并以报网结合的方式，分为网络答题和报纸答题两种形式：市民们既可以选择登录中国宁波网或者甬派客户端进入知识竞赛页面参与答题，也可以在选择《宁波日报》上手写答题。自 2018 年 11 月 19 日推出后，反响较为热烈。通过积极参与此次知识竞赛，广大宁波市民在答题过程中进一步了解中国改革开放 40 年的光辉历程，也更真切地感受到了宁波在改革开放进程中所发生的翻天覆地的变化。

宁波市委市政府先前曾提出过"港通天下，书藏古今"这个城市宣传口号，这里面的"书"指的就是誉满天下的天一阁，这同时也是宁波的文化底色。它不仅是享誉海内外的宁波城市地标，而且还是宁波千百年来文化基因的传承载体，其所推崇的藏书文化至今仍深刻影响着宁波人知书识礼的精神面貌。其实在漫漫历史长河中，河姆渡文化、商

图 2 - 33　宁波改革开放 40 周年知识竞赛

资料来源：甬派。

帮文化、阳明心学都与宁波这片土地有着千丝万缕的联系，进而建构起宁波人专属的精神世界，彰显着宁波人骨子里的腹有诗书气自华的独特个性特质。宁波日报报业集团在改革开放进程中一直都在积极推动文化产业发展，为宁波整体发展注入着绵绵不绝的文化力量，同时也在新时代的文化建设中续写着崭新的篇章。

如前所述，每一座城市都有其独特的文化所在，灿烂的文化可以锻造出一座城市的独特品格。自改革开放以来，宁波的文化软实力一直在不断增强中。按照市委、市政府的指示，宁波日报报业集团在塑造城市形象、弘扬主流价值观、传递正能量等方面尤为用心。例如"爱心城市"已经是宁波的一张名片，宁波在 2017 年又实现全国文明城市"五连冠"，所有这些发展硕果宁报集团都进行了浓墨重彩的专题报道，也获得了广大市民的交口称赞。宁报集团努力践行着"勇立潮头"的奋斗理念，始终走在时代前列，传承着宁波的文脉，坚定地做好文化遗产的守护者及新时代中国特色社会主义文化的有力传播者：一方面，让全世界都能更好地听到来自宁波的声音，让宁波与世界始终相连；另一方面，也在积极构筑文化认同理念，坚定这座文化古城的专属自信心。宁波这千百年来所积淀的文化底蕴，是历代宁波人宝贵的文化财富，而这笔无价的文化财富历久弥新，在新时代中也正焕发着全新的活力。

自改革开放以来，市场经济已经实现了对先前计划经济的全面超越。自 1992 年党的十四大提出建立社会主义市场经济体制的改革目标以来，为加快改革开放和现代化建设的步伐，"宁波市场"的出现正是对其最为有力的响应。它是《宁波日报》改版后新开辟的经济专刊，一直着眼于顺应改革开放的形势，一直着力于深耕经济报道。它有两个知名专栏："货比三家"和"精品排行榜"。前者是同一种商品在不同商店的价格比较，由市物价局组成专门班子，定期对市区大中型商场进行采价，后者是同类商品不同品牌在一个商店的销售数量的比较，稿件由经营这一类商品在宁波商界最有影响的商场提供。①

如图 2-34 所示，改革开放 40 年来，宁波的 GDP 年均增长 13.2%，1978 年宁波全市生产总值只有 20.2 亿元，而到了 2017 年全市生产总值达到了 9846.9 亿元，相当于 1978 年的 492.3 倍。改革开放 40 年以来，宁波在经济建设、城乡建设、社会建设、文化建设、生态建设都取得了显著成就。这些年来，宁波勇立潮头，调动一切积极因素，充分利用深水良港、一带一路、创新驱动、乡村振兴等重大机遇，为改革开放注入源源不断的动力。目前，宁波推进"246"万千亿级产业集群建设，而这将又给制造业带来全新的发展机遇。所谓"246"，分别是指 2 个世界级的万亿级产业集群、4 个具有国际影响力的五千亿级产业集群和 6 个国内领先的千亿级产业集群。② 而关于经济发展，宁报集团众多媒体人的报道身影一直都在，完全有理由相信今后也不会缺席，只会拼尽全力将这项工作做得更好，让全世界都看到宁波人的努力。

此外，2017 年以来宁波一直秉承习近平总书记所提出的"绿水青山就是金山银山"的先进发展理念，积极谋划，全面部署，注重落实，

---

① 童达：《办经济专刊要有精品意识》，《新闻大学》1996 年第 3 期。
② 《宁波放大招！市委书记用 49 张 PPT 开了这个动员会》，《浙江新闻》2019 年 5 月 10 日，具体网址为：https://zj.zjol.com.cn/news.html? id = 1196554&from = groupmessage。

全市生产总值（GDP）
单位：亿元

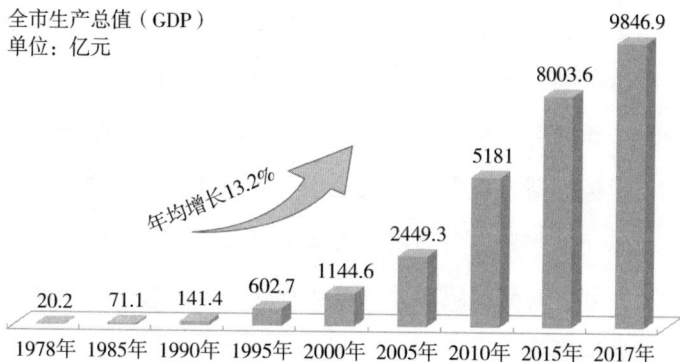

图 2 - 34　宁波改革开放以来 GDP 增长图

资料来源：宁波市统计局。

持续推进"五水共治"工作，已取得较为显著成效。与之相伴随，《宁波日报》曾推出"五水共治攻坚之年"大型系列报道，全景式彰显了宁波打赢"五水共治"攻坚战的决心和信心。与此同时，宁报集团也提高了针对"剿灭 V 五类水"、河流治理河长负责制的报道强度。围绕着这些特定的议题推出了一系列专题报道。所有这些努力，最终营造出了人人讲求生态环保的浓厚舆论氛围。

而自 1996 年，广州日报集团正式挂牌成为我国第一家报业集团后，全国各地纷纷组建报业集团，2002 年宁波日报报业集团宣告成立，在改革开放过程中，一直都在勇立潮头，奋力拼搏。目前，宁波日报报业集团已经形成了"八报二刊一社一书店一书城"的格局，在原有"四报一刊一网"的基础上增添了《余姚日报》《慈溪日报》《奉化日报》《鄞州日报》《宁波通讯》四报《宁波经济》一刊以及宁波书城和宁波出版社。

众所周知，十八大以来，以习近平同志为核心的党中央全心全意带领着全国各族人民创造全新的辉煌，一直在为实现中华民族伟大复兴而不懈奋斗。在新时期，党的新闻舆论工作的职责和使命是：高举旗帜、引领导向，围绕中心、服务大局，团结人民、鼓舞士气，成风化人、凝心聚力，澄清谬误、明辨是非，联结中外、沟通世界，其实这 48 个字标志着习近平新闻舆论观的形成。① 宁波日报报业集团也在习近平思想的指引下，积极谋划，努力做好舆论引导相关工作。例如 2016 年《宁波日报》进行了改扩版，每周版面总数由原来的 72 版提高到 88 版，整合相关专版专刊，对新闻版面进行重新布局，充分发挥自身权威性和专业化优势，做深做透政治、经济、社会、文化、民生等方面的热点问题。都市报系也实施了整合转型，《宁波晚报》和《东南商报》全面改版，《宁波晚报》更重民生服务，而《东南商报》深耕财经领域，两者错位竞争，进而凸显各自的发展特色。

在其他相关领域报道中，我们也发现出了一些亮点。例如爱心已经成为一张宁波的特色名片，宁波日报报业集团在弘扬真善美、传播正能量上也积极发挥着引领作用，及时对宁波地区涌现出的一批好人好事进行集中报道，以便让更多的人知道宁波这座"爱心之城"，这对于提升城市形象、构建和谐社会其实都有着积极意义。2019 年 3 月 10 日，20 岁的奉化姑娘在关键时刻挺身而出，替同学挡了八刀。截至 2019 年 5 月 8 日 20 时，微博相关话题"女大学生为同学挡 8 刀"有 7.4 万讨论，已经有了 6.9 亿阅读。甬派也紧接着推出专题新闻"挡刀女孩"崔译文，并进行持续跟进报道，《人民日报》等媒体也纷纷关注转发崔译文见义勇为的壮举，引来众多网友的关注。甬派记者远赴桂林探访崔译文，并进行现场直播，该场直播超 19 万人次参与。如图 2 - 35 所示，5 月 2 日至 5 月 3 日，甬派刊发了三篇快评《"挡刀女孩"为何爆发惊人壮举？良好家风育美德》《见义勇为"挡刀女孩"，她以正能量之火，燎原"爱心宁波"》《临危义举感动全国！"挡刀女孩"崔译文，为你骄

---

① 《习近平眼中的新闻舆论工作》，新华网，具体网址为：2018 年 8 月 21 日，http://www.xinhuanet.com/politics/xxjxs/2018 - 08/21/c_ 1123299834.htm。

傲》，与系列报道相得益彰，进一步拓展了报道的深度。还有甬派粉丝深受感动，即兴为"挡刀女孩"创作诗歌、沙画、"湿人甲"以疤为主题，把崔译文的事迹、青春年华与美丽人生融为一体，即兴创作了一首诗歌《青春的疤》。① 宁波沙画师蒋凯华也为她创作了沙画《美丽的勇敢》，还原了她当时挡刀的情形。②

图 2 - 35　甬派"挡刀女孩"专题新闻截图

资料来源：甬派。

港通天下，因港而兴，港城联动，宁波这座城市的发展一直都离不开港口。先前宁波的交通较为闭塞，海陆运欠发达，1912 年才有了历史上第一列火车，1978 年宁波港货物吞吐量仅有 214 万吨，而到 2017 年宁波—舟山港货物吞吐量 10.1 亿吨。③ 而近些年来，宁波一直都在积极服

① 《"挡刀女孩"感动全城！这首〈青春的疤〉，〈谁来为她献唱〉》，《甬派》2019 年 5 月 3 日，具体网址为：https：//ypapp. cnnb. com. cn/yppage/index. html#/news/share/news_ detail？newsId＝5ccb9980e4b0eaf50261026c&modeType＝0。

② 《宁波沙画师连夜构思创作，还原"挡刀女孩"壮举瞬间》，《甬派》2019 年 5 月 4 日，具体网址为：https：//ypapp. cnnb. com. cn/yppage/index. html#/news/share/news_ detail？newsId＝5ccc38c0e4b0eaf502610f24&modeType＝0。

③ 参见《一图读懂！宁波改革开放 40 周年经济社会发展成就！》，发布于微信公众号"宁波发布"，具体网址为：2018－10－22. https：//mp. weixin. qq. com/s/O8thZsu RjlicBU-cu9irV-g。

务国家"一带一路"、长江经济带等国家战略，陆运、海运、空运协同发展，基本上已经形成了一套比较完善的交通体系。宁报集团也经常将采编视野投向宁波——舟山港这个国际性大港：例如报道前来靠泊集装箱船的标箱装载量，报道宁波——舟山港的集装箱吞吐量实现历史性突破，报道宁波——舟山港与海内外各地联系日益紧密、开放层次不断提升等方面。

宁波作为长三角地域大湾区建设的核心城市之一，区位条件优、产业基础好、开放平台多、体制机制活，有条件、有基础、有潜力为浙江大湾区建设做出更大贡献。① 近年来，宁波也正在举全市之力在推进"六争攻坚、三年攀高"行动，着力实现宁波经济全面、高质量发展。宁报集团也始终围绕中心工作，努力做好宣传报道工作，营造了有力的舆论支撑氛围。例如中国宁波网曾精心策划了"六争攻坚三年攀高"专题报道，非常生动地展现出了行动过程中所取得的阶段性成绩。

而在社会主义核心价值观宣传方面，宁报集团在很多时候也会选择将目光聚焦在和谐社会构建上，例如围绕新老宁波人和谐互动等方面。宁波晚报曾针对两位"甬漂"奶奶互相留门的温暖故事进行报道。"甬漂"和"北漂"其实有些类似，指的是那些由于各种原因而漂泊在宁波的特定群体。俗语有云远亲不如近邻，报道里的那些"甬漂"奶奶，从最初的真挚的友情逐渐向浓厚的亲情方向生根发芽。其实这些特殊的老年人恰好正是推动社区治理的积极力量，也在尽自己所能努力维系着人与人之间最质朴、最纯粹、最美好的感情。而早在2004年，《东南商报》就曾策划举办了"外来务工者节"，并成功将其打造成一个品牌。这些报道主要通过"外来务工者节"牵引出"新宁波人"的概念，一方面助推了"民工荒"问题的解决，另一方面引导新老宁波人共同和谐生活，进而

---

① 参见《全力融入大湾区建设 努力打造杭州湾经济区中心城市》，《宁波通讯》2018年第15期。

推动宁波构建和谐社会。这是主流媒体一次较为成功的舆论引导，通过舆论唤起人们的同理心，引导大家关注农民工的真实生存状况，并切实帮助他们解决一些问题。而在此之后，《东南商报》着眼于平衡经济效益和社会效益，积极投身于公益，塑造了有责任、有担当意识的媒体形象，在宁波本地甚至在全国范围内引发广泛关注，获得广泛赞誉。

根据官方资料，宁波日报报业集团现已基本上形成了媒体矩阵，涵盖报纸、杂志、网站、出版、微博、微信、APP。其中新媒体矩阵包括甬派、有趣派、民生 e 点通、天一论坛、影像宁波、地铁生存、财开始、云涌、上学 talk、乡下头、月光宝盒和微互动等，如表 2 – 8 所示。这些垂直细分的新媒体凭借各自的内容特色生产收获了一大批受众。例如影像宁波是摄影爱好者的聚集地，有趣派是针对年轻人提供日常生活服务资讯的平台，而上学 talk 则侧重于打造专业教育类平台。

表 2 – 8　　　　　　　　　　宁波日报媒体矩阵

名称	具体内容
报纸	《宁波日报》《宁波晚报》《现代金报》《东南商报》《余姚日报》《慈溪日报》《奉化日报》《鄞州日报》《新侨艺报》等
杂志	《宁波通讯》《宁波经济》《文学港》等
网站	中国宁波网、宁晚融媒、影像宁波、余姚新闻网、慈溪新闻网、奉化新闻网等
出版	宁波出版社等
微博	@宁波日报、@中国宁波网、@民生 e 点通、@天一论坛、@宁波日报等
微信	独家派、有趣派、乡下头等
APP	甬派、姚界、慈晓、鄞响

资料来源：中国宁波网，http：//nbjt. cnnb. com. cn/mtjz2019. shtml。

早在 1978 年，大约是平均每 20 人 = 每 4 个家庭拥有 1 份报纸，每 150 人 = 每 30 个家庭拥有 1 台收音机，每 300 人 = 每 60 个家庭拥有一台电视机。[①] 随着科学技术的快速发展，如今媒介形态日趋多元化。也

---

① 张国良：《传播学原理》，复旦大学出版社 2009 年版。

有一部分媒介功能集成到了号称"第五媒体"的手机里，成为现代每个人每天的必需品，就如同水、食物、空气一样不可或缺，手机上功能各异的 APP 提供给用户丰富多彩的内容，以满足用户的不同需求。新媒体矩阵的建构正是深刻体现出了媒介融合的一方面特质：传播媒介体系可以像软件一样在不断进行更新升级，其覆盖范围也可以更广、更深。

从某种程度上来观照，技术变革推动着舆论引导发生变革，舆论引导在新时期取得了诸多新突破，40 年来改革开放也正是舆论引导手段不断革新的历史。它有如下几方面特点：

一是传播手段多元化。相比传统舆论引导时期，新型舆论引导时期要求转变思路、与时俱进、推陈出新。原先陈旧老套传播手段的传播效果在当下会大打折扣，辐射范围也不容易广泛。如今人工智能、大数据、云计算、VR 等一系列先进科技成果推动传播手段多元化的趋势，H5、短视频、直播等手段也被广泛应用于新闻信息的传递。例如甬派曾推出"十九大·视频直播"，对十九大开闭幕式、习近平同志发表重要讲话等重点内容进行现场直播。党的十九大是全国各地宣传报道工作的重中之重，宁报集团也立志做好全方位报道工作，努力向公众传递立体化的十九大全貌。直播当前已经被广泛运用于突发新闻、民生新闻、主题报道等新闻实践中，例如宁波晚报的教育类直播节目"从中考卷谈语文学习之道"播放量超过 56 万，就彰显了直播蕴含的巨大能量。

如表 2-9 所示，新时期传播手段不断创新，在传统时期的基础之上又涌现了许多崭新的传播手段，传播方式也更为立体、生动，不再简单停留在二维的层面上，而是充分打通人的视觉、听觉、触觉等，文字、声音、影像等形式，努力营造全方位、立体化的呈现体系。例如自2018 年 3 月 27 日起，《宁波晚报》推出多期精彩的 AR 头版，读者只需打开手机扫描相应头版照片，即可让照片变成视频动起来，这一创新也收获公众好评。①

表 2 - 9 　　　　　　　　　　两大时期主要传播手段对比

时期	主要传播手段
传统舆论引导时期	文字、图片、漫画、音频等
新型舆论引导时期	H5、直播、VR、AR、微视频等

　　现如今甬派是宁波地区最大的新媒体之一，也是宁波日报报业集团着力打造的重点品牌，集中体现出了移动优先、滚动播报、及时发布、实时互动等特点。例如甬派在十九大期间推出了《跟着"双霞"看盛会学报告》栏目，"双霞"是宁波的两名十九大代表，两个人的名字里都有一个"霞"字，一个叫胡朝霞，一个叫陈霞娜。甬派敏锐地觉察到十九大这场盛会的宁波元素，提前策划和推出了一系列专栏报道。最终此栏目在十九大宣传融合传播峰会中斩获"中国报业十九大传播融合传播优秀作品十佳"大奖。据悉此峰会由中国报协组织，旨在回顾总结十九大宣传报道的经验，并表彰优秀的媒介融合作品，在国内新媒介具有一定影响力。

　　如表 2 - 10 所示，大会期间，此栏目连续推出了 8 篇专题新闻报道，紧紧围绕"双霞"这个核心元素，综合运用多种传播手段，融图文视频于一体，取得了不错的传播效果。值得一提的是，在报道中还插入了一些街头采访，进行实时互动。这一系列报道活动不仅浓墨重彩地宣传和贯彻了十九大精神，也充分体现出宁波地方报道特色以及宁波人独有的精神面貌，如图 2 - 36 所示。

----

① 　参见《2018 年 5 月宁波日报报业集团领导内部调研稿》。

表 2 – 10　　《跟着"双霞"看盛会学报告》栏目传播手段汇总

传播手段	作品
H5	《"双霞"十九大时光，甬派小飞侠带你看》
图文 + 微视频	《这里，为何会响起两次雷鸣般的掌声？陈霞娜这样告诉你》《这事，习近平 5 个字道出真谛！陈霞娜告诉你宁波就这么干》等

资料来源：甬派。

图 2 – 36　"双霞"部分专题新闻阅读量、
评论数截图

资料来源：甬派。

二是创新报道角度。过去在重大报道的主题提炼中，报纸常采用"重大事件＋政策精神"的宣传方式，国内有学者称其为"P—F—E"模式，即媒体根据党和政府在某一时期决定或倡导的方针政策（politics），选取具体的典型的新闻事实（facts），并按照政策精神对新闻事实进行相应的解读（explainations），赋予一定的主题意义。随着信息社会的到来，受众的信息消费方式发生了变化：一是信息消费轻松化，二是关注焦点的趋同化，三是需求吻合的利益化，四是判断形成自主化。结合这些变化，传统的"P—F—E"模式转变成"S—F—E"模式。①这时策划的重要性逐渐凸显：对于可预见性的议题做好充分准备，进行全景式、立体化的报道。而对于不可预见的议题也要做好应对策划，力图积极进行后续舆论引导。自 2001 年中国宁波网成立以来，就曾推出一系列专题，基本上涵盖经济、文化、社会、科技等各个生产生活方面。据不完全统计，涉及本地的专题最多，数量高达 630 个。而其中体育、综艺娱乐相关专题数量最少，如表 2 – 11 所示。

表 2 – 11　　　　　　　中国宁波网系列专题汇总

涉足领域	专题数量（个）
科技财经	150
文化教育	60
综艺娱乐	30
体育	30
国内	270
国际	270
本地	630

资料来源：中国宁波网。

一方面可以在会议报道中推陈出新。先前的会议报道往往过于严肃，而现如今会议新闻更加鲜活生动，不是一味地突出"领导""会

---

① 孙玮、谢静、童希：《"宁报模式探析"下》，宁波出版社 2012 年版。

议",更多着眼于会议与普通大众之间的联系,挖掘出一些与老百姓生活息息相关的亮点。两会是我国每年3月召开的重要会议,以2016年的"两会"为例,《宁波日报》以"两会聚焦"专版形式对诸如"十三五"规划草案的提出的打造创新大平台、构建开放大格局、促进产业大转型、推进宁波都市区、抓好环境大优化等重要任务分别刊发报道,气势磅礴;《宁波晚报》精心策划《专家为你解读宁波"十三五"蓝图》,视角独特,亮点提炼到位;"甬派"在启动页推出《站在"十三五"风口,宁波再出发》和《展望十三五,为宁波加油鼓劲》特别策划,大气的设计,可视化的内容,一经推出,就被广泛转发。[①] 所有这些都是创新会议报道的有益经验,也打破了原来枯燥单一的会议报道的樊篱。也反映出宁报集团的确是在认真做好重大会议的策划,切实提高宣传策划的质量和水平,也在坚持正确舆论导向的前提下,努力以贴近百姓生活的方式呈现新闻,使广大受众感兴趣并愿意读,进而产生较好的传播效果。

例如从标题制作角度看,甬派的《报告刘书记,我把公司搬回宁波啦!》宁波晚报的《给水表水管穿上"保暖衣"》等稿件标题制作十分巧妙,极具亲和、活泼感,将代表的建议进行生动的转化,努力建构起有关引进人才等与民众息息相关的议题集合。甬派出品的《报告刘书记,我把公司搬回宁波啦!》文章阅读量高达8.6万次,社会各界反响不错,这也从侧面反映出宁报集团一直在积极推行着新闻话语改革,力求用更加生动、更富感染力的方式去呈现新闻事实。

另一方面可以从身边挖掘典型。在典型报道之前出现的概念当然是"典型"——一种艺术和美学的古希腊术语。希腊文中的"典型"Tupos,其原义为铸造用的模字,与Idea(模子、原型)同义,由此派生出

---

① 参见《2016宁波日报报业集团各媒体两会报道工作总结》。

Ideal（理想）之义。典型即"最接近理想之型的具体之型"。[①] 典型人物报道作为社会主义新闻事业的产物，在我国新闻实践中占据着重要地位，产生过深远的社会影响。[②] 然而典型并不简单等同于完美无缺。典型人物并不是冷冰冰、遥不可及的，而是真实存在于我们现实生活中，也拥有着平凡的美丽，我们所能够做的应是努力去发掘平凡人的不平凡，努力去发现平凡的伟大之处，努力去把生硬的宣传转变为生动的表达，刻画众多典型人物的共同特征，并融入与时俱进的时代精神，进而有利于舆论引导工作的顺利开展。例如杭州《都市快报》早前就"最美妈妈吴菊萍"专题做过前后达近百篇系列报道，社会反响非常好，也曾被评为浙江省新闻一等奖。最初在头版刊登的《吴菊萍：勇敢的妈妈 伟大的母亲》这篇报道后来还获得了中国新闻奖。吴菊萍毫不犹豫张开手臂接下从十楼掉落的孩子，她的事迹感动了无数网友，网友给她了一个亲切的称呼——"最美妈妈"。《都市快报》充分体现出了作为主流媒体的责任担当，用讲故事的方式娓娓道来，弘扬真善美，进而传递着社会正能量，也使得广大读者感受到人们的暖暖情意。例如宁报集团也曾先后报道过竭力帮助残疾人的王延勤、投身慈善的企业家王国军、见义勇为的外来务工者徐义胜、无偿捐肝救女孩的林萍等典型人物，他们都不是"可望而不可即"的圣人，而是有血有肉的普通人，但他们身上闪烁着的人性光辉，为宁波乃至全国的人们带来了正面的榜样力量，起到了先锋模范作用，并取得了良好的社会反响。其中关于徐义胜的系列报道还曾荣获当年浙江省新闻奖一等奖。在不过度拔高典型人物的前提下，也适度进行了主题的提炼和升华，从徐义胜见义勇为的事件中敏锐地观察到像徐义胜这样的外来务工群体应是一个亮点，从而深化主题，在随后的报道中着力强调新老宁波人之间的互助，这对于有

① 张威：《典型报道：渊源与命运》，《新闻与传播研究》2002 年第 2 期。
② 孙玮、谢静、童希：《"宁报模式探析"下》，宁波出版社 2012 年版。

力推动构建和谐社会不无裨益。

也还可以在强化正面引导上下功夫。我们知道舆论有正面舆论和负面舆论之分，正面舆论能够对社会发展起到推动和促进作用，而负面舆论对社会发展起阻碍作用。因此，需要充分发挥正面舆论的作用，积极营造出一个良好的舆论氛围。对于负面舆论则要认真把握正确方向、进行有效舆论引导，减轻负面舆论带来的不良影响。2015 年甬籍女科学家屠呦呦获诺贝尔生理学或医学奖，使得她成为首获科学类诺贝尔奖的中国人，她发现的青蒿素挽救了全球特别是发展中国家许多疟疾患者的生命，这是中国的骄傲，更是宁波的骄傲。宁报集团旗下各媒体立马围绕这一重大事件，在报道屠呦呦获奖消息的同时，又进行了一次集聚正能量的策划创新。例如"甬派"客户端推出"宁波骄傲"专题，开设祝贺、评说等专栏，《宁波晚报》通过记者电话连线屠呦呦家，推出《家人代表屠呦呦作谢：感谢家乡人民的关心和支持！》等报道。各媒体还进一步挖掘屠呦呦在宁波的上学、生活等情况，报道中还给了屠呦呦"宁波女儿"的美称，及时让所有宁波人对这位科学家有"我们自家人"的感觉。2015 年 12 月 4 日，宁波日报报业集团又特派记者飞赴瑞典跟踪采访屠呦呦领奖期间的一系列活动，在"甬派"客户端先后推出《诺贝尔颁奖典礼今夜上演　诺奖晚宴屠呦呦将坐 10 号桌》《屠呦呦用宁波口音讲述"中医药给世界的一个礼物"》等相关报道。2015 年 12 月 10 日晚上，"甬派"客户端以图文结合滚动播报屠呦呦领奖的历史性一刻，让家乡人民在第一时间分享了屠呦呦的获奖荣耀。除了现场报道，宁报集团还同步推出了《专访屠呦呦唯一博士生王满元：老师对家乡宁波一直有很重的感情》《宁中、效实两母校以屠呦呦为荣　一个建陈列室，一个为其画像》等报道，从侧面展现了宁波人民对屠呦呦获奖的喜悦和祝福，同时也从侧面展现了屠呦呦独特的精神风貌。宁报集团正确把握重大事件的舆论走向，结合宁波实际，积极进行创新报道，塑造出了屠呦呦"宁波女儿"的形象，努力挖掘了屠呦呦获奖背后的点滴故事，生动展现并讲述了"宁波女儿"的感人事迹，引发了宁波人民的情感共鸣，也更好地向海内外传播了宁波新形象。宁报日报报业集团"报网端一体"策划屠呦呦获奖领奖系列报道，仅以"甬派"APP 后台统计数据，这一专题阅读量就超过 100 万，其中数十篇稿件被国内主流媒体转载，社会影响力巨大。[①] 具体如表 2 - 12 所示。

表 2 - 12　　　　　　　　　宁报集团屠呦呦报道三个阶段

阶段	报道内容
第一阶段 （2015 年 10 月 6 日）	《宁波日报》《宁波晚报》《东南商报》中国宁波网、"甬派"APP 集中报道屠呦呦获得诺贝尔奖的消息以及宁波人的热烈反响；《宁波晚报》刊发《昨晚家人代表屠呦呦致谢：感谢家乡人民的关心和支持！》
第二阶段 （2015 年 12 月 4 日至 2015 年 12 月 10 日）	《诺贝尔颁奖典礼今夜上演诺奖晚宴屠呦呦将坐 10 号桌》《屠呦呦用宁波口音讲述"中医药给世界的一个礼物"》《屠呦呦首次现身诺奖新闻发布会呼吁关注抗疟疾问题》等
第三阶段 （2015 年 12 月 10 日至 2015 年 12 月 13 日）	视频和图文直播报道《屠呦呦传》首发仪式、"分享屠呦呦诺奖荣耀"活动等

资料来源：《宁报集团屠呦呦报道策划创新总结》。

如前所述，在媒介融合发展时代中，传统媒体和新媒体两者的博弈日益凸显，传统媒体的垄断地位逐渐被打破，新媒体也得到了长足发展。而且新媒体往往能在突发性事件中抢占先机，及时向公众告知最新消息，虽说有时有些信息的准确度和真实度还需要存疑。作为党和国家的喉舌，主流媒体始终要秉持权威和严谨的态度，尽心尽力做好舆论引导相关工作。例如宁波晚报在处理当时宁波江北爆炸的报道上算是别出心裁，在头版放了市民献血的照片，把主标题设置为"市民连夜排队献血"，用整整两个版面陈述已知事实，将公众的视线从爆炸事故转移到全民献血上，凸显了一则负面新闻背后的脉脉温情，

---

① 参见《宁报集团屠呦呦报道策划创新总结》。

如图 2 – 37 所示。新闻有温度，方才能吸引公众的注意力。寻找合适的角度进行新闻呈现，一方面，可以让公众更加全面地了解新闻事件，而不仅仅停留在新闻表面，运用合适的报道策略，挖掘出更深层次的内容；另一方面，也可以寻求情感的共鸣，用真情触动公众，传递正能量，承担起作为新型城市主流媒体义不容辞的责任。

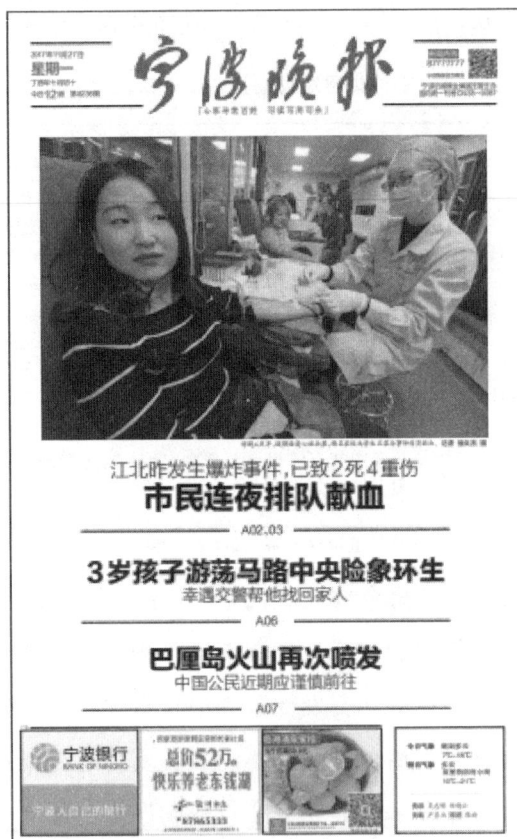

图 2 – 37　江北爆炸宁波日报头版

资料来源：宁波晚报。

近些年来，宁报集团始终围绕宁波市委市政府的重点工作部署，结合当地发展实际，全方位宣传宁波各方面建设成就。例如推进名城名都建设。所谓"名城名都"，即"国际港口之城，东方文明之都"。2017

年 11 月 23 日，宁波市委十三届三次会议审议通过《关于高举习近平新时代中国特色社会主义思想伟大旗帜，加快推进"名城名都"建设的决定》，对新时代宁波加快"名城名都"建设做出了战略安排与具体工作部署。为此宁报集团及时策划启动"开启新征程　续写新篇章　奋力推进'名城名都'建设"主题报道，《宁波日报》也在头版开设了专栏，连续刊发《甬城"芯"产业跃动正欢》《宁波"金凤凰"展翅资本市场》《条条大道通乡村——近万公里农村公路成为宁波乡村振兴"康庄道"》《宁波开启自主生产地铁列车新纪元》《世界首个"10 亿吨"超级大港诞生》《宁波汽车制造业加速蝶变》《金融"活水"精准滴灌美丽乡村》等重点稿件，进行集中发力。

而在诸如台风等突发性事件中，往往还需要提前重视议程设置，谋求有效引导舆论。例如在 2013 年 10 月，第 23 号强台风"菲特"袭击中国沿海城市，给宁波地区带来了前所未有的灾害，导致余姚地区遭遇百年难遇的特大暴雨。10 月 6 日，宁波日报在头版刊出《"菲特"今夜明晨将登陆浙闽沿海》一文，并配以中央气象台发布的台风未来 48 小时路径图，用图文结合的方式进行预报工作。头版将近 3/4 的版面都与"菲特"有关，主要报道有关台风的最新消息和防御台风的工作进展。A2 和 A3 两个版面也有相关报道，《强台风"菲特"把客源吹回城区》《浙江防台响应"一日三跳"》报道了浙江地区和其他地区响应"菲特"的举动和"菲特"给人们日常生活带来的影响。10 月 7 日起，宁波日报又推出了"抗击菲特"特别报道、防汛救灾特别报道、抗洪救灾特别报道等。10 日、11 日在报头右侧的位置展现有关领导关切抗洪救灾工作的报道，原先此位置主要用于报道重要会议等事项，此次在灾情面前及时做出调整，一定程度上也体现出了新型城市主流媒体的责任与担当。

如图 2-38 所示，通过整理分析 10 月 7 日至 10 月 18 日的宁波日报的报道情况，我们发现有关"菲特"报道数量达五百多篇，甚至 10 月 11 日有 10 个版面的专题报道，宁波日报不惜动用诸多版面，除了重点报道各地灾情外，还报道了许多救灾过程中涌现出来的温情故事。

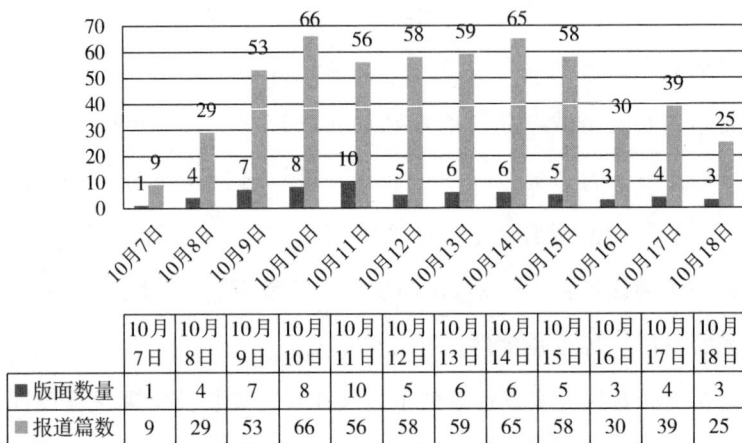

	10月7日	10月8日	10月9日	10月10日	10月11日	10月12日	10月13日	10月14日	10月15日	10月16日	10月17日	10月18日
■ 版面数量	1	4	7	8	10	5	6	6	5	3	4	3
■ 报道篇数	9	29	53	66	56	58	59	65	58	30	39	25

图 2-38　"菲特"台风报道统计

数据来源:《宁波日报》。

值得一提的是，在对台风"菲特"造成的灾情进行报道时，《东南商报》在保持头版版面形态大格局一致的基础上，连续 3 天分别用"握手""爱心"和"呵护"3 种不同的手势来突出报道主题，并以图片和短诗来深化，独特的报头形式赢得业内人士和读者的赞誉。①

与此同时，诸如微信、微博等新媒体矩阵也被广泛运用起来，实时滚动播报最新信息。在"菲特"台风肆虐期间，《宁波日报》充分发挥自身党报媒体自身优势，利用微博的快速传播的特点，汇集、整理和发布了大量政府权威信息，使得广大网友可以在第一时间看到抗台救灾的最新进展及相关生活服务类信息，在一定程度上也避免了被一些别有用

---

① 参见报刊《东南商报》创新版面报道"菲特"台风，邵建鸣主编：《宁波年鉴》，中华书局 2014 年版。

心的意见领袖带节奏的问题。

如前所述，目前国内的舆论场基本上形成了以分化、割裂、碎片为基本格局的"三个地带"：央视、人民日报、各级党政报刊等构成的传统媒体称为"红色地带"，以积极的舆论引导、正面的宣传为主；以论坛、交互式社交媒体等构成的民间舆论场叫"灰色地带"，这里既有主流媒体所宣扬的正面声音，也有网友的各种负面批评；还有极少数的网络社区、QQ群、微信群形成的"黑色地带"，以发布极端或敏感的信息以及激烈的批判为特征。我们更加迫切地需要去打通"官方"和"民间"两个舆论场，争取"最大公约数"。尽量提高"红色地带"比例，降低"黑色地带"比例，达到舆论的平衡，构建起积极向上的舆论生态，而意见领袖则可成为沟通两个舆论场的重要桥梁。[①] 例如早前有篇关于小学生主动让座的报道。宁波一名小学生 12 分钟 4 次让座，此事件后来被《人民日报》点赞，许多媒体也纷纷转载。@DS北风、@于海青等拥有百万粉丝量、具有一定影响力的微博大 V 也在积极转发相关微博，这些意见领袖积极参与传播正能量，不仅提升了宁波城市形象，而且也让更多人知道宁波是一座充满爱的城市。许多宁波网友在看到相关报道后，自豪感油然而生，又主动进行了二次传播，其影响力进一步得到提升。

而媒体则要努力扮演好"引路人"的角色，科学而巧妙地引导民众进行理性参与和舆论表达，尤其是针对一些突发性事件的处理，媒体更要掌握好时、度、效，及时发声回应公众关切，充分保障公众的知情权，跟进报道最新动态，提供实时的信息服务，尽最大努力避免广大群众陷入谣言的陷阱中。可是有时出于各种考虑，有些媒体或许为了避免恶性事件扩散，当事情发生之后有时有意无意都会集体陷入沉默状态，

---

① 罗曼：《"互联网＋"时代舆论引导机制研究》，《湖北师范大学学报》（哲学社会科学版）2018 年第 1 期。

但是这种失声行为反倒会引起部分公众的不满情绪，如果负面舆论不减反增，处理不当就会滋生谣言。根据谣言公式，谣言＝（事件的）重要性×（事件的）模糊性（$R = I \times A$），谣言与事件的重要性和模糊性呈正比关系，因此当事件模糊性越高时越容易滋生谣言。媒体应把模糊性降到最小限度，铲除滋生谣言的温床。若发现谣言的苗头，应防微杜渐，实时控制谣言的传播，把握舆论引导的黄金时间，及时稳定人心。例如2018年10月6日，宁波北仑区发生一起持刀驾车伤人案件。10月11日，宁波又发生一起恶性事件，一男子刺杀邻居全家致3死1伤。11月3日23时10分，网民周某发微博称"北仑出口加工区一公司内今天有人被砍死。"10月25日晚网上大量流传，称宁波市25号全天接连发生三起恶性砍人事件并致5人死亡，经核实完全是造谣。个别网友恶意制造恐慌，无中生有、夸大其词，挑动网民情绪，严重误导网民和扰乱社会秩序，唯恐天下不乱。而本地网友在真真假假的信息中更加缺乏安全感，更加担心自己的切身利益和人身安全。所以说对于谣言绝不能听之任之，否则会演变到令人惊骇的态势，最后无法收场。

宁波的权威媒体本来应该是有责任和义务洞察舆论走向，做好舆情监测与分析，及时回应关切，妥善处理畸变性舆论，防止谣言的产生与扩散，把不利影响降到最低。如图2－39所示，以10月6日宁波北仑持刀驾车伤人为例，从事件高频词来看，我们可以发现这些与话题紧密相关的关键词是大家密切关注的对象，"驾车"出现657次，"宁波"出现567次，"北仑"出现489次，这两个词是突发事件发生地。"16"出现了393次，是该事件的受伤人数。"嫌疑人""抢救""死亡""受伤"等关键词直接指向事件的最新动态以及后续发展。《浙江在线》《都市快报》《中国青年报》等媒体最先进行了报道，转发了@北仑发布的通报。但当时宁波媒体暂时处于失声的状态，次日，中央级别媒体@央视新闻也参与报道，舆论热度呈上升趋势达到了顶峰。

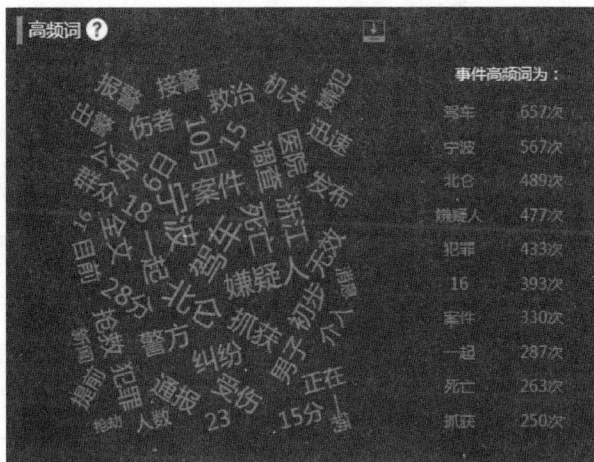

图2-39　北仑持刀驾车伤人事件高频词

资料来源：知微事见。

如欧文·戈夫曼在"拟剧论"中所述，在社会的大舞台上，人人都可以自我呈现，有选择地呈现，构建自己的独特的"前台"角色，完成前台的表演。但是在表演的过程中，民众要有序参与和理性表达，提高辨别是非的能力和自律能力，特别是在谣言四起的时候，不听谣、不造谣、不传谣。也如默顿所述，一个社会个体往往扮演着多重角色，是众多角色复合而成的角色丛。人具有社会性属性，被各种各样的社会关系所笼罩，没有脱离社会单独存在的个体。按照马斯洛需求理论，人们积极参与表达的行为，已经超越了低层次的物质需求，而到达了高层次的精神需求。整个舆论空间往往吸纳了多元意见表达，各式各样的观点经常充斥着舆论空间。在移动化趋势的影响之下，相较于传统舆论引导时期，广大受众的参与更便捷也更多元。而公民记者的出现，随时随地捕捉和记录最新鲜的新闻现场，用手机即时将新闻录入、扩散传播。公民的"这种参与式传播"无形之中放大了社会舆论，往往将真善美、假丑恶的东西一并曝光在公众视线范围内，于是在鱼龙混杂的网络环境中更考验民众的媒介素养，更需要民众自己进行价值判断、学会甄别信息的真假。

值得一提的是，其实我们也发现在网络上不乏有一些唱衰宁波的论调存在，有些文章甚至十分犀利地批评宁波，对宁波后续发展模式存疑，唱衰宁波的声音一度此起彼伏。以《经济观察报》"宁波：睡在杭州枕边的城市"、叶檀财经的"副省级城市系列——停滞的青岛，尴尬的宁波"两篇文章影响最为广泛。而微观察公众号针对叶檀财经一文提出了不同意见，《宁波，不配计划计划单列市！被误读唱衰，中国第四城的尴尬与底气》一文对叶檀的观点提出了疑问，阅读量高达 2.7 万次。文末许多评论也为宁波正名，纷纷力挺宁波。其实宁波在发展过程中固然会存在一些短板，但也不能全然否认宁波这些年改革发展取得的成绩，宁波究竟何去何从其实应该交予时间来回应。如果任由一些榜单和排名左右一些人，从而让人们产生出对宁波的负面评价，一旦让广大受众产生了先入为主的刻板印象，就会难以扭转人们的既定态度。长此以往，唱衰宁波的声音就会越来越响亮，而看好宁波可持续发展的声音就会慢慢被湮没。面对这些干扰，主流媒体抑或是一些充满正能量的自媒体应该选择及时挺身而出做正面引导，并与其进行适宜的互动。改革开放以来，宁报集团始终具有强烈的责任担当意识，努力实现社会效益和经济利益的有机统一，致力于成为极具公信力的主流媒体，弘扬主旋律，传播正能量，培育与践行社会主义核心价值观，为社会主义现代化建设提供思想保证和舆论支持。例如 2015 年 6 月中旬，《东南商报》策划特别报道《孩子们一天的上学路要在山里走四小时》，与市慈善总会联手发起为甘肃天水童堡村建一所"宁波小学"的行动倡议，实现了在短短 10 天筹集善款 140 万元的极佳效果，援建项目现已竣工，这一活动的圆满成功彰显宁波这座全国文明城市的强大公益力量，也表明媒体对社会主义核心价值观的宣传融合在社会活动中，如春雨润物细无声，但却深入人心。2015 年 11 月 15 日，《宁波晚报》连续第三年主办的"文明志愿者公益行"活动启动，为期两个月，在各县（市）区分别举办，通过义演、义卖、认领"微心愿"等形式扶贫济困，众多志愿者、小学生、小记者积极响应并参与，同步策划的宣传报道为爱心的传递提供强大推力。

我们也发现，诸如"顺其自然""支教奶奶""育人使者"等暖心的故事经常出现在宁报集团的报网上。自 1998 年宁波市慈善总会成立至今，20 年来网友"顺其自然"始终对慈善事业不离不弃，他见证着宁波慈善事业的发展，他的爱心事迹影响着许许多多的人。其实类似"顺其自然"这样隐名捐款的爱心人士还有许许多多，他们已经逐渐形成了规模宏大的"爱心群体"，成为宁波一道亮丽的风景。据不完全统计，到宁波慈善机构隐名捐款的爱心人士累计已达 3600 多人次，捐款总额达 4000 多万元。

爱心宁波，尚德甬城。在第五届"中国城市公益慈善指数"中，宁波排名全国第八、浙江第一。这也充分展示了宁波是一座充满大爱的城市，宁报集团充分发挥传承和发扬爱心的模范带头作用，让宁波这座古老的城市经常涌动着一股股爱心暖流。例如 2016 年 12 月，宁波一对九旬老人《最后的牵手》在微信、微博上传播，之后央视新闻频道《面对面》栏目以"最后的牵手"为题，播出了宁波两位九旬老人病床牵手感动全国的故事。甬派早就报道过许多这样的故事，从"最深的记忆""最后的凝视"再到"最后的牵手"，诠释了这段朴实真挚的爱情，感动了无数网友。

在现今这个社会，大家都在渴望能够平等对话，公众的社会意识也在不断觉醒，哈贝马斯曾提出过"公共领域"概念，意在表明人们表达了对讨论、决策公共事务的自由的渴望，公共空间日趋活跃。其实改革开放以来，人们的生活水平普遍提高，人们不再仅仅满足于温饱，还不断追求精神世界的满足。党的十九大报告指出，中国特色社会主义进入了新时代，我国社会主要矛盾已经转化为人民日益增长的美好生活需要和不平衡不充分的发展之间的矛盾。而改革开放在一定程度上也会促使舆论多元化局面的形成。从某种程度上而言，民众畅所欲言，百家争鸣，思想活跃，只要在合适的尺度内，也可以看成思想解放、社会进步的表现。如今网络已经成为舆论引导的主阵地之一，移动互联网迅猛发展，一些年轻受众更青睐通过手机上网获取资讯和发声。习总书记也曾说过很多人特别是年轻人基本不看主流媒体，大部分信息都从网上获取。

在进行大型活动采访时，也更需要能够实现报网联动，进而彰显舆论引导合力。新型城市主流媒体在舆论引导过程中，更应结合全新的传播语境，丰富报道形式，扩大公众的参与面，延长新闻产品的价值链，提高新闻舆论传播力。在全新的传播条件下要与时俱进，切实把握移动传播的趋势，充分适应分众化、差异化的趋势，为实现有效传播、精准传播的目标而努力。充分发挥出一次采集、多次生产、多渠道发布和全天候传播，报、网、端发挥各自专业优势，明确各自分工，进而最大化形成舆论引导合力。

例如在"点亮长江经济带龙眼"全媒体采访活动中，在报网端一体的传播渠道架构中，客户端主要负责"做快"：在这次报道中，所有文字、图片、视频第一时间在甬派客户端呈现，在150万用户中掀起第一波影响力。这组报道在甬派客户端的总阅读量达到1700余万次，评论量18万余次，转发量25万余次，影响力空前，而这并没有包括微信、微博二次传播后用户知晓率的几何级递增。报纸负责"做深"：《宁波日报》和《东南商报》分别开辟专栏，以一天一篇的高频率，对宁波与12城市"点对点"对接进行深入报道。利益于甬派的预告和导读，这些报道成功吸引了更多细分读者的精读。宁波日报收尾阶段"五问港口经济圈建设"系列深度报道，围绕港口物流、航运服务、产能合作、开放共赢、绿色发展五大主题，对浙江港口经济圈建设的路径进行全面梳理，为地方党委政府科学决策提供了大量一手资料和思考建议。而网站"做广"的特点也体现得淋漓尽致：中国宁波网在首页显著位置开辟"点亮长江经济带龙眼"专题，不但对所有图、文、视频进行集纳式报道，还发挥网站"无限量"的优势，针对长江经济带国家战略的背景意义、顶层设计、沿线省市对接行动等进行全方位解读，赋予报道更多的历史纵深感。[①]

　　而在民生问题上，也应搭建起政府和公众的有效对话平台。如图2-40所示，例如宁报集团开通了民生 e 点通群众留言板，进入甬派客户端 e 点通版块，可以直接留言发帖和有关部门沟通，甚至可以直接给市委书记、市长留言。查看受理状态平台均实行"亮灯"制度，三天内回复呈绿灯标志状态，五天内回复呈黄灯标志状态，五天外未回复呈灰灯标志状态，超时未回复会变成红灯标志状态。据不完全统计，如今留言总量达 164708 条，受理总量 159978 条。广大群众也可以直接拨打小 e 热线。其实此举不仅传递了民声民情，也在着力化解民怨。这其实是营造良好舆论空间的有益探索，进而使得社会整合功能能得到充分发挥，在社会转型期中出现的矛盾和冲突可以尽可能化解在萌芽状态，也有利于发挥出舆论引导社会安全减压阀的作用。

　　此外，甬派也推出过众筹新闻，积极发挥"公民记者"的力量，向全社会募集新闻线索，新闻线索按照重要程度分为特别重大独家报道线索、重大独家报道线索、较有价值独家报道线索、一般热线线索，最高奖励一万元。新闻线索的内容可以是文字、图片或视频，新闻线索一经采用，当天支付，有效地调动起了广大宁波市民的积极性，也有不少

---

　　① 参见《宁报集团新闻研讨会资料汇编》。

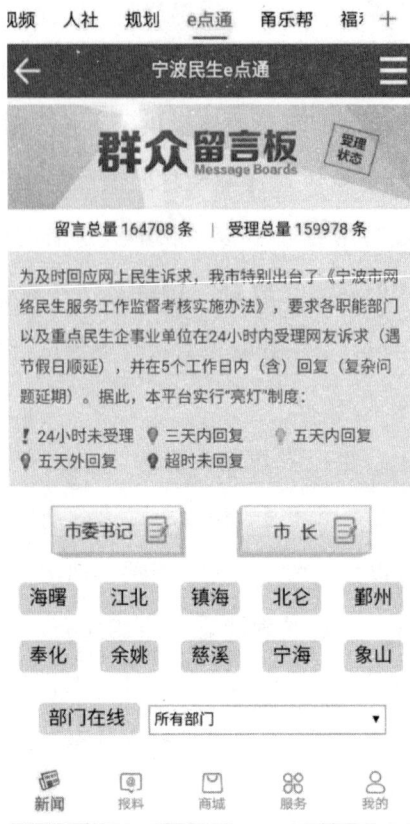

图 2-40　民生 e 点通留言板

资料来源：甬派。

网友积极反映问题，向甬派爆料反映生活中碰到的实际问题，提供了可用的新闻线索，形成了"鄞州一人行道有点'陡'，夜间行走需谨慎，你怎么看？""物业装电梯广告，保利印江南业主怒了：公示等于同意？"等后续新闻报道，引发了网友们的广泛关注，如图 2-41 所示。可见宁报集团是真正在以问题意识为导向，努力解决老百姓当下的烦恼，尽量争取取得理想的舆论监督效果。

现如今全球化是发展的大趋势，宁波也需要以更加开放的姿态面向世界，把声音传到外面去，让外面更加客观真实地了解这座古老而年轻

图 2 – 41　甬派众筹新闻

资料来源：甬派。

城市。近些年，西方社会思潮对我国形成了巨大的冲击，关于诸如"中国威胁论"之类的声音一直存在，要想办法破除这种错误观念，就需要进行正面的舆论引导，例如组建中国之声就对于构建良好的国际舆论格局有着非常深远的意义。早在 2015 年，习近平主席在出席华盛顿州当地政府和美国友好团体联合举行的欢迎宴会时发表的演讲上就引用了唐代孟郊《答姚怤见寄》中的"日月不同光，昼夜各有宜"。尽管存在巨大的差异和一些困难，许多国家应该还能够求同存异，努力去寻求共识和理解，增进互信，致力于构建一个相对和平稳定的国际舆论环境。改革开放以来，中国经济腾飞，已经取得了举世瞩目的成绩。2010 年中国超越日本成为全球第二大经济体，我国的综合国力不断提升，国际影响力也在不断扩大，在国际舆论格局中的话语权也得到了相应提高。

先前习总书记提出的"一带一路"倡议已经在国际社会上引起了剧烈反响,获得了广泛好评。而宁波又被誉为古丝绸之路的"活化石",现如今更以"港通天下,书藏古今"闻名世界,所以更应利用好这张名片,更全面有效地向全世界宣传宁波,着力提升城市的美誉度和国际化水平。在习近平提出共建"一带一路"倡议后,宁波依托现有的港口资源和改革开放优势,积极响应和推动"一带一路"倡议。例如在中国—中东欧博览会、浙洽会、消博会召开之际,宁波日报报网推出融媒体特别策划行动"'一带一路' 宁波先行——十四城纪行",特派记者行走国内外14座城市,探寻"活化石"魅力,讲述"一带一路"的宁波故事,展示"一带一路"的宁波答卷,寻找"一带一路"的宁波商机。以十四城为坐标,立体展现中国与"一带一路"国家携手共赢宏大主题的系列报道。[①]

综上所述,这40年来,改革开放不仅改变了宁波,改变了中国,也改变了世界。改革开放之路是中国发展的必经之路,我们要继续在改革开放的道路上前行,并让改革开放的成果惠及全体人民。当前舆论阵地已经发生了微妙的变化,互联网成为舆论新阵地,一方面,带来了前所未有的机遇,使舆论引导发挥更大效用,影响范围更广;另一方面,也给舆论引导工作提出了更高要求,对于相伴而生的一些谣言、曲解,如何应对和引导负面舆论成为亟待解决的问题。与传统舆论引导时期相比,新型舆论引导时期取得了诸多新突破。以宁波日报报业集团的具体实践为切入点,凸显了以下几大变化:一是传播内容的深度和广度大大提升,覆盖范围更广。二是传播手段的更新,H5、短视频、直播等新形式被广泛应用于报道,媒介融合纵深推进。三是互动性的凸显,公众

---

① 参见《宁报集团2017年迎接十九大 全方位部署"一带一路"融媒体策划书》。

的参与成为一股有力的力量。宁报集团未来应要联系宁波实际，把握发展方位，在改革开放的道路上继续前进。宁报集团是改革开放的亲历者、记录者、讲述者，四十年风雨兼程，更应忆改革路上齐奋斗，看今朝宁波谱新篇。

第三章　相关重要议题舆论引导实践经验借鉴

在这一章中，基于横向对比研究的需要，本着他山之石可以攻玉的考虑，我们主要选取了诸如租售同权政策宣传、G20峰会报道、十九大会议报道等重要议题舆论引导（宣传报道）实际情况来进行专题考察，希冀这些一线或新一线城市的舆论引导（宣传报道）经验可以为宁波所借鉴。

第一节　租售同权政策宣传专题分析

随着互联网时代的到来，人们获取信息的渠道日益拓宽，相较于传统媒体，微博、微信、新闻客户端等新媒体平台拥有受众广泛、信息传播快、交互性强等特征。但同时也存在着信息的失真，虚假信息泛滥等相关问题。相较于过去，在政府推出一项政策后，传统媒体对于政策更多的是解读和宣传，几乎少有质疑的声音。而在自媒体快速发展的今天，对于政策，尤其针对新政策的解读自然还会掺杂着各种声音。从某种程度上来观照，如何合理、有效地引导公众对于政策的舆情，也成为政策能否顺利、有效实行的一个先决条件。我们以广州、深圳"租售同权"政策为例，以政策的传播时间为顺序，就政策预热、政策宣传、舆论引导等几个重要节点进行分析。

2017 年 7 月 17 日，广州市政府办公厅印发了《广州市加快发展住房租赁市场工作方案》，并提出了中国住房租赁史上具有里程碑意义的一条措施——租售同权。该《工作方案》明确表示，赋予符合条件的承租人子女享有就近入学等公共服务权益，保障租售同权。消息一出，迅速在网络上引起了热烈的讨论，微信、微博平台上的各类自媒体对于政策的解读也趋于两极化，一些受众在质疑新政策是否能够落到实处，撼动坚挺的房市，保障随迁子女的教育问题。另一些人则在极力盛赞此项政策。

众所周知，在任何事件或政策的传播过程中，媒体的广泛宣传在一定程度上都会起到不可或缺的作用，高效精准的宣传能让传播的效率事半功倍，帮助广大受众更好地理解政策核心内容，并心悦诚服地接受相关政策。我们将媒体对"租售同权"相关政策的报道分为 2017 年 7 月前和 7 月后两个时间段。由于政策出台前后媒体表现出一定的差异性，故主要分析 7 月以后的情况。我们主要借助知微数据平台来了解各媒体在事件中的参与度，知微数据是通过对微博、微信公众号、网媒、贴吧、知乎等全网数据的采集，根据时间的变化采用趋势图等可视化的方式来展示结果，借助各媒体对于事件的参与度来分析政策的传播热度和范围。

在对于前期预热过程的分析过程中，我们发现"租售同权"的政策并非凭空出现。其实早在 2015 年 1 月，住建部首次提出《加快培育和发展住房租赁市场的指导意见》，明确提出要鼓励房地产开发企业设立子公司拓展住房租赁业务；2016 年 6 月国务院也出台了《关于加快培育和发展住房租赁市场的若干意见》，12 月中央经济工作会议上首次提出"租购并举"和"房住不炒"，进一步完善了该政策的顶层设计。

但在此期间，根据百度指数来观照，广大公众对于"租售并举"政策其实仍处于观望状态，对于相关政策的搜索量也一直是处于一个较低的水平。老百姓对于"租售同权"政策认识较为模糊，因此并未在社交媒体上引起大范围的讨论。关于"租售同权"政策的报道也是寥寥无几，仅有央视新闻频道对相关部门的讲话精神进行了一些事实性描述，但并没有深入报道。

而在当年7月，相关舆情数据已经有所升温。2017年7月17日，广州率先提出了"租售同权"政策，试图将中央精神真正落到实处。7月18日，住建部等九部委联合发布通知，将广州、深圳等12个城市列为"租售同权"首批试点城市。一系列政策"组合拳"的有效实施，让"租售同权"迅速成为公众关注的焦点。知微数据显示，政策发布的当天，南方都市报旗下的微信公众号"咩事"第一个推送了名为《广州重磅新政！国有租房公司出现，首提让租者幸福居住！房价会跌吗？》的文章，着重分析了"租售同权"的相关利好之处。但该文章并没有引起受众们的广泛关注，阅读量仅为一万次左右，从文章下面的留言我们发现公众对于该政策的落实并不抱有太大的希望。到7月18日9时，多家广州本地的门户网站开始跟进，包括腾讯网和搜房网也都发布了关于"租售同权"政策的报道。而在微博平台上，7月18日7时中国地产官方微博第一个发布了题为《广州：加快构建租购并举住房体系》的微博，但遗憾的是也并未引起广泛关注，评论和转发量仅为个位数。随后财经网与蓝鲸财经记者工作平台等微博认证用户也对政策进行了报道，影响也都较为有限。19日当天，微信、微博中讨论"租售同权"政策的数量都达到了一个高峰值，其中涉及"租售同权"的微博全网达到11条，微信公众号文章有100篇，媒体报道达到了38个。凤凰网接连发布四篇文章，着重宣传了政策当中的教育同权问题。其中中央媒体表现抢眼，人民网和新华网连发多篇文章解读广州租售同权政策，对于政策宣传的参与度达到了 41.4%。7 月 26 日，腾讯新闻转载了新华社的一条名为《住建部将立法明确"租售同权"，租房与买房居民享受同等待遇》的消息，使得它迅速成为焦点，共有 152 家媒体、个人公众号进行转载，再一次将事件炒热，引发舆论的广泛热议。8 月 17 日，中国青年报刊文揭露深圳某小区业主与共租户的冲突，表示"租售同权"要未雨绸缪，完善政策的细节，如图 3 - 1 所示。

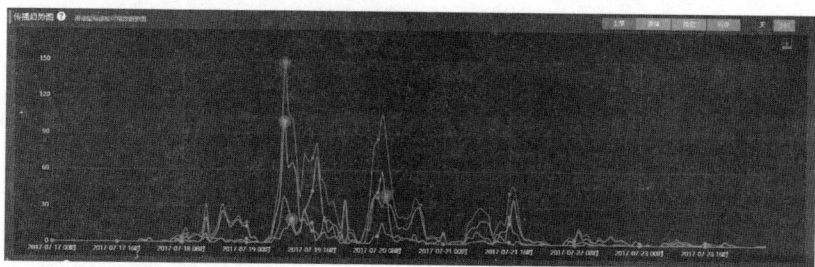

图 3 - 1　租售同权政策传播趋势图

资料来源：知微数据。

我们发现在本次"租售同权"政策的宣传过程中，中央级媒体参与度高达 41.4%，相较于以往全部事件的平均值多了 66.8%，较同类事件平均值多了 9.4%。财经类媒体表现同样抢眼，其参与度达 26%，较全部事件平均值增长 98%，较同类事件平均值增长 20.1%。科技类媒体属于近几年新兴的细分媒体，主要面向科技爱好者，或是从事互联网职业的人群，与"租售同权"政策的关联度不大，所以报道数量有限，仅占到 5% 左右。

我们进一步发现，在该政策发布初期，参与媒体主要以广州本地媒体为主。如广州日报、羊城晚报和南方都市报及其旗下的微信公众号都对政策进行了详细的解读，着重突出了受众关心的"教育同权"及"楼市拐点"问题。作为一项地方性政策，主要面向的就是广州及周边的受众，受众辐射面相对较小，并没有引起较大的舆情，文章阅读量也较为有限。在 7 月 18 日住建部联合九部委发文公布了 12 个"租售同权"试点城市之后，环球网、凤凰网等国内主流媒体迅速开始跟进报道。由于主流媒体面向的受众集中在全国范围内，受众辐射面相较之前要大得多。因而迅速引起国内广大民众的关注，微信、微博上关于"租售同权"的讨论也迅速攀升到了高点。

值得一提的是，在政策发布后，通常是主流媒体对于政策进行解读和报道，尝试着进行政策宣传的前期预热。以个人用户为主的微博则明显滞后，涉及的微博数量明显偏少，并未在微博平台上掀起广泛的关注。而微信公众号的表现则较为抢眼，从开始到后期都保持着极高的参与度。"知微事见"大数据统计显示，在政策发布前期，即 7 月 15 日至 7 月 27 日之间，互联网上关于"租售同权"的相关舆情超过 7000 条。其中以新闻和转载报道最多，共达到 3500 篇次，微信文章次之，而微博、论坛明显低于前两者。但不可否认的是，就算在受到新媒体激烈冲击的今天，当面向全国之时，主流媒体的传播影响力依旧较为巨大。与此同时，微信作为国内最大的社交平台，因其本身就拥有着巨大的流量，也具备着一部分传统媒体无法企及的优势。再加之微信用户资源与生俱来的感性意识和情感黏性，都有利于进行病毒式传播。正如刘文勇所认为的："凭借大众的力量，让信息接收者同时成为信息的发布者和转发者，利用大众的力量，以人际圈席卷的模式携带信息迅速蔓延的传播方式。"[1] 微信用户在微信公众号上看到自己喜欢的文章后，往往会选择转发到自己朋友圈里，于是借助互联网这个大平台，基本上就可以实现一对多的放射性传播，一条信息成功发送后，自然就会有成百上千位的微信好友受到这条信息。如果其中有些好友对这条消息再进行转发，则会实现信息接收者的二次甚至多次传播，于是就会在短时间内散布至更

---

① 刘文勇：《新时代传播的宠儿——病毒式传播》，《东南传播》2007 年第 9 期。

广阔的范围。

我们发现，研究舆论热词、关键词也对舆情分析有着较为重要的借鉴意义，因为据此往往能够反映出广大受众针对某一事件中的普遍关注点到底身处何地，同时也能直接反映出广大受众的情感倾向。

如图 3 - 2 所示，倘若采用整体网络舆论热词视角来进行观照，我们发现在本次事件中主要以客观事实讨论为主，其中"广州"成为出现次数最多的高频词，其次是同权，后面才是租购。与此同时，与子女教育相关的热词最多，诸如上"名校"、子女"入学"、"学区"等。也有一些舆论热词在正面宣传此次政策的必要性和及时性，也对政府的行为提出了表扬，诸如"受益""保障"住房等。当然也有对房价的走势的点滴思考，如楼市"炸弹""跳水"、楼市"巨变"。据知微事见舆情识别系统的统计，本次"租售同权"舆情中，中性和正面占据主导地位，有 58.52% 的观点为中性，着重体现为观望情绪。28.87% 的观点在释放积极信号，另外有 12.61% 则为悲观情绪。

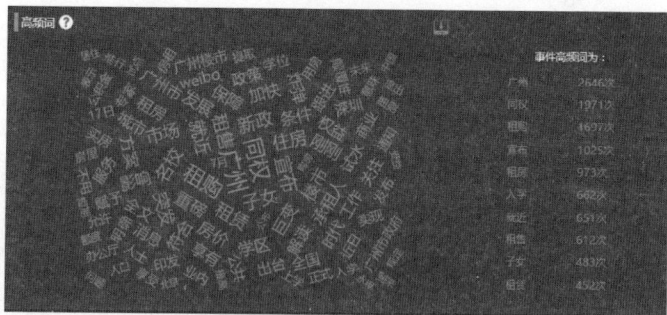

图 3 - 2　高频词汇分析

资料来源：知微数据。

我们也可以进一步来分析"租售同权"政策在 PC 端和移动端上搜索指数的差异性。通过百度指数平台所给出的总体趋势图就能看出 PC 端和移动端在政策宣传的过程中所起到的不同的效果。正如谢元森所说："一般来说，透过搜索引擎的热度指数变化能很直观地反映出某一事件的网络热度和受众关注度。"①

由图 3-3 和图 3-4，我们可以看出，"租售同权"政策 PC 端和移动端搜索指数具有一定的相似性。两者在 A 点都急剧上升，达到整个事件中的最高值。其后回落速度较快，在 B 点又迅速上升。随后 B 点到 C 点之间又呈现较快的下降速度，C 点往后就保持着较为稳定的直线趋势，偶尔会有波动上升，但波动幅度已较为有限。相比较而言，两者之间的差别也十分明显。例如利用移动端来搜索政策信息的受众人数要远大于 PC 端。除此以外，在几个关键节点的时间上，移动端的变化总是要先于 PC 端，这其实也符合人们对于移动端更加方便快捷的心理预期。

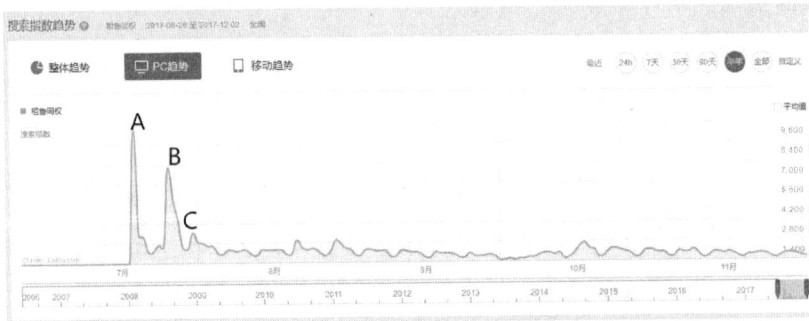

图 3-3　搜索指数（PC 端）

资料来源：百度指数。

而在后续影响分析方面，众所周知，任何政策的发布都会不可避免地带来正反两方面影响，"租售同权"这样一个影响亿万家庭住房问题的政策更是如此。我们也可以从房价和市场反应这一方面来对政策的传播效果进行综合分析。在广州率先推出"租售同权"政策之后，社会

---

① 谢元森：《沉寂的喧嚣：网络烂尾新闻的社会记忆与遗忘》，硕士学位论文，南京师范大学，2015 年。

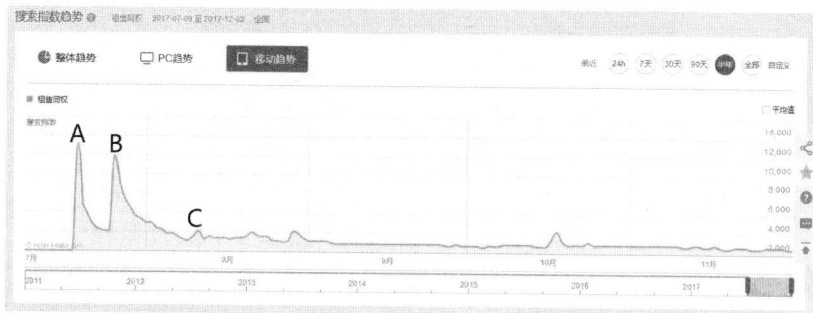

图 3 - 4　搜索指数（移动端）

资料来源：百度指数。

普遍对于广州房价有这么一个共识——楼市拐点来临，房价有可能大幅下降。在查阅数据后发现，相关政策的出台对于广州房价确实起到了一定的抑制作用。如图 3 - 5 所示，当年 7 月以前广州房价一直保持着较快的上涨趋势，而在 7 月新政出台以后，上涨速度明显减缓，在十月份甚至还出现了略微下降的情况。房屋成交量在 7 月以后也大幅下降，但这一势头在 12 月份又有了新的变化，成交量和价格又都恢复了上涨的势头，这或许是因为配套政策悬而未决，刚需购房意愿较为强劲，部分购房者终止了观望。而到了政策宣传的后期，市场上对于政策的质疑声也不断加大。各类自媒体也对于政策的惠民效果提出了不同的看法，认为"租售同权"只会带来房租的上涨，对于抑制房价和解决"入学难"等难题并不起作用，甚至还会带来更多的负面影响。较为可惜的是，对于这些质疑声，广州本地相关主流媒体并未直面回应，这也直接导致后期对于政策的悲观情绪有所上升。

根据丹尼斯·麦奎尔的定义，受众其实主要是指："大众传播媒介的接触者和大众传播内容的使用者。"[①] 在互联网传播时代，相较于传

---

① ［美］丹尼斯·麦奎尔：《受众分析》，刘燕南等译，中国人民大学出版社 2006 年版。

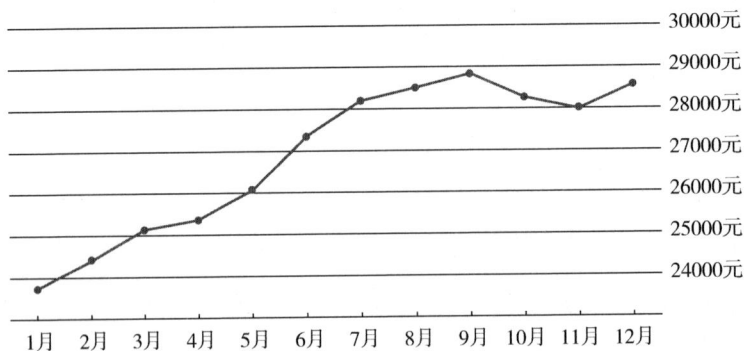

图3-5　2017年广州房价走势

资料来源：搜房网。

统媒体影响下的受众，新一代的受众已不再满足于被动接收信息，拥有着更加广泛的自主权，他们可以在互联网上根据自己的兴趣、爱好对各种相关信息进行搜寻、浏览、咨询、评论等。例如美国著名的在线影片租赁公司奈飞（Netflix）称，为了更好地提升传播内容的欢迎程度，他们综合分析了2900万用户的数据，详细了解受众的偏好、兴趣，进而通过数据分析来决定未来影片的选材和内容制作。所以在媒介融合时代中，传播者如果想要更好地传播信息，并进行有效的舆论引导，就应该主动去适应好受众结构，满足其喜好。正如聂磊所说的那样："在大数据时代背景下，我们必须跨越从人口学定义受众，必须了解受众的行为习惯和行为倾向，从受众的态度、偏好和价值观来重塑传播过程。"①

　　我们也可以借助百度指数，精准刻画出"租售同权"政策关注人群年龄分布情况。从年龄分布上来看，首先是30—39岁年龄段的人占总人数的48%左右，其次是40—49岁，约有30%，最后是20—29岁，占比大约有23%。其中男性占到68%，女性为32%。我们可以看到关注人群

① 聂磊：《新媒体环境下大数据驱动的受众分析与传播策略》，《新闻大学》2014年第2期。

大多集中在中青年男性群体，这也基本符合我国的社会实际。25 岁至 30 岁的男性正面临着结婚生子这类的人生大事，而一旦准备结婚就不得不考虑买房，而新政策的出台是否对于房价有影响，理应就是他们主要关注的问题。而 30—39 岁之间的关注人群，大多是孩子的家长，由于当前中国大多数城市都实行"学区房政策"，即通过学区的划分，来决定学生去哪个学校就读，本意其实是想让广大学生都能就近就读名校或者重点学校，但事实上，学区划分能在多大程度上解决教育不公现象自身依旧是个问题。再加上中国当前的国情，家长对于子女的教育问题又都非常重视，都希望自己的孩子能就读名校，所以"租售同权"政策中的"教育同权"，自然会成为他们的关注点。

而从用户的地域分布来观照，关注"租售同权"政策最多的省份是广东省，远高于其他地区，达到了 24.1%。其次是北京 14.9%，江苏 6.2%，浙江 5.8%。广州作为"租售同权"政策的第一个试点城市，再加上涉及"房子"这个容易触及国人敏感神经的热门话题，理所应当地吸引了当地市民的大量关注。广州本身作为改革开放的窗口城市之一，任何一个试点政策都有可能在全国全面推广，所以"租售同权"政策发布后也引起了其他多个省市的关注，它们又主要集中在沿海发达地区。这主要是因为沿海地区经济发达，市区房价相较于内地要高一些，居民的购房压力也较大，如果"租售同权"政策可能会导致房价的下降，那么自然会吸引这些地区市民的目光。此外，江苏、山东、湖北、四川等省市皆是全国的教育大省，就读学生数量多，家长对于子女学习也较为重视。因为"租售同权"中的"教育同权"涉及今后许多学生的上学问题，所以势必也会引起这些地区的家长群体的密切关注。

如图 3-6 所示，从用户获取信息的渠道来看，网页占比最高，已经达到了 51.80%，其次是微信 30.19%，论坛为 10.10%。而作为舆论聚集的重要平台——微博，在此次事件中仅占有 4.41%。我们认为微博在此次事件中的"衰落"，主要还是与受众人群的分布有主要关系。新浪微博数据中心的资料显示，微博的使用的主力军集中分布在 18—30 岁，占总人数的 66.2%，30 岁以上的用户占总人数的 18.2%。如前所述，关注"租售同权"政策的人群主要集中在 30—49 岁，而且是以中青年男性为主，这一部分人或许大多没有使用微博的习惯，主要还是通过门户网站等传统媒体来浏览相关新闻。而微信作为国内最大的社交平台，本身就有着先天性的流量集聚优势，加上数量庞大的自媒体公众号在其中努力发声，这一切自然也会吸引一批中青年受众，所以在这次事件中就扮演了一个较为重要的角色。

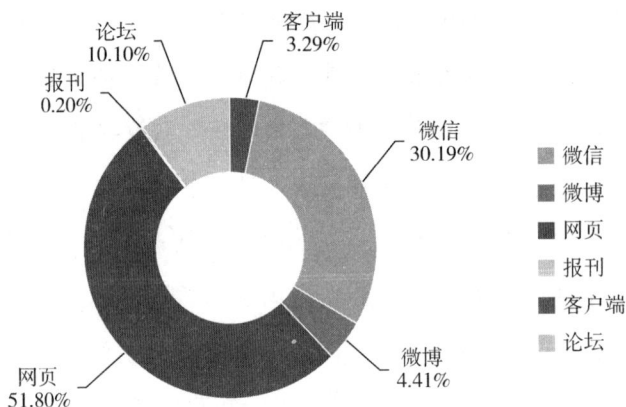

图 3-6　媒体分布

资料来源：知微数据。

值得一提的是，论坛在该政策的传播过程中也有相当亮眼的表现。随着人们上网习惯的变化，论坛虽说正逐步淡出人们的视野，其影响力已大不如从前，但此次依旧有 10.10% 的人通过论坛来了解政策走向。我们认为一是与受众群体有关。"租售同权"政策还仅是面向一部分城市的试点政策，影响人群还没完全扩散到全国。人群范围也大多集中在某一个地区或者市区内，这部分群体倘若想要讨论相关政策，放到全国性平台中可能并不能收到多少有效回应，但是放到本地的城市论坛里讨论效果就完全不一样。首先访问城市论坛的大多是本地居住的"原住民"，几乎都是受到政策影响的人，几乎有着相同的利害关系，对于政策的讨论也有着一定的兴趣，发帖后引发深入讨论的可能性更大。二是与受众的年龄层次有关，"90 后"或"00 后"如果想讨论某一个具体热点事件，首选还是时下热门的问答式网络社区或者微博，而 30 岁至49 岁的中年群体，本身成长起来就是伴随着论坛的兴衰变化，对于论坛还有着一定的使用习惯，讨论身边发生的问题可能还是会有选择城市论坛的"惯性"，所以这也就可以大致解释论坛在该次事件中表现"抢眼"的缘由了。

对于媒体工作者而言，其实了解受众的人群精准画像，针对他们的年龄、地域分布、接收信息的渠道有针对性地进行舆论引导也是今后一个重要的工作方向。以此次"租售同权"为例，如果媒体将宣传的主要领域放在微博等平台上，很有可能就失去了向大部分特定受众进行舆论引导的"主阵地"了。

在该次事件的舆论引导过程中，也有如下几处亮点：一是整合媒介资源，提高传播效率。在媒体融合及数字技术的不断发展的背景下，短视频、H5 动画、无人机、VR/AR、直播等新媒体技术越发成熟，新闻业界对这些技术的运用也更加广泛。其实新闻的视觉化呈现，不仅便于广大受众理解新闻，也能使广大受众在轻松娱乐的氛围中接受相关信息。正所谓诸如"有图方有真相""无视频，不新闻"等口号，业已成为针对新型城市主流媒体从业人员的工作新要求。[1]

自从"租售同权"政策发布以来，我们也可以明显感觉到传统媒体正在努力觉醒：当地多家媒体积极选择以图表、视频的方式来呈现新

---

[1]　张志安、李霭莹：《2017 年中国新闻业年度发展报告》，《新闻界》2018 年第 1 期。

闻。将该政策中的新变化、新方案用图表进行直观呈现，使广大受众可以一眼便看出新变化，在一定程度上也提高了受众接受新闻的效率，更好地满足当下碎片化阅读的需求。值得一提的是，许多自媒体所制作的短视频动画表现也非常抢眼，有的还在其中穿插了一定的故事情节，将政策带到普通大众的日常生活中去，努力扩大新闻的传播面和影响力，强化受众的互动体验。传播活动其实就是一个传情达意的过程，极其重视认同的力量。倘若受众认可度高，自然也就达到了强化传播效果的目的。

二是调整传播话语表述方式，使之更接地气。现如今随着社会不断发展，新闻语言的表述方式也在不断发生着巨大的变化。从地方到中央，几乎所有主流媒体都开办了自己专属的微信、微博账号。例如，南方都市报微信公众号"咩事"，将"咩事君"这一形象贯穿全文，在"租售同权"政策发布后，"咩事"就在第一时间发表题为"广州重磅新政！国有租房公司出现，首提让租者幸福居住！房价会跌吗"的文章，文章中不乏"咩事君告诉各位老铁一个好消息""咩事君最关心的是，租房新政出台，广州楼价会降点吗？"等带有情感色彩、接地气的语言，一改过去高高在上的姿态。与许多传统报道不同的是，这类报道经常站在普通群众的立场，以富有亲和力的话语来和读者沟通，主动拉近媒体与广大受众之间的距离，进而达到了强化传播效果的作用。值得一提的是，虽然广州、深圳当地各主流媒体都已经认识到了新闻内容生产和叙事形态变化所带来的积极意义，但是部分可视化产品仍旧停留在对内容进行简单加工的基础上，不仅缺乏非常震撼的视觉冲击，而且也没有与内容的深度解读有机结合起来，所以其所影响的受众数量还较为有限。

关于其不足之处，也有以下几点：一是一些负面舆情处理稍显不及时。就从舆情反映情况来观照，大部分受众对于本次政策宣传其实还持

有一定的观望情绪，仅有三成不到的人群在释放积极信号，还有 12.61%
的受众对于宣传持负面情绪，舆论引导的空间和潜力其实都还非常大。
而在媒体"去中心化"，人人都有"麦克风"的今天，每一位网民都有
潜在可能成为发表意见的主体，做好舆论引导工作的确也存在着一定的
难度。回顾近些年出现的重大舆情事件，其实"后真相"倾向越发明
显，即相对于情感及个人信念，客观事实对形成民意只有相对很小的影
响。大家在看问题时，更多地总会是将情绪带入，使得情绪排位比真相
更靠前，这其实蕴含着巨大的风险。有些时候部分受众所发表的某些偏
激性言论反而更能获得更多其他受众群所的支持和认同，以"租售同
权"政策舆论引导为例，在各类新闻客户端及社交平台的评论区或留言
栏内，类似于"政府又在换个方法骗钱""脑残才会信""政府涨完房
价，又想来涨房租"等言论往往获得赞同数最多，但这些意见能够真正
反映民意吗？答案其实应是未必，有时眼睛也会欺骗我们。广州、深圳
等地的主流媒体，在面对部分受众情绪化的质疑时，并没有做好相应的
舆情疏导工作。对于广大受众普遍关心的问题也没有及时做出回应，而
一旦错过舆论引导的"黄金时期"，在一定程度上就相当于在助长负面
舆情进一步蔓延了。部分受众在传统媒体公信力日趋消解的状况下，难
以个人能力辨别观点真假，往往顺从于自身或社交媒体"小圈子"中
的情绪、立场或刻板印象，从而做出轻率的情绪化判断，以至于差之毫
厘、谬以千里。① 此时部分受众关心的重点已经不再单纯是新闻真相，
以假乱真反倒成了生活中的常态，客观事实反面逐步让位于情感、观点
与立场。

　　二是有些媒体将眼球效应视作首要追求。《纽约先驱论坛报》原采
编主任斯坦利·瓦利克尔曾这样定义新闻，即一切反常的、有刺激性

---

① 史安斌、张耀钟：《反思社交媒体时代的"后真相"》，《新互联网时代周刊》2016 年
第 5 期。

的、人们好奇的事才是新闻。① 部分媒体在对政策进行宣传时，总是在想方设法地制造出亮点和新意，将眼球效应作为第一目标：有时候无中生有，对实际情况进行夸大，无视新闻对于真实性的本质要求。有时过度渲染政策的独特性，单方面放大民众的政策偏好，在政策解读中大量出现"史上最严厉……""重拳出击""剑指"等词汇，而且标题党现象也是层出不穷，多家媒体为了吸引受众眼球，增加文章点击量，甚至直接列出了"楼市巨变""房价大杀器"等夸大其词的标题，但事实上广州、深圳的楼市并没有因为此次政策发生多大变化，房价依旧坚挺。长此以往，媒体也会陷于类似政府机关的"塔西佗陷阱"之中，今后无论说真话还是说假话，受众都不会选择相信。这种不顾媒体形象，严重透支受众信任的行为，无疑会不利于今后其自身的健康发展。

我们认为，在媒体环境不断变化的今天，如何有效地进行舆论引导是所有媒体从业者关注的重点问题。首先，无论媒体环境如何变化，主流媒体作为党和政府的"喉舌"，都应该坚持"内容为王""真相为王"，有质量、有真相、有态度的新闻才应该是社会的主流。在自媒体野蛮生长之时，可能短时间会因为刺激人感官的标题、媚俗的内容吸引到部分受众，但其他大部分受众应该还是能够理性判断的群体，在事实与情绪博弈的过程中，真理最终会战胜谬误。

为此，我们也需要从多方面着手，重塑主流媒体的影响力。一是抢占舆论引导主导权。主流媒体作为党和政府的"喉舌"，一定要抢在公众关注舆情事件之前主动选择好角度和时机进行发声。人民网舆情监测室的李鹤在《新媒体时代：处置突发事件的"黄金4小时"法则》一文中提出了"黄金4小时"原则，也就是要求政府要做到第一

---

① 周立德：《媒体的生存压力使眼球效应成为第一追求》，《辽宁日报》2012年9月24日第8版。

时间发声。① 近年来由于新媒体手段的诸多便利性，互联网上经常充斥着各种虚假消息。其实相比真实可靠的真实信息之下人们有时往往更容易关注到那些奇形怪状、颠覆常识的消息，普遍存在的猎奇心理其实也在一定程度上助推了网络谣言的发展。例如 2015 年 8 月天津港发生了"812"特别重大火灾爆炸事故，在微博和微信朋友圈中广泛传播着诸如"700 吨氰化钠泄漏毒死全中国人"等不实信息，一度引起了广大网民恐慌。倘若主流媒体迟迟不到位、不发声，信息也不能在第一时间公开发布，自然就会错失舆论引导的制高点，进而让网民心中产生有"内幕"的错觉，就更容易倾向于相信网上流传的诸种谣言。所以新型城市主流传统媒体更要借助网络传播快捷的特点，先发制人，充分发挥自身优势，着力协调相关部门，并及时发出有理有据的正面消息，助力正面舆论的形成。概括起来便是要做到关键时刻"喉舌"不能失声，务必要让谣言没有传播的空间。

其实对于网络媒体或者平台而言，全力与传统媒体精诚合作，也应是一项重点工作。因为传统媒体具有的强大采编能力和独立的采编思想，以及对于受众心理长期的把握，在某种程度上也可以为网络自媒体提供更多、更高质量的内容。也因为传统媒体存在时间较长，广大受众对于这些新闻机构也已经有了一定信赖感，大家倘若想要获得比较重要的新闻信息时，还是会倾向于从传统媒体获得消息。如果传统媒体与新媒体之间能实现优势互补，则会向社会提供更加全面、更加精确的信息，也能满足社会上不同阶层的信息需求。如果广大公众能够认同新型主流媒体所发出的声音，且在公开表达自己意见时，不仅能够引用媒体上反复出现过的观点，而且在判断力和具体行为上都能受其潜移默化的影响。如能达到这一效果，主流媒体引导舆论的作用也就显现出来了。

---

① 李鹤：《新媒体时代：处置突发事件的"黄金 4 小时"法则》，《党政干部参考》2010年第 3 期。

二是真正重视意见领袖的作用。意见领袖在网络舆论产生和发展时都会产生一些影响。随着微博、微信、今日头条、抖音、快手等一批社交媒体不断涌现，不少的网络大 V 业已成为网络舆论的中心节点。虽说中国网民数量众多，但是真正能在网络上发声，或是发好声的其实为数并不多。许多网友虽然经常浏览微博等新兴媒体平台，但并不发表任何言论，而是作为"潜水者"，在一定程度上也就构成了"沉默的大多数"。虽然这些网民在网上不发表评论，但是在他们心中对于一些事件其实已经有了自己的判断，有时就会倾向于选择支持与自己意见相同的意见领袖，也就是传播学中经常提及的自己人效应，情投意合方才能够结良缘。在某种意义上可视作网上的"人大代表"，经常会对于社会热点发表一些意见，也带有强烈的主观色彩。但是这其中有些评论出发点却是为了迎合网民的追捧，缺乏应有的理性思考，这与传统主流媒体的舆论引导还存在一定差距。但是我们也绝对不能忽视网络大 V 在舆论引导中的作用。网上曾经流传过："粉丝超过 100 个，你就是本内刊；超过 1000 个，你就是个布告栏；超过 1 万个，你就是本杂志；超过 10 万个，你就是份都市报；超过 100 万个，你就是全国性报纸；超过 1000 万个，你就是知名电视台；超过 1 亿个，恭喜你，你是 CCTV。"① 如果想要更好地引导社会舆论，就必须要培养一批认同社会主义价值观的意见领袖，只有这样才能更多地听到许多正能量的声音，而不是满世界被恶意带节奏。

新型城市主流媒体中有一定影响力的媒体人士也可以积极进驻微博、微信公众号等社交媒体。通过发布一些正面和权威性的言论，引导网络舆论健康发展，最终促成整个网络舆论环境的健康和谐。② 以广州为例，在宣传"租售同权"政策时，如果当地主流媒体事先已在市民

① 唐红娟：《微博"粉丝"也批发？》，《新经济》2010 年第 7 期。
② 谢耘耕、荣婷：《微博舆论生成演变机制和舆论引导策略》，《现代传播》2011 年第 5 期。

群体中树立起一批深受群众认同的意见领袖，在关键时刻他们就能为政策宣传出力，还能拉近与网民之间的距离，提高彼此之间的互信水平，进而将舆论引导工作从线下转为线上线下并重，从单一渠道转为"多管齐下"。

三是强化主流媒体的公信力。尽管当前社交媒体大行其道，主流媒体的影响力难免有所影响。但美国皮尤中心的调查显示，在 2016 年美国总统大选中，因为各类虚假消息充斥社交媒体，使得受众无法辨清事实，间接或直接地促成 CNN 等主流媒体的收视率和订购率不降反升。显而易见，即便在"后真相"时代，普通受众对于真相探索的需求也并未有所减弱。据不完全统计，还有四分之三的民众愿意相信主流媒体上的新闻要比社交媒体上的靠谱，因为主流媒体具有"纠偏""辟谣"的作用。因为社交媒体上的信息鱼龙混杂，而传统媒体作为对于信息的发布需要经过多个环节把关、审核，相对较为谨慎，虚假信息出现的概率较小。所以，公信力和权威性自然成了传统媒体区别于社交媒体的主要特征，传统主流媒体应该继续将"内容为王""真相为王"的理念发扬光大，更加严谨认真地对待每一篇报道。对网上的错误言论进行及时纠正，并澄清事实，充分发挥其主流媒体的引领作用。大多数时候拥有良好的公信力和权威性，其实便相当于是拥有了舆论引导中最稳固的优势。平时虽然广大受众能相信你，接受你所说的观点，一旦遇到争议较大的舆情事件时，在潜意识中就会选择相信最具权威性的发声。所以对于主流媒体的来说，尤其是新型城市主流媒体而言，公信力和权威性就是舆论引导的一张"王牌"，也是其今后生存的一个重要保障。

随着时代的变化，舆论引导工作与之前相比已经有了翻天覆地的变化，对此习近平总书记就曾提出："今天，宣传思想工作的社会条件已大不一样了，我们有些做法过去有效，现在未必有效；有些过去不合时宜，现在却势在必行；有些过去不可逾越，现在则需要突破。做好宣传思想工作，比以往任何时候都更加需要创新。"① 良好的舆论氛围是国家前进的奠基石，这就要求作为党和政府喉舌的媒体，不得不做好舆论引导这门必修课，面对新差异、新形势先学习了解，再着手构建舆论引导新格局，将其时、度、效掌握好，进而让社会舆论为中华民族的伟大复兴贡献积极力量。

第二节　十九大会议宣传专题分析

中国共产党第十九次全国代表大会（以下简称党的十九大）于2017 年 10 月 18—24 日在北京召开。党的十九大是全面建成小康社会决胜阶段、中国特色社会主义发展关键时期召开的一次十分重要的会议。习近平总书记向大会所做报告全面总结了过去五年各项工作和取得的历史性变革，做出了"中国特色社会主义进入了新时代"的重大判断，开启了全面建设社会主义现代化强国新征程，也引发了全国社会各界的强烈反响。中国共产党第十九次全国代表大会的召开，不仅是党政机关的头等大事，对专业媒体机构来说，也是一个重要任务和一场传播盛宴。迎接好十九大，宣传好十九大，贯彻好十九大，是 2017 年思想舆论宣传工作的主线，也是摆在媒体面前的重要政治任务。而在这场八仙过海各显神通的传播盛宴中牢牢把握"话筒"，则是针对各大媒体机构传播影响力的一场大检验。

为了能够更清楚、更科学地得到研究结果，我们也将从会前预热、会议期间、会后宣传三个方面，分别主要对人民日报、新华社、澎湃新闻等主流媒体机构所作报道进行分析，主要涉及各大媒体报道特色、报道方式等方面。

---

① 习近平在全国宣传思想工作会议上的讲话，中共中央网络安全和信息化领导小组办公室网，2014 年 8 月 9 日，http://www.cac.gov.cn/2014 – 08/09/c_ 1115324460. htm。

众所周知，媒体与政治的关系一直以来都较为紧密。无论是在西方还是在东方，媒体机构很多时候都是政治活动的展示窗口。媒体也在政府完善决策机制、提高决策水平、推进民主与科学决策、增强政策效能方面起到了积极的推动作用。

但是由于传统的时政新闻报道存在一些报道公式化、程序化的问题，一定程度上会造成广大受众对报道审美日渐疲劳，兴趣日益缺失，进而导致媒体在报道时政新闻时总是会陷入曲高和寡的困境。有些主流媒体的报道方式也过于严肃刻板，说理方式不接地气，"握话筒"的姿势有时太过于僵硬，难免给人高高在上之感。所以说如何用一种"接地气"的方式进行新闻报道，将时政新闻制作得更为亲切、有趣，尽可能拉近报道内容与广大受众之间的距离，增强时政新闻报道的亲和力便显得尤为重要。

早在 2017 年 4 月 10 日，时任中共中央政治局常委、中央书记处书记刘云山出席全国宣传部长座谈会，并强调要扎实做好迎接党的十九大宣传工作，更好凝聚起团结奋进的强大正能量。这场会议为党的十九大提供有力的思想保证，也正式拉开了十九大报道预热的序幕。

就中央媒体而言，会前预热起步较早、周期较长。我们发现尽管从 2017 年 4 月 10 日便开始正式进行十九大的宣传工作，可预热效果有时也会不尽如人意。如图 3 - 7、图 3 - 8 和图 3 - 9 所示，从 4 月 10 日至 10 月 18 日的这段时间里，一共只出现了五次小高潮。其中有两次小高潮是因为临近节日，并且在节日推广活动中提及党的十九大，才引起关注度的小幅攀升。其中 8 月 31 日为区间内搜索指数的最高峰。原因是当天召开了中共中央政治局会议，会议确定了中国共产党第十八届中央委员会第七次全体会议于 2017 年 10 月 11 日在北京召开。中共中央政治局向党的十八届七中全会建议，中国共产党第十九次全国代表大会定于 2017 年 10 月 18 日在北京召开。

通过查阅文献研究院相关资料，我们发现从 4 月 10 日至 10 月 18

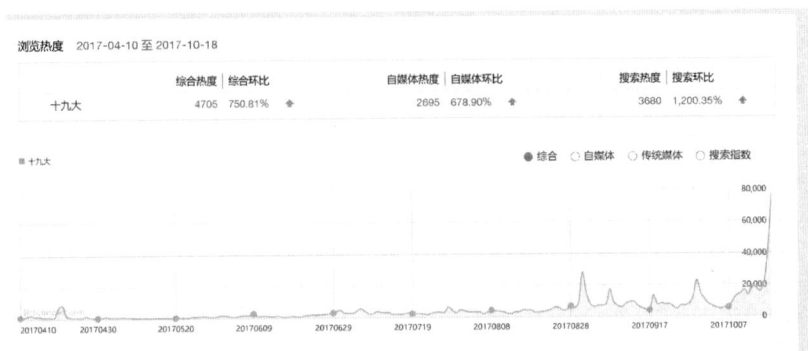

图 3 - 7　腾讯指数　党的十九大搜索热度

资料来源：腾讯指数。

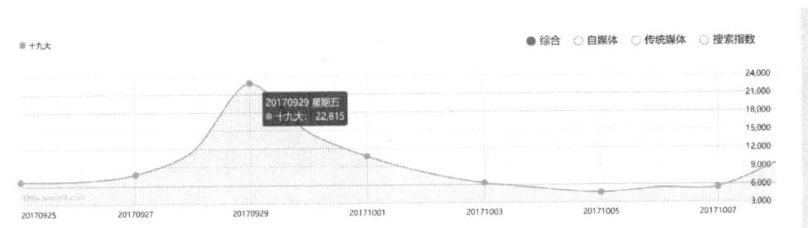

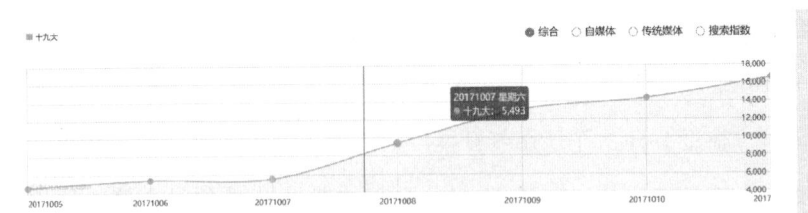

图 3 - 8　腾讯指数　党的十九大搜索热度

资料来源：腾讯指数。

图 3 - 9　腾讯指数　党的十九大搜索热度

资料来源：腾讯指数。

日这段时期内，大部分的预热宣传工作集中在相关文件的发布以及在面向党政人士的会议中，少有面向公众开展系统、有效的宣传。值得一提的是，在十九大召开之前，部分媒体也推出了相关的专题栏目，央视甚至还专门制作了一系列专题片和政论片来进行预热。

众所周知，政论片是一种以阐述政治主题，传播政治理念为主要内容，将政治思想性寄于可视化的传播方式。[①] 中宣部、中央电视台及相关部门共同制作了《将改革进行到底》《我们这五年》《不忘初心　继续前进》等七部政论片，围绕以习近平同志为核心的党中央五年来治国理政的伟大实践，全景式地展出了十八大以来党和国家事业发展的辉煌历程。尤其是 9 月 29 日至 10 月 8 日播出的《我们这五年》与 10 月 5 日至 10 月 11 日播出的《不忘初心　继续前进》，一经播出在社会上引起了极大的反响，收到民众的广泛好评与关注。

习近平总书记也在党的十九大报告中明确指出："高度重视传播手段和创新，提高新闻舆论传播力、引导力、影响力、公信力。"[②] 作为党和政府的喉舌，其实许多媒体机构早就将营造好十九大报道的良好舆论环境，宣传好、传播好党的十九大的内容和精神，视作自己的神圣职责。我们发现在对党的十九大的报道中，也突破了单一的文字表现形态，以多种平台协力、多种表现形态融合，充分运用细腻媒体技术，调动了报纸、相关刊物、门户网站、新闻客户端，推出了系列深度报道，可视化图片图表、短视频、H5 产品等，提升了新闻内容的表现力。坚持做到不仅要有重大、重点的重头报道，还要有日常栏目化的系列报道；不仅要有传统形态的宣传报道，还要有全媒体业态的报道；不仅要有反映国内的视角，还要有世界的眼光。[③]

---

① 李舒、张鸣：《新媒体环境下政论片的制作与传播——〈永远在路上〉的启示》，《电视研究》2017 年第 4 期。

② 参见《习近平在中国共产党第十九次全国代表大会上的报告》，具体网址为：ht-tp://cpc. people. com. cn/n1/2017/1028/c64094 – 29613660. html。

③ 徐兆荣：《"共享""获得感"　喜迎十九大——从新华社部分迎接十九大报道谈起》，《中国记者》2017 年第 10 期。

而在关于十九大的报道中，人民日报的"中央厨房"也出品了许多优秀产品。众所周知，"中央厨房"主要采用的是"一次采集、多种加工、多平台分发"的运行机制。信息源将重要信息直接向采集员沟通，加工人员、技术人员等对新闻内容进行加工操作，然后向名终端推送内容，指挥人员在这一过程中负责总体导向。① 《人民日报》根据党的十八大以来这五年间所取得的新变革、新成就，在会议召开前便制作出一系列生动形象的图文报道：例如《长知识！100 个必会热词翻译，#十九大#前教给你！》《#十九大#要来了！九图带你读懂 18 次党代会"极简史"》等。前者主要面向大学生，受到的关注度尚且较小，而后者仅阅读量便超过 4000 多万次，转发次数更是高达 6.3 万余次，并且受到诸如南方网、澎湃新闻等主流媒体的竞相转载，在会前便获得了民众极大的关注度。而《#十九大#聊天指南：十九大代表怎么选？》《一起听，爱上中国的 N 个理由》自播出以来也在微博上产生了较大流量。尤其是后者，观看次数也高达 1246 万次。短短三分钟视频经由外国友人的亲身表达，不仅表现出了中国令人着迷之处，而且更是激发了广大网友对祖国的热爱与自豪。

在会议报道期间，也堪称是亮点纷呈。例如人民日报"两微一端"及其英文客户端共推送相关报道 583 篇，总阅读量超过 8.92 亿人次，人民日报海外版及其融媒体，共发布十九大相关稿件 1009 篇。② 从生产形式来看，人民日报"中央厨房"对党的十九大的报道形式也较为丰富，基本涵盖了图片、GIF、短视频、H5、视频直播、VR 等各种新形式。

值得一提的是 2017 年 10 月 18 日上午 7 时，人民日报新浪微博发

---

① 苏明明：《"中央厨房"模式下人民日报的新闻生产方式研究——以十九大报道为例》，《视听》2018 年第 10 期。

② 参见央视网的数说新闻，具体网址为：http://cctv.cntv.cn/special/2014ssxw/shushuoxinwen/index.shtml。

布图片报道《你好#十九大#》，如图 3－10 所示。鲜红的底色，简短干练的文案，本身已经极具视觉张力，更加上在十九大召开的热烈气氛推动下，在短时间内就已经抓住了网友的情绪共鸣点，获得了不俗的转发量和阅读量，进而也取得了较好的传播效果：仅仅是这一组九图海报，便获得了十九大系列报道转发量的首位。

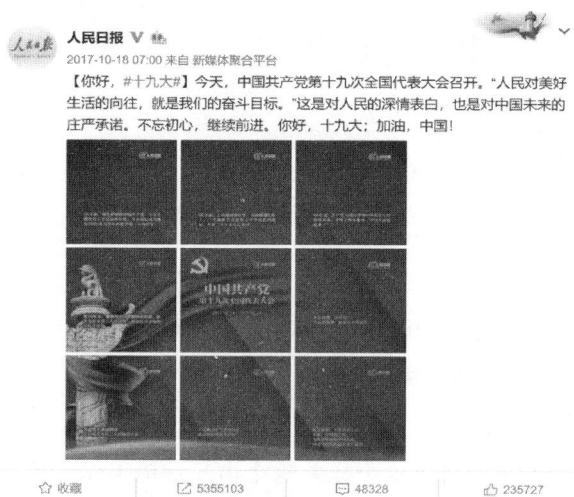

图 3－10　微博　人民日报

资料来源：新浪微博。

　　而如图 3－11 所示，这张海报以九宫格方式呈现出来，尤其是其中还十分巧妙地运用了 GIF 和创意图片的组合方式，自然也是获得了较高的关注度。仔细来分析，我们便可发现：单张图片上文案主旨清晰，主要用简短干练的文字讲述了建党以来各个历史时期的伟大变革，并辅以有趣巧妙的图案变化。以毛笔字迹微变形的方式，汇聚了中国传统元素与现代西方元素，生动而又形象地贴合了短文案的内容，而图解的方式也更能够让大家较为直观地了解到中国在发展过程中所取得的诸多丰硕成果。

　　此外，我们也发现《图解：习近平今天提出两个"奋斗十五年" 2035

图 3 - 11　微博　人民日报

资料来源：新浪微博。

年和本世纪中叶中国将是这个样》这个由三棱镜工作室出品的新媒体作品，按照习总书记的讲话内容，并将其中的精华重点提炼出来，浓缩在一张图内，共有两个阶段和七个展望，将枯燥的文字以生动的图案和图表来进一步展示，使其更加亲切、有趣，极大地拉近了其与受众的距离，也极大地增强了时政新闻的亲和力。相关主流媒体在追求时效性的同时，也注意增强其信息的丰富性、趣味性，既保证了平台内容的差异化，又努力实现了传播效果的最大化。

而人民日报中央厨房联合半亩方塘工作室，全力打造的三维动画图解《刻度上的五年》更可称为精品：以刻度为主线和意象，展现从纳米之微到万里之遥，象征"刻度延展着奇迹，梦想见证着历史"的深刻内涵，视频创意灵动巧妙，叙事流畅凝练，总时长竟然还不到 3 分钟。23 幅手绘图按照时间发展的顺序来描述十九大前后的各种变化，用数字在历史进程的刻度上精准地表达了 5 年以来中国在科技、经济、司法等各个领域所取得的惊人的进步，不仅在视觉上给人以巨大冲击，而且宏大叙事场景再配上振奋人心的音乐，更能让广大受众深刻体会到中国这些年所发生的翻天覆地变化。毫无疑问这种精品总是无法被忽视：数次登上新浪微博热搜榜榜首，视频点击量突破 3500 万次，如图3－12 所示。

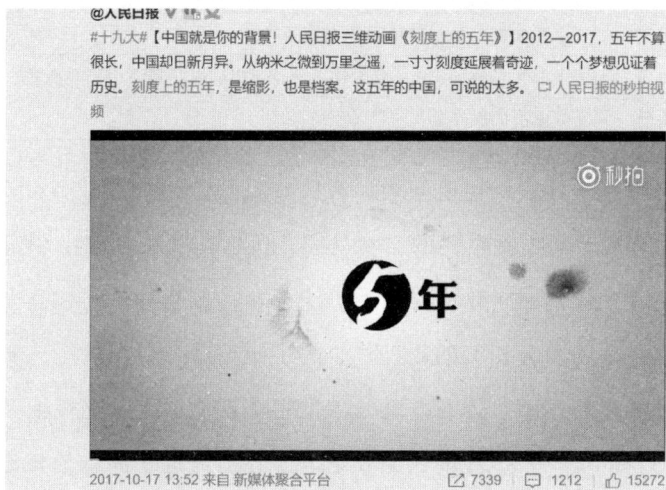

图 3－12　微博　人民日报

资料来源：新浪微博。

除去大量的图文新闻外，人民日报在十九大报道的形式上也花了许多力气，如表 3－1 所示。再者人民日报客户端也推出说唱 MV《信》，4 个"90 后"小伙用说唱的形式给祖国写信，五年来所取得的成就被完美地写进歌词里，进而彰显出祖国日益强大的国力和发自内心的自豪感。

而传统视频专栏报道《直通十九大》主要以视频直播形式全景报道十九大会议盛况。在会议开始当天，人民网 PC 端、手机网，以中文、各民族文字以及 9 种外文语种对开幕式进行了图文和视频直播，视频播放量超过 1000 万次。并于 18 日早 7 点开始连续播出 5 个半小时，这种 19 路集中连线、海内外联动、全方位报道的形式更是让广大受众目不暇接，直呼大为过瘾。

表 3–1   人民日报部分会议报道产品

报道形式	产品名
H5	《史上最牛团队这样创业》《十九大报告中的"四个新"》
MV	说唱 MV《信》
视频	《十九大聊天指南》《视频相册！习近平的最近 8 天》
VR	《全系全景！身临其境看十九大报告》
图片图表	《十九大思维导图》《看看这五年的 KPI　你就知道中国共产党有多拼》
三维动画	《刻度上的五年》

在 10 月 18 日会议结束当天，人民日报联合南征北战 NZBZ 工作室推出热血 MV《献给新时代的"梦之队"》也在社交网络上引起了广泛关注。该 MV 从新一届政治局常委班子开始，说起其中还包含了祖国的大好河山，蓬勃而有朝气的新一代，为了国家默默付出的军人科技工作者，为国争光的运动员还有蓬勃发展的各项产业，十分完美而巧妙地阐述了一种新追求——中国梦，主要讴歌了在以习近平同志为核心领导班子的带领下中国所取得的各项优异成绩。该视频播放量高达 2849 万次，不仅受到广大网友的一致好评，而且众多网友还为祖国母亲的未来发展献上了真切的祝福。

值得一提的是，人民日报结合自身品牌定位和用户需求，在党的十九大召开期间，还推出了一系列政论精品微视频。产品影像画面制作精良，文字精彩凝练，叙事表达生动富有感染力，可谓紧紧地抓住了广大受众的心理需求。

作为中央级别主流媒体之中的佼佼者，新华社在对十九大的报道过程中也同样凸显着许多亮点。例如新华社在十九大专题报道中有一篇名为《超燃视频宜收藏！300 秒素览十九大报告》的视频报道在多平台同步推送，它主要采用视频影像、配乐和同期声等多种表现手段，充分展示出了十九大报告中的一些精彩内容。

除去一些具有特色的视频外，新华社在十九大会议报告要点的精练上也可谓诸多专业媒体的典范。譬如《习近平的这几句话击中了我》《太给力！习近平这 19 句话掷地有声，直抵人心！》等报道，重点摘取了报告中的关键词与重要语句，对报告的内容进行了高屋建瓴式的概括，并将一些段落较长的报告进行提炼，充分利用了受众的碎片时间，使得他们能在三五分钟内了解报告内容，极大地提高了大家对报告的阅读乐趣和理解深度。

仅仅提炼要点还稍显不够，新华社在提炼报告的基础上更是高度重视受众与信息的交互性。例如《全息全景｜身临其境看报告》运用 AR、VR 技术，辅以图像、音视频，利用虚拟全息技术 + H5 场景呈现，营造出虚拟空间，着力打造沉浸式新闻报道产品，仅仅推出 10 小时，点击量便超过 1.1 亿次。例如 10 月 19 日，新华社所推出的 H5 产品《你有一封来自大会堂的信》，短时间内就受到超过 3 亿网友的点击。它主要凭借明信片的形式，用生动有趣的图画表达对点击者最深切的祝福，总浏览量高达 4 亿次，如图 3 - 13 所示。

值得一提的是，新华网在其十九大专题报道中还特意推出了"数据新闻"：在极度理性的视角下，用简洁明了的数字，对新闻内容进行精练概括，通过一些缜密的数据分析，借助于大众媒体进行广泛传播，尤其注重运用诸如数据图片等更直观、更有趣的方式来呈现新闻。其实数字不仅可以用来计数，而且还可以用来记事。新闻报道中的数字更是如此，每串数字都不是孤立存在的，它们与生产生活息息相关，传达的重要信息耐人寻味。[①] 例如《"数"说十九大报告》将十九大报告中的重要数字与内容提炼，最终得出：一个历史方位，一个重要思想，一个重大变化，两个"没有变"，三个牢牢，四个伟大，党的四"力"，七个

①　张琪、周丽：《新媒体客户端对重大会议新闻的报道研究——以"澎湃新闻"对十九大的报道为例》，《采写编》2017 年第 6 期。

图 3－13　H5 产品《你有一封来自大会堂的信》

资料来源：新华社。

战略，八个明确，八个执政本领和十四个基本方略，并将这些重点浓缩在一张长图中，其辞微而其旨远。

在十九大会议胜利闭幕后，广大媒体对于会议精神的学习宣传与贯彻落实仍旧未曾松懈，因为对于十九大报告的深入解读毫无疑问地成为新闻战线当前以及今后一段时间内的头等大事。它们纷纷围绕新时代、新历史、新理论、新方略等角度，邀请各路专家学者，灵活选用专栏、专题、专版等形式，全方位进行深入解读。例如人民日报曾推出《人民日报评论员解读十九大"新声音"系列》；新华社曾邀请中央党校党委委员、副教育长兼科研部主任、一级教授韩庆祥对十九大报告亮点进行解读；央视曾发布图文新闻《一张图带你看懂十九大报告》，它们借势、借力、借脑，求高、求近、求准，八仙过海、各显神通式地彰显出了众多主流媒体的强大舆论引导力。

而对于地方媒体而言，我们可以重点选取"澎湃新闻"作为研究对象。众所周知，"澎湃新闻"于 2014 年 7 月 22 日正式上线，是在上海报业集团成立之后最具代表性的新媒体产品。作为国内首个主打时政的新闻平台，"澎湃新闻"一上线就引起了业界巨大关注。在 2015 中国网站移动传播百强榜发布中，"澎湃新闻"位居第五。"澎湃新闻"强调以技术引领媒体融合，目前"澎湃新闻"已基本上实现新媒体平台的全面覆盖，包括网页版、客户端、Wap 网页版；同时，"澎湃新闻"的微博与微信账号均已开通。例如"新闻追问""新闻跟踪"、网页"无底"设计等都是澎湃新闻在技术上的创新：用户通过"新闻追问"可以针对新闻提出疑问获得其他用户的解答；通过"新闻跟踪"功能跟踪新闻最新发展，当新闻一有新进展，系统就会通过标签关键词自动将报道推送到用户的跟踪中心；网页"无底"设计是指澎湃采用的不同于传统媒体的"瀑布流式"网页布局，给受众一种新闻无底的阅读感觉。"澎湃新闻"在各方面的技术创新旨在信息纷杂的时代，为用户提供真正有价值的信息与见解，在一定程度上也促进民智的成熟与社会的发展。

澎湃的内容生产主要遵循以下四个原则：通俗但不庸俗，懂批评也懂建设，听民意但不迎合，谈问题也谈主义。主要以深度报道见长，注重报道的权威性和说服力，以政治和经济类新闻作为其报道重心。且其办公地点地处上海，这也是新媒体行业发展势头非常强劲地区，我们发现澎湃新闻对十九大报道有其值得借鉴之处，这对宁波日报报业集团在新时期开展舆论引导工作也不无裨益。澎湃新闻作为新闻客户端的典型代表，努力将新媒体客户端的及时性、便捷性与传统媒体的内容优势相结合，并以此提升自身新闻报道的深度和专业度。

此次澎湃新闻对党的十九大会议的报道，主要涉及视频直播、专题新闻和澎湃问政三大板块。其中,"视频直播"版块以录播为主要方式,形式相对固定;"专题新闻"报道方式较丰富,主题涵盖较为全面,分为"人民日报微视频《中国进入新时代》""十九大献词:高举伟大旗帜,实现伟大梦想""以习近平同志为核心的党中央领航中国纪实",且每个专题下都分为四个小版块,分别是"动态""十九大时光""代表风采""解读";"澎湃问政"报道方式相比较而言单一,以文字为主,主题较为统一,仅在问政主体对象上有所差异。

我们可以以 10 月 11 日各大媒体竞相不间断报道党的十九大时为起点至 10 月 24 日会议闭幕为止,对澎湃新闻的三大版块的所有报道展开统计。

从图 3 – 14 可以看出,对应其新媒体新闻客户端的定位,也从自身优势出发,澎湃新闻对十九大会议的报道以文字,视频,图片三个类型为主,并且以文字报道为主要报道形式。在 11—24 日这 14 天时间里,根据不完全统计,澎湃新闻共计发布报道 266 篇,其中以文字报道为主的有 207 篇,占其中的 78%,图片为主的有 23 篇,视频为主的则有 13 篇,混合形式报道 21 篇。我们可以具体来进行分析:

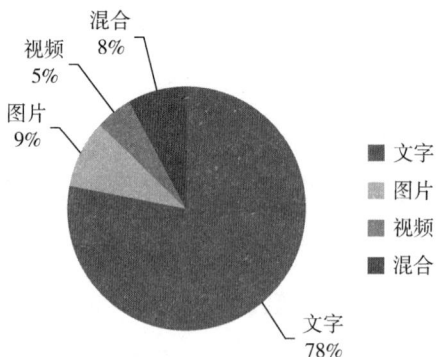

图 3 – 14 澎湃新闻十九大报道类型占比图

资料来源:澎湃新闻。

　　在会议召开前期，澎湃新闻在专题新闻一栏，开辟出专题系列报道，主题便是"党的十九大"。而该专题系列报道的导读如是写道：政治局将向党的十八届七中全会建议十九大于 2017 年 10 月 18 日在北京召开。十九大是在全面建成小康社会决胜阶段、中国特色社会主义发展关键时期召开的一次十分重要的会议。大会将选举产生新一届中央委员会和中央纪律检查委员会。

　　该专题系列报道主要以文字、视频、图片作为主要呈现方式，将澎湃新闻一贯以来内容古今的特色及遵循的原则完美地体现在相关报道之中。例如 2017 年 10 月 13 日，发布了《十九大时光 | 上海一街道绘出 65 米墙画，融合大国重器等元素》的报道。该墙画融合了"一带一路、大国重器、城市地标、历史记忆、建筑风貌、人文情怀"创作元素，尽展城市之美，如图 3 - 15 所示。

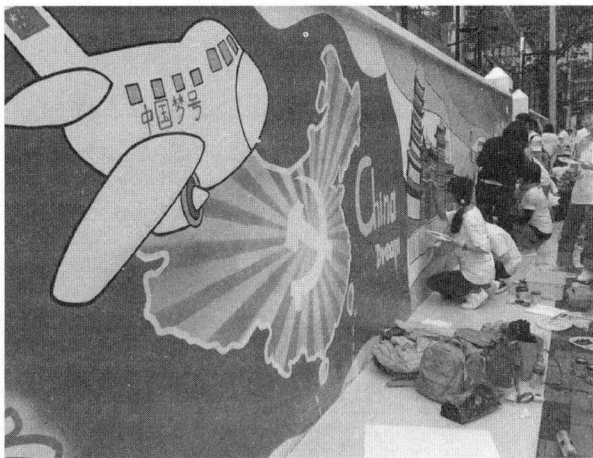

图 3 - 15　《十九大时光 | 上海一街道绘出 65 米墙画，
融合大国重器等元素》墙画

资料来源：澎湃新闻。

　　而其中文字类报道大致可以分成两种，一类是转载自其他网络媒体的报道，譬如《习近平：加快生态文明体制改革，建设美丽中国》，这

是一种描述类文字报道，通常用大篇文字来描述相关重要内容；另一类则由澎湃新闻自己的新闻记者采写，相对而言更加贴近上海本地居民的生活，更具可读性，例如《十九大代表风采 | 吴娜：虹桥机场有一条以她命名的安检通道》，该报道内容贴近上海市民生活，因而在其上海受众群体中也更加具有亲和力。

在会议召开期间，我们可以以版块"视频直播"为例来进行分析。为了能给广大受众提供更加良好的体验，澎湃新闻大量使用视频的方式对十九大进行系列报道。这种视频发布的方式，可以将单一枯燥的文字表述转变成可听、可看的视频，在一定程度上也迎合了当代受众的阅读习惯，尤其是一部分年轻受众，收效也较为明显。

值得一提的是，我们也发现以视频发布方式为主要手段，甚至为单一手段的新闻报道占比 5%，显而易见也占据了不小的比例。除去部分直播视频外，主要采用的是录播形式，如表 3-2 所示。

表 3-2 澎湃新闻 10.11—10.24 期间视频一览

日期	新闻标题	日期	新闻标题
10.11	探访十九大新闻中心：1000 兆宽带提供移动式交互信息服务	10.19	十九大记者招待会：介绍党建工作和从严治党情况
10.15	"我们的自信"制度篇——天下归心（新华社）	10.20	十九大记者招待会：聚焦加强思想道德和文化建设
10.16	"我们的自信"文化篇——中华之魂（新华社）	10.21	十九大记者招待会：聚焦党的统战工作和对外交
10.17	震撼大片	领航（新华社）	10.22	十九大记者招待会：满足人民新期待，保障改善民生
10.17	RAP《砥砺奋进的中国精神》	10.22	中国共产党自身建设五年探索之路：再塑形象的伟大工程（新华社）
10.18	十九大开幕	10.23	习近平为你描绘"新时代"
10.18	十九大新闻发布会	10.24	中国共产党第十九次代表大会闭幕会

续表

日期	新闻标题	日期	新闻标题
10.19	第二场"党代表通道"，听听党代表怎么说	10.24	十九大记者招待会：践行绿色发展理念建设美丽中国

通过这一系列视频的制作和编排，我们发现澎湃新闻也较为鲜明地体现出了自身平台独具的报道风格。

再如 2017 年 10 月 12 日，系列微视频《我们的自信》在各大新媒体终端和户外大屏发布。作为对于十九大的献礼，这一系列微视频依据电影院线水平标准制作，画面较为精致，且适配电视、网络与移动终端等多平台，又可进行多渠道传播，堪称是媒介融合时代的又一力作。这系列微视频包括《人间正道》《真理永恒》《天下归心》《中华之魂》等。视频总观看量累计达 2.6 亿人次，其中光《人间正道》一个微视频浏览量就已过亿。

《人间正道》以第一人称主观视角贯穿始终，实地拍摄与特效技术相融合，将中国共产党 96 年走过的道路浓缩为一次追寻与探索的奋斗之旅①，能十分有感染力地将广大观众带回历史现场，重温那段先前苦难与后期辉煌的伟大历程。该系列微视频整合了实拍、特效和动画等各种手段，将历史与现实紧密相融合，将抽象的主题具象化，并以新颖生动的形式地阐释中国特色社会主义道路自信、理论自信、制度自信、文化自信，自然获得了广大受众群体的青睐。

众所周知，五年一次的中国共产党全国代表大会是全党和全国人民政治生活中的头等大事，大会所提出的方针、思想、理念和战略是全党的行动指南，需要在今后工作和生活中落实贯彻到底。在会议结束后，澎湃新闻也继续选用适宜的角度来进行后续舆论引导。例如"澎湃问

① 参见新华社《"我们的自信"道路篇——人间正道》，具体网址为：http://www. xin-huanet. com/mrdx/2017－10/13/c_ 136677163. htm。

政"从党内工作着手，逐步推进，拓展至社会的各个领域，进而延伸至人民生活的各个方面。从《学习贯彻十九大》到《我与董事长一起学十九大精神》，这一系列报道采用了滚雪球的方式，将十九大精神落实贯彻到工作生活中的方方面面，并在社会各个领域迅速推广，不仅提高了报道的效率，而且也确保了报道内容的深度。

值得一提的是，我们还对其中受众相关情况进行了关注。囿于资料数据搜集困难，在此仅进行一些简单分析。

依据图 3 - 16，我们可以清楚看到，作为一场在全面建成小康社会决胜阶段、中国特色社会主义发展关键时期召开的重要的会议，关注人群的年龄主要集中在 18—45 岁的区间内，其中 29—35 岁是关注者最为集中的区间，而这部分群体其实属于是充满朝气、年富力强的广大中青年受众群体。

年龄分布　2017-10-18至2017-10-24

■十九大
浏览+搜索用户的年龄分布

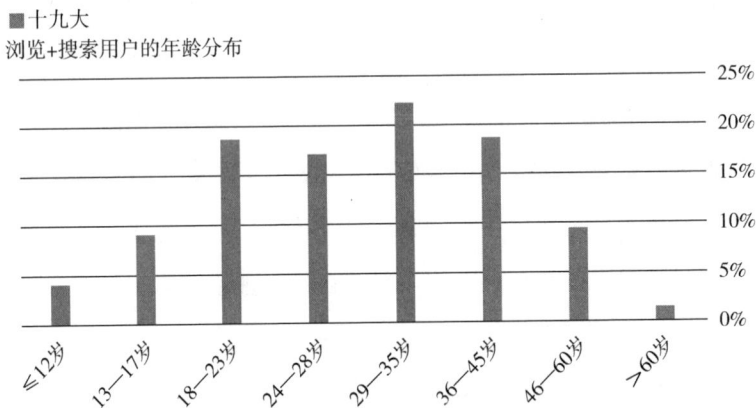

图 3 - 16　腾讯指数　不同年龄层对会议的关注占比

资料来源：腾讯指数。

如图 3 - 17 所示，我们找到了 10 月 1 日至 11 月 14 日期间，各省市对"中国共产党第十九次全国代表大会"这一关键词的搜索频次，并据此进行一些浅显的分析。在此期间内，平均搜索指数前五的分别是广东省、山东省、河南省、浙江省与江苏省，恰好上述五省是中国经济相对较为发达的省份，有些省份发展潜力还较大。而相对而言，中国香港、澳门及中国台湾对于大会的关注程度则偏低一些。①

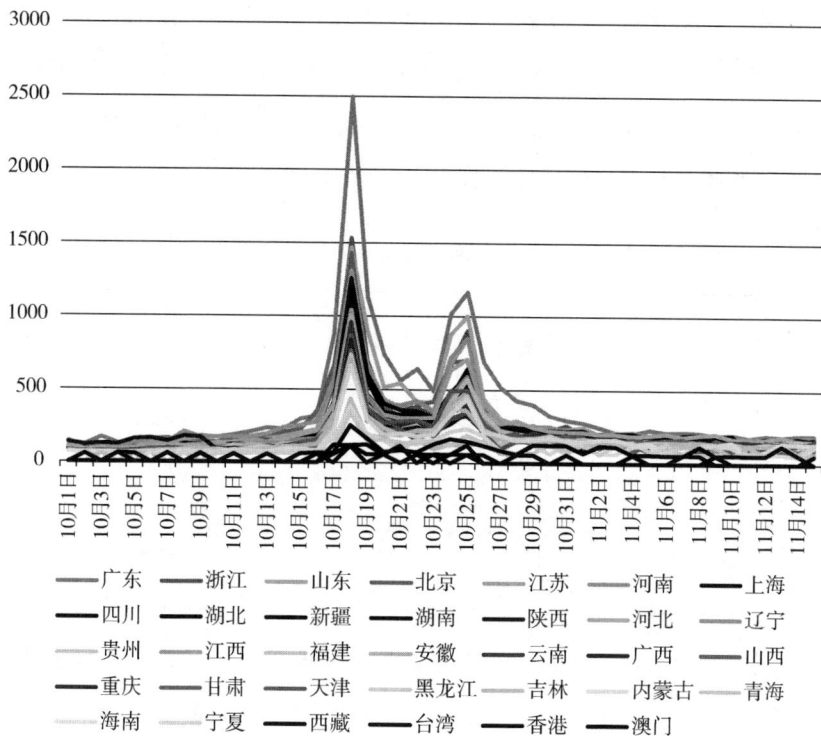

图 3 - 17　百度指数　各省市搜索"中国共产党第十九次全国代表大会"频次

资料来源：百度指数。

如果将图 3 - 16 和图 3 - 17 联系起来进行分析，我们或许可以推知，十九大的主要关注人群主要是集中在经济发达地区，并且有着一定经济水准的中青年群体。他们相对而言有一定经济基础，同时也更有关注会议的热忱。

---

① 其中可能是由于我们数据搜索尚不合理，或是相关地区居民所使用的搜索引擎并非百度等原因，因此未能在百度指数中得到鲜明体现。

又如表 3-3 所示，诸如"新时代""中国特色社会主义"等这类名词十九大报告中所提及的核心词汇，经常出现在新闻报道之中，在媒体传播中占据重要地位；同样作为高频词的"自豪""自信""幸福"等表现了个体对党和国家发展进步的积极认可，是认同感的体现；"坚持""相信""实现"等动词，代表着个体对某种政策的期待与美好未来的向往。总体看来，人民对党的十九大召开的历史性意义予以强烈关注，对党和国家的美好发展前景充满着期待。①

表 3-3 样本对象关注特征词类目状况

高频（>30 次）	习近平、新时代、中国特色社会主义、强起来、领导人、党、政府、自信、中国、复兴、现代化、不忘初心、领导、人民、中华民族、美好、自豪、厉害了、幸福、中国梦、发展、反腐、大国
中频（10—29 次）	改革开放、社会、民主、打老虎、统一、生态、实现、希望、国家、环境、社会矛盾、建设、生活、美丽、经济、不平衡不充分、总书记、政策、中国人、共同富裕、变革、国际、祝愿
低频（<10 次）	事业、一定、Word 国、重要、奋斗、召开、加大、青年、目标、美国、十八大、共产党、蓝图、文明、社会稳定、扶贫、问题、坚持、一起、精神、道路、相信、基层、命运、报告、矛盾、思想、城市、制度

我们发现，广大受众对于十九大的关注面较广，且关注内容也较为丰富：从政府推行的公共政策到民生保障，再到反腐倡廉。甚至也有受众针对经济发展的不均衡，社会矛盾依旧尖锐等敏感问题也都进行了热烈的讨论。这些问题的解决其实在一定程度上也关系着我国发展，是实现国家长远规划目标和社会稳定有序，必须解决的关键问题。由此可见广大受众对时事政治其实有着较强的敏锐性，对于一些日益凸显的社会矛盾也有着清醒的认识，但其出发点其实都是为了去解决问题而非在恶意带节奏、干扰视线、混淆视听。

如图 3-18 所示，我们可以发现在 9 月 29 日至 10 月 5 日这个区间

① 刘泽照：《高校学生对党的十九大关注状况研究——以互联网信息分析为基础》，《青年学报》2018 年第 3 期。

内，浏览热度有明显的下降趋势。究其原因，这段时间内各大主流媒体尚未开始为党的十九大全方位宣传造势，而到了 10 月 5 日，随着又一部政论片《不忘初心　继续前进》的新鲜出炉，方才为前期的宣传造势活动注入了一些新鲜的血液。根据曲线我们发现，此时民众的关注度才开始有轻微的回升，直到 10 月 11 日曲线才有了相对较平稳缓慢上升的趋势，因为此时媒体开始不间断地宣传报道党的十九大会议。

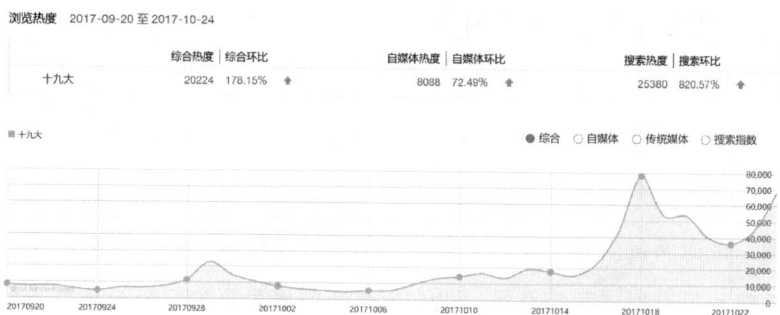

图 3-18　腾讯指数　党的十九大相关报道浏览热度曲线

资料来源：腾讯指数。

10 月 15 日至 10 月 18 日，从曲线走势上，我们发现民众对十九大的关注度正在快速增长，综合搜索热度从不到 20000 飙升至近 80000。如前文所述，镇版之作、刷频产品在这个时间段内竞相出现，从《#十九大#要来了！九图带你读懂 18 次党代会"极简史"》到会议首日的《你好，#十九大#》，直至 18 日当天的开幕式，更是将会议热度推至顶峰。

开幕式后热度略有下降合乎常理，但紧随其后的各类媒体各显神通，用各种产品、各种不同的方式，始终将民众对党的十九大的关注度维持在一个极高的水准上，譬如人民日报的《刻度上的五年》，新华社的《全系全景｜身临其境看报告》都是这场传播盛宴中令人回味的美味佳肴，直令广大受众大呼过瘾。

总体上来观照，无论是新型主流媒体，还是广大受众，他们对于此次大会的关注态度都较为积极，从传播效果来看也在呈现出正面、积极的一面。情感表达也相对较为简单朴素，但是言语中却饱含着正能量和深厚感情，真切地体现出广大受众对于党的十九大会议其实抱有着非常强烈的认同感。

通过本节的深入分析，我们也总结出了一些启示：一是报道手段多样化。在媒体融合不断发展的背景下，单一的文字报道或是视频报道已不能满足广大受众日益增长的需求，尤其是年轻受众需求已经从"可听、可视、可读"发展到"可体验、可分享、可互动"。新型城市主流媒体必须运用全新的报道方式与手段，方才能够更好地抓住受众的接受心理，进而满足受众的需求。因此，随着视频、动画、VR/AR等多样化的新闻报道形式竞相登场，也会使得新闻内容更加精彩纷呈，人们也可以通过多种渠道去了解新闻内容，这也能进一步拉近了新闻报道和大众生活之间的距离。

二是报道内容简单化。人民日报与新华社都可谓是此中佼佼者，两大新闻媒体精心统筹谋划，熟练使用各种技术，相继打造出一个又一个精品，牢牢地把握住"话语权"，将原本"高高在上"的时政类新闻，使之"沾泥土""冒热气"，虽然部分报道还不可避免地会出现一些用语过于深奥刻板的问题，但总体上还是尽最大的努力使得新闻报道更加接地气，更具人情味，更加令人喜闻乐见，使得广大民众对十九大这个略显严肃的主题倍感兴趣，也在一定程度上加深了会议报告在广大民众心里面的认同程度。

三是报道节点多元化。除了中央级别主流媒体在这场报道盛宴中有许多亮眼表现外，地方媒体也有着各自的闪光点。例如《广西日报》的"广西云"，《浙江日报》的"学习之路"，《东方新闻》的《砥砺奋进五年间》都有许多十分有特色，非常有人情味的专题报道。澎湃新闻在此次传播盛宴中的综合表现也是可圈可点，不仅良好地展示出了自身平台的特色，而且以深度报道见长，注重新闻报道的权威性和说服力。尤其是在澎湃问政一栏，从党政机关到体育明星，从体育明星再到学术机构与社会企业，将十九大精神迅速推广至社会各个领域。虽然澎湃新闻以文章报道为主要形式，但是视频和图片仍然占据了不小的比重、视频制作精良，编排合理，很好地体现了平台的报道风格；图片的选择简单明了，表现力强，也给受众留下深刻的印象；独创 RAP 歌曲《砥砺奋进的中国精神》更是令人眼前一亮，使之能够从众多的宣传报道之中脱颖而出。

四是信源多样化。随着先进技术的不断应用，广大受众也不再仅仅局限于被动的接收者，有时也可以借由新技术而转换角色成为传播者。其实倘若想要真正地把新闻报道和群众结合在一起，提升大众对会议的关注度，让大众广泛参与到传播活动当中也不失为一条可行之路。值得一提的是，大众虽然可以用微信、微博以及新闻媒体平台参与会议报道，但是在 BBS、贴吧等平台在某种程度上却是被禁止谈论传播党的十九大的相关信息。虽然 BBS 已经淡出了我们的视野，但还是有相当一部分人愿意花时间逛论坛，讨论问题，可是在收集资料的过程中，我们竟然发现在 BBS 中找不到任何有关党的十九大的帖子，甚至部分论坛以违反相关法律为由，明确禁止谈论党的十九大。更有部分指数平台，皆以违反相关法律为由不记录有关信息，其实在这些方面，我们还可以做得更好一些。

五是二次传播广泛化。我们发现澎湃新闻所转载的相关报道都源自中央级别的新型主流媒体。通过不同平台相同信息的反复报道，其实也可以不断强化党的十九大在广大受众心目中的重要程度，借此提升大众对于会议的关注程度。如前所述，中央新闻媒体努力推出精心制作的新闻产品，各个地方媒体、自媒体对这些新闻产品进行转载、传播，都会引起热度曲线的迅速攀升，所以新闻媒体完全可以通过文字、视频、图解等不同报道方式的综合运用对有些相同信息进行处理，以进一步强化信息在受众心目中的重要程度。

此外在如何更好地抓住受众心理层面，我们也有如下几点启示：一是增加优质新闻报道来源。在这个人人都用麦克风的时代中，对于同一个政策方针，选择从不同的角度进行报道，往往能使广大受众更清楚地了解新闻报道内容，更容易了解十九大报告中蕴含着的思想与政策，同时也让那些想了解更多内容的受众多了一些选择的余地，而不是只能将注意力关注在中央级别主流媒体上，优秀的地方媒体与新闻客户端也完全能够做出一些优质的新闻报道。二是合理利用意见领袖。意见领袖是大众传播中信息中介，人际传播中活跃分子，经常为受众提供信息、观点、建议、对他人施加影响的人物。在 Web 2.0、3.0 的时代，舆论引导其实更多地不是靠封堵，而是靠积极对话，谁能在对话中抢占先机，就能赢得话语权，进而掌握主动权。以微博大 V 和各类流量明星为例，有一部分人仅仅在 10 月 18 日当天发布了诸如"点赞十九大"之类的内容，反倒引起了巨大反响。换而言之，想要更好地进行舆论引导，尤其还需要注重强化"话题性"：要设置比较稳定的社会议题，利用社区公共平台或者新闻媒体，让政府、专家、网民等多元主体来进行持久对话、讨论甚至辩论，进而在动态过程中逐步建构起共识。

三是提高公民素质，从基础抓起。时政新闻曾受限于报道手段的匮乏，报道思路的僵化，给部分受众留下了诸如"时政新闻很没意思，不想了解"的不好印象。其实随着融媒体时代的来临，各大新闻媒体都已经在努力改变时政新闻报道中刻板严肃的印象，努力提升报道的亲和力，而且已有了较大的改善，只是有些受众的观念早已根深蒂固，甚至还有一种"国家大事与我何干"的错误思想。所以我们应加强公民政治教育，培养和提高公民参政议政意识和能力，尤其是许多年轻受众群体还可以进一步团结。

　　其实如何让民众更加关注政策，理解政策，绝不是靠着简单的呼吁和口号。大型时政类报道是新闻报道的重要组成部分，媒体作为政党机关的喉舌，在媒体融合的大环境下，媒体机构仍需要遵守新闻报道的基本原则，在不违反原则的前提下，可以试着跳出传统纸媒媒体时代严肃刻板的条条框框，用一些新颖有趣的报道手段，满足不同受众的不同需求，努力找到一条能够更好地引导民众主动愿意去接触方针政策，愿意去理解方针政策的道路，进而将枯燥严肃的政策理念，转化成民众更容易接受或更愿意接受的东西，真正做到接地气，进而达到最好的传播效果。

第三节　G20 会议宣传专题分析

　　众所周知，G20 峰会是一场齐聚全球 20 位领袖的巅峰会议。这个国际经济合作论坛，于 1999 年 9 月 25 日由八国集团（G8）的财长在德国柏林成立，于华盛顿举办了第一届 G20 峰会，属于非正式对话的一种组织，由原八国集团以及其余 12 个重要经济体组成。2016 年 9 月 4 日—5 日中国杭州也有幸成为 G20 峰会的举办场地，这个规模空前的外交盛会鲜明地体现出了中国日渐强大的综合国力，对于指明新时代前进方向、促进世界和平发展也具有里程碑式的意义。因为中国是最大的发展中国家，也是新兴市场经济国家的代表，举办 G20 峰会中国可以代表发展中国家发声，也可以借助"一带一路"建设、亚投行建设等与更多国家良性互动，实现与其他国家的合作共赢。国际峰会落户杭州也会拉动当地基础设施建设，提升当地外向型经济和国际化水平。显而易见的便是旅游经济的快速拉动。

　　也正是因为此次峰会的极其重要性，对于国内各大传统主流媒体和众多新媒体机构而言，如何做好广大受众的舆论引导工作，如何在世界各国人民面前讲好"中国故事""杭州故事"，能否为 G20 峰会的召开奠定有力的舆论环境基础，毫无疑问已经是一项压力空前的挑战。

但从实际成效来分析，我国媒体其实非常出色地完成了本次大事件中的宣传任务，无论是对峰会的前期宣传预热工作，还是对先进新媒体技术的大胆应用，都为海内外观众及媒体人所津津乐道。为此，我们搜集了我国媒体对杭州 G20 峰会舆论引导相关资料，并借助百度指数、知微事见和清博大数据等舆论监测平台，对杭州 G20 峰会期间各时间段的舆论指数进行了系统的统计和全面的分析，在"互联网＋时代"我国各大媒体是如何高效而精准地对 G20 峰会这样高级别的大事件来进行舆论引导。例如央视就曾派出上千名记者，在 G20 峰会活动的 8 个场地搭建起 11 套直播系统，他们更是经常打破常规，投入大量特种设备，全方位地对会场进行拍摄，多角度解读。从 2016 年 9 月 3 号早上 8 点开始，央视新闻客户端也正式推出了 G20 直播频道，对其进行 48 小时不间断直播，创新高密度的时政直播方式。内容包括主要各国政要抵达会场的第一手画面、空中看杭州、探班阿里巴巴、峰会开幕式、欢迎晚宴、水上文艺晚会等全部内容，除此之外，通过点击还能在第一时间选择观看回放，真正实现随时随地关注 G20 动态，也充分发挥出了客户端的优势。

G20 杭州峰会主题为"构建创新、活力、联动、包容的世界经济"，其中四个关键词分别是创新、活力、联动、包容。读懂了它们，也就意味着对此次峰会有了一个大致的了解。许多主流媒体通过在客户端上进行高密度的内容解读呈现，让专家对峰会的相关内容进行解读，同时也使用更加接地气的角度和语言，尽可能让峰会的主题和内容"平民化"，充分发挥客户端信息量大、覆盖面广、传播速度快的独特优势，让更多的受众能够了解到本次峰会所集中讨论的重点内容和峰会将会给我们的生活带来的重大变化，切实增加受众与 G20 峰会的关联性，也能够让他们在前期对峰会有一个正确和深刻的认识，从而最终让这场会议达到一个全民聚焦和全民了解的效果，至少让一部分受众对 G20 峰会的认知，不仅仅只是停留在表面的状态。

在具体操作时，我们也主要按照时间顺序，通过前期预热、政策宣传和舆论引导几方面简析传统媒体如何做到与新兴媒体有机结合从而达到更完美的宣传效果，并试图从中获取一些启示。

在会议预热时期，我们通过百度指数平台查阅了杭州 G20 峰会在 2016 年 1 月至 2016 年 10 月的搜索指数发展情况。

如图 3 - 19 所示，我们可以非常直观地发现杭州 G20 峰会的搜索趋势曲线在 8 月中旬之前没有较大波动，只是偶尔有搜索量 2000 左右的起伏，但对总体趋势影响不大，始终没有突破 5000 的搜索量大关。迎来第一次高潮的时间是在 8 月 14 日的 G 点，这一天舆论指数突然到达 14582，我们搜索信息后发现，引发这一高潮出现的主要原因是由于杭州日报等主流媒体几篇关于 "不要再传播 G20 峰会谣言" 及诸如《浙江日报批 "G20 峰会预算 1600 亿元" 谣言：无耻》等文章的发布。由此可见在临近 G20 峰会期有不法分子企图利用某些受众对杭州 G20 峰会这一未知事物的好奇心理以及对政府的不信任和不安全感，散播出一些不利于峰会召开的负面、虚假信息，例如 "高速 1—5 号只出不进"、"网传杭州安检卡口，要求某车主对携带的 20 多瓶矿泉水逐一开封喝一口" "无通行证不得进杭州？" 等谣言，其实都或多或少地会带来一些负面影响。在如今人人都有麦克风的互联网时代中，其实有些受众媒介素养相对还不强对信息真伪的甄别能力较弱，如果放任谣言传播，极易对部分受众进行误导，倘若营造出有不和谐声音的舆论环境，其负面影响不堪设想。所幸政府和相关主流新闻媒体都积极发声，主动传播了澄清谣言的文章，这才没有使得事态进一步发生恶化。

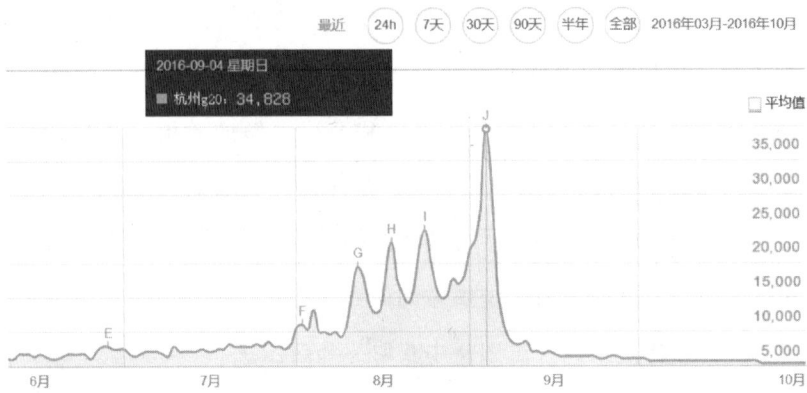

图 3–19　杭州峰会搜索趋势

资料来源：百度指数。

随后的几天舆论指数重新回落至 10000 左右且没有较大幅度的下降，又在 8 月 18 日随着英国媒体所发布的题为《中国推动绿色金融正当时》的文章，借助受众对金融话题的关注再次引起社会的广泛热议并达到了搜索指数 18308 的 H 点。而后在 8 月 25 日左右，随着 G20 各国领导人开始陆续访华，诸如《应习近平邀请，这些领导人将出席 G20 杭州峰会》等相关报道的发布以及 G20 相关宣传片的相继发布，峰会开始逐渐引起受众的广泛关注，也使得舆论指数再次大幅度上升至 19907 即图表上的 I 点，迎来第二次小高潮。随着之后一周新闻热度的下降，相应的舆论指数和搜索量也有所回落，降至 10000 左右的平均水平，但相比之前平均 5000 不到的搜索量，当前稳定在 10000 左右的搜索指数还非常可观，可见相关媒体的预热工作已经卓有成效了。

我们发现，最后一次高潮出现在 9 月 4 日，在上次高潮消退历经连续三天左右的低谷期后，搜索指数在 9 月 1 日至 9 月 4 日这个时间段呈拔地而起的上升趋势达到了将近 34828 的热度峰值 J 点。究其原因，这天杭州 G20 峰会正式召开，媒体也开始进行大规模报道和直播，使得热度突然迅猛上升。在之后的十几天里指数呈逐日下降的趋势，并在峰会结束后趋于平缓，恢复至 8 月之前的指数水平。

值得一提的是，我们通过知微事见平台发现，在 9 月 5 日这一天，头条新闻发布的《解密 G20 峰会国宴餐具：图案取自西湖实景》、人民日报 "18 首古诗词，写尽西湖之美" 和央视新闻 "全球#聚焦 G20 峰会" 板块报道以及杭州日报对 G20 峰会大板块全方位的报道使 G20 峰会的全平台总体热度达到同时段所有事件中的第二高值，受关注度仅次于 "朴槿惠亲信干政丑闻" 事件。

在任何事件的传播过程中，高效精准的传播往往能起到事半功倍的效果。通过对杭州 G20 前期预热的分析，我们可以尝试着将媒体对于 G20 峰会的宣传分为 9 月前和 9 月后两个时间段，由于 9 月后 G20 峰会的舆论指数极高，各大媒体的报道也更密集，故主要分析 9 月后的情况。我们也主要运用百度指数和知微事见等平台分析各媒体在 2016 年 9 月后对 G20 峰会宣传工作的参与度。值得一提的是，知微事见与百度指数有一定类似的一面，该平台主要采集微博、微信公众号、网媒、贴吧、知乎等各方媒体的全网数据，根据时间的变化采用趋势图等可视化的方式来展示结果，借助各媒体对于事件的参与度来分析政策的传播热度和范围，如能将二者综合应用可以搜集到更广泛且准确的信息，以供我们分析、参考之用。

如图 3-20 所示，在 9 月 1 日下午 3 点左右，人民网发布了一篇名为《全名单！一图告诉你哪些大人物将出席#G20#杭州峰会！》的文章，立马便拥有了上百个的点赞和转发，将本日的 G20 的搜索热度推至最高的 254，同时段发布文章的媒体还有浙江日报、杭州日报和中国新闻网等一些主流媒体，但是这几家媒体发布的报道都只有寥寥数十条评论和转发，在当时并没有引起广泛关注，可见省市级媒体机构的新闻影响力还是不及人民网这类中央级别的主流媒体机构，其传播影响力也受限于当时事件的舆论热度，地方媒体报道在很多时候还是要在中央媒体将事件热度不断抬高的基础上方才能达到最佳的传播效果。次日，同样是在下午 3 点至 4 点这个时间段，当日的舆论指数再次达到顶峰，但这次的峰值达到了 615，是前日 254 峰值的两倍多。而使得舆论指数突然上升的主要是由于 NBA 官网所发布的《加拿大总理杜鲁多、姚明以及 NBA 中国 CEO 舒德伟化身教练带队在上海切磋篮球》文章，NBA 作为世界篮球的圣殿，在海内外有着广泛的粉丝群体，中国的 NBA 球迷更是数以千万计，因此 NBA 虽然不是专业的新闻媒体，但也能够凭借强大的粉丝拥护者引起广泛关注，这篇将 NBA 与 G20 相结合的文章将当日的舆论指数推向了顶点。除此之外，姚明以及加拿大总理杜鲁多的个人影响力也不容忽视。

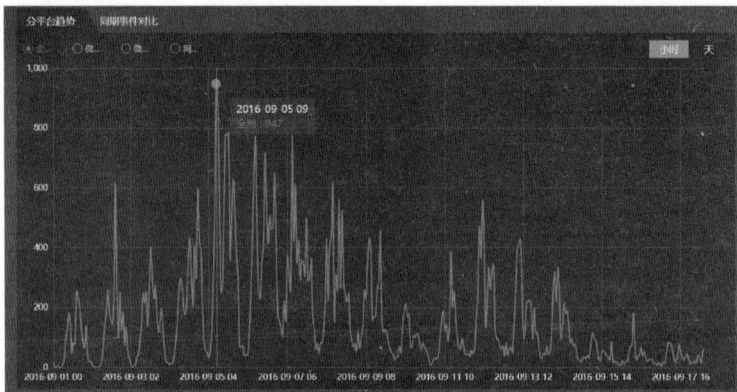

图 3 – 20　舆情趋势图

资料来源：知微事见。

随后一天舆论热度便开始略有下降，最高值也仅为 400。而在 4 日晚 21 点，这天峰会正式召开，头条新闻、人民日报和央视新闻三个大型媒体都发布了一篇关于"最忆是杭州文艺汇演"的报道使得热度再次上升至与 2 日最高值相近的 600 左右。而 9 月份峰会期间的舆论最高峰出现在 9 月 5 日上午 9 点左右，热度一举从凌晨 4 时的 30 在短短 5 小时内突增至 9 时的 950。究其原因，不仅是因为头条新闻、人民日报、央视新闻等许多有着数千万的粉丝群体的主流媒体联合出击，几乎同时发布了多个与 G20 相关的报道，它们所打出的这一系列"组合拳"令 G20 峰会迅速发展为公众关注的焦点。相比于之前不足千个点赞量的"惨淡战绩"，这次相关的报道都受到了受众广泛关注，其中头条新闻发布的《解密 G20 峰会国宴餐具：图案取自西湖实景》和人民日报发布的《18 首古诗词，写尽西湖之美》都获得了数千个点赞及数百条转发量。随后的每一天，微博、微信和客户端都有十分亮眼的表现，日均峰值均能到 500 左右。但我们发现在峰会召开前每日的热度峰值大多出现在下午 3 点、4 点和晚上 8 点、9 点，5 日之后峰值则主要出现在上午 9 点、10 点，究其原因，不仅是由于媒体的大规模报道，而且也能看出受众对峰会的关注度提高了，尤其是早起的上班族和学生群体。在 9 月 7 日之后，舆论指数也伴随着峰会的后续进行而呈现下降趋势，并于 9 月 17 日峰会闭幕后逐渐趋于平缓。

在分析进入九月份后峰会期间的传播趋势后，我们发现杭州 G20 峰会作为 2016 年年末中国最重要的外交大事件，其传播速度相当惊人、事件持续期间平均传播速度达到了 167 条/小时，几乎平均每分钟就会有媒体发布将近 3 条相关报道；在 9 月 5 日达到传播峰值后速度更是惊人，竟然达到 947 条/小时。值得一提的是，虽说现如今传统主流媒体影响力日益弱化，地方各媒体和新兴自媒体的自主权、表达权在日益增强，但在杭州 G20 峰会的舆论引导工作中，传统主流新闻媒体依旧占据着主导地位。如图 3 - 21 所示，我们不难发现在本次 G20 峰会的舆论引导工作中，中央级别媒体参与度达到了惊人的 58.6%，较全部事件平均值多了 102.8%，较同类事件平均值也增加了 47.7%。而科技类媒体的参与度也达到了 53.8%，较全部事件平均值多了 276.7%，较同类事件平均值也增加了 546.8%，诸如"裸眼 3D 灯光秀""全息投影""人脸识别入住酒店"和"机器人巡检 G20 场馆电力设备"等新兴技术在 G20 峰会中的应用也引起了科技类媒体的广泛关注。除此之外，财经类媒体的参与度更是达到了 70%，一举成为杭州 G20 峰会期间参与度最高的媒体类别，其参与度较全部事件平均值增加了 360.2%，较同类事件平均值增加了 235.6%，其中诸如中国经济新闻、央视财经和每日经济新闻等媒体机构都多次主动发声，并且也都有着较为不俗的表现。

图 3-21　媒体参与度分析图

资料来源：知微事见。

由此可见，对杭州 G20 峰会进行宣传、报道和解读的主力军依旧是传统主流媒体，其中央级别主流媒体占据着主导地位。值得一提的是，在新媒体浪潮席卷而来的今天，微信作为国内最大的社交平台，拥有着较为庞大的受众群体和与之相伴随的数据流量，而且微信用户资源的情感黏性较高，所有这些都对开展病毒式传播极为有利。但是在对杭州 G20 峰会的宣传上，微信却在诸多平台中表现不尽如人意。以知微事见上全时段最高值的 9 月 5 日早上九点这个时间段为例，该时段内微博平台内共有 349 个微博账号发布 468 条相关信息，该时段内共有 176 个网媒账号发布了 360 条相关信息，人民网、新华网和凤凰网占据前三席，其中人民网在该时段发布的相关信息最多，共有 11 篇文章。微信平台在新闻传播中的最常用手段——借助互联网平台，微信用户将在公众号上看到的文章转发至朋友圈，从而实现一对多的放射性传播，使得信息在短时间内一传十、十传百传播至更广的范围。但是这一方法对杭州 G20 峰会这样政治经济类的大型事件的传播中似乎并不适用，在该时段内仅有 114 个微信账号发布 119 条相关信息，仅为微博平台的四分之一和网媒平台的一半。最终我们发现在杭州 G20 峰会期间，微博在各平台的影响力指数达到了 90.5，较全部事件平均值增加了 44.8%，较同类事件平均值增加了 51%；客户端的影响力指数更是达到了 91.1，较全部事件平均值增加了 45.8%，较同类事件平均值增加了 34.6%；相比之下微信的成绩就显得有些惨淡，影响力指数仅有 73，较全部事件平均值仅增加 16.8%，较同类事件平均值也仅增加了 35.1%。

众所周知，研究舆论热词、关键词检索等方法也对舆情分析有着重要的借鉴意义，往往能够反映出受众在某一事件中普遍关注的问题和事物，也能直接表达出受众的情感倾向。如图 3－22 所示，我们可以发现在杭州 G20 峰会这一重大事件中，出现频率最高的词汇分别是"20"和"峰会"，各自出现了 32404 次和 21752 次，可见广大受众对于 G20 峰会还比较关心，也在试图去了解更多相关资讯；与各国集团和领导相关的词汇出现频率也较高，如"领导人""总理""总统"还有"国家""集团"，等等，可见广大受众对于这次二十国领导人的盛大会面抱有很大期望；除此之外，不少高频词也包含了受众对于未来的期望，例如"创新""高速""发展"和"金融"等词汇都曾经频繁出现，这其实在一定程度上也是表达了受众希望峰会能够促进经济金融发展和推动创新改革的美好愿望。根据知微事见的舆情监测软件统计，正面情绪在受众对于杭州 G20 峰会的情绪反馈中占据主导地位，"期待"也作为高频词出现了 1337 次。

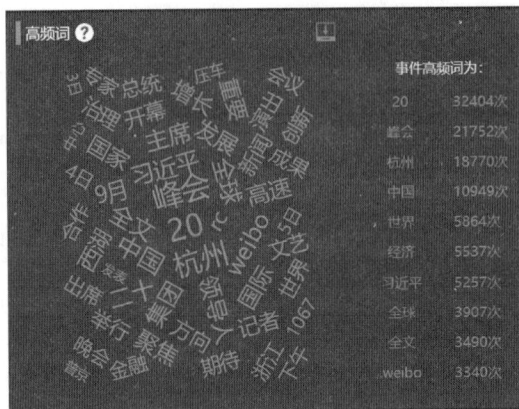

名称	20	峰会	杭州	中国	世界	经济	习近平	全球	全文	Weibo
次数	32404	21752	18770	10949	5864	5537	5257	3907	3490	3340

图 3 – 22　高频词统计表 （由知微事见数据总结）

资料来源：知微数据。

　　与此同时，各方媒体也在积极发声，其中最受媒体青睐的报道议题主要来自《习近平谈"一带一路"这三年：超出预期》《新加坡学者谈G20 杭州峰会：中国树立新型大国风范》和《共同维护和平稳定的国际环境 （G20 再出发）》等，分别被 50 家、47 家和 45 家不同的媒体报道过，可见我国大部分媒体对杭州 G20 峰会抱着乐观而积极的态度，也试图向世界传递着中国特有的声音。

　　除了各类主流媒体在积极报道以外，意见领袖在对杭州 G20 峰会的舆论引导工作中也做出了一定贡献。在参与杭州 G20 峰会讨论的众多意见领袖中，有着 2547 万粉丝量的微博大 V、新媒体专家陈里总共参与了十次，次数居于首位，他的参与方式以转发微博为主，转发的内容以"杭州 G20 文艺晚会"相关内容为主，并且十次转发评论中有九次集中在 9 月 4—5 日峰会开始的两天。而参与度次之的是著名访谈节目主持人杨澜，总共参与该事件四次，不同于陈里的是杨澜的四次内容都在 9月 4 日峰会开幕的前几天，而相同之处是他们借助的平台都是微博，且自身都拥有上千万的粉丝数量，进而使得传播效果也较为理想。

我们也可以采用诸如受众分析等方法来进一步开展分析。众所周知，现今媒体之间的壁垒可以借用相关数字技术来打破，同一内容不仅可以多介质传播，而且媒体之间的实时交互性也会更为凸显。可交互性也能够使得受众的行为模式从线性转变为非线性，非线性传播相较于线性传播是一种双向的、互动的传播，这样的传播方式大大增强了受众的自主选择和反馈权利，同时也为受众提供了更加自主的空间，使媒体呈现的内容更能满足受众需要，在某种程度上而言传播者视角有时其实正在往受众视角进行转变。

我们也可以借助百度指数，对杭州 G20 峰会的受众群体进行分析，如图 3 - 23 所示，从关注杭州 G20 峰会的群体的年龄层次来观照，30—39 岁年龄段群体占 45％，40—49 岁年龄段占 36％，其余年龄层群体约占总人数的 20％。我们认为这些数据还算较为符合我国当前国情及不同年龄层人群的心理特征，因为 30—39 岁的人正处于壮年时期和事业的上升期，这个年龄层的人群无论是心理，还是生理上都处于巅峰期，对于国家政治经济方面的大事自然也会更加关注；此外，杭州 G20 峰会作为一个大型的国际经济会议，它的召开必然会伴随着后续出现一些经济政策，这些政策的颁布和实施也是其所关注的重点，因为正处事业上升期，该年龄段的人群对峰会能否带给自己有益作用或多或少也会抱有一定期待。而 40—49 岁年龄段大多已经为人父母，也已经处于事业的稳定期，相比起 G20 对自己的影响，他们更关心 G20 峰会能否带来教育制度和政策上的改变，从而为自己孩子争取更好的教育资源，因为教育问题始终是人们关注的焦点。而 29 岁以下年龄层大多是初入社会的工作者和在校学生，他们关注的重点更多是提高成绩、加薪升职；50 岁及以上的人有的已经退休、有的儿女也已稳定工作或结婚，因此这两个年龄段的人或许会通过网络、电视或者报纸等媒介了解 G20 峰会的一些进展却不会特意深入探究，所以自然占比较小。

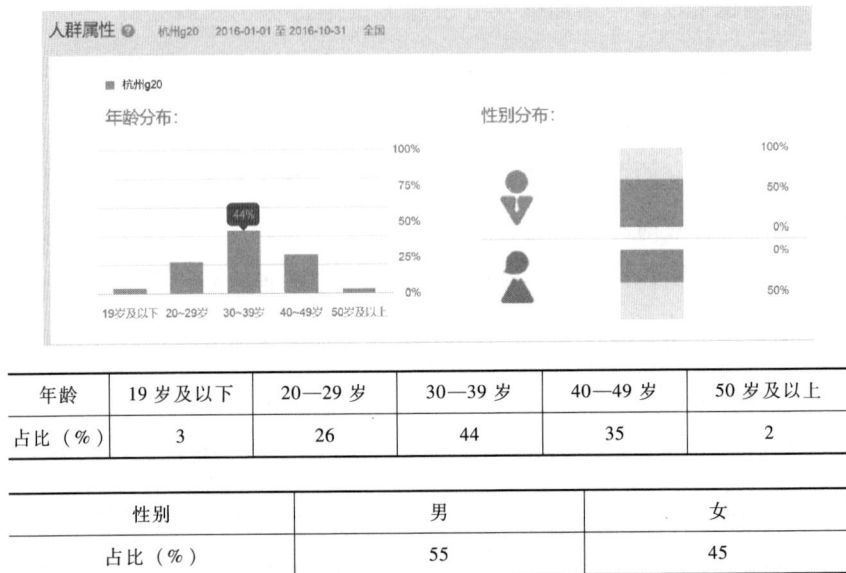

年龄	19 岁及以下	20—29 岁	30—39 岁	40—49 岁	50 岁及以上
占比（％）	3	26	44	35	2

性别	男	女
占比（％）	55	45

图 3 - 23　受众群体年龄、性别分析图（由百度指数数据总结）

资料来源：百度指数。

从参与事件受众的地域分布来观照，根据图 3 - 24 和图 3 - 25 所示，人数分布密度最大的省份是浙江，占比达到 41％，远高于排名第二第三的北京和上海的 20％ 和 15％。而在城市方面，排名前三位的依次是杭州、北京和上海，前十名中的浙江省城市有宁波和温州。首先，举办 2016 年 G20 峰会的城市杭州是浙江省的省会，无论 G20 峰会后续带来何种蓝图规划以及何类政策颁布，浙江省、杭州市无疑都会是直接受益者，故此杭州人民乃至浙江人民都较为广泛关注这次外交盛会。然后，温州、宁波作为浙江重要的通商口和经济大市，车牌号分别为浙 B 和浙 C，且地理位置邻近杭州，受其中心城市的辐射效应影响，因此温州和宁波人民对杭州 G20 峰会也比较关心。除此之外，受众不仅受利益关系驱使才关注该事件，而且也会受到积极心理因素的影响。因为 2016 年 G20 峰会是中国首次举办该会议，浙江省内的受众即便不在杭州也有作为浙江人发自内心的自豪感，所以浙江省内的人相较于其他省份人们会更加关注该事件。

图 3 - 24　地域分布图 1

　　资料来源：知微数据。

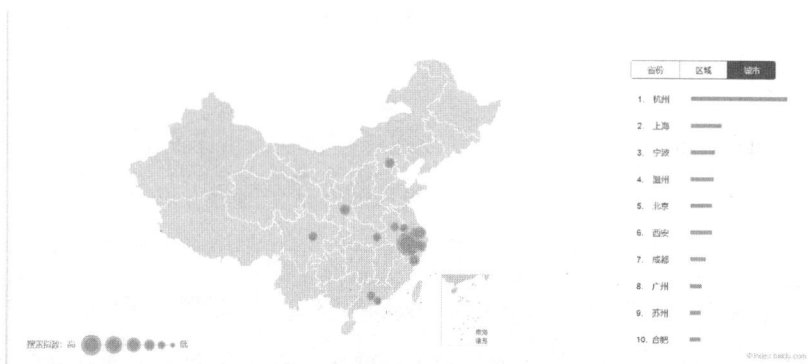

图 3 - 25　地域分布图 2

　　资料来源：百度指数。

　　与此同时，我们也可以运用清博舆情查找用户获取该事件信息渠道的相关数据，但由于保留数据的时间限制，2017 年前的数据已经清除，故我们主要分析知微事见上 2016 年 9 月的数据和舆论监测系统中 2017 年 3 月至今的数据，如图 3 - 26 所示。

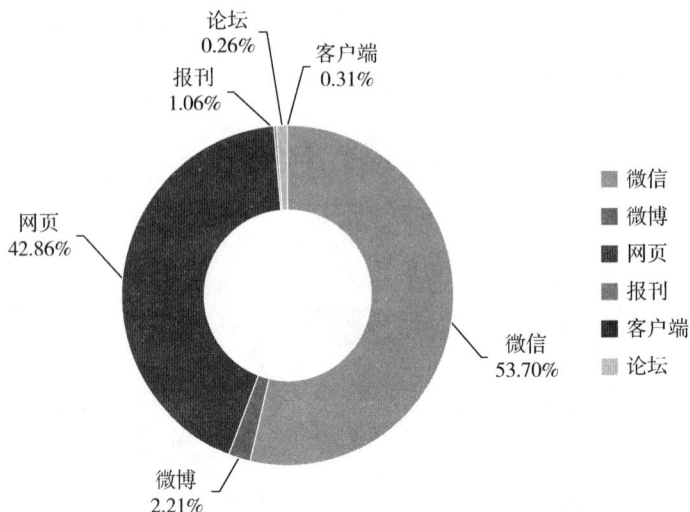

媒体名称	微信	微博	网页	报刊	客户端	论坛
占比（%）	53.7	2.21	42.86	1.06	0.31	0.26

图 3 – 26　媒体分布图

资料来源：清博舆论监测系统。

　　通过知微事见软件，我们发现在峰会初期，由于会议性质的严肃性，广大受众主要通过人民网、央视新闻和新华网等主流媒体的微博或者新闻客户端获取信息。但在会议结束后，微信则一举成为受众获取信息的主要渠道，在所有平台中占比高达 53.7%；紧跟其后的是网页，达到了 42.86%；排名第三的平台则是微博，占比 2.21%。而在峰会初期作为主流媒体发布信息的主要平台"微博"峰会结束后并没有成为受众获取信息的主要渠道，但仍然在所有平台中占据了 2.21%。我们认为这时微博的"衰落"和微信的"崛起"有两个原因，微博作为普通网民、大众媒体和明星大 V 发布信息和社会交往的平台，每天都会发布数以亿计的"碎片化"信息，使得本就容量有限的微博平台无法长时间容纳如此庞大的信息；而且受新闻时效性的影响，当一个新闻或者信息的热度下降，不再受到受众广泛关注的时候媒体自身自然也会选择将其删除，这就导致受众无法长时间在微博上获取自己想要的信息，可能会导致出现今天才看到的新闻明天就有可能找不到的现象。而微信作为目前国内最大的社交平台，本身就有着得天独厚的流量汇聚优势，相较于大众主流媒体所发布的有些长篇报道，有些受众也更喜欢看微信公众号中各路大牛对于峰会的直接解读和深入分析，在如今"快餐式"阅读时代，部分网民也更愿意这种直接获取需求信息的便捷方式，而不是选择自己去深入思考。

此外，论坛在本次事件传播过程中也成为重要的提供信息和交流平台，在媒体分布中占比 0.26%。虽然数据上远不及微信和新闻客户端，但在现如今微信、微博等主要社交平台诸侯割据的互联网时代，论坛仍能在其中占据一席之地已然非常不易。究其原因，我们认为一是与参与事件受众的年龄群体有关。参与本次事件的受众中有 42% 的 40 岁及以上的群体，他们中的大多数其实是移动媒体尚未崛起时就已在互联网海洋中遨游的"旧互联网时代"的原住民，或许他们现在也开始使用微信，但论坛仍然是他们交流讨论重大事件时极为信任的平台，哪怕有时仅是一种情结。因此还保有过去使用论坛习惯的人们，在 G20 峰会这样重大事件发生时借助论坛获取信息也就不难理解了。二是受到认同感心理的影响，虽然如今微信公众号内容丰富，但只能说微信是个优秀的获取信息的平台，却还不能算是一个能供网友畅快交流讨论的平台；而微博已经有着日渐完善的话题讨论系统，但微博的主要使用群体终究是年轻人，部分中年人很难从中获得认同感。而论坛就不同了，一般登录论坛的都是与自身属性相近的群体，时代的隔阂不明显，发帖后也更容易收到回应。受以上两点影响，论坛作为渐渐被时代遗忘的传统平台此次也有着不俗的表现，这是与特定人群相适应的。

我们也还可以从 PC 端和移动端上搜索指数的差异来进一步分析，如图 3 - 27 和图 3 - 28 所示。

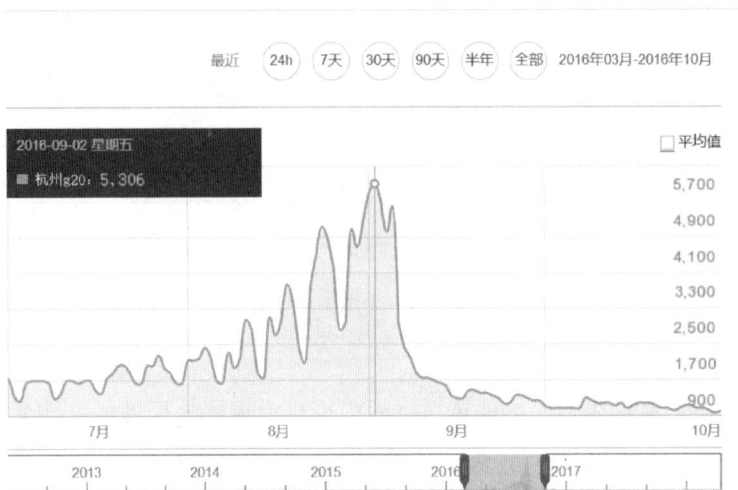

图 3 – 27　PC 端搜索数据

资料来源：百度指数。

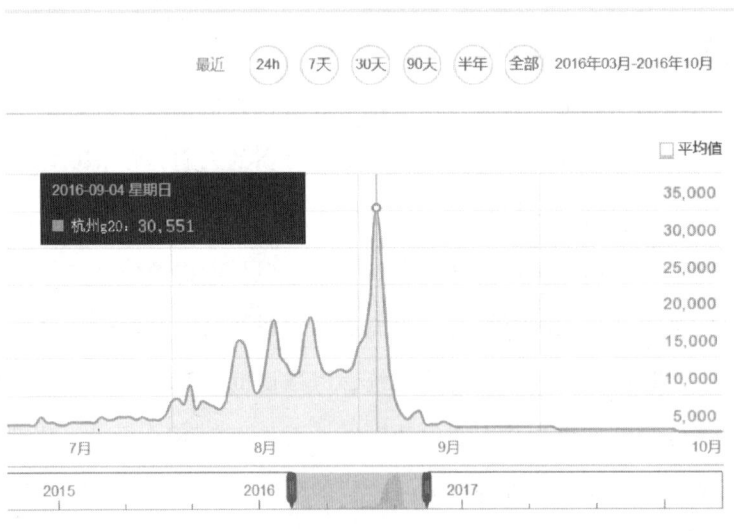

图 3 – 28　移动端搜索数据

资料来源：百度指数。

　　我们通过百度指数平台给出的总体趋势图表分析 PC 端和移动端在对杭州 G20 峰会的舆论宣传中起到的不同效果。如图 3 - 27 所示，在 9 月初 G20 峰会期间，PC 端的舆论指数最高值出现在 9 月 2 日，数值为 5306；但如图 3 - 28 所示，移动端的最高值出现在 9 月 4 日，数值为 30551；但在最终的整体趋势图中，峰值同样都出现在了 9 月 4 日。我们倾向于认为在现如今相较于在 PC 端查找信息或者查看新闻，受众更乐于利用快速便捷的移动端，这也使得移动端的搜索量远高于 PC 端，而在影响舆论热度方面，移动端更占主导地位。此外，受众的角色定位从单一趋向多元化，不再是最初的电视、广播等传统媒体的被动接受方，在互联网的传播过程中，受众逐渐变成了网民或手机用户，各种移动终端也是如影随形。传统的受众角色即被动的信息接收者将终止，取而代之的更多是搜寻者、咨询者、浏览者、反馈者、对话者等诸多角色中的任意一个或几个，这也就是默顿曾提及的角色丛概念范畴了。

　　众所周知，任何事件的结束必然都会带来各方面或大或小的影响，G20 峰会亦是如此。以下我们将从生态环境、文化建设等人文因素和房价变化、旅游业发展情况等经济因素，对杭州 G20 峰会给浙江地区带来的后续影响进行一些综合分析。

　　一是生态环境层面。G20 峰会在一定程度上使得 G20 蓝不再是空谈，更多的是期待。为了峰会能够顺利召开，2016 年元旦起，西湖景区便实施机动车"环保行动"，主要有"全年双休日和节假日实行单双号限行"，形成"公交车、出租车、公共自行车、水上巴士、电瓶车'五位一体'的低碳交通方式"和倡导"停车 3 分钟以上熄火"等举措。并且从 10 月 1 日起，杭州高污染机动车辆在全市域内所有道路全天禁行。一系列措施带来的改变也十分明显，据空气质量数据统计，2016 年 1—6 月，杭州市环境空气质量优良天数累计 111 天，污染天数 70 天。优良天数同比去年增加 6 天，优良率 61.3%，同比上升 0.3%。杭州市区 PM2.5 平均浓度

62.1μg/m³，同比去年下降 10.1%，比前年下降 13.9%。此外《杭州市大气污染防治行动计划（2014—2017 年)》也显示，截至 2017 年，全市空气质量总体改善，重污染天气数量较大幅度减少；全市可吸入颗粒物（PM10）浓度比 2012 年下降 10% 以上，优良天气数量逐年增加；全市细颗粒物（PM2.5）浓度比 2013 年下降 26% 以上。G20 峰会的环保举措不仅直接改善了空气质量，促进生态文明建设，而且也潜移默化地增强了人们的环保观念，一定程度上提高了杭州市民的综合素质。

二是旅游业层面。生态环境的改善也间接地促进了旅游业的蓬勃发展。杭州旅游电子政务网的数据显示，今年前三季度，受 G20 峰会溢出效应和放大效应的双重影响下，杭州全市旅游经济显著增长。旅游市场总体稳增向好，实现国内外游客人数和旅游收入同步增长。2016 年三季度对全市重点旅游企业景气调查结果显示，全市旅游企业景气指数为 103.8，同比下滑 2.2 个点，环比上升 1 个点，继续在"微景气"区间徘徊。受益于 G20 峰会的举办，企业负责人对行业发展的信心程度有小幅提升，企业投资行为趋于活跃。G20 峰会效应带动作用明显，三大旅游市场总体保持平稳增长的发展态势。国内市场保持快速增长，1—9 月接待国内游客增长 14.61%，与上半年相比基本持平，与去年同期相比上升 0.5 个百分点。入境和出境市场相对平稳。1—9 月接待入境游客同比增长 5.83%，比上半年回落 0.8 个百分点，比去年同期上升 1.2 个百分点；G20 峰会期间，由于国内众多省市针对杭州市民出台较多特惠政策，使市民出境游转向国内游，继而出境游市场增幅下滑，但仍保持平稳增长。1—9 月全市旅行社组织出境旅游人数同比增长 8.47%，增幅比一季度回落 18.27 个百分点，但比上半年回落 1.92 个百分点。受 G20 峰会溢出效应和放大效应的双重影响，全市假日经济显著增长。

另中国旅游研究院、携程旅游网发布的《2016 "十一" 旅游趋势报告与人气排行榜》显示，杭州成为国内游最具人气目的地。前十大国内游人气目的地依次是：杭州、三亚、昆明、上海、北京、九寨沟、丽江、桂林、厦门、西安。"十一"黄金周，杭州旅游持续发力，全市各公园、景区（景点）和特色街区共接待游客 1578.18 万人次，与去年同期相比增长 11.82%。实现旅游收入 114.85 亿元人民币，同比增长 16.73%。

而在国际市场方面，通过在美国哥伦比亚电视台、《纽约时报》《今日美国》，英国《每日电讯》、法国《费加罗报》《GEO》杂志、德国《国家地理旅行者》《漫旅》杂志的整版宣传，杭州入选《纽约时报》"全球最值得去的 52 个目的地"；借助亮相美国"春晚"、英国 BBC 城市动画音乐短片"G20 游杭州"、在韩国举办"印象杭州——我眼中的 G20 城市"画展三大境外活动营销提升了杭州国际知名度；与欧美最大的在线旅行商开启合作，推出杭州旅游专页，向欧美游客提供杭州机票＋酒店优惠产品。同时还开通了杭州直飞美国旧金山定期航班。由此可见，杭州 G20 峰会较为成功地讲述了杭州故事，传播了杭州文化，完美地塑造了杭州城市新形象。

三是房价提升层面。房价在任何时候都是人们关注的焦点。在 G20 峰会结束后的一年里，杭州房价余热未减，依旧呈现大涨之势，如图 3-29 和图 3-30 所示。

从以上两张图我们不难看出，上城区、西湖区、下城区三区房价一年时间房价均上涨过万。其中，从 2016 年 10 月到 2017 年 8 月还不到一年时间，上城区近一年以来上涨 11495 元/m²，西湖区近一年上涨 10245 元/m²，下城区近一年上涨 10141 元/m²。

如图 3-31 所示，胡润研究院曾发布了《2017 上半年胡润全球房价指数》报告，该数据调查样本采集时间为 2016 年 6 月至 2017 年 6 月。调查显示，中国城市最近一年房价涨幅为全球最快，全球前十中中国都有 6 个，前 50 中有 21 个。其中杭州以房价年度涨幅 14.6%，排名全球第 17 名。另腾讯房产厦门站记者查阅国统局数据资料显示，杭州

杭州各区县市房价查询(住宅)

2016年10月

住宅 办公 商铺

杭州市各区县市在当月出租的存量住宅均价的算术平均值(元/㎡)。

排名	行政区	平均单价(元/㎡) ▼	同比上年 ▼
1	上城区	29,480	+19.26%
2	西湖区	27,337	+12.14%
3	滨江区	24,373	+37.49%
4	下城区	24,261	+12.08%
5	拱墅区	20,668	+10.39%
6	江干区	20,000	+17.71%
7	萧山区	15,076	+23.89%
8	余杭区	12,066	+31.84%
9	富阳区	11,658	+14.99%
10	淳安县	10,155	+14.56%
11	建德市	8,857	+11.55%
12	桐庐县	8,262	+27.88%
13	临安市	7,716	+13.45%

时间选择
2017年
2016年
12月
11月
▶ 10月
9月
8月
7月
6月
5月
4月
3月
2月
1月
2015年
2014年
2013年

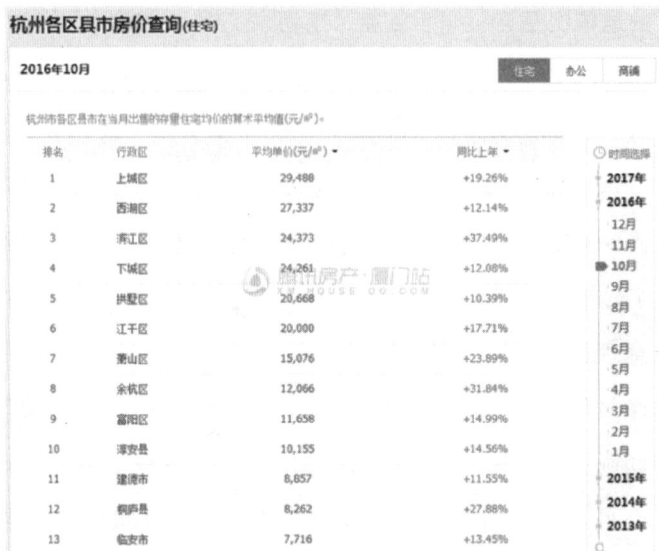

图 3 - 29　2016 年 10 月杭州各区域房价

资料来源：杭州房价信息网。

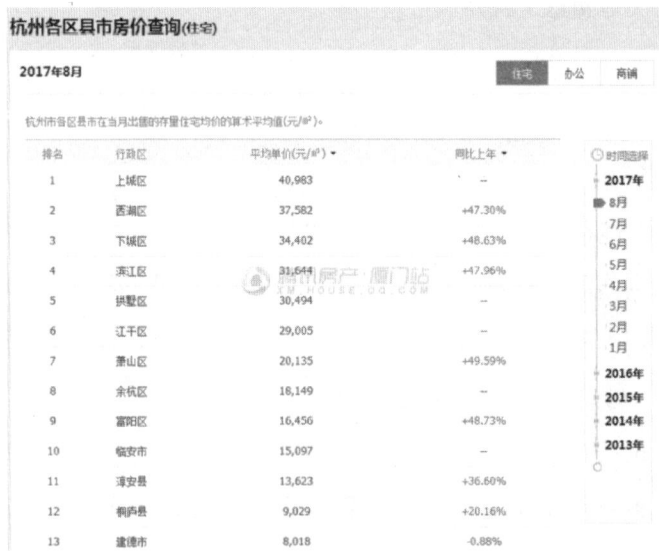

杭州各区县市房价查询(住宅)

2017年8月

住宅 办公 商铺

杭州市各区县市在当月出租的存量住宅均价的算术平均值(元/㎡)。

排名	行政区	平均单价(元/㎡) ▼	同比上年 ▼
1	上城区	40,983	--
2	西湖区	37,582	+47.30%
3	下城区	34,402	+48.63%
4	滨江区	31,644	+47.96%
5	拱墅区	30,494	--
6	江干区	29,005	--
7	萧山区	20,135	+49.59%
8	余杭区	18,149	--
9	富阳区	16,456	+48.73%
10	临安市	15,097	--
11	淳安县	13,623	+36.60%
12	桐庐县	9,029	+20.16%
13	建德市	8,018	-0.88%

时间选择
2017年
▶ 8月
7月
6月
5月
4月
3月
2月
1月
2016年
2015年
2014年
2013年

图 3 - 30　2017 年 8 月杭州各区域房价

资料来源：杭州房价信息网。

G20 峰会之后，2016 年 10 月杭州的房价指数是 103.2，也就是环比上涨 3.2%。由于杭州 9 月限购再升级，一年多时间杭州房价环比微涨，而同比则是全线上涨。

排名	城市	房价年度涨幅 （2016年6月-2017年6月）	国家
1	多伦多	26.1%	加拿大
2	雷克雅未克	23.0%	冰岛
3	无锡	22.9%	中国
4	香港	20.8%	中国
5	郑州	20.2%	中国
6	汉密尔顿	19.7%	加拿大
7	长沙	18.5%	中国
8	广州	17.9%	中国
9	沃特福德	16.4%	爱尔兰
10	石家庄	16.1%	中国
11	济南	15.9%	中国
11	维多利亚	15.9%	加拿大
13	合肥	15.4%	中国
14	奥塔哥	15.3%	新西兰
15	武汉	14.9%	中国
16	厦门	14.7%	中国
17	杭州	14.6%	中国
18	西安	14.3%	中国
18	柏林	14.3%	德国
20	福州	14.1%	中国

2017上半年胡润全球房价指数

图 3 - 31　2017 上半年胡润全球房价指数

资料来源：胡润数据。

由此可见，G20 峰会带动了杭州经济的快速发展，促进大量人口流入，使得杭州原本就紧张的住房市场更加供不应求，房价也随之进一步上涨，或许还需要杭州市委市政府或浙江省委省政府颁布更完善的政策对房价市场进行适宜的宏观调控。

通过本节的研究，我们也发现一些舆论引导亮点：一是国内层面。中宣部部长刘奇葆曾指出各地各新闻单位要积极投身媒体融合发展，不断探索融合发展路径，大力发展新媒体业务，将大数据、云计算等技术运用到全媒采编平台构建之中，移动直播、H5（集纳文字、图片、音频、视频、链接等多种形式的展示页面）应用等技术在采编制作环节普遍采用，机器人写稿、无人机采集、虚拟现实等技术也从无到有，实现了突破。在当今媒介高度融合和新兴科技发展日新月异的背景下，全息投影、VR/AR 技术和无人机等新产品新技术的应用已经算不上什么新鲜事。这一系列新技术的综合运用还能呈现出更好的视觉化效果，让受众能在更轻松愉快的氛围中接收媒体传递的信息，从而达到更佳的传播效果。全国各媒体为了更好地宣传报道峰会，也可谓绞尽脑汁，不仅运用亚洲规模最大的 LED 灯光秀，视觉壮观的全息投影技术等技术，更独具匠心地采用人工智能机器人巡场保安来代替人力。

其中，作为浙江省第一大报，浙江日报的全媒体方阵在如何讲好《中国故事》、"杭州故事"上也用力颇深。据了解，针对 G20 峰会报道，浙江日报可谓举全社之力，有的主编在报社总部担任指挥官，有的总编奔赴杭州"前线"，同时还派遣了 73 名记者奔赴第一现场报道，形成前方、后方协同作战的格局，丰富和发展了"中央厨房"全媒体报道的工作机制，更大范围调动了省内的优秀人才资源，创新传播内容、传播方式，多种产品齐发声、共亮相，极大地提升了对 G20 峰会进行实时报道的效率。

浙江日报还采用了近年来被广泛看好和应用的 H5 技术，在峰会期间推出《习近平主席的 G20 微信群》H5 知画作品，迅速引爆朋友圈，也提高了新闻"热度"。该产品在用户进入微信群时，增加了"邀请"环节，利用微信中的"雷达发现好友"界面，根据公开报道的受邀参会领导人名单，模拟了习近平主席邀请大家参会的场景，既使产品形态更新颖，也自然直观地介绍了参会领导人的相关信息。此外，在进入微信群后，还增加了互动环节，用户可以向参会领导人介绍杭州和 G20 会址，参与感得到进一步加强。

同样运用 H5 技术的作品还有《习近平：我在西湖之畔欢迎各位》，该作品以习近平主席为人物线索，以 H5 的传播形式，围绕"创新""联动""活力""包容"四个关键词，为大家讲述了 G20 与中国的故事。在传播形式上，选用一幅水墨画缓缓拉开的 H5 形式来承载内容，大气、优美、有意蕴。这一作品还让用户拥有一种与主席直接对话的体验，增强了亲切感，同时也能让用户在平静和谐的氛围中以一种更轻松有趣的方式了解到 G20 峰会相关资讯，增强了传播的效果。除了 H5 技术在新闻传播中的有效应用外，G20 峰会杭州宣传片也展现了中国之美、杭州之美，给海内外媒体观众留下深刻印象。另外，浙江日报制作的《G20，中国杭州》短片用中国的传统水墨＋水彩艺术，描绘了"天堂"杭州的美景，用明快、唯美的方式展示了杭州历史，介绍了 G20 在世界经济中的重要地位，以及中国在其中扮演的角色。相比一般的实景拍摄宣传片，本片采用了别出心裁的水墨、水彩的中国风格，在两分钟内展现了丰富的内容，文案配音与绘画艺术完美结合。此外，其实还可以在报道中，融入其文化的元素，不仅能够通过 G20 杭州峰会，这个独特的文化输出窗口，展现出其自身独有的中华文化，让更多的中国人了解到自己的文化之美，发现以往自己不曾接触到的文化内容，而且还能够增强文化上的认同感。比如杭州的桥文化，杭州自古多桥，许仙与白娘子相会在断桥，苏小小埋骨西泠桥，苏堤六桥碧波掩映，拱宸桥连通运河两岸，钱塘江大桥横跨怒潮……通过杭州这个中华文化中的一个微型窗口，将中华博大精深的文化再一次呈现在受众面前。借此让更多的文化被更多的人所了解和认知，使其为中华博大精深的文化而骄傲，当然也可以让外国人为中国传统文化所仰慕、所倾倒。

此外，浙江日报相关微博发布后被转发 1.5 万余次，点赞 2.5 万余次，受到了社会各界的广泛关注和好评。浙江日报还推出了新型融媒体产品《习近平首款原声 VR，带你飞跃 G20》，该新闻产品属于一种全新的融媒体尝试：将 3D 立体和原声音频两种呈现方式相结合，以重大报道的形式呈现习近平主席的形象和演讲内容，这个融媒体产品充分借鉴同类产品的创新点，将多种技术手段整合运用。如使用多张图片制作 VR，并使用多层 VR 嵌套制造出"裸眼 3D"的效果，并以原声 + 文字的形式呈现习近平主席相关讲话的亮点，为用户带来耳目一新的感觉。众所周知，年轻群体是目前网络时代的主力军，为了更好地吸引青年群体的关注，浙江日报巧妙地将 2016 年末最火的游戏"Pokeman GO"与"G20 峰会"巧妙结合，推出《G20 小精灵 GO》。作为一款由中央厨房策划制作的交互性 H5 产品，其主要特色在于把参加此次峰会的主要国家化身为一个个卡通形象，并将它们置身于杭州代表性的自然人文场景图片中。每个小精灵在被找到后都会说一句与峰会或与自身国家相关的幽默话语，在展示不同国家特色的同时也阐释了 G20 四大理念。如此新颖的游戏化、场景化的设计较为符合移动传播轻阅读的习惯，同时卡通形象易于深入人心，其极强的交互特性也极大地提升了参与度和传播力。而且在新闻报道中使用既规范又接地气的语言来阐述新闻，既能够让更多的人接收该信息，同时，更加重要的是，为报道涂抹上一些清新、活泼、俏皮的色彩之后，可以让读者在轻松的阅读环境中感受到新闻作品的魅力。① 例如在"［V 观 G20］路途远到的早！阿根廷总统马克里抵达杭州"这篇报道中，文章里就用了诸如"路途远到的早"等语言，在报道了新闻事实的同时，还能够吸引更多受众点击阅读，增加新闻影响力和关注度，最终使受众对于 G20 峰会后续报道持续抱有期待性。

二是国际层面。二十国集团（G20）领导人杭州峰会作为近年来级

---

① 来东晓：《做老百姓喜欢看的会议新闻》，《今传媒》2013 年第 5 期。

别最高、规模最大、影响最深远的主场外交，是媒体讲述好中国故事、传播好中国声音的一次真正实战。在信息传播全球化趋势之下，如何利用重大议题，多渠道、多方式地使得中国声音在全球的影响范围和力度不断加大，对媒体来说也是空前的挑战。值得庆幸的是，在本次峰会上，不仅人民日报、浙江日报和杭州日报等主流媒体在国内范围采取了许多创新的传播方式，取得重大成就，媒体在国际范围传播上的表现也是可圈可点。世界多极化、经济全球化、文化多样化、社会信息化持续推进，这也是党中央对当今世界深刻变化的整体性判断。杭州 G20 峰会不仅是中国对外发声、对世界讲述中国故事的主场，也是国内外媒体各显神通的舞台。

在本次峰会上，中国非常重视和尊重国内外记者，不仅开放杭州国际博览中心的峰会新闻中心，该中心位于峰会主会场一层，总面积 15000 平方米，可同时接待 5000 名记者；同时会场还安排了近百名精通外语的志愿者时刻为到会场的媒体工作者提供指引，新闻中心设施设备按照国际一流水平建设，确保能给中外媒体提供专业、高效、便捷的服务。本次峰会共有来自 70 多个国家和地区的 5000 多名媒体记者，包括 2000 多名境外媒体记者，向全世界全程报道峰会盛况，这其中不乏美联社、法新社、路透社、英国广播公司、彭博社、欧广联、读卖新闻等境外的强势媒体，强大的国外媒体阵容也为中国主场外宣传提供了坚实的基础。

众所周知，Twitter 是国际公众和组织进行社会参与的一种舆论表达方式，其主题活动舆论参与者众多，舆论关注度较高，并且由于允许意见领袖深度参与设置议题和框架，报道态度相对较为积极，易于实现舆论引导，它在杭州 G20 峰会的国际传播上也占据了主要地位，下面我们可以简要分析。相德宝、张弛在《G20 主场峰会的国际社交媒体舆论引导——以 Twitter 为例》一文中曾发现 Twitter 上关于 G20 峰会形成了明显的舆论中心，且议题集中，传播范围广，整体形成 5 大传播子群。其中第一个传播子群以用户 @valaafshar 为中心。该用户是名为 Salesforce 的传播公司的首席数字传播师，旨在为客户提供最新的资讯、新闻和政策。其获得最大转发的推文内容是关于 G20 成员 GDP 增长最快的国家为：印度 7.5%，中国 6.4%，印尼 5%，土耳其 3.2%，沙特阿拉伯 3%，墨西哥 2.7%，韩国 2.7%，澳大利亚 2.5%，美国 2%，此条消息的总转发数为 175 条，其在推特上形成了第一层的传播链。第二个传播子群的中心为用户 @intlspectator，该用户是一个全球政治、经济及军事问题的研究组织，拥有 55.9 万的关注者。其得到大量转发的推文内容同样是 G20 成员国经济增长速率。[①]

由此可见，中国作为本届 G20 峰会的东道主、主办方，是峰会议题的策划者、报道框架的界定者和信息的主要传播者，在加强中国模式、中国道路、中国议程的相关设置和传播以及加强中国经济议题传播上做得较为到位。同时，通过 G20 国际社交媒体舆论研究，我们发现中国媒体已经从边缘走向中心，在国际社交媒体涉华舆论引导起到了越来越重要的作用，可见中国智库社交媒体的传播力在不断得到加强。

@xhnews 是新华社在推特上的媒体账号，其拥有 457 万关注者，并成为 G20 峰会舆论中心的第三个传播子群的中心，其所发布的《中美在 G20 框架下进一步深化合作，促进全球经济增长》一文受到广泛的关注和转发。而 @pdchina 则是《人民日报》的推特账号，有 170 万名关注者。其推文 "G20 国官员就 2016 年预期的财政成果达成一致" 也获得强烈反响。截至 2017 年 2 月，人民日报海外社交媒体平台账号粉丝数为 3500 万人，粉丝数居全球报纸类媒体第一位，互动率居世界媒体首位；新华社海外社交媒体账号总粉丝量超过 2300 万人，日均互动

① 相德宝、张弛：《G20 主场峰会的国际社交媒体舆论引导——以 twitter 为例》，《对外传播》2016 年第 8 期。

浏览量突破 2000 万次。也正如张甜在《G20 峰会里的中国故事——峰会期间对外传播的媒体实践》一文中认为，在信息传播的全球化趋势之下，多渠道多方式实现有利的国际传播，使得中国声音在全球的影响范围和力度不断加大。但媒体也需要提升国际传播能力，创新外宣报道的方式，统筹好国内报道和国际报道两种传播，做到协调共进，两翼互补，注重中国故事的国际表达，塑造中国好形象，传播中国好声音。①

正所谓人无完人，金无足赤。国内新型主流媒体在对 G20 峰会的宣传上有诸多值得称赞之处，但也不可避免地会存在些许不足。据清博数据统计，绝大多数受众对本届峰会持正面积极态度，达到总人数的 95.31%，还有 2.17% 的保持中立的中性态度，但仍然有 2.52% 的人有负面情绪，对政府和媒体表示怀疑或不信任。

我们在分析后，有如下几方面不足之处：一是有关谣言处理不及时。我们搜索大量数据信息为探究负面信息产生原因时发现，在微博、天涯论坛抑或是人民日报等大型媒体的评论下面，类似"杭州 G20 为什么查的这么严""杭州机场大巴也停运了""杭州轨道交通将暂停龙翔桥等站"等评论屡见不鲜，有的评论甚至有上千人点赞和上百人回复，一时之间搞得网络上人心惶惶。之后机场、火车动车站等单位都出面辟谣，人民日报、浙江新闻等媒体也相继发布或转载了诸如《关于 G20 峰会，这些谣言你千万别信》的文章，试图及时将已经有所偏离的舆论方向带回正轨，但通过百度数据我们发现此时的舆论热度已经因为相关谣言在网络病毒式的传播扩散上升至了九月份前的最高点。究其原因，各大媒体在面对大量谣言出现和肆意传播时没有及时发布文章将真相公之于众，没能及时疏导受众的负面情绪并回应公众的质疑，在谣言产生的三四天后才发布官方通告其实在某种程度上而言已经错过舆论引

———————————

① 　张甜：《G20 峰会里的中国故事——峰会期间对外传播的媒体实践》，《中国广播》2017年第 6 期。

导的"黄金时机"。

二是我国媒体及媒体人对社交媒体利用效率不高。例如中国智库在利用社交媒体进行国际传播和舆论引导方面还有很大提升空间：抢占国际新媒体平台是加强中国智库社交媒体传播能力建设的必要条件，并在重大国际事件中能够发出中国声音，在参与互动中实现舆论引导和知识传播，才能实现智库社会服务功能。媒体在宣传过程中在一定程度上也忽视了意见领袖在舆论引导中的积极作用，据知微事见统计，在整个峰会宣传过程中，发布原创信息或转发信息最多的大 V 陈里也仅仅参与十次，国内知名主持人杨澜仅参与四次。其实国内主流媒体如能认同意见领袖颇具人格魅力，具有较强综合能力和较高的社会地位或被认同感这一特征，便可以与新闻或政治等相关领域的意见领袖进行密切合作，共同引导舆论朝着健康方向发展。

三是对于普通受众的关注度还不够高。如前所述，我国媒体为了给G20峰会保驾护航、引导舆论朝着积极面发展可谓煞费苦心，不仅在媒体内部建立分工明确、极大提高工作效率的中央厨房，也第一次大规模地启用了 VR、AR 和人工智能等新兴技术参与到媒体运作中，各大媒体派遣到前线的记者也都是业内的佼佼者，可谓重装出击，志在必得。但就是在这样一个"天衣无缝"运作系统下，普通大众其实也期望能看到自己感兴趣或者说与自身利益息息相关的新闻内容，但实际结果却并不尽如人意。许多传统媒体对G20峰会政治意义方面抑或是展现我国综合实力方面的新闻报道过于浓墨重彩，而对于 G20 峰会会对普通百姓生活带来怎样实际的改变却着墨不多。当然这一现象的出现可能也受到了G20峰会的性质影响，有时媒体报道内容上的比例并不协调，政治意义论述比例大于峰会后续能给民众带来何种有益影响。倘若部分受众难以看到自己所需求的信息，就有可能产生偏激心理，认为媒体报道的新形式是在炫技，其所报道的内容是写给政府而非普通百姓，这样一来不仅让媒体的辛苦付出功亏一篑，而且也可能会损害媒体形象乃至政府的威信力，这种不自主的脱节有时会给舆论引导工作平添许多麻烦。

通过本节的分析，我们也得到了一些启示：我国媒体要发挥作为党和政府"喉舌"的作用，确保发布的新闻有利于社会和谐稳定；同时也要求新闻媒体要"以人为本"，全心全意为人民服务，在报道事实真相的同时，要切实增强创新意识，借助新技术新媒体改良传统报道形式，并坚持"内容为王"的原则，努力报道一些有真材实料、读者感兴趣的新闻。

一是坚持"内容为王"，创新内容生产。现如今有些网络信息内容同质化现象严重，内容质量低且真实性令人担忧，新型主流媒体必须要坚持"新闻为本"的媒体定位，注重内容的原创性，发挥新型主流媒体在新闻采写、编辑等方面的传统优势，承担起主流媒体引导社会舆论的重要责任，广泛传播一些高价值、具有权威性的新闻内容。就本次峰会而言，国内各方媒体在全力转载整合好新华社等央媒稿件之外，还应当立足本地，围绕峰会"创新、活力、联动、包容"的主题，主动设置议题，提前谋划，推出专版、栏目，宣传"中国方案"，展示"中国智慧"，讲好《中国故事》、"杭州故事"。同时也要做到"整合优势资源，发挥主场优势"，G20 峰会落户杭州无疑给为浙江本地媒体带来得天独厚的"主场"优势，本地媒体在报道中也会优先获得媒体采访权。我们认为相关媒体应该提前谋划好报道战略、战术，可着重采用"中央厨房"式的前后方联动报道机制，通过统筹协调与科学管理，创设独立采编流程，从而实现媒体前方持证采访记者资源的统一调度使用，自采稿件的统一审核，丰富宣传报道内容的同时，也会达到更好地传播效果。浙江日报报业集团近年来一直走在媒介融合前列，于 2017 年 8 月开始运行"中央厨房"管理系统，努力打造"内容 + 一切端口"模式，从真正意义上建立起融合纸媒、网站、APP、两微等多种媒体形态的内容生产和传播平台，进而促进团队融合、业务融合、数据融合。据不完全统计，在 2018 年上半年，浙报集团三端原创稿件总数日均约 160 篇，比去年增长约 1 倍。浙江新闻客户端活跃用户数高居省级同类新闻客户端首位。"浙视频"共生产原创视频 1868 条，全网总播放量超过 5 亿次。

二是创新运营理念，以用户为中心。受众是舆论引导工作中的关注点，在互联网时代更是如此。现如今广大受众不仅是信息内容的接收者，同样也是信息内容的生产者与传播者。当下广大受众或许不仅仅满足于看到各类信息，也会随之对内容的获取方式以及使用方式提出更高要求。在如今，他们迫切需要在海量信息中快速获取最有价值的信息内容，新型主流媒体应树立"用户"思维，坚持用户至上的原则，在做好内容的同时，还要更加注重用户体验，形成"内容+服务"的运营思维，以用户需求为导向，关注用户的兴趣点与媒介接触习惯，尽可能满足用户的使用需求。例如，在内容生产上，可采用"定制化新闻"的内容生产模式；在内容传播上，可以利用大数据技术，进行内容精准化推送。就这点而言，今日头条是一个典型案例，虽然今日头条也处于舆论的中心，受到外界很多质疑，但其在服务用户这点上不能为一些主流媒体所借鉴：它秉承其"你所关心的，才是头条！"的原则，并巧妙地借助社交媒体的关系网络，通过绑定用户的微博、微信、人人等社交账号，根据用户社交账号中的浏览、转发习惯和兴趣标签等迅速判断出用户的关注点集聚在何处，从而将符合用户最优选择的新闻即时推荐给用户，用户在看到个性化的订制版面同时，也将自己成功地嵌入用户的关系圈。我们认为传统媒体在转型过程中，也可以适时通过结合社交媒体的关系网络，进行社会化生产，集聚用户资源并获取用户兴趣偏好，同时加强"用户思维"，即在信息生产的各个环节都更多地"以用户为中心"去思考问题。

三是深度拓展媒介融合，丰富传播手段。如今要想实现媒介融合，唯有顺应互联网时代发展潮流，把握新技术新媒体的变革方向，反之则会被无情淘汰。我们认为新型主流媒体应该做到"胆大心细，勇于创新；深度融合，提高效率"，前半句要求媒体创新改革传播方式，包括语言文字、表现形式上的改变。例如本届峰会上《杭州日报》为了满足外国记者和国外友人的需要，创新性地推出英文版，《杭州日报》还设计推出了 120 多个版的"中国智慧·G20 杭州峰会特别报道"。"特别报道"设计推出了诸如《峰会聚焦》《场内场外》《杭州故事》等多个板块，一定程度上丰富了报道内容。同时，杭报集团也做到了后半句，在峰会报道中大胆启用媒体新技术，通过传播平台融合、传播形式融合、传播手段融合以及传播机制融合，也有传统的微博、微信图文，更有 H5、视频直播、VR 等新技术、新手段的应用，其所推出的《企业家看峰会》《外国人在杭州》等微视频作品，以及利用 VR 技术的《全景 KAN 杭州》等作品均受到社会一致好评，其中阅读量超 10 万次的"爆款"近 40 条，不少网友纷纷留言对其报道速度进行点赞。

与此同时，浙江日报在本次峰会的报道中还创新性地开创了多点同步直播的全景式直播模式，为观众呈现了一个多视角、立体化的全景直播，不仅能够提高信息的时效性与传播速度，把最新鲜、最真实的现场信息传递给用户，而且还能增强用户的观看体验，使观众仿佛身临其境，一定程度上突破了空间的限制。此外，新型主流媒体还应坚持互联网"开放、互联、共享"的发展思维，例如传统媒体可以与爱奇艺、优酷等大型移动视频客户端或者斗鱼 TV、熊猫 TV 等知名直播平台合作，进行优势互补，构建矩阵式传播方式，进而达到"1 + 1 > 2"的效果。

四是加强媒体在国际上的传播水平。在中国作为东道主的 G20 峰会这类大事件中，国内外实力强劲的媒体人会聚一堂，可谓群英荟萃、龙争虎斗，此时国内媒体如何在国际上率先发声，并发好声，占据舆论主导权就显得尤为重要。推特与美国最具影响力的社交媒体平台——Facebook 旗下的 Instagram 作为国际上知名的传播平台，凭借在全球二十多个国家上亿的使用用户，它们在对于诸如 G20 峰会等大事件的国际传播上有着较强话语权，因此我们必须加强在推特脸书等平台上账号的管理，并加强对国际舆论传播的重视程度。以 G20 峰会为例，媒体需要加强 G20 主题活动的事先统筹，加强不同类别主题活动策划，主动设置一些争取相关意见领袖主动参与，进而实现对国际社交媒体舆论的有效性引导。G20 峰会吸引了全世界的目光，作为全球经济合作的主要平台之一，对中国而言既是一个机遇，也是一个挑战。举办 G20 峰会，中国可以代表发展中国家发声，借助"一带一路"、亚投行等与更多国家良性互动，实现与其他国家的共赢。所以如何将 G20 峰会尽可能全面、客观、完美呈现在广大受众面前，打造 G20 峰会报道的强大新闻制作队伍，其实中央和省市级新型主流媒体有着不可推卸的责任。同时，新型主流媒体对 G20 峰会进行全方位和多角度的报道，在集中阐释中国理念、中国倡议、中国主张，充分体现中国作为大国的战略远见和责任担当的同时，更要紧紧把握舆论走向，使更多正面和积极的声音能够被有效传达出去，呈现出中国信心，彰显中国的大国风范，并从中传递出一种中华民族特有的民族自信心和骄傲感。

因此在重大事件报道中，对于相关新闻还应做到多元视角和多元声音并存，让国内国际的观点和看点得到全方位的呈现，为广大受众提供一个真正国际化和宽阔的视野，而不是带有局限性的报道，同时还要利用自身的优势，在完整报道事实的同时，在重大事件报道中适时发声，并尽可能兼顾不同受众群体的声音，建立起一个正能量满满的舆论场，为广大受众搭建起一个可供公共讨论的平台，尽快能满足受众多元化的需要，让更多的受众能够有机会参与到其中，使他们的观点被呈现，被传达，也让他们的权利得到充分的体现，这也是在重大事件报道中最具有深刻意义的一点，同时更是主流媒体不可忽视的一点。

五是主流媒体应强化自身公信力和权威性。当今各种新媒体、社交媒体层出不穷，大量良莠不齐的信息在网络上混杂着、传播着，部分自身判断能力比较弱的受众就极容易被一些虚假信息、低质量的信息误导，进而对舆论引导工作造成或多或少的困扰。例如在 G20 峰会期间，网上大量传播的负面谣言大都出自一些为获得经济利益毫无底线的自媒体之手。相比较而言，传统主流媒体企业制度和项目规划更加正规，通常在信息发布时要经过审核消息真实性、文案撰写修改、再审核等流程，对于经济效益和社会效益之间的权衡把握得也更好，使得虚假信息、低质量信息较少。我们认为新型主流媒体在当前舆论引导工作中依旧占据着主导地位，新型主流媒体更应该将"内容为王""真相为王"的良好传统发扬光大。当谣言在网络上传播时要及时予以纠正，并澄清事实，这不仅是新型主流媒体自身树立公信力权威性的需要，而且是其在新媒体时代必须肩负起的使命。新型主流媒体不仅要注重经济效益，懂得去运用新技术加强自身的传播水平；同时也要重视社会效益，争做有道德的媒体人，努力让自己成为中国特色社会主义建设道路上的推进器而非绊脚石。

第四章 宁波日报报业集团今后打造新型主流媒体舆论引导层面发展建议

第一节 完善体制机制层面

一 谋求多元化发展

在客户端发展方面，甬派在发展过程中应找准定位，从细分市场着手，立足本土，对自己的品牌、产品进行精准定位。在兼顾重大新闻事件的同时，以本地新闻为主，并加强县级的新闻频道建设。要明确自身是在为哪些用户服务，充分掌握用户需求，以用户的思维为导向组织新闻信息，最大程度上发挥自己的本地优势。将母报特色、宁波本土人文情怀融入客户端之中，形成具有鲜明特色的运营理念，与市场上的其他新闻客户端形成差异。深化新闻客户端与本地用户间的情感连接，时刻关注用户的体验反馈，主动呈现有"人情味"的一面，让用户在使用过程中产生认同感，加深用户的媒介归属感，从而培养起对产品、对品牌的信任感和忠诚度。

在数字化转型过程中，宁波日报业集团要打造能够体现自身特色的媒介产品，找准定位并注重媒介形态与生产内容的融通共振，注重起媒介平台的推广与营销，提高用户对其产品的认知度和依赖度。近年来，新闻发展趋向社交化，微博、微信等社交媒体的新闻影响力大有追赶上传统媒体的趋势。新闻客户端要有社交功能和社交能力，把分享的途径、分享的体验做好，通过社交来聚集人气。同时实现好友间消息的相互传递，为用户又增加了一个获得新闻的重要入口，通过社交性增强用户黏性。[①]

宁波日报报业集团也可以针对新闻内容，积极主动地制造话题引发用户讨论、投票，精选评论同步上传至报业旗下的微信、微博等社交平台。增设如"专家提问"等能够彰显报业权威优势和公信力的互动平台。打通线上线下的交流互动平台，结合商户开展多种多样的线下活动，充分调动起广大受众的参与积极性。

众所周知，移动互联网下主要的盈利模式有三种，即广告、电商、游戏与增值服务。就目前的市场环境来看，广告仍旧会是新闻客户端的主要盈利业务，但前提是报业能不断创造丰富的新闻内容，通过订阅等方式提升有形的收益，拥有一定的读者群。这其实也意味着应着力改变先前简单买卖关系的纯业务型经营模式，视客户为战略伙伴，在广告经营中围绕提高其品牌影响力做文章，构建起以品牌推广、客户服务、公关策划三位一体的整合经营模式，通过媒体推广会、广告策划和营销等一系列活动，提升企业和媒体双方的品牌美誉度和影响力。例如湖北日报报业集团就曾主动深入企业的营销活动中，帮助企业制订营销方案，为企业提供包括市场布局、渠道建设、营销活动、价格调整等在内的各种专业服务。青岛日报报业集团也曾在强化与国信、华通等大集团合作，盘活报社资源的同时，还积极与青岛以外全国的品牌企业结成合作联盟。又如上海报业集团的"上海观察"就采用了一种全新的盈利模式，即用户只有在付费后方能获得全文阅读资格。可见，此盈利模式一

---

① 郭文：《基于移动客户端的报纸数字化转型研究》，硕士学位论文，南昌大学，2015 年。

要有品牌支持和群众支持；二要有能够提供给用户有价值的产品。因此，现阶段甬派的首要目标还是在本地新闻客户端市场上站稳脚跟，大量吸引用户关注以聚集人气，等到自身拥有一定的影响力和用户基数后，再考虑开发新闻客户端的盈利模式。

除了要考虑新闻客户端的盈利模式之外，宁波日报报业集团在转型过程中，也要在产业理念、发展模式及产业形态等方面有所转变，在新媒体领域中导入自身资源、品牌和平台等方面的优势进行有效整合和高效配置，并借此转化为生产力，围绕新闻主业创新其他运营模式。比如说可以试点推出一些电商平台，直接让用户资源和本地商家进行对接。这种 O2O 的电子商务模式跨界资源整合，可以充分发挥出报业集团的公信力和影响力，在优化新媒体思维的基础上结合数字技术来辅助，扭转传统报业过分依赖广告盈利的局面，可以逐渐开辟出报业集团新的效益增长点。由此可见，多元化的经营往后可能将会成为报业集团发展的重要战略支点。

在媒体融合过程中，内容、技术和用户这三个要素被普遍认为是核心竞争力，但这三者的长远发展也依赖于资本的合理运作。例如浙江日报报业集团早在 2008 年就牵头成立了东方星空创业投资有限公司，这是传媒集团第一次牵头成立文化产业投资基金。东方星空基金涉猎影视剧、网游、院线、动漫等多个文化产业领域，还参与了一系列影视作品的拍摄。在运作这些资本的过程中，浙报集团借此培养了一批熟悉传媒规律并善于经营投资的团队，为自身储备了极为重要的人力资源。浙报传媒坚持"传媒控制资本，资本壮大传媒"的理念，用资本手段并购了很多的重大新媒体项目，取得了跨区域、跨媒体转型的重要先机。[1]

---

[1] 黄伟芬：《论浙江日报报业集团的转型》，硕士学位论文，兰州大学，2016 年。

　　浙报集团的"投资孵化"策略虽然助其踏入了互联网和投资界，但它们依旧以"新闻"作为核心发展对象。除了打造"浙江日报"客户端、浙江在线网站、手机报等媒介产品外，还与腾讯新闻、边锋网新闻等各大门户网站共同组建成主流舆论的协同阵地，并通过旗下设立的微博、微信等平台渗透进用户的日常生活，抢占一定的话语权。宁波日报报业集团在数字化转型发展中，也应借助新媒体的开发来推进产业融合，构建起自己的产品矩阵，积极打造用户聚集平台。不论是新闻客户端的运营，还是数字化转型的探索，都要合理利用自身独有的政策、资源和内容优势。在新闻品质上创新呈现方式优化内容，积极传播社会正能量，有效发挥党报集团的作用。还要重视用户需求，深化媒介融合以实现跨领域的合作，切实推动报业运营模式向多元化、服务模式向精细化发展。

　　当然建设新型城市主流媒体不仅需要政府支持，而且也需要资本市场的鼎力相助。今后宁波日报报业集团可以在诸如影视文创、网络技术、旅游地产、教育培训等板块重点发力，秉承主业引领副业，副业反哺主业的原则，以并购重组、合作入股等多种方式大力拓展日常经营领域，着力提升多元化收入占比份额。

　　此外，多元化也可体现在与国内外互联网科技公司之间加强战略协作。例如在建社 87 周年之际，新华社联合搜狗公司 2018 年 11 月 7 日在第五届世界互联网大会上发布全球首个合成新闻主播——"AI 合成主播"，运用最新人工智能技术，"克隆"出与真人主播拥有同样播报能力的"分身"。这不仅在全球 AI 合成领域实现了技术创新和突破，更是在新闻领域开创了实时音视频与 AI 真人形象合成的先河。与"真人"主播不同的是，"真人"主播一天工作 8 小时，但"分身"能够不知疲倦地工作 24 小时！只要小编们将文本输入系统，TA 们就能随时工作，并且一直工作下去……无论是在日常报道中提升电视新闻的制作效率，降低制作成本，还是在突发报道中快速生成新闻视频，提高报道时效和质量，"AI合成主播"在不同的新闻场景运用中都拥有着不可限量的未来。即日起，登录新华社中英文客户端、新华社微信公众号、中国新华新闻电视网（CNC）、新华视点微博、新华社中国网事微博、新华社"微悦读"小程序，你都会看到"AI合成主播"的身影，TA将时刻陪伴你左右，为你带来全新的新闻体验。①

　　宁报集团也可适度借鉴新华社的做法，在智能化写作、编辑等自身急需方面与阿里巴巴、腾讯、搜狗等互联网科技公司加强沟通，尝试共同研发新产品，着力提升自身工作效率和受众阅读体验。

　　例如荆州日报传媒集团曾经与各县市、市直各单位形成紧密合作。深度分析各地各部门在新闻信息宣传、舆情分析、形象展示方面的需求，充分发挥技术优势和新闻主阵地优势，开发合作项目，进行全覆盖式的宣传。采取项目化的方式，对各单位官方微信微博代为运维，招贴画、创意小剧场、移动短视频等新产品层出不穷，不仅为集团创收，而且形成一个完整的媒体矩阵，扩大了影响力、公信力。近三年来，荆州日报传媒集团年均组织350场活动，涉及车市、旅游、房产、非遗传承与保护、环境保护、教育、摄影、文艺等各领域。其中蓝天志愿者骑行活动、探访最美乡村活动等已经成为常年活动。集团还通过购买政府公益项目承办权、经营权等方式进行创收，先后投资400多万元承办的龙舟赛事，为集团赢得收入超过千万元。②

　　宁报集团也可适应形势需要，打破传统格局，增设新媒体新闻中心、新媒体营销中心、创意出版中心和宁波农副产品电商孵化平台，逐步将产业链拉长，做大做深各类项目，努力"开源"增效，进而向行

---

① 参见新华社微信公众号于2018年11月7日刊发的《全球首个"AI合成主播"在新华社上岗》一文。

② 参见只关心报业的（化名）于2018年10月11日刊发在报业转型微信公众号上《谁说报业不行了！这家报社员工待遇三年五次增长》一文。

业深处、广阔处要效益。

二　适时涉足投融资体系

积极筹划建构适宜的投融资体系。例如众源文化产业母基金就于2017 年 11 月由上海市委宣传部、上海报业集团、闵行区政府、浦东发展银行、上海城投等作为基石投资人发起设立，这也是国内第一只由国有传媒集团主导发起、市场化运作的文化产业母基金，基金目标总规模100 亿元，首期管理规模 30 亿元。其中上海报业集团出资 5 亿元，共募集社会资本 25 亿元，出资与募资比例约为 1∶5。[①]

宁报集团在今后也可继续以上市三年有余的甬派客户端为发展抓手，深耕上市融资市场，进一步拓展融资渠道，运用多种经营手段，积极拓展用户、内容、渠道，完善产品布局，进而为宁报集团新闻宣传、媒体建设和产业拓展提供强大的资本保障，使其真正步入"产业 + 资本"双轮驱动快速发展轨道。

随着互联网传播模式的迅猛发展，也涌现出了大量具有较强传播力和相当受众的新媒体、自媒体等，如果完全依靠自己培育，我们将无法适应互联网快速迭代的发展变化。

除自我打造以外，在今后的发展过程中，宁报集团也可将重点寻找各方面比较优秀的新媒体标的，通过参股、控股、收购兼并，以及申请特殊管理股试点等方式，达到迅速实现战略布局以及弥补现有短板的目的，进而实现跨越式增长。

三　增强多维交流

着力打造高端交流平台。例如 2018 年 9 月 5—8 日全球智能经济峰

---

① 参见微信公众号报业转型于 2018 年 11 月 1 日刊发裘新《上海报业集团五周年的总结报告》一文。

会暨第八届中国智慧城市技术与应用产品博览会重要活动之一——"智能互联时代的媒体变革与发展"为主题的 2018 中国网络媒体论坛在宁波圆满召开。该论坛由中央网信办指导，中国记协、中国网络社会组织联合会、中共宁波市委、宁波市人民政府联合主办，央视网、宁波市委宣传部（市网信办）共同承办，宁波日报报业集团（甬派传媒）、新浪网联手协办，相关政府官员、中央及地方新闻网站和主要商业网站代表、专家学者、运营商代表等 700 多位嘉宾共同与会。活动设置主论坛和内容、技术、产业三个分论坛。其中，内容分论坛以"智能互联时代的传播新语态"为主题，探讨媒体机构如何主动适应互联网传播理念，巩固市场占有率并实现传统媒体与新兴媒体的深度融合；技术分论坛将充分探讨"5G 时代的传播新格局"，分析 5G 时代网络媒体的机遇和挑战；产业分论坛则以"传媒＋：跨界融合　推动产业升级"为主题，从传统媒体、文创、社群、视频等多种业态、多个角度探讨媒体产业升级所激发的新实践、新模式、新挑战，为媒体产业寻找更多发展可能。论坛通过 2018 中国（宁波）新媒体新技术展览会、"网络媒体宁波行"等活动，展现宁波作为海上丝绸之路"活化石"以及数字经济和智能制造"新引擎"的城市魅力，为政府、业界、学界提供良好的交流合作平台，促进中国网络媒体健康发展。今后宁波日报报业集团也应紧扣时代发展潮流，继续大力举办类似高端论坛、峰会，在密切交流中切实提升宁波城市媒体的综合影响力。同时，这也是深入学习贯彻党的十九大精神和习近平总书记关于宣传思想工作、网络强国的重要思想，深入探讨智能互联时代网络媒体面临机遇与挑战的迫切要求。

身处中国改革开放的窗口，各类新型主流媒体都有责任积极参与国际传播媒体集群建设，力争成为多层次、多形态、立体化的国际传播格局的组成部分。例如上海报业集团就在重点打造"第六声（Sixth Tone）"、上海日报"Shine"等融媒体外宣项目，以及上海学生英文报、962288

对外服务热线等载体，进一步吸引海外优质用户，讲好中国故事，努力传播上海精神面貌。由澎湃新闻运作的外宣新媒体第六声（Sixth Tone）于 2016 年 12 月正式上线，目前在 Facebook（脸书）、Twitter（推特网）等平台上的核心用户达到 50 万，80% 的用户在海外，70% 的用户年龄在 35 岁以下。第六声坚持"讲述小而美的中国故事"，已经成为国际主流媒体中国消息的重要来源，多次获得全球新闻行业大奖。在亚洲新闻协会颁发的 2018 年度卓越新闻奖中，第六声获 3 项大奖，4 项优秀奖，引领亚洲媒体。由上海日报全新打造的融媒体外宣平台 SHINE 项目于 2017 年 10 月正式上线，目前网站总用户数中美国访问用户占到 40%，移动客户端装机量超过 20 万；海外社交媒体平台活跃度也有显著增长，全平台用户数超过 25 万。[①] 作为身处长三角核心区域，尤其在长三角协同发展战略已经上升为国家层级发展战略以后，宁波今后更是大有发展潜力：不仅有全世界闻名遐迩的宁波——舟山港，而且还有散落于全世界、人数众多还致力于故乡建设的"宁波帮"，所以宁报集团在今后也可顺应发展大势，谋划并制定向海外发声、发好声的战略规划。

例如 2018 年 6 月 11 日，移动新媒体内容聚合平台"人民号"正式上线。它是由人民日报社新媒体中心负责运营，充分运用人工智能技术，为媒体、党政机关和自媒体提供移动端内容生产和分发全流程服务，旨在打造成为中国移动互联网上最具公信力和影响力的聚合平台。"人民号"在人民日报客户端开设入口，重点邀请符合主流价值导向、有影响力的政务、媒体、企业、名人、优质自媒体等入驻。人民日报也成为第一家推出新媒体聚合平台的中央媒体。

这其实也是牢记习近平总书记嘱托，进一步推进媒体深度融合，加

---

① 参见微信公众号报业转型于 2018 年 11 月 1 日刊发裘新《上海报业集团五周年的总结报告》一文。

快建设新媒体的重要举措，也是主流媒体积极参与构建网上内容生态的一次重要探索。旨在积极整合各方力量，用主流价值纾解"流量焦虑"和"算法焦虑"，用社会责任规范"内容创新"和"内容创业"，用优质平台凝聚"众人之智"和"众人之力"，不断壮大网上正能量。我们认为宁报集团今后在甬派客户端上也可适时推出一项类似功能，既体现出新型主流媒体构建内容平台的进取心，又意味着能够兼容并蓄邀请各类内容生产、创业者们与党媒一起开创新媒体融合、协同发展新格局。

适时推进宁波区域范围内的媒介大融合战略。长兴是浙江湖州下辖的一个县，2016 年总人口 64 万，是个十足的"小城"。虽是小城，但经济却不算小。每年近 500 亿元的 GDP 总量，让长兴多年来蝉联全国百强县荣誉称号。2018 年 11 月，长兴还成功入选全国文明城市。在传媒领域，这座小城里也拥有一家和其县域经济地位相匹配的传媒集团。尽管行政级别上不过是个科级单位，但却吸引了全国数百批次的考察团队前来取经。在媒体融合上，这家县级的长兴传媒集团，囊括了报纸、广播、电视、网站和客户端等全媒体介质，改革与发展的步伐也紧紧跟上这个融合转型的新时代。2011 年 4 月，长兴县委、县政府对原长兴广播电视台、长兴县宣传信息中心、长兴县委报道组、长兴政府网（新闻版块业务）等媒体资源全面整合，组建了长兴传媒集团。在全国县级报纸清理整顿中，长兴县把原来的县级日报保留了下来，虽然失去了公开刊号，但却全部改为免费发行，在长兴县内赠阅。在报纸属性上，长兴传媒集团开办了一家党报性质的《长兴新闻》和一家都市报性质的《太湖晨报》。长兴传媒集团总编辑王晓伟认为，长兴传媒是带有广电背景的全媒体集团，广电可以反哺报业，这是集团转型的优势。2011年 4 月，报社和广电合并后，报纸和电视的采编业务还是分开的。2012年，集团将报社和广电的采访资源整合，成立了全媒体采访中心。2011年至 2016 年是集团的整合期，把报业和广电放到一起；2016 年搭建了融媒体中心，把采编人员聚到一起；2017 年开始全域融合，打造中央厨房，把采编融到一起，2018 年将进一步深化融合，将内容生产与经营进一步融合，将指挥平台的功能进一步拓展。改革发展的效果还是显著的。集团现有员工 500 余人，总资产 9 亿元。2015 年营收 1.9 亿元，2016 年达 2.08 亿元，2017 年目标创收 2.16 亿元。成立五年来，集团荣获省以上奖项 70 余个，其中省级新闻奖一等奖就达 20 多个，获奖总量和质量位列全省县级媒体前茅。[①] 对于宁波而言，如何整合各方力量适时推进广电、日报等各类媒体机构全面融合似乎也可进行前期调研和论证了。其实早在 2018 年 6 月 20 日，天津日报及子报编辑部门已经集体迁入位于卫津路的天津广电大院，那里也正是天津广播电视台的挂牌地点。

2017 年 4 月 16 日，作为宁波日报报业集团"媒体中央厨房"，宁波融媒体中心为实现报社媒体深度融合，在系统的开放和兼容性均进行了充分的考虑和设计，形成了立体多样、融合发展的现代传播体系，与国内各地市主流媒体融合技术平台相比，目前仍处于较为领先的位置，例如讲求"一次采访、分类制作、定向推送、多端分发"的甬派智慧云就曾获得宁波市委市政府领导们的高度赞誉。但值得一提的是，中央厨房一般只适用于诸如奥运会、APEC、G20 等进场采访人数受限、需要整合采访力量形成合力的大型活动，虽说宁报集团应该继续秉承其"一鱼多吃"的核心理念，讲求"一次采集，多种生成，多元传播"，但在实际操作时，我们建议应该审慎推进、量力推进。因为每一个媒体，所处的位置、扮演的角色、拥有的资源禀赋、发展层次都不尽相同，宁报集团更应立足于自身实际，采用适合自身的发展方式。正如陈国权曾提到的那样："中央媒体可以成功运作的'中央厨房'，省级

[①]　参见观媒君于 2018 年 9 月 21 日在传媒大观察微信公众号上刊发的《中宣部开现场会的"长兴模式"，正是观媒首个推荐的"融媒样本"》一文。

地市媒体则不一定能成功；人民日报社可以免费让你吃'霸王餐'，一个地市媒体却没有足够资源可以到处提供免费午餐；人民日报社的'中央厨房'可以有 400 多家媒体、企业、政府机构、国际组织接入，有 2000 多家内容分发渠道，但'你'肯定没有。"①

此外，还可积极将视野投向国外。例如温州日报报业集团近年来已将《温州乡讯》周刊向国外发行，目前正与《欧华时报》合作，联合办一张试图覆盖欧洲的华文报纸。宁报集团起初可以模仿华商传媒集团旗下的"二三里" APP，基于用户的地理位置为用户提供周边的新闻，依托原有的新闻资源，为用户提供更专业权威的附近新闻，并可根据用户的使用情况提供个性化推荐，让服务更加精确。还可以打"亲情牌"搭建起在外地的甬籍人才（主要）与宁波交流的桥梁，一方面，可能打通人才引进和回归的渠道；另一方面，还可以促进其他地区与宁波的联系，为强化区域发展提供有力支撑。

四 建立应急预案

针对台风、内涝、战争等突发性重大事件应谋划建立并完善分级分类舆论引导预案体系，谋划建立科学的舆情引导评价指标体系，合理评估利弊，使得在突发性事件前，能够尽快评估出风险点的具体分布及风险的发展程度、规模，方可知该如何先发声，如何发好声，如何及时、准确地收集民众反馈意见，掌握相关首发主动权、话语权，最大限度地避免扩大不确定性风险。

首先保证突发事件新闻信息的流通渠道畅通。应该加强同政府部门的沟通，及时掌握、公布突发事件的新闻信息、时间处理措施和进展，还要善于打通与其他相关单位和个人的信息沟通渠道，以便全方位地掌

---

① 参见陈国权于 2016 年 10 月 7 日刊发在报业转型微信公众号上《人民日报"中央厨房"迄今只运行了 17 次……》一文。

握事件发生的情况，及时透过媒体向社会公布突发事件的真实情况。

其次要推动新闻媒体各部门之间的全面协调配合。突发事件出人意料，在工作人员有限的情况下，某个单一部门往往不能应对采访、报道、编辑等一系列工作，需要多个部门和人员的协调合作。宁报集团可建立突发事件应急中心，打破部门界限，围绕同一事件开展协同运作，尽可能最大化新闻报道的规模效应。

最后要为突发事件报道提供充足的资金保障。突发事件报道不同于常规报道，需有后勤车辆、通信设备等随时待命。媒体还要加强对突发事件报道相关人员的培训，应有事先建立人员培训相关预算。一般而言，突发事件报道的采访、生活条件较为艰苦，工作人员还有可能面临一些不可预知的天灾和人祸，因此对于他们的薪酬、补贴等应有额外体现。现代社会通信发达，采访报道的手段多样化，地方媒体应想尽办法为采访报道人员提供如便携式电脑、高清晰度拍照手机、微型摄像机、无人机等电子通信设备。因此，媒体单位要针对突发事件报道建立充足的财务预算，确保能够从容应对突发事件报道。

与之相对应，宁报集团今后也可仿效人民网成立专属的舆情监测机构，同时借智借力宁波市委市政府、宁波大学、浙江万里学院等在甬高校和中青华云等互联网大数据信息咨询公司，共同构建其媒体、高校、企业、党政机关一体化的舆论引导体系，也可与诸如上海、杭州、青岛、深圳等地党校、社科院加强联系，定期召开一些高层次的联席会议。在媒介融合发展阶段，从热点检测到辅助生产，再到传播分析、用户画像、智能推荐及舆论引导，现代科技已经能为新闻信息有效传播提供保障。宁报集团可以搭建混合云的数据中心或者完全采用服务的云数据中心，充分整合外部互联网数据和用户自身的业务数据，通过数据的有效整合，进行多维数据的关联分析，进而促进舆情监控常态化。

此外，宁报集团也应积极参与宁波智库建设，注重相关人才储备培养，积极主动地为政府部门当好参谋，进而获得一定重要话语权。认真学好杭州、青岛等地举办 G20 峰会、上合组织青岛峰会等会议"办好一次会，搞活一座城"的成功经验，为今后宁波举办类似大型会议提前做好相关准备，力求既能展示出中国气派，也能体现出宁波自身特色。过些年的亚运会便是一次良好契机。

五 尝试推进内容阅读收费机制

谋划建立内容阅读收费机制。例如上海报业集团就曾经大力推进新闻网站运营收费机制建设。其旗下新媒体项目"上海观察"的用户定位为党政干部、城市利益相关者以及一切关注上海发展的境内外人士，APP 下载量逾 27 万次，其中收费订户达 16 万次。"澎湃新闻"面向"关注上海、关注中国的政经界人士和影响力、购买力强的中高端人士及海内外精英"，客户端下载量已经超过 200 万人次，日均访问超过 200 万人次，日均页面访问量达 1400 万人次。[①] 宁波日报报业集团也可以适时推进该项机制建设，并在甬派客户端和宁波网进行先期试点，逐渐积累人气，提升日均页面访问量。

与此同时，也可积极扩展受众阅读范围，尤其在信息服务板块大力挖掘潜力。例如上海报业集团的新媒体项目"界面"的目标用户从"上海"扩展到了"国内"，面向国内金融机构从业者、专业投资者、高净值人群等。2014 年年底，"界面"发起自媒体联盟 J – Media，吸引真实报名成员近 2000 家，完成网站后台注册和审核的 600 多家，覆盖 20 个垂直行业领域，辐射 2 亿用户。[②]

众所周知，Kickstarter 是目前全球范围内最早建立，涉猎范围最广

---

① 王玉珠、阮东：《新传播环境下主流媒体的舆论引导创新——以上海报业集团为例》，《新闻知识》2015 年第 9 期。

② 同上。

和最具影响力的新闻众筹网，2011 年曾受到过《时代周刊》颁发的"最佳网站"的光荣称号。该网站为投资者提供了游戏、电影、音乐等 12 个选项，新闻仅仅占 2% 的比重。导致这个结果的原因众多，一方面媒体人对众筹这种商业模式了解得不够，更不擅长利用众筹做新闻；另一方面，少数的媒体人的心态还未转变，担心将报道计划公布，创意想法会遭到抄袭。该网站非常成功的新闻众筹的案例很多，《让德·拉尔回到阿富汗寻找真实故事》就是其一。2010 年由美国记者德·拉尔发起，他希望用自己精湛的漫画功底将阿富汗的所见所闻写成深度报道的独特想法得到了公众的支持。仅仅经过 1 个月就获得了 200 余位网友的支持，最终筹得 2599 美金顺利完成报道。

一直以来，我国新闻从业人员按照一套流程和模式运转，既要做好党和国家的宣传，也要紧跟着市场的步伐。这其实还较为辛苦，有时也会陷入出力不讨好的尴尬境地。在互联网深度影响媒介形态的今天，加上当下社交媒体不断发展的情况下，众筹新闻也顺势而生。区别于传统媒体上的新闻报道，众筹新闻不需经过层层的审核层层的审批，在顺应市场需求的情况下，以"私人订制"的形态出现。在众筹项目中，项目发起人根据自己想法提出想要众筹的项目，详细地介绍报道相关的细节和内容以及资金的所用之处，通过众筹平台向广大的网友开放，有兴趣的人就会投资，俗称"打赏"，如果在有效的时间内能筹集到目标酬金，项目众筹成功，作为投资的回报，投资者享有优先阅读权和共同分享成果的权利。如果众筹失败，资金退回投资者手中。众筹新闻平台的出现扭转了局面，有希望让新闻从组织化向社会化成功转变。第一，公众参与新闻生产的方式不再是组织化，他们都是经过自己独立的思考进行选择，不管是选择什么类型的项目还是选择谁，都已经过深思熟虑。第二，媒体人也是以一个独立的个体参与，他们提供的素材和创意能否受到公众的青睐也是双方自由选择的过程。总的来说，这样一来，公众和媒体人是众筹新闻的"联合出品人"各自发挥自身的优势，扬长避短，也可成为目前比较满意的一种新闻生产模式。

而且根据马斯洛的需求理论，生理需求、安全需求、爱和归属感、尊重这四种需求都比较容易满足，于是广大受众就会更想要满足最后一个自我实现的需求。网友参与众筹项目，不仅仅是捐助资金，他们作为项目的参与者，能够在过程中发表自己的看法，提出自己的宝贵意见，通过自己的把关创造出有价值的信息，届时心里产生的满足感是大多数人所追求的自我实现的一种体现。

因为众筹新闻的报道主要取决于市场，感兴趣愿意投资的人就是潜在市场。作为长尾理论的提出者，克里斯·安德森曾说："21 世纪以来，经济中心正在加速转移，文化紧随其后不甘示弱，人们关注的焦点由需求曲线头部的少数主流产品和市场，转向尾部的大量利基产品市场。"① 根据实际情况，随波逐流的共性潮流并不是大众所追寻的，往往有个性的小众的文化更得大众的青睐。所以在众筹新闻里，新闻与广告并没有直接联系，资金的来源是广大的群众，选题自然不必有限制，即使是那些受众少、极少数人所关注的甚至是由于种种原因被传统媒体所丢下的新闻选题，只要能聚集更多想要了解的人投资，项目照样可以真正付诸实施。

正得益于此，宁波日报报业集团也可积极布局相关付费或众筹版块，试图通过有品质的内容和服务黏住核心用户，实现私人订阅服务；然后根据不同用户的个性化内容订阅需求，再实现差异化推送，规模化提升舆论引导对象的有效覆盖，进而有效提升新型主流媒体的综合影响力。

此外，也可学习日本等地区强化受众黏性的相关举措，例如今后在

---

① 冯广圣：《长尾理论视域下众筹新闻现象研究》，《新闻界》2014 年第 12 期。

宁波区域内依托相关调研数据进行片区划分，针对每个片区的不同需求，因地制宜地投放不同内容的新闻产品。每隔一段时间定期进行各种回访，以便及时掌握相关反馈信息，进而做出一系列新的调整，再开始下一轮循环。

第二节　强化媒介融合视域下新型技术支撑层面

一　VR、AR 等沉浸式媒体

随着科技的快速发展，"浸媒体"这个词语已经日益深入人心。它的出现其实是想带给广大受众一个不局限于用眼睛看，而是利用全身去感受、全新的沉浸式的深度体验，这种体验能够减少受众的选择，增强受众的感受，加速信息的传递与共享，改变媒体传播的固有形式，使得媒体传播由从前单一的文字、视频、声音的形式融合在一起。它主要是借助互联网、大数据、人工智能、虚拟现实和增强现实等技术而实现，是人与技术的结合，更是技术与艺术的结合。正如李沁认为沉浸传播是一种全新的信息传播方式，它是以人为中心，以连接了所有媒介形态的人类大环境为媒介而实现的无时不在、无处不在、无所不能的传播。[①]

众所周知，VR 技术的核心特征可以被归纳为"3I"，亦即沉浸（Immersion）、想象（Imagination）以及互动（Interaction）。

对于新闻行业来说，VR 技术所特有、强大的沉浸式体验效果能将广大受众变为新闻事件目击者，通过强大的传播效果，缩小受众与新闻事实间的距离[②]，进而将新闻事实全方位多角度地展现出来。这样一

---

① 李沁：《沉浸传播：第三媒介时代的传播范式》，清华大学出版社 2013 年版，第 43 页。

② 邓建国：《时空征服和感知重组——虚拟现实新闻的技术源起及伦理风险》，《新闻记者》2016 年第 5 期。

来，从接收方角度来看，广大受众也能以"第一人称"视角了解整个新闻事件，亲自体验事件发生现场的情况，也就可以尽可能地排除了记者因主观倾向所造成的偏差。

而且传统报纸、广播和电视的信息传播方式都呈现出扁平化态势：报纸只有图片、文字的组合；广播只有声音；电视虽然可以提供视频，但广大受众仍然只能被动地接受新闻内容，他们所能了解到的也只是来自新闻记者或编辑业已整合完成的新闻素材。对于普通受众而言，其实这样的新闻已经很难让人感同身受，更别提深化概念和萌发联想了。而通过 VR 技术，那种 360 度全方位体验所带给广大受众的冲击力已不能和传统新闻报道中平面图片或视频简单相提并论了。

因此国内外许多新闻媒体都已将尝试将 VR 技术运用于新闻报道之中。在国外，许多媒体早在 2012 年就有开始研究将虚拟现实技术应用到新闻报道中，当时应用 VR 技术的报道多为突发性事件报道，意在带给广大受众不同于传统新闻报道形式的沉浸式体验。

在国内，首次利用 VR 技术制作的全景报道是财新网于 2016 年拍摄的《山村里的幼儿园》，在这之后例如人民日报、新华网、澎湃新闻等官方主流的媒体平台也积极开始尝试 VR 全景新闻报道方式。值得一提的是，作为《重庆晨报》转型的阶段性成果，重庆日报报业集团旗下的上游新闻客户端于 2016 年 6 月 7 日正式推出 VR 频道，进而引发了业界的极大关注。据不完全统计，当天上游新闻客户端的用户，与平时相比增幅高达 15%，热点即是持续更新的高考第一天现场 VR 报道。①

两会中的 VR 直播是 2017 年获奖作品的又一大亮点。二等奖作品《"钢铁侠"VR 直播：全国政协十二届五次会议新闻发布会》是 2017 年 3 月光明网"钢铁侠"多信道直播云台首次开展的全国两会报道，

---

①　参见案例分享《上游新闻如何利用 VR 抢占"上游"？》，具体网址为：http：//www.vrzy.com/vr/46104.html。

这套直播设备一亮相，就立马引起了广泛关注。"钢铁侠"多信道直播云台是光明网打造的全媒体报道单兵设备，记者通过穿戴式云台，单人操作该系统集成的平板电脑、VR 全景相机、高清摄像头、录音设备等，通过云控制台、云存储及流媒体服务系统，同时为 15 家平台提供高达 3K 画幅、4M 码流的视频和 VR 信号，记者还可以一键同步实现 PC 端、新闻客户端及 H5 页面等跨平台视频内容的分发与适配，观众无须安装任何软件，就可以通过手机裸眼观看高清 VR 直播。[①] 显而易见，通过综合运用各类多媒体表现形式，基本上已经能够实现新闻作品从可读到可视、从静态到动态、从一维到多维的升级，在一定程度上也满足了多终端传播和多种体验需求。

对于宁波日报报业集团而言，在秉承习近平总书记针对上合组织 2018 年青岛峰会所提出"办好一次会，搞活一座城"重要指示的基础上，今后诸如两会、高端峰会、高考、亚运会、展览会、突发性自然灾害、大型颁奖典礼等特定新闻题材完全可以借鉴青岛等地媒体的有关成功、成熟经验，着力尝试进行大纵深、开阔化 VR 报道，积极拓展报道空间和挖掘报道潜力的同时，以求真正提升宁波媒体的影响力、公信力。不过在实际操作过程中，对于 VR 新闻的选题应该慎重，尤其是对于战争、灾难、恐怖袭击等方面的题材是否适合做成 VR 新闻应该深思熟虑，针对不同题材的新闻报道应进行分类别的虚拟现实制作。而对于已经做成，或者有必要做成"VR + 新闻"这种形式而感官刺激比较强烈的新闻，则应该根据受众不同的年龄结构、知识水平、心理承受能力和判断能力进行"分级分类"播放。

在互联网、新媒体高度发达的今天，网络上的许多新闻常常会引起某些极端的社会舆论，而这些舆论之所以会产生又往往是因为公众对新

---

① 参见田晓凤、张伟、雷跃捷于 2018 年 11 月 3 日刊发在报业转型微信公众号上《中国新闻奖第一次设立的"媒体融合奖项"获奖作品评析》一文。

闻事件信息掌握得不全面，对报道者"选择信息"的不信任或者过度信任，而 VR 新闻因其真实模拟、呈现信息全面、受众能动性强等特点正好能很好地弥补这一不足。未来的 VR 新闻应该在全面地、真实地还原新闻事实的目标上继续努力，这对于推动公众舆论的健康发展，实现与媒介技术与社会的真正良性互动至关重要。

在现阶段发展过程中，虚拟现实技术在新闻领域尚处于初级发展阶段，主要侧重对虚拟现实技术"沉浸性"的开发和利用，而对"想象性"和"交互性"的利用还较为罕见。我们认为对这两者的开发会是"虚拟现实新闻"未来发展的重要方向和突破点，尤其是"交互性"，除了能够加深受众的沉浸感之外，还能实现新闻事件中的新闻人物、新闻报道者、新闻受众三方的全面对接，能够有效地减少新闻信息在传递过程的减损，这对新闻报道的发展将会是一个质的飞越。

除此之外，浸媒体还包括 AR（增强现实）技术。例如，党的十九大期间延安市委曾联合百度公司共同打造的梁家河数字博物馆。利用 AR 技术，读者仅需扫描《习近平的七年知青岁月》一书封面即可以看到梁家河地貌的 3D 模型，并可以选择性的调整观察角度。除了提供读者对于梁家河各处场景的选择性观察以外，对于梁家河场景中的大部分壁挂图片、石磨等多种物件均可以触碰加以详细了解。此外，该例的 AR、VR 版本均提供了党支部签到、知青签到功能，签到后并可以加以分享。此举一方面加强了交互化，提升了读者的参与度，另一方面分享后所产生的社交效应也可以是社交化在 AR 中应用的一个早期案例。

在合适的时机，宁报集团也可尝试生产 AR 新闻，利用二维码方式、可识别图形等形式嵌入报纸中或者直接展示在宁波日报 APP 中都能够很好地发挥新技术的感染力，以便这种跃然"纸"上的独特方式能给广大受众带来一种全新的阅读体验。

此外，宁报集团也可针对 VR 新闻建构起一个专门的 APP 或分属频道，然后再进行诸如生活类、娱乐类、体育类、专题片类等方面的细分。因为内容的细化、明确化，其实更有利于实现精准传播，自然也可以吸引更多特定用户前来观看。以纽约时报为例，纽约时报不仅有自己的 NY TIMES 作为一般新闻 APP，其旗下的 NYT APP 则为独立出来的专门观看 VR 新闻的 APP，彼此之间互不影响，在 NYT 中可以看到纽约时报现阶段拍摄的所有 VR 新闻作品，而其中诸如时政、生活等标签分类也有利于让受众在第一时间观看到他想观看的 VR 新闻类型。

　　其实正如崛起的互联网技术一样，技术对内容很多时候有着两面性的作用，网络一方面加快了新闻报道的生产、传播，但另一方面也让虚假新闻和谣言有了更大更快的传播平台。虚拟现实技术本质上也是一门数字技术，是新闻报道生产、传播的一个工具，不能也不应该影响到新闻的本质内容，对于虚拟现实技术在新闻内容、新闻伦理等方面的影响需要政府、媒体和受众保持一定的警惕，在技术发展的同时兼顾好新闻客观公正的本质。也正如习近平总书记所强调的："全媒体不断发展，出现了全程媒体、全息媒体、全员媒体、全效媒体，信息无处不在、无所不及、无人不用，导致舆论生态、媒体格局、传播方式发生深刻变化，新闻舆论工作面临新的挑战。党报、党刊、党台、党网等主流媒体必须紧跟时代，大胆运用新技术、新机制、新模式，加快融合发展步伐，实现宣传效果的最大化和最优化。党报党刊要加强传播手段建设和创新，发展网站、微博、微信、电子阅报栏、手机报、网络电视等各类新媒体，积极发展各种互动式、服务式、体验式新闻信息服务，实现新闻传播的全方位覆盖、全天候延伸、多领域拓展，推动党的声音直接进入各类用户终端，努力占领新的舆论场。"①

---

　　①　参见央视网于 2019 年 1 月 26 日 16：51 分发布的题为《媒体融合是一项紧迫课题，习近平这样提出要求》一文，具体网址为：https://m. sohu. com/a/291630177_ 428290? _ f = m - index_ top_ news_ 1&spm = smwp. home. d - news. 1. 1548493538475TApNqyb。

二 大数据技术

伴随着大数据时代的到来，传统新闻的生产模式和报道模式在一定程度上也有着自己的缺陷，比如在面对大量复杂的数据时，要运用大量的文字去表达信息内容，甚至不能准确和完整地表达出数据所代表的含义，同时，读者也需要通过阅读大量的文字来了解信息所代表的内容，大量冗杂的文字和数字不但会容易让读者难以理解和接受，也会让大多数读者失去阅读兴趣，尤其在现如今这样一个生活节奏非常紧凑的时代中。

于是数据新闻立马应运而生。在掌握海量、真实数据后，一些传媒工作者就业已可以采用诸如统计、关联、对比、换算、量化、溯源、发散、综评等方法来进行综合性分析。在数据新闻产生后，然后在读者的分享、跟帖、评论的反馈上加大关注力度，让读者的分享和跟帖变得更加有意义，切实提升互动成效。

此外，利用大数据来进行舆论引导，做好舆情监测，以期能够促进公共突发事件的有效合理解决。在舆论引导中，公共突发事件相关方、政府、媒体及相关舆情监控机构，应该注重大数据在舆情监测与引导中的重要性，运用大数据技术对的舆论信息内容，尤其是舆论走向、大部分舆论参与者进行数据分析，预测舆情发展方向，然后结合舆论引导要求及公共突发事件处理现状，进行适当引导，为公共突发事件的解决提供有益的舆论氛围，切实降低公共突发事件的负面影响。

例如就微博而言，它和传统媒体在公共突发事件舆论引导过程中依据其特点，发挥着各自的作用：传统媒体更加权威，在引导舆论发展方面具有强大及新媒体无法比拟的优势；新媒体更加具有交互性和时效性，能够在最短事件内以最快速度将突发事件相关信息传播到最广的范围内，打破传统媒体的时间、空间限制，所以政府及突发事件相关社会组织机构在突发事件舆论引导中，可以选择借助传统媒体来发布权威信息、借助微博来促成公众讨论，有效勘察舆情，引导舆论，构建一套科学化媒体网络，力求形成立体化、全方位、高效率的传播合力。在内容上互通有无，在时效上互相弥补，在内容权威性上形成互动，这样不仅能够强化微博舆论的传播范围，还能够丰富微博舆论内容，线上线下合理，形成全线微博舆论氛围，引导突发事件中微博舆论发展方向[①]。

因为在当下，微博、微信的发展已经使得社交媒体的影响力逐步上升，且社交媒体在大事件发酵及传播过程中起到了重要的作用。与此同时，收集受众的数据信息也是数据新闻数据的来源之一，社交媒体所拥有的用户数量较为庞大，且数据时刻在进行更新。如果能充分挖掘并有效利用好这些数据，也必将极大提高新闻的传播效果和影响力。因为关系社交化不仅能提高用户参与度，培养用户忠诚度，而且也能实现新闻内容由人机互动转变为人与人间的分享互动，扩大新闻的辐射范围。后期也可以通过建立数据库，利用大数据分析用户的新闻内容偏好、阅读习惯等，为往后更加精准地服务用户提供数据支持。

例如 2018 年 9 月 17 日，浙江日报报业集团与百度在杭州联合举行"数说浙江"发布会，宣布全国首张城市数说名片的正式上线。在活动现场，中共浙江省委宣传部副部长、浙江省委网信办主任朱重烈，浙江日报报业集团社长、党委书记唐中祥，百度副总裁袁佛玉，百度百科 & 百度经验产品架构师杨明璐，浙报集团新媒体运营中心主任张宇宜共同启动"数说浙江"一期产品的发布。即日起，在移动端百度搜索栏中输入城市名称"杭州"，便可在相关内容页中看到杭州的城市大数据，包括人均可支配收入、GDP 总值、上市公司数量、常住人口、高校数量、景区数量等，点击"查看全部"，还可深入了解各项数据的历史沿

---

① 严晋：《突发事件中的微博传播与舆论引导》，《新闻研究导刊》2014 年第 15 期。

革和变化趋势。不单是杭州，浙江各地市的百科词条也迎来了大变样，除了十一地市的词条新增了"数说"外，浙江则是多了"数说"和"资讯"双模块，而其中所呈现的城市数据和新闻，则是由此次的主办方之一浙报集团提供，双方希望以城市标签、数说内容、资讯页卡、数说榜单等可视化、结构化的呈现方式让用户直观理解。据透露，在二、三期规划中，涉及维度还将继续细化，并逐步扩展到城市、景点、教育、美食、人物、基础建设六大类词条。随着城市化进程的加快和移动互联网浪潮的来临，媒体传播亟须升级换代，寻找新的传播风口。而流量经济之下，白热化的竞争也让互联网巨头不得不回过头来重视内容领域的部署，重新打造业内标杆。在双方诉求的磨合之下，浙报与百度迅速地找到了一个共鸣点：以百度百科为媒介、城市传播为抓手，在互联网层面，实现本地用户的精准连接。由此，"城市数说"项目应运而生，浙江也成为该项目落地的首个区域。浙报作为权威本地媒体，首先在内容产出、资源整合上的优势不言而喻。据悉，此次项目改版的相关内容，包括数据层面，均由浙报统一输出。其次，其雄厚的品牌影响力乃至背后的政企关系脉络，无形中为产品背书，也恰恰是商业平台最看重的一点。最后，作为举足轻重的流量入口，百度的技术、流量和数据沉淀是核心优势，支撑内容实现海量用户的个性化触达，在互联网多年摸爬滚打的经验，也能为媒体服务赋能，打破信息壁垒，实现内容价值的最大化。从这个意义上来说，浙报与百度的结盟，可谓天作之合。①

对于宁报集团而言，亦应仿效浙报转型之路，依托网络大数据资源平台，与相关高科技互联网企业在内容建设、资源共享、技术互补等层面进行一场极具跨界色彩的强强联合。

其实对于传统报业集团来说，这种强强联合除了发挥内容生产者的

---

① 参见谢振云于 2018 年 9 月 21 日发表在传媒大观察微信公众号题为《浙报集团再次快人一步，紧盯城市大数据该怎么玩》一文。

角色作用外，从另一个层面上来说，也旨在借此开拓内容传播的新场景，即新闻在移动端的呈现除了纯资讯应用以外，也可以尝试在更生活化的场景中嵌入，触达更多意想不到的"流量蓝海"。与此同时，我们从产业发展的角度来看，单纯依托企业广告的商业模式现如今已难以为继，将内容生产优势向做好城市服务商转型，通过政务服务、旅游策划、创业咨询等衍生产品，向文化传媒集团转型，其实也是传统商业模式转型的路径之一。

在现如今这样的碎片化时代，覆盖面的扩大不可能通过一种或少数几个媒体来实现，而应该是构建起多元多样的形态多样的平台，尤其是专业平台，每一个平台都面向特定的受众群体，以此来实现覆盖面的扩大。在新媒体蓬勃发展的时代中，要扩大传播覆盖面，还必须提高内容与受众的匹配性，也就是如何通过"手段先进"让内容找到对的读者，比如通过大数据技术，为用户量身定制内容等。此种做法的前提是要提高内容与渠道的匹配性，也就是新型主流媒体的各种渠道应该匹配不同的内容。报纸、网站、手机报、户外大屏、微博微信、APP 等，都应该有其不同的内容展现方式。唯有如此，才能最大限度地扩大传播覆盖面，使其成为真正的"新主流"，进而更好地实现扁平化指挥策划、多渠道信息采集、一体化内容编辑及多渠道的发布，为新闻采编流程再造提供强大的技术支撑。也正如新华社记者黄小希、史竞男、王琦等人所总结的：从一家报纸到"平台＋内容生产者"，人民日报社尝试用新模式连接更多用户，打造体现主流价值的内容生态。上线不久的全国移动新媒体聚合平台"人民号"，吸纳入驻媒体机构7000 余家，一些优质的自媒体也纷纷进驻，平台日均审核推送原创资讯3500 余条。新华社服务全国媒体的"现场云"新闻在线生产系统，为入驻媒体免费提供基于移动端的全媒体采编发功能，采编人员即采即拍即传、即收即审即发。目前，"现场云"已吸引超3000 家媒体和党政机构入驻，平均每天发起直播报道 379 场，成为全国最大的基于移动直播的短视频在线加工平台，有效服务地方媒体融合发展。中央广播电视总台高度重视自主可控平台建设，主打移动直播和新闻视频分发的央视新闻移动网将上线"全国智慧县级融媒体平台"，打造县级融媒体矩阵传播平台，同时上线 4K 超高清频道，打造 5G 创新平台并投入试运行。从推进产品融合、渠道融合，到推动平台融合、生态融合，传统媒体和新兴媒体优势互补、一体化发展，主流舆论阵地不断巩固壮大。①

其实言归正传，不论是发展已经较为成熟的数据新闻，还是研发新型的 AR 新形式新闻，都可以通过搭建一个新技术新闻平台的方式，来孵化先进的新闻新技术应用方法。例如宁报集团可以尝试打造一个名为"甬数"平台作为新闻新技术应用试验地，以宁波城域数据为驱动力，从数据整合视角来重新认识城市，提供一个数据以及数据背后价值为核心的甬城价值数据中心，为个人、企业、政府提供信息参考。至于盈利方面，在甬数平台成熟后，通过开放业务接口，提供有偿的数据分析、报表服务，进而实现盈利，这也符合前文所提及的多元化经营思路。

三　H5 技术

2018 年 9 月 23 日，正值习近平总书记给南开大学 8 名新入伍大学生回信一周年，天津的津云新媒体一鼓作气推出了 9 部微视频和 1 个 H5 作品，截至 9 月 25 日中午 12 点，9 部微视频的传播曝光度累计过亿。值得一提的是 H5 作品《炼钢记》在互动设计上又搭建了动态交互＋语音的技术框架，用户在手指滑动过程中就能参与到一颗矿石淬炼

① 参见黄小希、史竞男、王琦等人在新华社网页上刊发的题为《守正创新　有"融"乃强党的十八大以来媒体融合发展成就综述》一文，具体网址为：https：//m. sohu. com/a/291621978_ 267106？_ f＝m－index_ top_ news_ 2&spm＝smwp. home. hot－news. 1. 1548500121535fNyFdjJ。

成钢的过程，再配以声音特效，增强用户感官感受，通过透视的视觉强力冲击提升用户记忆点，整个作品让用户在视觉、听觉、触觉上都有交互体验，加深对作品的感知。该作品于 2018 年 9 月 23 日当天刊发，并通过团市委向全市所有高校进行推广，仅一天时间就吸引了超过 35 万人次参与到互动中。[①]

我们可以看出这次互动完全打破了过去常规的新媒体手法，使得相关思想、设备、技术能够更好地融入，也使得主题思想更加明确，表达方式更为创新，传播效果更为理想。

此外值得一提的是，2018 年 11 月 2 日，第 28 届中国新闻奖评选结果公布，共评选出 348 件获奖作品。与往届不同的是，今年的中国新闻奖首次增设了"媒体融合奖项"。在参评的 100 件媒体融合作品中，共有 50 件作品获奖，其中特别奖 1 件，一等奖 10 件，二等奖 15 件，三等奖 24 件。获奖作品分为包括融媒短视频、融媒直播、融媒互动、融媒栏目、融媒界面和融媒创新六大类型，形式多样、别具一格的融媒体作品让人耳目一新。[②]

今年中国新闻奖的媒体融合奖特别奖——《两会进行时》是人民网法人微博发布的融媒直播作品。2017 年两会期间，平台累计直播时长超过 120 小时，累计观看达 1.38 亿余人次，其时间之长、规模之大、成果之突出，开创了传统媒体新闻网站长时段直播历史的先河。直播的节目内容丰富，有部长通道、人大闭幕式、总理答记者问等环节的同步直播，还有人民日报记者在两会现场进行的独家点评。前方报道与演播室访谈相互穿插，并配有会场花絮和创意微视频。形式可谓丰富多样。而这场直播面临的最大挑战就是技术问题，如何在全天候直播的过程中

---

① 参见观媒君于 2018 年 9 月 26 日刊发在传媒大观察微信公众号上《津云新媒体推出融媒体爆款产品强国强军梦被刷屏》一文。

② 参见田晓凤、张伟、雷跃捷 2018 年 11 月 3 日刊发在报业转型微信公众号上《中国新闻奖第一次设立的"媒体融合奖项"获奖作品评析》一文。

保障信号稳定传输、如何打造可靠的网络环境，人民网在技术层面进行了充分准备。基于 2016 年研发的移动直播平台这一技术储备，节目团队在极短的时间里，搭建了一站式移动直播解决方案，包括内容采集、实时转码、分发加速、网络优化等核心功能。在输出端口方面，除 PC 端、手机客户端口外，网络电视部为《两会进行时》制作了微信小程序，通过小程序的"两会"和"推荐"两个版块，实现微信实时观看及分享。①

而由澎湃新闻制作的《长幅互动连环画天渠：遵义老村支书黄大发 36 年引水修渠记》获得融媒体界面类一等奖，该作品不落俗套，创新了主旋律报道和典型人物报道的表达方式，取得了很好的传播效果。作品是一幅长达 17 页的 H5 作品，以水为主线，用下拉式长幅连环画、渐进式动画、360 度全景照片、图集、音频、视频、交互式体验等多种报道形式，全景展现了黄大发带领老一代修渠脱贫、带动新一代致富的历史长卷。背景音乐浑厚雄壮，凸显了黄大发的人物形象；民谣、山洪、炸药的音频增加了报道的接近性，让受众有身临其境的感觉；为了提高新闻的真实性，采用村民的同期声，也借由村民之口，评价黄大发为修渠不懈努力、无私奉献的大半辈子，同时配以文字解说，方便受众明白理解。整个 H5 制作与画风选用了朴实且带有平面装饰意味的黑白风格创作，角色处理采用写实的手法，同时穿插人物照片，生动传神，画面背景与人物主体关系黑白布局得体，以金色作为点缀，稳重大气又不失活跃的细节，提高了事件还原的真实度。在这个新媒体与手机阅读时代，带给了读者更全面立体、更轻松，却更震撼的阅读体验。②

值得一提的是，为纪念建军 90 周年，中国军网、军报记者微博、

---

① 参见田晓凤、张伟、雷跃捷于 2018 年 11 月 3 日刊发在报业转型微信公众号上《中国新闻奖第一次设立的"媒体融合奖项"获奖作品评析》一文。

② 同上。

腾讯新闻客户端等联合开发了一部 H5 作品：《你收到的是 1927 年 8 月 1 日发来的包裹》。该作品依据军报刊登的文章——《波澜壮阔 90 年，难忘的 90 个第一》进行的二次创新。主体设计成文字快闪与答题抽奖两部分，在文字快闪部分，首先出现在眼前的是一份包裹，显示的是从 1927 年穿越而来，点击签收后出现了一枚八一军章和一把火炬，作品由此展开，以快闪的形式展示了从 1927 年南昌起义开始的中国人民解放军 90 年的光辉历程。观看完毕后受众可以传递火炬，进行转发并参与互动答题。这成为纪念建军 90 周年众多产品中效果突出的优秀作品。该 H5 作品上线后，全网总计参与人数达到 688 万，通过头条问答、微头条等渠道参与传递活动的人数总计约有 5400 万。上线后，国内多家重要媒体进行转载和报道，其中包括新华网、人民网、国防部发布、共青团中央微博、今日头条、腾讯新闻、新浪网、凤凰网等。并且随着 H5 相关衍生产品出现，进一步扩大了该产品内容的传播，比如由共青团中央和热心网友根据 H5 录屏制作的视频，上传至哔哩哔哩、爱奇艺等视频网站，取得了强烈的反响。形式的新颖，互动式的参与，能够有效地吸引受众关注，扩大新闻作品的影响范围。[1]

由此可见，宁报集团今后在制作类似微（短）视频时，也应该在画面的丰富性和视觉冲击力兼顾方面深挖潜力，真正践行好媒介融合"人员融合、资源融合、传播融合"的内生精神，真正顺应传统媒体和新兴媒体融合发展新趋势，巩固思想文化阵地、壮大主流思想舆论，贯彻落实中央关于推动媒体融合发展的决策部署，真正发挥出各类新媒体的传播优势，切实提高新闻舆论传播力、引导力、影响力、公信力。

---

[1]　参见田晓凤、张伟、雷跃捷于 2018 年 11 月 3 日刊发在报业转型微信公众号上《中国新闻奖第一次设立的"媒体融合奖项"获奖作品评析》一文。

四 手机现场直播技术

利用手机开展直播报道，可以打破以往广播电视直播装备重、声势大、受各种因素影响，难以深入突发事件现场的局限。记者手持手机，可以灵便地深入突发事件现场，迅速开展直播报道。广大受众也可以同步地跟随着记者的视角和解说，观察突发事件，体验如何对突发事件进行报道。获融媒短视频一等奖作品：《柳州融水突围记丨广西日报记者"失联"数十小时，在穿越40处塌方后发回灾区最新画面！》，报道的是2017年8月，广西柳州融水杆洞乡突发2次山洪，通信、水、电全部中断，成为"孤岛"。广西日报社紧急成立融媒体专项报道组，记者第一时间赶赴灾区一线，用手机记录和直播了当地乡镇干部组织营救、自救的珍贵视频画面，并结合背景信息，运用网络语言将拍摄的短视频精心编排成为一篇记者突围险境的冒险新闻故事。这组短视频新闻全面、迅速、准确地采集与传播了新闻现场的关键信息，回应了社会关注，新闻价值巨大，成为新华网等央媒及柳州日报等地方媒体对暴雨灾情的权威来源，获大量转载；在微博、微信、客户端等多条渠道发布，新闻素材得以充分有效利用，呈现形式融合了图文、视频、直播等多种媒体报道形式，现场感强，引发了读者强烈的共鸣。在回应社会关注焦点、及时辟谣的同时，生动呈现基层党员干部在无情暴雨洪水灾情面前，把人民群众生命放在第一位，勇于跑在灾情第一线，有组织、有纪律、有担当、有作为的优良品质。

如此重大的题材，广西日报反应迅速，充分利用了融媒体报道时效性强、新闻信息容量大的特点，采用新闻事件现场目击加直播的直击报道方式，由于报道及时，真实、现场感强，有效制止了流言及谣言的传播，起到了正确引导舆论的作用，提高了传播的影响力。[1]

---

[1] 参见田晓凤、张伟、雷跃捷于2018年11月3日刊发在报业转型微信公众号上《中国新闻奖第一次设立的"媒体融合奖项"获奖作品评析》一文。

广西日报集团这些做法其实也都值得宁报集团深入分析后，再加以广泛应用，这对于科学而巧妙地开展舆论引导，尽可能广泛地维系受众群体，尤其是中青年受众群体显得尤为重要，因为如今直播已经深入其内心。

作为新闻生产的新方式，也伴随着 5G 时代即将到来，短视频领域势必将会成为各类媒体角逐的战场。2018 年 11 月 3 日，海南日报官方抖音号正式上线，抖音号 hnrbxmt，这是继海南日报两微一端之后的又一新媒体发布渠道。在 11 月 3 日发布的首个抖音短视频中，海南日报官方抖音号关注海南铺前大桥合龙这一市民关注关心的热点新闻。11 月 13 日，其官方抖音报道的海口警方查处 38 辆疑似改装摩托车的作品，收获了第一个阅读量 100 万次，点赞就已经超过 1.5 万次，今后其发展趋势不容小觑。

显而易见，党媒入驻抖音这样用户量大的短视频共享平台，一定程度上也有利于尽可能最大化地提高相关信息触达率。但在这个过程中，也一定要坚守一些原则，例如不能为了单纯博眼球而策划新闻、导演新闻，配乐一定不能用有问题的背景乐等，不论入驻何种新媒体平台，最根本的党性原则一定还应坚守。

鉴于互联网新媒体技术在新型主流媒体建设中的巨大功用，今后宁报集团应该坚持"两手都要抓、两手都要硬"的原则：一方面，集团将持续投入打造一支适应融媒体时代需求的技术团队，进一步完成技术知识结构升级，组织架构、考核激励机制的优化，逐步实现 APP 原生化，牢牢掌握自身的知识产权；另一方面，集团将适时投资、收购新媒体技术优势明显的项目团队，用市场化的方式加强技术研发和用户推广，在大数据、云计算等移动互联网新技术领域进行探索；将新技术应用于新闻采编、运营推广、经营管理等各个方面，实践一条从内容原创的"单轮驱动"向由内容、技术、运营、管理"四轮驱动"的新媒体发展之路，真正把集团所属的新兴媒体建设成为自主可控、传播力强大的新型传播平台。

第三节　完善人才储备层面

一　市、县两级联动

例如郑报集团于 2018 年 8 月 31 日成功聚集下辖 16 个县（市）区、开发区并完成融媒体赋能，探索布局"跨媒体统一、多维度联动、众平台会商、全媒体发布"的融媒体产业体系，贯通市、县两级媒体资源，实现资源共享常态化、内容输出最优化、传播效果最大化，并着力探索"新闻＋政务＋服务＋电商"的职能拓展，在国内媒体融合转型的路上迈出了重要一步。值得一提的是，郑报集团与下辖县（市）区、开发区按照中央"采编经营两分开"的要求，按照市场化、公司化的原则，合资成立融媒体产业公司，其中郑报集团占 51% 的股份，县（市）区、开发区占 49%。① 而且前几年，郑报集团将旗下的《郑州日报》《郑州晚报》、网络中原网的视频、音频及地铁报、社区报、手机报等媒体的两微一端打通，党报、都市报、网络的时政部、经济部、县市部、文娱部、体育部合并，各媒体只保留夜班和保留各自的特色栏目数十人，所有稿件进入"新闻超市"，按需取稿付酬。②

2018 年 11 月 14 日，中共中央总书记、国家主席、中央军委主席、中央全面深化改革委员会主任习近平主持召开中央全面深化改革委员会第五次会议并发表重要讲话。他强调，庆祝改革开放 40 周年，要以新时代中国特色社会主义思想为指导，深刻总结改革开放光辉历程和宝贵

---

① 参见微信公众号长江于 2018 年 9 月 1 日刊发的《郑报集团与 16 县区建融媒中心，双方合建公司将登入资本市场》一文。

② 参见微信公众号报业转型于 2018 年 9 月 3 日刊发的《新闻超市：能否为县级融媒体中心的常态运行探路？》一文。

经验，引导广大干部群众充分认识改革开放重大意义和伟大成就，增强"四个意识"，坚定"四个自信"，继续高举改革开放伟大旗帜，把握完善和发展中国特色社会主义制度、推进国家治理体系和治理能力现代化的总目标，不断把新时代改革开放继续推向前进。会议指出，组建县级融媒体中心，有利于整合县级媒体资源、巩固壮大主流思想舆论。要深化机构、人事、财政、薪酬等方面改革，调整优化媒体布局，推进融合发展，不断提高县级媒体传播力、引导力、影响力。要坚持管建同步、管建并举，坚持正确政治方向、舆论导向、价值取向，坚守社会责任，把社会效益放在首位。①

今后宁波日报报业集团也可借鉴"郑州经验"，也可在一定范围内尝试与下辖北仑、镇海、慈溪、余姚、宁海、象山等地进行资源整合，组建集党报、都市报、广播、电视、互联网新媒体等于一体的全媒体矩阵平台，统一采编、统一管理、统一经营，以宁报融媒"中央厨房"大平台为基础，在移动资讯平台、中央厨房移动采编系统和云端存储等几大板块集中发力，进而在媒体融合发展，打造新型城市主流媒体方面迈出坚实一步，真正紧跟时代发展趋势，巩固主流舆论阵地，牢牢掌握意识形态工作的主导权，切实打通新闻舆论到达人民群众的"最后一公里"。例如宁海传媒集团已于 2018 年 12 月 11 日在宁海县广播电视台正式揭牌成立，宁海已经成为宁波地区第一个成立传媒集团的区县市，正式开启了宁海县媒体融合发展、创新转型的新征程，同时也为宁波其他区域媒体融合发展积累了一定宝贵经验。

另外，宁报集团内部也探索建立"新闻超市"机制，并以此为抓手进一步完善中央厨房大平台，将相关信息内容统一提供给新闻超市，

---

① 参见新华社于 2018 年 11 月 14 日刊发《习近平主持召开中央全面深化改革委员会第五次会议》的文章，具体网址为：http://www.gov.cn/xinwen/2018－11/14/content_ 5340391. htm。

按需取稿付酬，再由新闻超市统一分发。这样一来，既能解决供稿及分发常态化机制问题，也能在一定程度上激励传媒从业人员积极转变为全媒型人才，更加积极投身工作，尽可能减少人才重置劳动的同时，又可进一步提升工作效率。

二 人才培养

新媒体环境下，人才对于传媒机构而言更是取胜的重要保证。为适应新媒体时代的发展，媒体从业人员的培养上也要转变传统思路。

首先，培养人才要做到与时俱进。宁报集团需要培养掌握新媒体技术的人才，重视专业技能和素质的提升，适应新媒体平台的运作。要加大人才招聘的范围和力度。筑巢引凤引来的应是行业内的优秀人才（如有必要也可考虑用高薪酬、高待遇、高岗位等条件吸引各地报业集团骨干人员）、具有潜力的高校毕业生或者是优秀的海归人才；在招聘时也应关注人员的年龄梯度，在一个采编团队中"老、中、青"三个年龄段的人才分布要合理，不应该出现一支队伍里全是老人或者全是新人的现象，只有年龄段分布合理才能形成老人带新人的良性循环；招收学历不高但能力出众的人为非编人才，一般媒体招聘人才的需求为本科及以上学历，像是新华社、人民网、南方周末等传统主流媒体更是要求求职人员的学历必须达到硕士以上，更有单位明确提出只招收 211 或 985 院校毕业的人才。但是在现实生活中有很多人并没有那么高的学历但他有一些比别人出众的技能，像是有些人在视频剪辑方面特别专业或者在页面排版方面特别有天赋，其实宁报集团在招聘时也可适当考虑这类人才。

要创新人才引进机制，加大人才吸引力度，从外部引进高层次的专业人才，着力补齐人才短板。合理利用猎头公司、网络招聘、公开招聘等形式，综合采用人才租赁、人才借用、项目承包等方式引进优秀人才，在解决报业集团人才短缺问题的同时尽可能节省企业用人成本。

其次，优化人才管理模式。媒介融合环境下报业集团从业人员的诉求日益多元化，传统的人力资源管理模式已经难以适应时代发展需求。因此，宁波日报报业集团必须主动适应媒体融合形势的发展需求，不断优化和完善人力资源管理模式，最大限度地激发员工干事创业的主动性和积极性。宁报集团应建立合理的人才管理机制，切实提高人力资源的管理能力。在人才选拔、引进、薪酬方面借鉴现代企业制度，设立相应的绩效考核机制，最大限度地激发员工工作积极性和主动性，做到人尽其才，才尽其用。宁报集团应从内部和外部同时入手，培养起一支高水平的复合型人才队伍，充分发挥人才优势，共同促进集团业务发展。

概而述之，在激发内部活力层面，宁报集团必须从两方面营造让自己培养的人才"拒绝离开"的环境。一方面，要深化采编专业职务序列改革，加快培养全媒化复合型专家型新闻人才。下一步，集团和各媒体要继续探索需要深度改革予以破解的新课题：业绩考核、等级晋升怎样才能做到更加公平合理，让各类人群都能从改革中有获得感；传统媒体和新媒体采编人员混编使用，如何进一步细化优化配套管理措施，实现同岗同工同待遇；在已有职务津贴的基础上，如何探索实行协议薪酬、专项薪酬等更加灵活的绩效薪酬分配办法，防止激励效用固化等。另一方面，要在经营和技术领域积极申请和争取试点职业经理人制度。只有与市场通行的人才激励机制相对接，才能真正发现人才、留住人才，否则根本无法与在资本、人才、技术各方面实力雄厚的商业网站相抗衡。在取得各方支持后，报业集团也可以努力尝试一下在公司治理及业务范围符合充分市场化条件的前提下，探索企业管理层开展职业经理人试点，最大限度地发挥各类团队的积极性和创造力，当然必要的底线还是不能破。

推动采编专业职务序列改革，内部机制改革先行一步。例如 2014

年下半年，文汇报社率先启动采编专业职务序列改革试点。2015年上半年，《上海报业集团采编专业职务序列改革方案》经上海市委深改组审议通过后，解放日报社和新民晚报社结合各报特点，亦分别开展专业职务序列聘任工作，三大报社形成了总体一致又各具特色的采编专业职务序列改革方案。目前，各报社采编专业职务序列改革已完成一个周期。采编为宝观念深入人心，队伍活力得到有效激发。首席队伍"球星"作用凸显，这些只占全部采编人员8%的"球星"，生产的好稿好版面占到好稿总量的25%以上。更多业务骨干愿意从管理岗位向一线采编岗位流动，到目前为止的第二届首席人员中，有7人是原部门主任或副主任。[①]宁报集团也可积极推进此类内部机制改革，促使业务骨干向一线采编岗位流动，真正实现人得其用、人尽其用。

制定合理的薪酬待遇。媒体融合已经是大势所趋，只有建立起合理的薪酬制度才可以为新媒体事业发展提供相应的薪酬保障，否则难以吸引优秀人才投身于新媒体事业。报社集团应打破传统的薪酬分配模式，建立以岗位工资、绩效工资为基础的分配体系，逐步形成"同岗统筹、多劳多得、优劳优得"的薪酬分配制度。可将老员工的事业编制身份记入相关档案，在集团内统一推行岗位管理，相应的岗位对应相应的薪水，最少保留事业编制工资的75%—80%，老员工退休后继续给予事业编制身份的有关退休待遇。对于新招聘的职员，全部实行聘用制，凸显同工同酬，对员工的考核要与综合个人业绩表现及企业、集团的业绩收入相挂钩。

制定合理的奖励机制。奖励不仅是物质的奖励，同时还包括精神方面的赞许和表扬。合理的奖励机制不仅可以激发员工的积极性，而且还可以促进报业集团形成良好工作氛围。借鉴"长兴模式"，今后宁报集

---

① 参见微信公众号报业转型于2018年11月1日刊发裘新《上海报业集团五周年的总结报告》一文。

团也应注重年轻人的团队意识培养，要真正把他们的动力激发出来。集团可以谋划经常性举办一些创新大赛，试图紧抓选拔工作室这个契机，通过创新团队带动一批人转型。项目通过初筛后，也可以再进行几轮路演竞选，为了避免打"人情分"，集团可以从外面邀请专家做评委，领导班子只进行观摩。待到创新项目胜出，集团可以对胜出的各类项目进行培育孵化，以工作室命名，提供诸如独立办公场地，给资金和政策等一系列优惠措施来切实扶持其发展，使得年轻团队的创造力最大限度得到激发。

制定合理的晋升机制。要想尽可能多地留住人才，宁报集团必须给予其相应施展才能的空间。报社集团应该根据不同岗位类型设置相应的成长晋升通道，鼓励报社集团员工多岗位锻炼，不断提升基层员工的工作能力。

创新员工考核机制。宁报集团应结合媒介融合环境的需要主动创新员工考核机制，打破传统的考核标准，将新媒体点击量、文章收藏量等相关要素纳入考核体系，以充分发挥考核的正向激励作用。

最后，重视员工培训。在理论学习层面，新闻工作者队伍既是精神文明建设的宣传者、传播者、推动者，也是组织者、参与者、实践者。宁报集团应该坚持政治建设与业务建设并举，着眼新时代新闻舆论工作新要求，强化社会主义核心价值观、马克思主义新闻观教育和职业道德建设。在这一方面，例如温报集团曾深化"两学一做"学习教育，建设温州市图书馆温报传媒艺术分馆，开展党委理论中心组学习、青年采编讲武堂、专家学者授课、新闻夜学等活动，近些年以来开展理论中心组学习近百次，各类论坛、讲学活动听课人数累计八千多人次，员工在国家级、省级学术报刊发表理论文章数百篇，也获得了"全国党报网站高峰论坛"优秀论文奖一等奖、全国互联网企业党建党史知识竞赛亚军、全市县（处）级党委（党组）中心组理论学习先进单位等荣誉。

宁报集团也应着力为员工提供适合的学习平台，紧抓学习、加强员工自觉性，因为党报、党媒都是党的喉舌，是党领导下的新闻舆论阵地，要旗帜鲜明讲政治，坚持党性原则，站稳政治立场，牢牢把握正确的政治方向、舆论导向和价值取向，确保所有工作都能为推动中央大政方针和省委、市委重大决策部署落实到位而服务。

在技术培训层面，为了能够尽快建立起一支适应媒介融合发展大趋势，全力建设新型主流媒体的人才队伍，宁报集团也必须重视开展员工培训，有效提升员工专业技能，夯实人才基础以提升集团核心竞争力。例如可为部分媒体从业人员就舆论引导等方面开设相关职业培训课程，从而有效提高其在特定方面的实际操作能力。如果要切实做细、做实相关培训，宁报集团也应对媒体从业人员的真实需求和能力事先进行有针对性的摸底调查，通过这一环节对员工的需求和不足有所了解，进而尽量以大家喜闻乐见的形式有针对性地开展培训，方能帮助员工解决工作中遇到的实际问题。对于培训内容也应进行跟踪式调查，通过在不同的时间段进行调查，掌握培训内容对于员工的思想、行动、工作效果三个层面的影响，来判断培训工作对于员工实际工作的影响。然后再通过跟踪调查，对于培训工作存在的不足之处进行修正，从而在下一次培训工作中提高效率，形成良性循环。只有这样，才能够不断地提高培训工作的效率，提高报业集团人力资源的知识储备和技能运用能力，而不只是走形式上的培训。

就宏观层面而言，学习培训不应该只局限于报业集团内部，还应该将目光投向外部。例如宁报集团可逐年将一批具有潜质的经营管理者、业务中坚、优秀采编能手等送进国内外各大高校进行轮训，或者到国内外一流媒体集团进修深造，力求能全面提高职员能力。例如 2018 年 7 月 3 日至 13 日，缅甸记协和缅甸国家广播电视台、缅甸国际电视台等媒体的 20 位媒体工作者就在昆明、北京、上海开展了研修活动，交流经验。[①] 宁报集团也完全可以适时派员参加类似交流会。目前制约员工后续培训学习的一个重要原因是相关经费的出处问题，宁报集团可探索建立继续教育学习基金，争取得到上级有关部门、市内大型企业等方面的资金支持，以制度化手段来确保人才培养具备可持续性。

宁报集团还应出台相应政策促进员工学习和自我教育。进一步建立健全集团内的学习培训制度，保证员工有充裕的精力及时间来学习最新的理论及业务知识。同时，要深化学习内容，多措并举，将聘请国内业界知名学者做现场报告、组织讨论、自主学习、集中学习等途径有机结合，确保学习有实际成效。需要重点关注的是，要强化学习的系统性及针对性，尤其是关于传媒行业的发展、新闻理论与实践及国内外宏观经济社会发展概况等，要有系统的培训计划。集团可借助召开各种研讨会，研究时下发展现状，指出所存弊端，让职员通过思想的交流碰撞，从而提高认识，并增强学习的主动性。通过这些方式，促进员工再学习、再受教育，使集团员工及管理层全面了解国内外传媒业的发展方向，头脑中要有市场概念，为逐步变革集团的市场化体系，构建现代企业管理体制做好充足的准备。[②]

值得一提的是，如今还需要切实提升中国网民群体以及新型主流媒体从业人员的数据素养。数据素养也应成为公民基本素养之一。金兼斌指出，所谓数据素养（data literacy），是指人们有效且正当地发现、评估和使用信息和数据的一种意识和能力。通常而言，数据素养概念包含数据意识、数据获取能力、分析和理解数据的能力、运用数据进行决策的能力以及对数据作用的批评和反思精神。这一界定揭示出了数据素养所涵盖的多个层面。作为数据应用影响最突出的行业之一，今天的传媒业需要将数据素养作为媒体人的核心素养之一。尽管媒体的数据应用

①　刘子语：《合作常有　友谊常新》，《云南日报》2018 年 7 月 25 日第 7 版。
②　刘德：《宁波日报报业集团发展战略研究》，硕士学位论文，宁波大学，2015 年。

在丰富，媒体的生产流程变革也带来了更多的数据资源，在一些媒体的"中央厨房"中也提供了各种维度的数据，但是如果没有严格的训练，媒体人或许难以将来自各方面的数据转化为有价值的、可靠的新闻，甚至可能会不断地生产出一些数据垃圾。其实全民数据素养的提高，不仅有助于公众自身对数据判断能力的提高，而且也会带来"水涨船高"的效应，有助于对数据分析机构（包括媒体）的数据分析水平进行监督，反过来推进数据应用水平的整体提升。[①] 这其实对宁报集团这样有着远大目标、深切人文关怀的新型城市主流媒体自身发展也不无裨益。

三 深挖自身潜力，努力打造网红记者品牌

"网红记者"是打通传统媒体和新媒体人才使用通道，要努力推动名记者、名编辑、名评论员、名播音员、名主持人到新媒体平台上要努力去施展拳脚，成为传播正能量的"网红"。"网红记者"虽然挂有"网红"之名，但并不意味着是只顾眼球效应和商业利益的炒作者，同时更是主流舆论的流量指引者、主流舆论阵地的捍卫者，其作为传统媒体记者的职业素养、道德情操和职责使命没有变，变化的只是具备了更专业的媒体素质、新媒体应用素质和服务用户素质。这支网红队伍应当是宁波媒体融合传播的先锋队，是一支值得党和人民高度信赖的新闻舆论工作队伍。

宁报集团可以尝试推出"网红记者"建设机制，从集团各部门选取采编骨干参与公开遴选，在遴选"网红记者"的过程中，集团应对其"颜值""素质""气质""能力"等各方面进行考察，尤其是对于新媒体的了解与使用情况。

目前国内各大媒体打造"网红记者"的实践途径大致有以下几种：一是培育"直播＋"记者。很多传统媒体在打出"网红记者"旗号时，

---

① 参见微信公众号全媒派于 2018 年 10 月 30 日刊发彭兰的《清华教授彭兰：假象、算法囚徒与权利让渡——数据与算法时代的新风险》一文。

直接借鉴"网红直播"的形式。如《法制晚报》旗下的"法晚 APP"，招募和培育"直播＋"记者，让记者现场"直播"新闻，培育自己的"主流网红"。二是记者开个人专栏。如早在 2017 年 9 月，《楚天都市报》首批 7 名"网红"记者正式进驻楚天都市报官方微信公众号，开辟以记者姓名命名的个人专栏，如陈凌墨的"墨墨说"、曹磊的"曹打听"、陈媛的"健康媛"、徐颖的"颖响圈"、陈凌燕的"燕语堂"、汪亮亮的"亮车哥"、刘利鹏的"流利嘴"七个专栏，用新方式讲述自己的采访内容。与此同时，这些专栏还将在楚天都市报官方微博、看楚天 APP、楚天都市报头条号等全媒体平台推送。三是成立"名记工作室"。在浙江省衢州市，衢报传媒集团 2014 年以名记者周芸（曾获衢州市"十大女杰"、浙江省"巾帼建功"标兵等称号，在衢州具有很高的社会知名度和影响力）为首成立了"周到工作室"，以衢报传媒的多种传播平台为依托，合力打造"周到"互动栏目，栏目口号"芸芸身边事，周周帮你办"。该工作室成立至今，不仅为当地读者排忧解难，提供周到服务，还先后推出了 20 多个大型公益活动，有效提升了媒体的社会影响力。又如南方报业的"南方名记工作室"，以"南方名记"为中心组建团队，团队成员协作配合，一举实现"一次采集、多种生成、多元传播"的融合目标，其实质是以人的融合为切入口，实现内容融合生产。而从实践来看，名记者独特的内容生产和个性风格决定了内容融合生产的走向，并直接促成了名记者的身份转型：有的记者变成"产品经理"，如南方名记曹斯，其工作室团队主要运营《南方日报》唯一的健康垂直领域微信公众号"南方名医帮"（ID：nfmingyibang），致力于打造权威、贴心、悦读的媒体健康垂直服务平台。未来有望打通线上线下，实现"公司化"发展。①

---

① 参见传媒评论微信公众号于 2018 年 1 月 2 日所刊载姜黎珺的《"网红记者"的优势分析及打造手法》一文，具体网址为：https：//mp.weixin.qq.com/s/ztFMN9aHdalaqGxhfT3A_ g。

借鉴其做法，宁报集团也可学习其他报业集团优秀"网红记者"模式，每个团队或工作室以宁报名记者为龙头，成员可覆盖文字记者、摄影、摄像、后期制作等各方面。各环节相互配合，不仅有利于团队成员相互学习，实现向全媒体人才的转型，而且也有利于激发创意、生产出各具特色的新媒体产品——比如做短视频，推微信公众号，开品牌专栏等。这种更为个性化的内容生产方式，更适应互联网时代的传播规律，推出爆款新闻产品的成功概率更高。像南方名记赵杨工作室推出的短视频《武松来了》，以传统说书人的方式讲反腐倡廉，令观众耳目一新，最终第一季四集的点击量过亿，成为互联网时代传播现象级新闻产品。

媒体将名记者、名主持人打造常态化，鼓励记者凭借独特的生产内容打响自己的知名度，这也意味着拥有独特专业内容生产能力记者的重要性得到认可。而在互联网上，品牌价值就意味着"变现能力"，媒体机构打造"网红记者"，实质就是对媒体品牌价值的部分让渡，鼓励记者转型，提高其参与劳动成果分配的自主权，这必将最大程度上发挥记者的积极性、主动性和创造性。[①]

四 打造意见领袖

众所周知，意见领袖是网络舆论的领头羊，因为他们的言行很容易受到广大网友的关注和模仿。意见领袖必须要理性表达，坚守自己的职业道德和社会良心，在网络舆论的引导中承担起自身的责任和义务。当舆论冲突发生的时候，意见领袖要把握好表达意见的立场和分寸，坚持以"缓冲带"的身份理性调和，避免冲突加剧的同时，意见领袖还要具备一定的专业素养，在其特定领域努力发挥出舆论引导的权威性。尤

---

① 参见传媒评论微信公众号于2018年1月2日所刊载姜黎珺的《"网红记者"的优势分析及打造手法》一文，具体网址为：https://mp.weixin.qq.com/s/ztFMN9aHdalaqGxhfT3A_ g。

其在公共事件发生过程中，意见领袖需要就其深厚的专业知识为公众进行解答和分析，专业的意见和良性的沟通，可以为公众提供理性、专业的判断，进而赢得广大公众的认同，也有利于促进理性、科学的舆论氛围形成，净化整个网络舆论场。

无论是政府机关，还是媒体机构，都有必要重视官方意见领袖的培育，进而有助于强化主流、权威、真实的言论，也能更好地传达政府的意见以及反映民众的声音。如今不少政府机构已经进驻微博，在网络上形成特殊的意见领袖，如微博大 V "江宁婆婆" 就是南京市公安局江宁分局网安大队的一名民警。新媒体的强大赋能力量，已经让越来越多的政府单位认识到只有充分利用好新媒体整合传播的优势，才能与网友形成双向沟通，更好地去进行舆论引导。官方意见领袖较于一般网络意见领袖，他们掌握权威消息和大量内部资料，信息可信度非常高。在新媒体时代中，官方意见领袖要积极利用微博，及时发布权威信息，在公众意见中不断提高政府工作的能力。尤其是应对负面舆情时，一方面要全力调查事情的真相，另一方面需要积极主动回应，以真诚的态度、深入的调查、开放的平台把握舆情引导的主动权。

既然意见领袖的意见如此重要，因此培养深明大义的意见领袖极其重要以带来一个相对好的良性循环。总体而言，意见领袖首先要具备高度的职业素养，在其领域内有一定的分量，能够运用自身领域的专业知识对繁长冗杂的信息进行筛选剔除，并且以自己专业独特的视角加以分析解读，秉承着公共精神为大家服务引导。意见领袖需要培养自身高度的责任感来参与社会公众事务，敏锐地审度现实环境，用理性的逻辑精神去对待事件，有独立思考的能力，不去随波逐流，要努力做到 "言有物而行有恒"，懂得分辨与利益相关的现实问题。

而在重大事件或热点新闻事实发生时，更要深入事件本身，增强舆论引导工作的效力，形成主流意见。因此在面对热点新闻事件时，可以采取系列评论、专题评论的方式，根据事件的动态变化，进一步加强对事件探求的深度和剖析力度，全面展现新闻事件背后的真相，让权威的言论深入民心，形成主流意见，进而完成对网络舆论润物细无声式的引导。

如果将前文所谈及的网红记者视为宁报集团内部意见领袖打造的话，那么为了更好地做好舆论引导工作，宁报集团还应将视野投射到集团外，甚至是体制外，因为在如今互联网平台上，也经常活跃着一批专业较为扎实、富有正义感、具有较大影响力的正能量意见领袖。例如2018年3月，人民日报新媒体部门发起了一场名为"中国很赞"手指舞挑战众筹MV，充满正能量的活动。在杨幂、王源、张一山等多位当下热门明星共同参与下，并积极发送微博后，本次活动就被推向了高潮，截至3月18日20时，活动总阅读、参与量已超10亿，意见领袖在舆论引导方面的巨大能量由此显而易见。

宁报集团也可考虑综合考量他们在自媒体传播中的活跃度、声望、被认同度、自我坚持力和辩论力等因素，筛选出一批符合自己需求的意见领袖。报业集团筛选出的网络意见领袖要具备以下优点：首先，必须具备深厚的专业素养，能够在一定的专业领域内深根扎营，如此才能运用自身的专业知识对庞杂的信息进行去伪存真，在"取其精华，弃其糟粕"的基础上，以独到的思维和视角对有价值的信息加以解读；其次，网络意见领袖还应当秉承一定的公共精神。网络意见领袖的公共精神必须建立在个体独立性的基础之上，并能够敏锐地审视现实环境，用理性和逻辑来辨别与公众利益相关的社会问题，以充分的责任感、批判意识和道义精神来参与社会公共事务，真正做到"言有物而行有恒"。① 在确定目标后，集团可以适时与这些专家意见领袖签订特约撰稿人合同，

① 参见曹慧丹于2014年11月21日刊发在人民网上《网络意见领袖与社会舆论的引导》一文，具体网址为：http://media.people.com.cn/n/2014/1121/c390725-26069350.html。

让他们定期在报业集团旗下的网站、微博、公众号等新媒体平台发表文章或意见，甚至是评论。

众所周知，如今广大受众使用新闻客户端的目的早已不再是单纯地获取相关信息，往往还要明确表达出自己的态度，分享自己的相关看法，社交属性已经变得越来越重要。就甬派而言，今后可以逐渐开发出便于用户之间进行相互评论的功能：例如私信和"找派友"，即根据某篇报道下方用户的评论追看该用户的其他评论文章，进一步帮助每位用户找到志同道合的"派友"。还可建立用户圈提升用户活跃度，例如针对热点话题开设"讨论吧"，为广大用户提供自由发表意见的平台，强化用户群交流探讨，推进客户端从单纯"PGC"向"PGC＋UGC"复合内容生产方式转变。

此外，还要强化平台与用户之间的交互功能。"浙江 24 小时"早在 2018 年已经推出"小冰机器人"，用户在阅读新闻后可以为自己更认同的观点点赞。其实这种"读新闻表态度"的形式也可供"甬派"借鉴。但值得一提的是，这类新闻一般选用 100 字以内简短精悍且带有话题性的事件为宜，而平台所给出的选项最好是两种截然相反的态度，这样一来更加容易形成相关焦点话题引发广大网友参与的积极性。

五　做大做强小记者工作

现在全国大部分报纸都曾出面组织过"小记者采风"等活动，旗下报纸中也经常会留有专门的"小记者"版面。在许多时候，我们往往倾向于认为舆论引导应该是成年人承担的任务，但殊不知孩子永远是社会舆论的重要关注点之一，这一点可以从"万里网易"的直播观看量中体现。"万里网易"作为一种校园媒体其影响力实际并不大，平时的直播观看量一般维持在两三万，有时可能连一万都不到。但是在2018 年"六一"的直播活动，其浏览量竟达到了八万五千多人次，比平时翻了好几倍。

所以说倘若得到悉心培养，他们也未尝不能是巩固舆论主阵地的"童子军"，其重要影响力不容小觑。今后宁报集团可以尝试在如下几方面将该项工作做得更细、更扎实：一是依托行政力量全面铺开小记者工作。例如许昌日报社曾经会同中共许昌市委宣传部、许昌市教育局、共青团许昌市委联合下发了许宣通〔2008〕21号文件《关于在全市中小学校建立许昌晨报小记者站的通知》，明确要求全市各中小学校要充分认识小记者工作的重要意义，积极创造条件成立许昌晨报小记者站。[①] 宁报集团也可以尽可能利用好相关政策，借助政府力量，尽可能提升自身在老中青三代受众中的公信力、传播力和影响力。二是继续开设小记者专版，宁报集团可以在《宁波晚报》《现代金报》等报纸上为小记者提供2个专版，用来刊发小记者优秀习作。三是大力开展小记者培训和开展小记者社会实践活动。对小记者进行适当的爱国教育，并且定期举办夏令营、冬令营等活动从而提高小记者的写作能力和社会实践能力。四是每年组织召开一次小记者工作总结会，用以表彰在小记者工作中涌现出来的优秀小记者、优秀辅导员和先进集体等。

六　校企联动

高等院校一直以来都是报业集团重要的人才输送渠道。但是就目前情况来看，囿于高校自身条件，诸如新闻采编等相关专业的教学在很大程度上与实践存在脱节现象，导致无法及时有效地为报业集团输送优秀的新闻毕业人才，而报业集团和高校联合培养媒体人才这一模式可以在一定程度上缓解此矛盾，例如河北日报报业集团与河北大学进行战略合作，双方共同建设一体化的人才培养体系，不仅在一定程度上解决了河北日报报业

---

① 徐民府：《小记者：发行的稳定器　报业的增长极——浅议小记者工作在报业发展中的作用》，《新闻研究导刊》2018年第16期。

集团的人才问题，也为河北大学媒体人才的培养创造了良好的条件。又如辽宁报业传媒集团借助高校智力平台，有针对性地为集团培养互联网战略转型人才，将枯燥的理论与报业转型相结合，不仅能够解决集团人才问题，而且对于高等院校的教学和培养方式都具有重要的意义。[①]

在对新闻传播类学生综合实践能力要求越来越高的媒介融合时代，新闻传播专业实习基地的建设不应再作为双方的形象工程和对外进行宣传的资本，而应使实习基地发挥切实的教学实践的作用。在学校与实习基地签订的实习协定中，应对双方的责任和义务进行明确规定，将可能涉及的问题进行一一规范，比如实习基地每年至少接收多少实习生，学校与实习基地多久进行一次互访交流等内容。

此外，在建设新闻传播类专业实习基地的过程中，校方与实习单位应共同建立起互惠机制，寻找并维护好彼此的共同利益，从而调动双方共建实习基地的热情，为实习基地的长远发展提供坚实的保障。另外，高校新闻传播类专业可以定期免费为实习单位的媒体从业者组织进修学习、做学术报告、开放图书馆等，同时学校也可邀请实习基地的高级记者、编辑等传媒从业人员到学校进行讲座、参加课题研究等，用实际行动拉近学校与实习单位的心理距离，使高校、实习单位和学生都能从中受益，最终实现多方"共赢"。

七 人才合作与外包

在前文中，我们曾提及集团多元化经营与今后高科技技术应用等方面建议。但放眼当下，人才市场上数字媒体人才，尤其是技术人才非常稀缺，有时通过常规的招聘渠道很难满足打造新型主流媒体的内在需求。而且一直以来，传统纸媒作为内容提供商在数字技术应用方面明显

[①] 范晓帅：《互联网时代中国报业集团战略转型研究》，硕士学位论文，辽宁大学，2017年。

存在短板，因此宁报集团可考虑通过项目合作或外包的方式缓解数字媒体人才的稀缺问题。

项目合作不仅能够解决当前纸媒数字化转型专业人才短缺的问题，还能够充分学习网络技术公司的管理、运营经验，为纸媒自身的数字化团队建设打下基础。在这种合作方式下，传统纸媒作为内容提供商，而网络技术公司则成为内容的包装者、发布者与推广者。如腾讯曾与《新闻晨报》合作建立的大申网，就为《新闻晨报》解决了发展新媒体项目技术人才短缺的问题。同时借助腾讯的用户平台与数据库，《新闻晨报》也能够挖掘与分析用户数据并实现信息产品的设计与市场推广，这显然是一种双赢的行为。[①]

而与此同时，适度外包也可以促使报业集团自身降低人才成本、提高工作效率，并将更多精力倾注在自身核心业务的发展上。由于当前互联网人才较为欠缺，甬派客户端开发主要依赖于外部技术开发公司，自身的研发人员则是主要负责客户端的基本架构和方案设计。为了进一步将"甬派"新闻客户端打造成为长三角地区具有影响力的主流新媒体客户端之一，宁报集团今后也可进一步考虑与相关技术外包公司进行深度合作，充分借鉴人民日报"人民号"的形式，在"甬派"里搭建共享平台，试图将散落在其他新媒体上的各类用户、资源集中整合起来，进一步扩大自身综合影响力。

---

① 薛慧：《数字化转型期纸媒人力资源管理的挑战与对策研究》，硕士学位论文，南京大学，2014 年。

结　语

解决内容的价值认同也是新型主流媒体获得广泛影响力的前提。媒体的价值理念，特别是以公信力为核心的价值观，始终是决定媒体的威信、地位、影响力和传播力的关键。近来中央相关文件也在强调新型主流媒体公信力建设的极端重要性。如何体现媒体公信力呢？媒体的报道理念、远景目标、品质追求，在重大事件和重大社会变迁中的态度和表现，最能体现公信力。

当前社会价值和利益诉求的多元化，网络等新兴媒体的出现，媒体竞争形式多样化，传统主流媒体在市场上竞争力逐渐减退，都市类媒体舆论引导作用相对缺失，在这样一个错综复杂的社会舆论环境和网络传播格局中，需要一种既具备舆论引导功能和潜力，又具有较强赢利能力的媒体集团。

一方面，主流媒体的传播竞争力主要建立在赢利能力基础上。经济力量弱化往往导致引导力的弱化。主流媒体要成为主导社会舆论的强势媒体，才能真正有效巩固党的执政地位，增强党的执政能力。因此，新型主流媒体更要以较好的经济效益为支撑，在此基础上取得更好的社会效益。

另一方面，当前的媒体同时也要追求社会效益。《中共中央关于全面深化改革若干重大问题的决定》提出，要"推动文化企业跨地区、跨行业、跨所有制兼并重组，提高文化产业规模化、集约化、专业化水平"。媒体兼具意识形态属性和扩大再生产需求的商品属性，这两个基本属性不可偏废。做大做强经济实力，是更好地巩固舆论阵地的基础，只有做大做强经济实力，媒体才能够更好地实现发展，员工的利益才能够得到保证、才能提高媒体影响力、才能更好地服务于巩固舆论阵地这个最终诉求。

在这样的背景下，未来的传媒集团仍然是以媒体作为主业的集团，但是其赢利实现并不主要依靠媒体，而可能是其他相关产业。应努力区分清楚传媒转型的影响力平台和赢利平台。不同平台在传媒集团中的位置不同，所起的作用也不尽相同。有些平台很难只谋求单方面赢利，如微博、微信公众号、移动终端等新媒体形态，但可以要求其提高集团的影响力和品牌价值，或者为其他平台的影响力服务，为巩固宣传思想文化阵地的最终诉求服务。

综上所述，今后宁波日报报业集团可以在如下几方面进行集中发力：

首先是深化阵地、产品、技术建设，提升媒体融合的传播力。一是拓展移动传播矩阵。要进一步加强新闻客户端、微博账号、微信公众号、手机报、移动电视、网络电台等移动新媒体建设，形成载体多样、渠道丰富、覆盖广泛的移动传播矩阵。要充分发挥传统媒体的专业采编优势、信息资源优势、媒体品牌优势，强化用户意识，优化使用体验，实现精准推送，最大限度吸引用户。二是创新产品内容。重点在"准""新""微""快"上下工夫，打造与主流媒体品格和气质相一致的移动新闻精品。"准"就是要恪守新闻真实性原则，守护好准确、权威、专业的"金字招牌"，把准方向、把好导向，为用户提供真实客观、观点鲜明的信息内容。"新"就是要创新内容表达、丰富呈现形式，推出直播新闻、互动新闻、个性新闻、可视化新闻、动新闻、听新闻、大数据新闻、机器人新闻等各种样式和形态的移动新闻产品。"微"就是要多提供短小精悍、鲜活快捷、"微言大义"的信息。要善于运用微博、微信、微视频、微电影、微动漫等方式，推出更多微内容、微信息，方便人们利用碎片化时间阅读。"快"就是要抢占第一时间、第一落点，即时采集、即时推送，快速做出反应、迅速送达用户，在传播中抢得先机。三是拥抱融合传播新技术。一方面，要用好数据抓取、云计算、数据库、大数据分析等现有技术，整合内容资源，提升数据存储挖掘利用能力；要充分运用4G传输、流媒体传输、移动直播、无人机采集、全景拍摄等技术，获取充足信息，提升信息传播的效率和稳定性；要充分运用虚拟现实、3D、H5等技术，丰富表现形式，增强信息呈现的质量和冲击力。另一方面，要研发急需新兴技术。在已经出现的"用户画像"、场景匹配、人工智能等技术基础上，研究适用于新闻领域的个性分析、即时推送、机器人写作等技术应用。要密切关注5G传输、全息投影、增强现实、物联网、可穿戴设备等前沿技术发展动态，积极谋划和布局未来移动传播终端，着力增强相关技术研发应用能力，抢占移动技术发展应用的先机。技术主要是为内容服务，运用任何信息传播新技术，都要加强技术把关、内容把关，以确保新闻真实准确。

其次是改进采编发流程，提升媒体融合的生产力。一是把握好"统""分"结合。要精心设置组织架构，形成"一次采集、多种产品、多媒体传播"的工作格局。传统媒体和新媒体在采编指挥调度、重大选题策划，采访力量、稿件资源方面可以尝试统起来，增强调度指挥能力、一线采写能力、新闻原创能力。编辑力量可以有统有分，"分"就是按业务领域分设经济、政治、文化、国际等专业编辑部门；"统"就是改变报网、台网分办的做法，让这些按专业划分的编辑部，既管报纸版面、广播频率、电视频道内容，又领办网站、"两微一端"的频道栏目内容。可以按媒体形态分设报、台、网、微、端负责内容总成的总编辑室。具体到每个新闻单位、不同形态媒体，哪些该统、哪些该分，怎么统、怎么分，还要结合实际深入研究、搞好设计。二是构建分层级新型采编发网络。新型融媒体采编发网络的基本架构，可以由指挥调度中心、采编发联动平台、采访编辑技术各部门、各媒体总编辑室等方面组成。指挥调度中心是整个采编发网络的核心层，负责全社、全台各类媒体宣传任务统筹、重大选题策划、采编力量指挥。采编发联动平台是常设性的运行机构，也是创新融合机制的重要节点，具体负责对指挥调度中心指令的传达执行和需求反馈。采访、编辑、技术等各部门派代表全天候联合办公，执行指挥调度中心决策，同时根据工作需求随时向上反馈情况，并进行跨部门沟通协调。各媒体总编辑室主要负责把各专业编辑部门所编辑的内容整合起来，统一设计包装，完成版面栏目总成，统筹刊播管理要务。这个基本架构是一个原则性设计，不同媒体可根据各自实际情况，创造性地拿出设计方案，分步加以实施。三是创新媒体内部体制机制。要按照新的业务流程调整机构设置、人员配备，破除采编部门间相互分割、自成一体的藩篱，破除传统媒体、新闻网站和新媒体采编发环节的壁垒，创新内部组织结构，建立采编分离、全媒体生产的运行机制。这项工作有很大难度，要坚决克服畏难情绪，勇于担当、锐意改革，需要一步一个脚印地把体制机制改革向前推进。

再次是建好"中央厨房"，提升媒体融合的统筹力。一要找准"中央厨房"功能定位。"中央厨房"既是硬件基础和技术平台，也是大脑和神经中枢，应具备集中指挥、采编调度、高效协调、信息沟通等基本功能。在采编发网络的基本架构设计中，指挥调度中心、采编发联动平台这两个层级是"中央厨房"的核心部分，其运转要实现"人人见面"、面对面工作，其他层级可以借助技术手段实现"人机见面"。只有经过这样的设置，方才有利于实现管理扁平化、功能集成化、产品全媒化。二要找准"中央厨房"建设路径。"中央厨房"要有一个工作平台，保障采访、编辑、技术各部门代表集中办公，开展常态化工作。有条件的还可以采取"蜘蛛网"式的采编发大平台架构，做到人员混合编排、一体办公。要有一个技术支撑体系，打好底层技术基础，配好硬件设施，为采编发网络稳定运行提供可靠技术保障。要有一个全媒体内容管理系统，加强稿库、资料库建设，汇集各种稿件、节目素材、新闻背景资料，集成各种编辑软件工具，为记者编辑获取新闻线索、查阅背景资料、创作多媒体稿件提供支撑。而且要有一个传播效果监测反馈系统，及时对本媒体稿件、节目传播力影响力作出评估，及时发现舆情热点和参考选题，从而有针对性地调整传播内容和传播策略。对"中央厨房"建设来说，这四个"一"是基本标准。各媒体要从自身条件出发，坚持基本标准，不断充实和完善"中央厨房"建设的内容。三要发挥"中央厨房"功效。要按照"中央厨房"的功能定位，建立总编协调制度、部门沟通制度、岗位值班制度、采前策划制度、线索通报制度、效果反馈制度等，确保"中央厨房"与采编发网络紧密结合、无缝衔接。"中央厨房"建设投入大、技术要求高，每家媒体、每个地方都单独研发技术系统，容易造成相关资源浪费。各区县（市）可以考虑与市两大集团建立媒体技术合作共享机制，使用其比较成熟的技术系统。

最后是培养全媒人才，提升媒体融合的支撑力。一是加快现有人员融合转型。要通过专题培训、实战演练、业务研讨、观摩交流等方式，重点引导现有人员向全媒记者、全媒编辑、全媒管理人才转型，在观念和技能方面实现较大提升。要打通传统媒体和新媒体人才使用通道，推动名记者、名编辑、名评论员、名主持人到新媒体平台上去施展拳脚，开办原创栏目，培育品牌公号，成为传播正能量的"网红"。二是积极培养后备人才。要用好我市高校共建新闻学院等平台资源，为新闻战线源源不断地培养输送全媒体人才。要促进高校新闻院系与新闻单位的对接交流，强化对媒体融合的前瞻研究、趋势分析、实践总结，为推进深度融合提供学理支持。三是完善人才激励机制。要进一步完善用人体制、优化人才环境。要研究设计更加科学合理的考核评价体系、职级晋升制度、薪酬分配办法，吸引凝聚全媒体内容生产、技术研发、经营管理等方面急需的高端人才。在当前情况下，传统媒体和新媒体深度融合以后，用人体制、人员身份不同的问题将更加凸显，要深入研究、妥善解决，逐步实现同岗同责、同工同酬，提升从业人员的事业心归属感。

就实际操作而言，要进一步推动媒体深度融合，宁波可在以下两方面实现重点突破：

市级媒体层面：一是重点推进"存量"改革，努力打造新型主流媒体。创新要由"单点"变"全面"，从单纯"相加"迈向真正"相融"。在传播内容、技术、形式融合的基础上，宁波日报报业集团下步要深入实施媒体全产业链改革，从终端环节的"单打独斗"到全流程的"集群作战"，包括媒体理念、经营思路、商业模式、管理过程等实现全面突破，力求旧貌换新颜。要积极培育平台级产品。报业要实施平面媒体向平台媒体转化，狠抓"甬派"等标杆项目，最大限度地聚集用户、影响用户。要抓住新兴媒体视频化、移动化、社交化的发展特点，积极发展网络视频，壮大"点看宁波"的影响力。要全面推进运营机制改革。要围绕"中央厨房"，构建和运用好全媒体发布平台，在运营机制上实现"自我革命"，进一步整合内部资源，真正建立"一体化督导、全盘化掌控"的信息发布机制。要积极拓展新的商业模式。要从广告和内容销售单点盈利模式，转向"广告＋服务＋数据＋电商＋文创＋……"等多点盈利模式，形成向信息服务、文化创意及其他产业的外向拓展。媒体融合要主动向产业融合进军，特别是要向文化创意领域拓展，如文学、音乐、影视、游戏、动漫等产业门类。

二是融合程度要从"表层"渗入"深层"。近年来，伴随着技术和生态的变化，媒体融合的推进已经从终端融合、渠道融合，逐步跨入业态和商业模式融合的阶段。我们不仅要实现内部的深度相融相通，而且要对外加强与信息、劳动、资本等各类资源形成无缝对接，从而更好地分析用户需求、洞察用户反馈、响应市场机会、改进服务品质，进而真正实现传播的规模化、分众化、精准化、高效化。要打造新型媒体生态循环链。不能满足于"物理堆砌"式的假融合，也不能止步于"化学反应"式的融合，更要追求"生物演化"式的深度融合，创造出适合自己生存和发展的生态循环链，使融合后的媒体成为具有自我输血和延续发展能力的新型主流媒体。要借助资本等外部力量求发展。甬派在新三板上市已经走出了关键一步。这方面我们还要继续突破，善于运用资本的杠杆来撬动深度融合，加强与影视、电商、金融等领域互联网企业的跨界合作。要积极参与"三网"融合建设。2015 年 9 月，国务院办公厅印发的《三网融合推广方案》，在全国加快推进信息网络基础设施互联互通和资源共享。我们要学习借鉴先进地区经验，联手电信行业开展业务创新，还要创造条件，积极参与宁波的"智慧城市"建设，进一步聚集用户人气，进而获得后续商机。

三是真正打通媒体与用户的"最后一公里"。融合传播力最终要体现到舆论引导力上。市级各媒体要不断深化"互联网＋内容"的探索，倒逼传播内容融合，力拼产品创新，提升融合传播的实际效果。在目前情势下，市级各媒体在融合传播的内容形式创新方面也进行了积极探索，也有一些亮点呈现，但更多的还是停留于模仿和嫁接，缺少独家创意，让人印象深刻的"现象级"的产品不多。因此，我们还是要强调"内容为王"，我们就是要把内容、形式、渠道等创新有机结合起来，针对舆论热点和受众特点，整合媒体优势资源，分类包装，快速生成别具一格的新闻产品，增强传播力引导力。要不断推进新闻客户端的优化升级，在提高媒体与用户之间的双向互动上下工夫；要不断加强统筹策划，在抓取数据、筛选内容、分析统计、视觉呈现等方面下工夫；要积极运用大数据、可视化等技术，善于挖掘和直观地揭示文字、图片、音频、视频等各种数据背后的关联，在数据新闻的创作上下工夫。要通过多管齐下，力争多生产立体型、复合型的新闻，采用多媒体、多渠道的方式传播，真正实现覆盖广、速度快、效果好的目标。当然新型主流媒体既要研究、尊重互联网传播规律，借助新媒体传播优势，也要保持自己的战略定力，增强议题设置能力，切实提高影响力公信力，做权威信息的发布者、虚假信息的过滤器、公众情绪的疏通剂、社会共识的守护人。

各县（市）区媒体层面：一是重点推进媒体资源整合，打造区域"新闻+服务"综合体。县级媒体是新闻事业发展的基础部分，承担着将党和政府声音传递到千家万户的重要职责，在传播主流价值观，引导社会舆论和推动地方经济社会发展中具有不可替代的重要作用。县级媒体由于区域范围小，新闻资源有限，同时报纸、广电媒体又各自为政，功能重复、内容同质、力量分散等问题比较突出。县级媒体要全面推进资源整合与融合发展，在县域范围内整合报纸、广播电视、网站和新媒体，成立统一的传媒中心。二是在机制运行上，可以探索推进集团化管理模式，推广"报台网融合、全媒体运作"机制，打破原先的"条条块块"，变"分割"为"统合"，变"分散"为"集中"，实现多媒体的统一管理。三是在融合方式上，鼓励与上级媒体集团建立战略合作关系，通过项目合作、平台共建、资源共享等手段，实现优势互补、互惠共赢。四是在工作指向上，鼓励立足本地化，深耕本土优势，探索推动"新闻+服务"模式创新，既服务地方党委政府中心工作，又满足当地群众精神文化生活需求，着力打造县域新闻资讯、权威发布、舆情监测、生活服务的"综合体"。

宁波10个区县（市）媒体情况比较复杂，除了镇海走在前面，已基本完成整合任务外，其他区县（市）的媒体基本没动。剩下9个区县（市）媒体的管理体制分三类：第一类是鄞州、奉化、余姚、慈溪，都有正式的报社和广播电视台新闻机构，但报社属于宁波日报报业集团管理，广播电视台归地方管理；第二类是宁海、象山、北仑，广播电视台是正式新闻机构，报社（新闻中心）不是正式新闻机构，但两者都归地方管理；第三类是海曙、江北，没有正式的新闻机构（江北广播站有呼号），但也有宣传部内设或所属的新闻中心（广电中心）在开展新闻宣传工作，行政区域调整后，两个区也想拥有正式的新闻机构。因此，区县（市）资源整合和媒体融合的主要难点是体制改革问题。

推进媒体资源整合与深度融合是一项重要的战略任务和系统性的改革工程。各地各部门和新闻单位要把此项工作作为贯彻落实意识形态工作责任制的重要内容和年度重大改革任务，加强统筹协调，认真组织实施，真正确保各项工作落到实处。

同时，还要进一步解放思想、转变观念、创新机制，抓住"培养人才、用好人才、留住人才"三个关键环节，着力打造出一支"数量充足、结构合理、作风过硬、素质优良"的新媒体采编播队伍。今后也可整合集团的人才优势，积极培育全媒记者、融媒编辑、跨媒主播，鼓励集团采编播人员成为传播正能量的"网红"，创造和培育更多的"10万＋"，组建一支政治思想和业务素养俱佳的全媒体铁军，着力构建多渠道、立体化的大传播格局，为打造更有影响力的媒体继续不懈地探索和努力实践。

正如习近平总书记所说的那样："做好网上舆论工作是一项长期任务，要创新改进网上宣传，运用网络传播规律，弘扬主旋律，激发正能量，大力培育和践行社会主义核心价值观，把握好网上舆论引导的时、度、效，使网络空间清朗起来。"① 习近平总书记也曾强调："必须紧跟时代，大胆运用新技术、新机制、新模式，加快融合发展步伐，实现宣

---

① 详参习近平总书记于 2014 年 2 月 27 日在中央网络安全和信息化领导小组第一次会议上的讲话，具体网址为：http：//www.xinhuanet.com//politics/2016－02/20/c_128736695.htm。

传效果的最大化和最优化。"习近平对此有着独到见解，我们要因势而谋、应势而动、顺势而为，加快推动媒体融合发展，使主流媒体具有强大传播力、引导力、影响力、公信力，形成网上网下同心圆，使全体人民在理想信念、价值理念、道德观念上紧紧团结在一起，让正能量更强劲、主旋律更高昂……人在哪里，新闻舆论阵地就应该在哪里。对新媒体，我们不能停留在管控上，必须参与进去、深入进去、运用起来。①

要想成功打造新型城市主流媒体，就势必需要切实增强推动传统媒体和新兴媒体在内容、渠道、平台、经营、管理等方面的深度融合，着力成为形态多样、手段先进、具有竞争力的新型主流媒体，着力拥有强大实力和传播力、公信力、影响力的新型媒体集团，着力形成立体多样、融合发展的现代传播体系②，宁波日报报业集团仍旧任重而道远，同时这也是牢牢把握正确舆论导向，积极唱响主旋律，巩固宣传思想文化阵地，壮大主流思想舆论，有效传播社会正能量的迫切需要，进而有利于党的相关理论、国家政策真正飞入寻常百姓家。

---

① 参见央视网于 2019 年 2 月 19 日 8：29 发表的《习近平的全媒体理念》一文，具体网址为：https：//m. sohu. com/a/295564456_428290？_f＝m－index_top_news_1&spm＝smwp. home. d－news. 1. 1550538255421eZADlEZ。

② 详参习近平总书记于 2014 年 8 月 18 日在中央全面深化改革领导小组第四次会议上的讲话，具体网址为：http：//www. xinhuanet. com//politics/2016－02/20/c_128736695. htm。

参考文献

一 专著类

爱德华·霍尔：《超越文化》，居延安译，上海文化出版社 1988 年版。

［美］保罗·莱文森：《新新媒介》，何道宽译，复旦大学出版社 2011 年版。

陈力丹：《传播学纲要》，中国人民大学出版社 2007 年版。

［美］戴维·迈尔斯：《社会心理学》，张智勇、乐国安、侯玉波译，人民邮电出版社 2006 年版。

戴元光、金冠军：《传播学通论》，上海交通大学出版社 2007 年版。

戴元光：《中国新闻与传播学研究蓝皮书》，上海交通大学出版社 2015 年版。

［美］丹·吉摩尔：《草根媒体》，陈建勋译，南京大学出版社 2010 年版。

邓晔：《论网络言论自由与政府规制》，国家行政学院出版社 2015 年版。

方建移、章洁：《大众传媒心理学》，浙江大学出版社 2007 年版。

宫承波：《新媒体概论》，中国广播影视出版社 2015 年版。

顾明毅：《中国网民社交媒体传播需求研究》，世界图书出版广东有限公司 2014 年版。

郭庆光：《传播学教程》，中国人民大学出版社 2011 年版。

胡正荣：《传播学总论》，清华大学出版社 2008 年版。

黄传武：《新媒体概论》，中国传媒大学出版社 2013 年版。

黄少华：《网络社会学的基本议题》，浙江大学出版社 2013 年版。

李彪：《直击人心：社交媒体时代新闻发布与媒体关系管理》，人民日
　　报出版社 2017 年版。

李磊明：《党报宣传新论》，浙江大学出版社 2012 年版。

李良荣：《新闻学概论》，复旦大学出版社 2016 年版。

李沁：《沉浸传播：第三媒介时代的传播范式》，清华大学出版社 2013
　　年版。

林凌：《网络舆论引导论》，解放军出版社 2015 年版。

栾轶玫、李从军：《新媒体新论》，人民出版社 2012 年版。

栾轶玫：《媒介形象学引论》，中国人民大学出版社 2007 年版。

［加］麦克卢汉：《理解媒介——论人的延伸》，何道宽译，商务印书馆
　　2002 年版。

［美］曼纽尔·卡斯特：《网络社会的崛起》，夏铸九等译，社会科学文
　　献出版社 2006 年版。

［美］尼尔·波兹曼：《娱乐至死》，章艳译，中信出版社 2015 年版。

［英］尼古拉斯·盖恩、戴维·比尔：《新媒介：关键概念》，刘君、周
　　竞男译，复旦大学出版社 2015 年版。

彭剑：《社会化媒体舆论传播与引导研究》，上海三联书店 2016 年版。

彭兰：《社会化媒体：理论与实践解析》，中国人民大学出版社 2015 年版。

彭兰：《网络传播概论》，中国人民大学出版社 2009 年版。

彭兰：《网络传播学概论》，中国人民大学出版社 2012 年版。

石磊：《新媒体概论》，中国传媒大学出版社 2009 年版。

司若、许婉钰、刘鸿彦、隋岩：《短视频产业研究》，中国传媒大学出版
　　社 2018 年版。

苏宏元：《网络传播学导论》，中国社会科学出版社 2010 年版。

索燕华、纪秀生：《传播语言学》，北京师范大学出版集团 2010 年版。

腾讯传媒研究院：《众媒时代：文字、图像与声音的新世界秩序》，中信
　　出版社 2016 年版。

叶皓：《正确应对网络事件》，江苏人民出版社 2009 年版。

喻国明、李彪等：《新闻传播的大数据时代》，中国人民大学出版社 2014
　　年版。

张国良：《传播学原理》，复旦大学出版社 2014 年版。

二 期刊类

包旭：《网络意见领袖的主体及互动性分析》，《新闻传播》2012 年第
　　7 期。

蔡尚伟、张帆：《试论习近平新闻舆论思想的创新与发展》，《新闻战
　　线》2016 年第 11 期。

曹金泽：《媒介融合视阈下 VR 技术在新闻报道中的应用——以〈纽约
　　时报〉、网易新闻为例》，《新媒体研究》2017 年第 5 期。

陈奇：《直播弹幕的传播特征》，《新媒体研究》2017 年第 8 期。

单凌：《中间阶层的觉醒：中国舆论场新生态》，《新闻大学》2017 年
　　第 3 期。

樊传果：《城市品牌形象的整合传播策略》，《当代传播》2006 年第 5 期。

范以锦：《人工智能在媒体中的应用分析》，《新闻与写作》2018 年第
　　2 期。

付凯迪：《后真相时代社交媒体在舆情事件中的角色探究》，《新闻传
　　播》2018 年第 12 期。

付玉、陈丝丝、范曦：《新媒体视野下的公共表达：话语民主的幻象》，
　　《新闻世界》2013 年第 9 期。

高越：《VR 技术＋新闻业：新伦理问题的思考》，《新媒体研究》2017
年第 7 期。

管琼：《"机器人记者"新闻生产的现状与趋势》，《传媒》2017 年第
3 期。

郭全中、胡洁：《智能传播平台的构建——以今日头条为例》，《新闻爱
好者》2016 年第 6 期。

郭全中：《智媒体的特点及其构建》，《新闻与写作》2016 年第 3 期。

郭珅：《信息茧房：社交媒体下的"群体性孤独"》，《新闻世界》2018
年第 3 期。

胡婉婷：《"信息茧房"对网络公共领域建构的破坏》，《青年记者》2016
年第 15 期。

黄楚新、王丹：《智能时代的传媒产业发展路径》，《新闻与写作》2016
年第 2 期。

江根源、季靖：《地区媒介形象：传统、权威与刻板印象》，《新闻与传
播研究》2006 年第 4 期。

姜胜洪、殷俊：《微信公众平台传播特点及对网络舆论场的影响》，《新
闻与写作》2014 年第 4 期。

金蕾蕾：《从沉默到喧嚣——新媒体舆论场的传播及引导机制研究》，《现
代视听》2018 年第 4 期。

金韶、倪宁：《"社群经济"的传播特征和商业模式》，《现代传播》（中
国传媒大学学报）2016 年第 4 期。

郎劲松、杨海：《数据新闻：大数据时代新闻可视化传播的创新路径》，
《现代传播》（中国传媒大学学报）2014 年第 3 期。

李嘉卓：《我的"大脑"我做主——主流媒体的智媒之路》，《新闻与写
作》2018 年第 4 期。

李骏：《欧美新闻机器人的"尝新"观察》，《传媒评论》2016 年第

9 期。

李文明、吕福玉：《"粉丝经济"的发展趋势与应对策略》，《福建师范大学学报》（哲学社会科学版）2014 年第 6 期。

李晓桐：《机器人新闻开启智媒时代》，《西部广播电视》2016 年第 11 期。

李辛扬、张帆：《浅论传感器新闻》，《新闻研究导刊》2016 年第 5 期。

林楚方：《今日头条如何玩转大数据》，《新闻与写作》2015 年第 11 期。

林秋铭、范以锦：《2017—2018：众媒时代到智媒时代的大跨越》，《中国报业》2018 年第 1 期。

刘承武：《新闻媒体的社交传播策略研究》，《传媒观察》2017 年第 12 期。

刘建明：《网络实名制：为个人言行负责》，《新闻战线》2012 年第 2 期。

刘泽溪、岳筱艳：《融媒体语境下深度报道的竞争力》，《青年记者》2018 年第 14 期。

卢新宁：《主流媒体如何巩固主流地位——关于人民日报媒体融合实践的思考》，《新闻战线》2018 年第 13 期。

卢永春：《人工智能推动媒体转型》，《中国报业》2015 年第 2 期。

陆璐：《从"今日头条"的成功突围看新闻 App 的生存法则》，《江苏科技信息》2014 年第 4 期。

吕尚彬、刘奕夫：《传媒智能化与智能传媒》，《当代传播》2016 年第 4 期。

牛凌云：《VR 技术在新闻报道中的应用现状与前景分析》，《新闻研究导刊》2016 年第 8 期。

潘曙雅、张璇：《智媒时代新闻采编业务的重构》，《新闻与写作》2018 年第 4 期。

彭兰：《社会化媒体、移动终端、大数据：影响新闻生产的新技术因素》，《新闻界》2012 年第 16 期。

彭兰：《碎片化社会背景下的碎片化传播及其价值实现》，《今传媒》2011 年第 10 期。

彭兰：《未来的"智媒时代"是什么样》，《决策探索》（上半月）2017 年第 3 期。

彭兰：《移动化、智能化技术趋势下新闻生产的再定义》，《新闻记者》2016 年第 1 期。

彭兰：《智媒化：未来媒体浪潮——新媒体发展趋势报告（2016）》，《国际新闻界》2016 年第 11 期。

邱嘉秋：《财新视频：利用虚拟现实技术（VR）报道新闻的过程及可能遇到问题辨析》，《中国记者》2016 年第 4 期。

任慧珍：《网络意见领袖的特征及其负面影响》，《新闻世界》2015 年第 8 期。

商艳青：《媒体的未来在于"智能＋"》，《新闻与写作》2016 年第1 期。

孙振虎、李玉荻：《"VR 新闻"的沉浸模式及未来发展趋势》，《新闻与写作》2016 年第 9 期。

谭天、林籽舟：《新型主流媒体的界定、构成与实现》，《新闻爱好者》2015 年第 7 期。

田斌、张若云：《"互联网＋"时代新型主流媒体的创新传播策略——以"北京时间"G20 杭州峰会报道为例》，《新闻世界》2018 年第 1 期。

田卉、柯慧新：《网络环境下的舆论形成模式及调控分析》，《现代传播》2010 年第 1 期。

童兵：《官方民间舆论场异同剖析》，《人民论坛》2012 年第 13 期。

王刚：《"个人日报"模式下的"信息茧房"效应反思》，《青年记者》2017

年第 29 期。

王轶伟：《新媒体技术语境下 VR 技术对新闻业改造状况研究》，《新闻研究导刊》2016 年第 4 期。

相德宝、张弛：《G20 主场峰会的国际社交媒体舆论引导——以 Twitter 为例》，《对外传播》2016 年第 8 期。

肖斌、薛丽敏、李照顺：《对人工智能发展新方向的思考》，《信息技术》2009 年第 12 期。

许向东、郭萌萌：《智媒时代的新闻生产：自动化新闻的实践与思考》，《国际新闻界》2017 年第 5 期。

杨茗：《关于众媒时代、信息实在和智媒传播的探讨》，《西部广播电视》2017 年第 3 期。

殷乐：《智能技术在新闻领域的应用展望》，《青年记者》2017 年第 1 期。

尤畅：《从美国媒体融合实践看深度报道转型》，《传媒评论》2017 年第 11 期。

喻国明、侯伟鹏、程雪梅：《个性化新闻推送对新闻业务链的重塑》，《新闻记者》2017 年第 3 期。

喻国明：《人工智能的发展与传媒格局变化的逻辑》，《新闻与写作》2016 年第 2 期。

岳甜、张博：《西安城市媒介形象传播策略探究——以"丝绸之路经济带"建设为视角》，《西安电子科技大学学报》（社会科学版）2015 年第 3 期。

张超、丁园园：《新闻业的沉浸偏向：VR 新闻生产的变革、问题与思路》，《中国出版》2016 年第 7 期。

张成良、甘险峰：《论融媒体形态演进与智媒时代的开启》，《中州学刊》2017 年第 9 期。

张洁琼：《智媒化对新闻传播的影响研究》，《新媒体研究》2018 年第 5 期。

张甜：《G20 峰会里的中国故事——峰会期间对外传播的媒体实践》，《中国广播》2017 年第 6 期。

张宗帅：《地方媒体新闻客户端发展特点和问题剖析——以上游新闻客户端为例》，《西部广播电视》2016 年第 5 期。

赵玉桥：《网民负面情绪生成与传播中的媒介角色解读》，《东南传播》2015 年第 11 期。

周来光：《从〈今日头条〉的崛起看传统媒体的转型》，《新闻知识》2015 年第 3 期。

周蕊：《网络直播的传播特点与发展出路探析》，《新闻世界》2018 年第 6 期。

周玉兰：《微信公众号的传播特征及问题对策探析——以传统广电媒体微信公众号为例》，《中国出版》2016 年第 3 期。

三　学位论文

陈晋：《人工智能技术发展的伦理困境研究》，硕士学位论文，吉林大学，2016 年。

窦一晨：《城市形象媒介传播的策略选择》，硕士学位论文，广西大学，2012 年。

官欣：《事故灾难类突发事件中的网络舆论引导研究》，硕士学位论文，华东师范大学，2017 年。

江会标：《用户微信成瘾研究——影响因素与作用机制》，硕士学位论文，哈尔滨工业大学，2016 年。

景婕：《微信公众号标题的编辑及其规律探究》，硕士学位论文，西北大学，2015 年。

李梦瑶：《省级媒体手机新闻客户端发展研究》，硕士学位论文，新疆大学，2016 年。

李霞：《微博仪式互动的社会心理学研究》，硕士学位论文，南开大学，2013 年。

林敏：《网络舆情：影响因素及其作用机制研究》，硕士学位论文，浙江大学，2013 年。

刘亚欣：《传统媒体与新媒体新闻传播互动问题研究》，硕士学位论文，广西师范学院，2016 年。

卢发明：《复杂网络上的信息传播与集体行为涌现》，硕士学位论文，华东师范大学，2009 年。

罗玺：《群体性突发事件中新媒体舆论引导研究》，硕士学位论文，重庆大学，2016 年。

梅珍：《突发公共事件中微信传播研究》，硕士学位论文，湖南大学，2015 年。

缪芸：《微博与传统媒体互动对我国公共领域的构建》，硕士学位论文，西南政法大学，2013 年。

邱芳芳：《美国 VR 新闻的发展现状与影响》，硕士学位论文，四川省社会科学院，2017 年。

臧晨雨：《突发事件中新媒体与传统媒体的议程互动研究》，硕士学位论文，黑龙江大学，2016 年。

张晶晶：《主流媒体如何利用微博进行舆论引导》，硕士学位论文，华中科技大学，2013 年。

张艺凝：《互动视角下弹幕视频研究》，硕士学位论文，南京师范大学，2015 年。

朱迪：《基于微信公众平台的南昌城市形象传播研究》，硕士学位论文，江西师范大学，2017 年。

朱佳奕：《新华社对网络热点事件舆论引导特点分析》，硕士学位论文，广西大学，2014 年。

四 外文文献

Beam, M. A. , & Kosicki, G. M. , *Personalized news portals：Filtering systems and increased news exposure*, Journalism & Mass Communication Quarterly, 2014.

Erin Polgreen, Virtual reality is journalism's next frontier, November 19, 2014. http：//www. cjr. org/innovations/vir-tual＿ reality＿ journalism. php.

Ku, Gyotae, *Intermedia agenda-setting in the 2000 presidential campaign：The influence of candidates' websites on traditional news media*, Dissertation Abstracts International, 2002.

Mark Andrejevic and Mark Burdon, Defining the Sensor Society, *Television & New Media*, Vol. 16, No. 1, 2015.

Matt Carlson, "The Robotic Reporter, Automated Journalism and the Redefinition of Labor, Compositional Forms, and Journalistic Authority", *Digital Journalism*, Vol. 3, No. 3, 2015.

May, Julia Hagemann, *The Torture Debate in the Public Sphere：The Discussion of the Abu Ghraib Revelations in Newspaper Opinion Pieces*, Online Discussion Groups and Weblogs, Dissertation Abstracts International, 2013.

致　　谢

岁月如梭，也如歌。转眼间，从宁波市交通系统行政单位来到浙江万里学院教书育人已经三载有余。回首往昔种种，诸多奋斗和辛劳成为萦绕心间的丝丝记忆，诸多甜美与欢笑也都尘埃落定，继续催我奋进。

无论是复旦大学，还是浙江万里学院都以其优良的学习风气、严谨的科研氛围助我成材，以其博大包容的情怀胸襟、浪漫充实的校园生活育我成人。值此拙作完成之际，我谨向所有关心、爱护、帮助过我的人们表示最诚挚的感谢。

本论文是在博士后流动站导师复旦大学童兵教授悉心指导之下完成的。童老师渊博的专业知识，严谨的治学态度，精益求精的工作作风，诲人不倦的高尚师德，朴实无华、平易近人的人格魅力对我影响深远。导师不仅授我以文，而且教我做人，虽历时近三载，却令我终身受益无穷。在此仅向童兵教授致以最深切的谢意与最美好的祝福！

本论文的完成也离不开其他各位老师和朋友们的关心与帮忙。在此也要感谢宁波日报报业集团田勇、史伟刚、李广华、孙淼等各位老师在论文开题、初稿、预答辩期间所提出的宝贵意见。感谢浙江万里学院文化与传播学院陈志强院长一直以来对我的关心。

还要感谢我最亲爱的学生们，他们既是我的小朋友，同时也是我的兄弟姐妹们，诸如杨文睿、朱婷、孙晟宇、陈李康、杨贤哲、吴思琴、王雅婷、陈琳、李君、邱君虎、兰丰、李晨思、李佳琪等同学在科研过程中给予我许多鼓励和帮助，值得一提的是，他们也都亲身参与了本书资料的收集和部分章节的撰写，有些内容直接成为了他们各自的本科毕业论文。愿我们大家友谊长存，永远共同进步！

感谢父母娄宗成、潘金娟，妻子俞子涵，女儿俞文瑾、娄文瑜。在我求学生涯中给予我无微不至的关怀和照顾，一如既往地支持我、鼓励我。

最后感谢中国社会科学出版社陈肖静等编辑老师们，没有你们的辛勤付出，也就没有拙作出版的可能性！

求学生涯暂告段落，但求知的道路却永无停滞。近三年的博后研究经历给予我诸多珍贵的财富：精勤求学，敦笃励志，果毅力行，忠恕任事——这十六字箴言将伴随我在以后的人生道路上，继续坚毅地望着前路，勇敢地不断前行。

2019 年 11 月 20 日

炜利谨志